TÜBINGER RECHTSWISSENSCHAFTLICHE ABHANDLUNGEN

Herausgegeben von
Mitgliedern der Juristischen Fakultät
der Universität Tübingen

Band 95

Wandel der Rechtsordnung

Ringvorlesung der Juristischen Fakultät
der Universität Tübingen im WS 2001/2002

herausgegeben von

Burkhard Heß

Mohr Siebeck

Gedruckt mit Unterstützung der Tübinger Juristischen Gesellschaft.

ISBN 3-16-148083-X
ISSN 0082-6731 (Tübinger Rechtswissenschaftliche Abhandlungen)

Die Deutsche Bibliothek verzeichnet diese Publikation in der Deutschen Nationalbibliographie; detaillierte bibliographische Daten sind im Internet über *http://dnb.ddb.de* abrufbar.

© 2003 J.C.B. Mohr (Paul Siebeck) Tübingen.

Das Werk einschließlich aller seiner Teile ist urheberrechtlich geschützt. Jede Verwertung außerhalb der engen Grenzen des Urheberrechtsgesetzes ist ohne Zustimmung des Verlags unzulässig und strafbar. Das gilt insbesondere für Vervielfältigungen, Übersetzungen, Mikroverfilmungen und die Einspeicherung und Verarbeitung in elektronischen Systemen.

Das Buch wurde von Gulde-Druck in Tübingen aus der Times Antiqua gesetzt, auf alterungsbeständiges Werkdruckpapier gedruckt und von der Buchbinderei Held in Rottenburg gebunden.

Vorwort

Die 14. Legislaturperiode des deutschen Bundestages war von starker Gesetzgebungstätigkeit geprägt. Diese Aktivitäten hatten heterogene Gründe: Neben vermeintlichen und originären Modernisierungsanliegen einer neu gewählten Bundesregierung zeigte sich eine wachsende Verklammerung der deutschen mit der europäischen Rechtsordnung, deren Vorgaben in das nationale Recht umzusetzen sind. Der „Beruf unserer Zeit zur Gesetzgebung" im Schnittfeld zwischen Berlin und Brüssel wurde rasch zum Leitmotiv der Tübinger Ringvorlesung im WS 2001/2002. Vorträge und Diskussionen drehten sich um Anlass, Qualität und die steigende Geschwindigkeit gesetzgeberischer Maßnahmen sowie um ihre Akzeptanz bei den Rechtsunterworfenen.

Die Beiträge des vorliegenden Sammelbandes, der die Vorträge der Ringvorlesung enthält, beziehen sich auf fast sämtliche Rechtsbereiche: Vom europäischen Verfassungsrecht über das Beamtenrecht, über das Arbeitsrecht in der Risikogesellschaft, europäische polizeiliche und justizielle Zusammenarbeit, Reformen des strafrechtlichen Sanktionssystems, Kartellrecht, bis hin zur Schuldrechtsmodernisierung, neuem Schadensrecht und zur ZPO-Reform. Der Sammelband dokumentiert zugleich die Bandbreite wissenschaftlicher Forschung an der Tübinger Juristenfakultät. Die Fakultät bringt in diesem Buch Forschungsergebnisse und rechtspolitische Standpunkte in die aktuelle Diskussion ein.

Der Herausgeber hat als Dekan die Ringvorlesung der Fakultät angeregt und organisiert. Er dankt allen Kollegen für ihre tatkräftige Mitwirkung und Unterstützung. Besonderer Dank gilt der Tübinger Juristischen Gesellschaft für die Unterstützung der Drucklegung. Die Tübinger Juristische Gesellschaft wurde im Zusammenhang mit der Ringvorlesung gegründet. Sie versteht sich als Brücke zwischen der Fakultät und der Rechtspraxis in Württemberg. Sie pflegt die Beziehungen zwischen der Fakultät und den an der rechtswissenschaftlichen Forschung und Lehre interessierten Kreisen des öffentlichen Lebens, der Anwaltschaft, von Wirtschaft und Verbänden durch regelmäßige Vorträge, Symposien und Tagungen zu aktuellen und grundsätzlichen rechtspolitischen Themen. Der vorliegende Sammelband dokumentiert damit auch die Aktivität der Tübinger Juristischen Gesellschaft.

Tübingen, im Januar 2003   Burkhard Heß

Inhaltsverzeichnis

Martin Nettesheim

Die konsoziative Förderation von EU und Mitgliedsstaaten 1
    I. Die Diskussion um Gestalt und Zukunft der EU 1
    II. Die Europäische Union: Ein werdender Staat 6
    III. Die Verfassungsqualität der herrschaftseinsetzenden Verträge ... 17
    IV. Der Verbund von EU und Mitgliedstaaten als konsoziative Föderation 27

Wolfgang Marotzke

Reformbedarf im neuen Insolvenzrecht 35
    I. Einleitung 35
    II. Gesetzgebungsvorschläge 36
    III. Schluss 42

Joachim Vogel

Die europäische polizeiliche und justizielle Zusammenarbeit in Strafsachen im Wandel 45
    I. Einführung 45
    II. Primärrechtlicher Rahmen der PJZS 48
    III. Sekundärrecht und Institutionen der PJZS 50
    IV. Prinzipien und Probleme der PJZS 57
    V. Plädoyer zugunsten einer „Vergemeinschaftung" der PJZS sowie eines komplementären europäischen Strafjustizsystems 61

Hermann Reichold

Arbeitsrecht in der Risikogesellschaft – die Reaktion des Gesetzgebers 65
    I. Die „Risikogesellschaft" (U. Beck) als Chiffre für gesellschaftlichen Wandel 65
    II. Nationaler Sozialstaat versus globaler Wettbewerb – das Dilemma einer überregulierten Arbeitsrechtsordnung 66
    III. Die Antwort des Gesetzgebers anhand des Teilzeit- und Befristungsgesetzes 2001 72

IV. Die Antwort des Gesetzgebers anhand der BetrVG-Novelle 2001	79
V. Fazit: Ein „anachronistischer" Gesetzgeber als Herausforderung der Wissenschaft	82

Wernhard Möschel

Paradigmenwechsel im Europäischen Kartellrecht?	85
Zu den Reformvorschlägen der Kommission	85
I. Der gegenwärtige Rechtszustand	85
II. Die Reformvorschläge der Kommission	87
III. Kritik der Reformvorschläge	89
IV. Wie wird es weitergehen?	95

Gottfried Schiemann

Reform des Schadensrechts	97
I. Einleitung	97
II. Die Reformbedürftigkeit des gegenwärtig geltenden allgemeinen Schadensrechts	99
III. Zum Inhalt des Regierungsentwurfs für ein 2. Schadensrechtsänderungsgesetz vom 24.09.2001	107
IV. Eine erste Würdigung des Gesetzgebungsvorhabens	110

Günter Püttner

Reform des öffentlichen Dienstrechts	113
I. Die Problemlage: Die verkrustete und faule Bürokratie	113
II. Der deutsche öffentliche Dienst	114
III. Verkrustungen im Dienstrecht? Vergleich zur privaten Wirtschaft	114
IV. Bezahlung nach individueller Leistung?	116
V. Qualität und Quantität	118
VI. Das Leistungslohn-System von 1997	119
VII. Die geplante Dienstrechtsreform für Professoren	121
VIII. Ausblick	122

Michael Ronellenfitsch

Das Grundrecht auf Kommunikation – Voraussetzungen und Folgen eines interaktiven Grundrechtsverständnisses 123
    I. Vorbemerkung 123
    II. Kommunikationsprozess 125
    III. Verlauf und aktueller Stand der IuK-Entwicklung 127
    IV. Kommunikationsfreiheiten 129
    V. Kommunikationsfreiheit 136
    VI. Folgerungen 136

Kristian Kühl

Neues strafrechtliches Sanktionensystem 141
    I. Zur Strafrechtsreform der letzten Jahre 141
    II. Zum gegenwärtigen Stand des Gesetzgebungsverfahrens 142
    III. Straftheorien 145
    IV. Die Umsetzung der Straftheorien im geltenden Strafrecht 149
    V. Die geplante Reform des Sanktionensystems im einzelnen 151

Burkhard Heß / Wolfgang Münzberg

Die ZPO-Reform im europäischen Umfeld – Bilanz und Ausblick 159
    I. Einleitung 159
    II. Die wesentlichen Reformziele 159
    III. Die Änderungen in der Ersten Instanz 161
    IV. Die Anfechtung von Entscheidungen seit der Zivilprozessreform 168
    V. Die ZPO-Reform in europäischer Perspektive 178
    VI. Abschließende Bemerkung 183

Harm Peter Westermann

Die Schuldrechtsreform 185
    I. Fragestellung 185
    II. Verbraucherschutz im Sinne der Kaufrechtsrichtlinie und darüber hinaus 188
    III. Beseitigung von Mängeln und Widersprüchen im bisherigen Recht 199

IV. Erhöhung des Stellenwerts der zentralen Kodifikation 205
V. Schlussbetrachtung 206

Ferdinand Kirchhof

Aktuelle Reformen im Steuerrecht 209
    I. Die exemplarische Darstellung neuer Tendenzen des deutschen Steuersystems 209
   II. Der einkommensteuerrechtliche Abzug bei Bauleistungen 210
  III. Die finanzielle Förderung privater, kapitalgedeckter Altersvorsorge 213
  IV. Die Gesetze zur ökologischen Steuerreform 221
   V. Die neuen Tendenzen im deutschen Steuerrecht 231

Sachverzeichnis 233

Die konsoziative Förderation von EU und Mitgliedsstaaten

Martin Nettesheim

I. Die Diskussion um Gestalt und Zukunft der EU*

Die verfassungstheoretische Diskussion um Stand und Zukunft der europäischen Integration dreht sich gegenwärtig vor allem um zwei Fragen. Zum einen geht es um die Frage, wie sich der Verbund von EU und Mitgliedsstaaten verfassungstheoretisch rekonstruieren und begreifen lässt. Ist die EU in ihrer gegenwärtigen Gestalt eine internationale Organisation, ein Staat oder etwas Drittes? Kann ihre Grundordnung als Verfassung bezeichnet werden? Wird diese Ordnung legitimatorisch von den Mitgliedstaaten getragen, oder kann man heute davon ausgehen, dass es (auch) die EU-Bürger sind, auf die die Ausübung europäischer Hoheitsgewalt zurückzuführen ist? In welchem Verhältnis stehen EU-Grundordnung und nationale Verfassungsordnungen, wie wirken sie aufeinander ein? Die Beantwortung dieser Fragen verlangt zunächst deskriptiv-analytische Arbeit. Wer sich dieser Arbeit annimmt, kommt nicht umhin, als Handwerkszeug zunächst die überkommenen Begrifflichkeiten und Kategorien von Staats- und Verfassungsrecht zu verwenden. Dies führt zu der Merkwürdigkeit, dass auf der einen Seite anerkannt wird, dass der Integrationsprozess in ein Ergebnis münden wird, das nicht dem Modell des klassischen, unabhängigen Nationalstaats entsprechen wird, zugleich aber der Prozess mit traditionellen Kategorien beschrieben und erfasst wird. Inzwischen hat die Diskussion allerdings eine Tiefe und Schärfe gewonnen, die es möglich macht, auf einer Metaebene normativ darüber zu streiten, welche der überkommenen Begriffe und Kategorien revisionsbedürftig sind und durch neue, geeignetere Kategorien zur Erfassung der poststaatlichen Konstellation ersetzt werden müssen. Nicht alle Vorschläge erweisen sich als sinnvoll; manche finden keine Beachtung, weil sie begrifflich zu schwach und zu wenig anschaulich sind; wieder andere haben die Chance, in den allgemeinen Sprachgebrauch überzugehen und so zu einer Grundkategorie einer neuen, auch die supranationalen Gegebenheiten in den Blick nehmenden Verfassungswissenschaft zu werden.

Zum anderen beschäftigt sich der europäische Konstitutionalismus mit der normativen Problematik der Fortwicklung des Integrationsverbands. Dabei

---

* Die Erkenntnisse dieses Berichts sind in den deutschen Landesbericht für die XX. FIDE-Tagung 2002 in London eingeflossen (vgl. *Nettesheim, Martin*, EU-Recht und nationales Verfassungsrecht, in: Lord Slynn of Hadley, Gordon/Andenas, Mads, FIDE. XX Congress London, BIICL 2002, S. 81 ff. Wesentliche Teile dieses Berichts wurden im Rahmen eines Vortrags an der Universität Saarbrücken zur Diskussion gestellt.

geht es zunächst um die Aufgabe der Bewertung des Stands der Integration: Wie sind die verfassungstheoretischen Anforderungen zu formulieren, die an die Grundordnung eines überstaatlichen Hoheitsträgers zu stellen sind? Hat die EU eine Grundordnung, die normativ defizitär ist und nicht den Anforderungen entspricht, die aus legitimatorischer Perspektive an die Ausübung europäischer Herrschaftsgewalt zu richten sind – insbesondere im Hinblick auf Demokratie? In welchen Punkten fällt die Grundordnung der EU hinter diese Anforderungen zurück? Es schließen sich verfassungspolitische Folgefragen über das weitere Vorgehen an: Welche Schritte können unternommen werden, um etwaige Defizite zu beheben? Muss sich die EU vielleicht gar erst noch eine Verfassung zulegen? Wie müsste diese dann aussehen?

Indem sich die europäische Verfassungsrechtswissenschaft diesen Fragekreisen in den letzten Jahren verstärkt angenommen hat, hat sie ihre Perspektive gewechselt. Die Frage nach der Legitimität europäischer Herrschaftsausübung ist erst relativ spät aufgekommen. Bis weit in die neunziger Jahre des 20. Jahrhunderts hinein ging es der europäischen Verfassungsrechtswissenschaft – aus supranationalem Blickwinkel – um die Beschreibung und Erklärung der Europäischen Union und ihres Rechts, allenfalls darüber hinaus um Überlegungen zur Sicherung der einheitlichen und gleichen Wirkung ihres Rechts. Weder beschäftigte sie sich mit dem Aspekt der Verflechtung und des Verbundenseins von europäischen und nationalen Grundordnungen, noch ging es ihr um die Bestimmung der gegenseitigen Abhängigkeiten, Wechselwirkungen und Befruchtungen. Die Legitimität der EU ruhte in ihrem Liberalisierungs- und Integrationsauftrag. Solange sie diesen erfolgreich bewältigte (und hieran bestand jedenfalls in den achtziger Jahren kein Zweifel), stieß ihr Wirken nicht auf legitimatorische Zweifel. Man begnügte sich mit der (output-orientierten) Position, dass sich die Ausübung europäischer Herrschaftsgewalt über die Liberalisierungs- und Harmonisierungsleistung ihres Rechts rechtfertige. – Für Beobachter, die die EU aus nationalem Blickwinkel betrachteten, ging es demgegenüber um die Sicherung überkommener Bestände des Nationalstaates: von der Souveränität über die Herrschaft über die Verträge bis hin zur teilweisen Abwehr des Vorranganspruchs des Europarechts. Auch dieser Sichtweise zufolge bestand kein Grund für legitimatorische Zweifel: Solange über europäische Rechtsetzung im Rat einstimmig entschieden werden musste, behielten die Mitgliedstaaten im übrigen je einzeln die Kontrolle; das Geschehen in Europa ließ sich als Ausdruck herkömmlicher internationaler Zusammenarbeit rekonstruieren und über national-verfassungsstaatliche Mechanismen legitimieren.

Dass die überkommenen Erklärungsmuster ihren Wert verloren haben, liegt an der explosionsartigen Entwicklung des Integrationsverbandes in der zweiten Hälfte der achtziger und der ersten Hälfte der neunziger Jahre. Zu erinnern ist an die dichte Abfolge von Vertragsänderungen, die mit der Einheitlichen Europäischen Akte in den achtziger Jahren begann und über „Maastricht", die Vergemeinschaftung weiterer Rechtsbereiche im Vertrag von Amsterdam[1] sowie die Reformen durch den Vertrag von Nizza[2] eine ungeheure Dynamik hervorriefen. Die Schnelligkeit (manche würden von Hastigkeit sprechen) der Veränderungen konnten den Anschein erwecken, dass sich die Mitgliedstaaten zu einer einzigen, andauernden und zeitlich offenen Regierungskonferenz zusammengefunden hätten und so in einem Prozess dauerhafter Verfassungsgebung das Ziel der Integration anzustreben gewillt seien. Zu verzeichnen war in diesem Prozess nicht nur ein quantitativer Kompetenzgewinn ungeahnten Ausmaßes. Von vielleicht noch größerer Bedeutung war, dass die EU mit dem Maastricht-Vertrag qualitative Kompetenzen gewann, die ihr staatsähnliche Erscheinung verlieh. Zu denken ist in diesem Zusammenhang insbesondere an die Frühformen der Gemeinsamen Außen- und Sicherheitspolitik sowie die Übernahme der Währungshoheit. Auch der Einstieg in den Bereich der inneren und polizeilichen Sicherheit mag – wenngleich es hier zunächst nur um Formen der Zusammenarbeit ging – zu diesem Bild beigetragen haben. Berücksichtigt man in diesem Zusammenhang auch, dass (1) mehr und mehr Entscheidungen im Integrationsverband mehrheitlich ergingen und daher auch einen Staat binden konnten, der der Entscheidung nicht zugestimmt hat, dass (2) das von der EU gesetzte Recht im nationalen Rechtskreis unmittelbare Wirkung beansprucht und Vorrang vor nationalem Recht hat, und dass (3) in mehr und mehr Rechtsbereichen nationale Rechtsanwender (Verwaltungsbehörden, Gerichte) gleichberechtigt und gleichhäufig supranationales und nationales Recht anwendeten, so ist ohne weiteres erklärlich, warum die überkommenen Erklärungs- und Legitimationsmuster der europäischen Integration zerbrechen mussten – namentlich das klassische Legitimationsmuster auswärtiger Zusammenarbeit. In der englischsprachigen Diskussion ist von einer „Transformation" Europas die Rede, in deutscher Sprache lässt sich von einem Gestaltwandel sprechen.

Europäischer Konstitutionalismus im Deutschland der neunziger Jahre war stark von nationalstaatlich-defensiven Stimmen geprägt. Es waren dies Stimmen, die ihrer Betrachtung die Grundprämisse zugrunde legten, dass der Staat in sich ruhen müsste, über die Verhältnisse in ihm unabhängig und eigenständig entscheiden und hierfür die Verantwortung tragen müsste. Diesen Stimmen

---

[1] Im Einzelnen *Karpenstein, Ulrich*, Der Vertrag von Amsterdam im Lichte der Maastrichtentscheidung des BVerfG, 113 DVBl. 1998, S. 942 ff.; *Streinz, Rudolf*, Der Vertrag von Amsterdam, 20 JURA 1998, S. 57 ff.

[2] Vgl. allgemein zum Vertrag von Nizza nur *Fischer, Klemens H.*, Der Vertrag von Nizza, 2001; *Pache, Eberhard/Schorkopf, Frank*, Der Vertrag von Nizza, 54 NJW 2001, S. 1377; *Wiedmann, Thomas*, Der Vertrag von Nizza – Genesis einer Reform, 36 EuR 2001, S. 185; *Borchmann, Michael*, Der Vertrag von Nizza, 12 EuZW 2001, S. 170; *Pinder, John*, Der Vertrag von Nizza – Wegbereiter eines föderalen oder intergouvernementalen Europa?, 24 integration 2001, S. 77; *Pleuger, Gunter*, Der Vertrag von Nizza: Gesamtbewertung der Ergebnisse, 24 integration 2001, S. 1; *Kyaw, Dietrich von*, Weichenstellungen des EU-Gipfels von Nizza, Internationale Politik 2001, S. 5.

musste es vor dem Hintergrund des Gestaltwandels Europas vor allem darum gehen, die Souveränität des Nationalstaats vor den Einwirkungen des Europarechts in Schutz zu nehmen, Einbrüche in staatliche Besitzstände zu verhindern oder doch jedenfalls zu minimieren und die Letztzuständigkeit des Staates für die rechtlichen, wirtschaftlichen und sozialen Gegebenheiten auf seinem Gebiet zu bewahren. Angesichts des Umstandes, dass der Anspruch des Europarechts, unmittelbare Wirkung und Vorrang vor nationalem Recht zu entfalten, grundsätzlich nicht mehr in Frage gestellt werden konnte, musste sich die Diskussion materiell um die Grenzen des Vorrangs und institutionell um die Befugnisse der nationalen Organe, gegebenenfalls Europarecht unangewendet lassen zu können, drehen. Viele Überlegungen, die in den neunziger Jahren angestellt wurden, hatten denn auch (wenn man die europäische Perspektive einnahm) den Grundsatz der einheitlichen Wirksamkeit des EU-Rechts oder (wenn man die nationale Perspektive einnahm) die Grenzen des Vorrangs des EU-Rechts zum Gegenstand. Vor dem Hintergrund der gegensätzlichen axiomatischen Grundpositionen von EuGH und nationalen Verfassungsgerichten konnte es nicht gelingen, eine rechtlich zwingende Lösung zu finden. Inzwischen ist die konstitutionelle Debatte aber über diese Grenzfrage des Verhältnisses zweier Rechtsordnungen hinweggegangen. Nicht mehr der Ausnahmefall einer Kollision, sondern das Regelverhältnis der Kooperation und Koordination steht im Mittelpunkt des verfassungstheoretischen Verhältnisses. Inzwischen ist das Wissen um die Vielfalt der Wechselwirkungen und Abhängigkeiten, die sich mit der einfachen Frage danach beschreiben lassen, wer die Letztentscheidungsgewalt hat, zum Gemeingut geworden. Man ist sich des Umstandes bewusst, dass sich die architektonischen Gegebenheiten in der EU nicht hinreichend mit überkommen Begriffen wie Vorrang, Hierarchie, Weisung etc. erfassen lassen.

Auch die Diskussion um die (demokratische) Legitimität europäischen Herrschens wurde zunächst vor dem Hintergrund des nationalstaatlichen Legitimitätsparadigmas geführt. Es waren zunächst Verfassungswissenschaftler nationalstaatlicher Provenienz, die der EU ein Demokratiedefizit attestierten und Legitimationsmängel anprangerten. In der Tat kommt man schwerlich umhin, den Entscheidungsprozessen der EU Mangelhaftigkeit zu attestieren, wenn man sie an der Ideenwelt nationalstaatlicher Demokratie misst. Weder steht hinter der EU-Ordnung bislang die legitimatorische Idee der verfassungsgebenden Gewalt des (eines) Volkes, noch wird die Ordnung bislang von zivilgesellschaftlichen Strukturen getragen, wie sie im Hinblick auf Sprache, Kommunikation, Medienwelt etc. in typischen Nationalstaaten bestehen. Tiefgreifende Unterschiede bestehen auch in der institutionellen Ordnung, wo sich vor allem die Rolle des Europäischen Parlaments so stark von der typischen Rolle eines nationalstaatlichen Parlaments unterscheidet, dass manche dem Parlament bis heute diesen Namen verweigern wollen. Kurz: Wer sich in der Ideenwelt der nationalstaatlichen Demokratie bewegte, musste die EU – in ihrer Gestalt nach „Maastricht" – für einen in seiner Legitimität äußerst prekären Hoheitsträger ansehen. Als Remedur bot sich aus dieser Perspektive vor allem die umfassende Parlamentarisierung der EU an: von der Aufwertung des Europäischen Parlaments im Prozess der Bestellung gubernativer Organwalter und im Gesetzgebungsprozess über die Errichtung einer europäischen Parteienwelt bis hin zur Durchsetzung des Gleichheitsprinzips bei Wahlen. Andere konstatierten zwar schwere demokratische Mängel und hielten eine weitere Demokratisierung für (jedenfalls gegenwärtig) ausgeschlossen, nahmen den Zustand allerdings hin. Erst in jüngster Zeit findet die Frage, ob nicht auch die (ja nicht unabänderlichen, sondern ihrerseits entworfenen und funktional gerechtfertigten) Legitimationsmodelle, an denen gerechtfertigte Herrschaft heute gemessen wird, ihrerseits überprüfungs- und anpassungsbedürftig sind. Könnte es nicht sein, dass im supranationalen Kontext andere Legitimationsmuster zur Anwendung kommen als im staatlichen Kontext? Muss sich nicht auch jene Ideenwelt, die sich im achtzehnten Jahrhundert als Maßstab legitimer Herrschaft herausbildete, im 21. Jahrhundert anpassen und auf veränderte funktionale Bedürfnisse eingehen? Ist vielleicht manche Ausprägung der EU-Institutionenordnung zukunftsmächtiger, als es im Lichte der überkommenen Ideen zunächst den Schein hat?

Es ist in gewisser Weise bedauerlich, dass sich die verfassungstheoretische Diskussion der späten neunziger Jahre dieser Fragen nicht intensiv angenommen hat. Statt dessen rückte die eher formale Problematik europäischer Verfassungsgebung in den Mittelpunkt der Aufmerksamkeit. Damit wurde der zweite Schritt vor dem ersten gemacht, wird über Verfassungsbegriff und Verfassungsinhalte diskutiert, ohne dass zuvor über die dabei anzulegenden Maßstäbe gesprochen wurde. Zu den ganz gängigen Erscheinungen gehört es in diesem Zusammenhang, die Erklärungs- und Legitimationsmuster des liberalen Konstitutionalismus unhinterfragt auf die EU zu übertragen (Verfassungsdokument, Parlamentarismus, Grundrechte, kontraktualistische Legitimationstheorien etc.), ohne deren Leistungsfähigkeit in der poststaatlichen Konstellation zu problematisieren. Die in Nizza feierlich verabschiedete Charta der Grundrechte der Europäischen Union[3] nimmt in diesem Prozess einen herausgehobenen Platz ein. Dass in einer Zeit, in der traditionelle Wertvorstellungen in der Gesellschaft von Mustern des Ökonomismus und Konsumerismus verdrängt werden, Zweifel an der Leistungsfähigkeit dieser Legitimationsmuster aufkommen müssen, wird dabei verdrängt. Zu den Kennzeichen der Diskussion gehört auch, als Antwort auf ein Problem die Einrichtung eines „Ausschusses", „Gre-

---

[3] Überblick statt vieler etwa bei *Grabenwarter, Christoph*, Die Charta der Grundrechte für die Europäische Union, 116 DVBl. 2001, S. 1; *Hilf, Meinhard*, Die Charta der Grundrechte der Europäischen Union, Beilage zur NJW 2000, S. 5; *Nettesheim, Martin*, Die Charta der Grundrechte der Europäischen Union, 25 integration 2002, S. 35.

miums" oder „Gerichts" zu fordern – so beispielsweise im Hinblick auf die Kompetenzabgrenzung und die Durchsetzung des Subsidiaritätsprinzips. Gängig ist auch die Forderung, Institutionen und Verfahren der nationalen Verfassungsstaatlichkeit auf europäische Ebene zu heben. Nicht unproblematisch erweist sich diese Art des Vorgehens vor allem, weil Aussagen darüber, welche funktionale Leistungsfähigkeit derartige Institutionen und Verfahren in dem andersartigen Kontext der EU aufweisen, schwer fallen (und regelmäßig auch nicht empirisch informiert gemacht werden). Es überrascht vor diesem Hintergrund nicht, dass in dieser Diskussion die Begrifflichkeiten, analytischen Befunde und Reformvorschläge stark voneinander abweichen. Es ist zu bedauern, überrascht aber ebenfalls nicht, dass sich die Diskussion durch hohe Technizität und einen erstaunlichen Grad der Beliebigkeit in der Frage auszeichnet, welche Reformvorschläge lanciert werden.

Inzwischen wird im Brüsseler Konvent über die Fortschreibung der Verträge (bzw. ihre Ersetzung durch ein mit dem Begriff der Verfassung oder des Verfassungsvertrags bezeichnetes Grundlagendokument) diskutiert. Hier soll es nun aber nicht darum gehen, diese Diskussion zu beschreiben, zu analysieren oder durch normative Vorschläge zu bereichern. Es stünde nicht nur zu befürchten, dass derartige Kritik bei den Beratungen im Konvent nur geringes Gehör fände. Schwerer wöge die Gefahr, dass derartige Kritik in den heutigen schnelllebigen Zeiten in Brüssel rasch überholt wäre. Schließlich erscheint derartige Kritik gegenwärtig auch deshalb als wenig fruchtbar, weil die Argumente für und gegen einzelne institutionelle Gestaltungsoptionen längst ausgetauscht sind: Inzwischen ist nach politischen Entscheidungen gefragt – diese aber liegen jenseits der spezifischen Kompetenz des Rechtswissenschaftlers. Nicht um konstitutionelle Präskription soll es also gehen; die hier angestellten Überlegungen verfolgen vielmehr den Zweck, die verfassungstheoretische Diskussion um Stand und Errungenschaften des Integrationsprozesses nachzuzeichnen. Dies soll in drei Schritten unternommen werden. In einem ersten Abschnitt soll es um die Frage gehen, wie die Europäische Union staatstheoretisch einzuordnen ist (nachfolgend II.). Im Folgenden wird dann die Frage aufgeworfen, ob ihre Gründungsverträge als Verfassung bezeichnet werden können (nachfolgend III.). Schließlich soll es um die Charakterisierung des Verbunds von Europäischer Union und Mitgliedstaaten gehen (nachfolgend IV.).

II. Die Europäische Union: Ein werdender Staat

1. Wirkmächtigkeit und Rechtsetzungsgewalt der Europäischen Union

Wer in Deutschland heute über die Gestalt Europas spricht, wird zunächst den als „Konstitutionalisierung" bezeichneten Gestaltwandel der Verträge hervorheben.[4] Dieser Wandel ist so häufig beschrieben worden, dass hier einige Stichpunkte genügen. Zu den wesentlichen Elementen der Konstitutionalisierung gehört zunächst und vor allem die Breite, Dichte und Tiefe der Kompetenz- und Zuständigkeitsnormen. Die EU hat sich auf der Grundlage von EGV, EGKSV, EAGV sowie EUV zu einem Verband entwickelt, der sich in staatsgleicher Weise der Angelegenheiten des Gemeinwesens umfassend annimmt. Sie hat ihren ursprünglichen Auftrag der sektoralen Integration der Wirtschaft längst hinter sich gelassen. Heute hat sie den Auftrag, sich beinahe aller Angelegenheiten des europäischen Gemeinwesens ordnend anzunehmen. Das Primärrecht hat sich vor diesem Hintergrund zur Grundordnung einer Herrschaftsgewalt entwickelt, der ein staatsgleicher, quasi-allumfassender Zuständigkeitsbereich unterfällt. Im Lichte der Kompetenzrechtsprechung des EuGH verfügt die EU dabei nicht nur über die Zuständigkeiten, die ihr in den Verträgen explizit überantwortet werden; sie kann auch dort handeln, wo dies zur Verwirklichung der Ziele und zur Erledigung der übertragenen Aufgaben notwendig ist (implied powers).[5] Den Kompetenznormen des Primärrechts hat der EuGH teilweise ausschließliche Qualität zugeschrieben, mit der Folge, dass den Mitgliedstaaten das Handeln in den betroffenen Sachbereichen selbst dann rechtlich versagt ist, wenn die EU ihrerseits noch keine Regelungen erlassen hat. Im übrigen entfaltet das erlassene Sekundärrecht faktisch „Sperrwirkung" und nimmt so den Mitgliedstaaten in weiten Bereichen ihrer Zuständigkeit die Handlungsmöglichkeit. Vor diesem Hintergrund kommt den Verträgen in kompetenzieller Hinsicht konstitutionelle Qualität zu. – Die Breite der Zuständigkeiten würde

---

[4] Die Diskussion um das europäische Verfassungsrecht ist in vollem Gange. Auf der Jahrestagung 2000 der Vereinigung der Deutschen Staatsrechtslehrer etwa wurde das Thema „Europäisches und nationales Verfassungsrecht" zum Beratungsgegenstand gemacht; vgl. neben dem Aufsatz von Pernice die Aufsätze von *Huber, Peter M./Lübbe-Wolff, Gertrude/Grabenwarter, Christoph*, 60 VVDStRL 2001, S. 148, 194, 246, 290; vgl ferner nur etwa folgende Auswahl überwiegend jüngerer deutschsprachiger Literatur: *Argirakos, Dimitros*, Eine Verfassung für Europa, 2001; *Bruha, Thomas u.a.* (Hrsg.), Welche Verfassung für Europa, 2001; *Dorau, Christoph*, Die Verfassungsfrage der Europäischen Union, Möglichkeiten und Grenzen der europäischen Verfassungsentwicklung nach Nizza, 2001; *Peters, Anne*, Elemente einer Theorie der Verfassung Europas, 2001; *Frowein, Jochen Abr.*, Die Verfassung der Europäischen Union aus der Sicht der Mitgliedstaaten, 30 EuR 1995, S. 315, *Häberle, Peter*, Gemeineuropäisches Verfassungsrecht, 18 EuGRZ 1991, S. 261 ff., *Häberle, Peter*, Europäische Verfassungslehre in Einzelstudien, 1999; *Heitzen, Markus*, Gemeineuropäisches Verfassungsrecht in der Europäischen Union, 32 EuR 1997, S. 1; *Oeter, Stefan*, Europäische Integration als Konstitutionalisierungsprozess, 59 ZaöRV 1999, S. 901; *Ronge, Frank*, In welcher Verfassung ist Europa – welche Verfassung für Europa?, 2001; *Schwarze, Jürgen* (Hrsg.), Die Entstehung einer europäischen Verfassungsordnung, Das Ineinandergreifen von nationalen und europäischen Verfassungsrecht, 2000; *Schwarze, Jürgen*, Auf dem Wege zu einer europäischen Verfassung – Wechselwirkungen zwischen europäischem und nationalem Verfassungsrecht, 114 DVBl. 1999, S. 1677; *Schwarze, Jürgen/Bieber, Roland* (Hrsg.), Eine Verfassung für Europa, 1984; Walter Hallstein Institut für Europäisches Verfassungsrecht (Hrsg.), Grundfragen der europäischen Verfassungsentwicklung, FCE Bd. I, 2000; *Weiler, Joseph J. H.*, The Constitution of Europe, 2000.

[5] EuGH, Rs. 22/70, Kommission/Rat, Slg. 1971, 263.

den Verträgen allein allerdings noch keine konstitutionelle Qualität verleihen, wenn nicht die EU aufgrund dieser Zuständigkeiten befugt wäre, unmittelbar anwendbares Recht zu setzen und so die Verhältnisse in den Mitgliedstaaten zu regeln. Zwar sind nicht alle Bestimmungen des EU-Rechts unmittelbar anwendbar. Indem der EuGH diese Eignung den Grundfreiheiten und anderen wesentlichen Bestimmungen des EGV, den Verordnungen, Entscheidungen sowie (im Ausnahmefall der fehlerhaften Umsetzung) den Richtlinien zugesprochen hat, hat das EU-Recht doch eine Durchschlagskraft und Wirkmächtigkeit erlangt, die es rechtfertigt, den diese Rechtsetzungsgewalt begründenden Vertragsnormen in der Breite Verfassungsqualität zuzuschreiben. Dabei ist selbstverständlich zu berücksichtigen, dass die Normen des EU-Rechts im Konfliktfall nationalem Recht vorgehen. – Zu einer Konstitutionalisierung der Verträge hat auch beigetragen, dass Entscheidungen der EU heute in vielen Bereichen mit Mehrheit ergehen – mit der Folge, dass den Mitgliedstaaten kein Vetorecht mehr zusteht und sie mit der Pflicht zur Befolgung von Recht konfrontiert werden, dessen Setzung sie nicht zugestimmt haben. – Konstitutionelle Qualität ist den Verträgen schließlich auch deshalb zuzuschreiben, weil sie sich dem Schutz und der Förderung von Freiheit und Interessen der Bürger in einer Weise angenommen hat, wie sie jener im Nationalstaat strukturell entspricht. In diesem Zusammenhang ist nicht nur der Wille der Unionsbürger zu berücksichtigen, eine grundrechtlich geschützte Freiheitssphäre der Bürger zu respektieren. Auch der Umstand, dass den Bürgern durch Unionsrecht Rechte verliehen werden und ihnen die Möglichkeit gegeben wird, diese Rechte auch unmittelbar (Art. 230 EGV) oder mittelbar (Art. 234 EGV) gerichtlich durchzusetzen, spielt dabei eine Rolle.[6] Die bislang allerdings inhaltlich schwache Unionsbürgerschaft verleiht dem heute einen institutionellen Rahmen.

Gewiss ist in diesem Zusammenhang hervorzuheben, dass sich die Dichte der Konstitutionalisierung in den einzelnen Bereichen des Primärrechts noch deutlich unterscheidet; an die Seite von Sphären, in denen Verfassungsqualität klar und greifbar hervortritt, treten insbesondere im Bereich der zweiten und dritten Säule Sphären, in denen die Verdichtung noch gering ist. Auch hier ist aber ein Druck zur Konstitutionalisierung zu beobachten, wie die „Vergemeinschaftung" von Politikbereichen im Vertrag von Amsterdam belegt. Zudem kommt es auf das Gesamtbild und nicht die Einzelsphären an, und dieses Gesamtbild gibt heute der Konstitutionalisierungsthese Rückhalt.

---

[6] Hierzu z.B. Slaughter, *Anne-Marie/Stone Sweet, Alec/Weiler, Joseph H.H.* (Hrsg.), The European Courts and National Courts – Doctrine and Jurisprudence. Legal Change in Its Social Context, 1998, Part II, S. 227ff.; *Stone Sweet, Alec/Brunell, Thomas L.*, The European Court, National Judges, and Legal Integration: A Researcher's Guide to the Data Set on Preliminary References in EC Law 1958–98, 6 ELJ 2000, S. 117ff.; *Mare, Thomas de la*, Article 177 in Social and Political Context, in: Craig, Paul / Búrca, Gráinne de (Hrsg.), The Evolution of EU Law, 1999, S. 215ff.

Es liegt auf der Hand, dass die Erscheinung eines konstitutionalisierten überstaatlichen, zugleich aber nichtstaatlichen Hoheitsträgers die Verfassungswissenschaft vor Herausforderungen stellt und mit Fortschreibungsdruck konfrontiert. Im Zuge der Integration hat sich ein Hoheitsträger herausgebildet, der Recht setzt, ohne Staat zu sein. Der überkommene, seit nunmehr dreihundert Jahren gültige und zum Dogma erhobene Konnex von Staat und Recht, von Staatsgewalt und Rechtsetzung wird dadurch durchbrochen. Regierungsgewalt und Rechtsetzung müssen nunmehr als Erscheinungen begriffen werden, die auch jenseits der Staatlichkeit erfolgen. Die damit verbundenen Schwierigkeiten dürfen allerdings – entgegen gelegentlich geäußerter Befürchtungen – nicht überzeichnet werden: Kategorien wie Kompetenz, Zwang, Recht etc. lassen sich ohne Probleme auch außerhalb staatlicher Kontexte denken. Das Völkerrecht bietet hierfür seit Herausbildung des Konzepts der internationalen Organisation in der zweiten Hälfte des neunzehnten Jahrhunderts genügend Beispiele. Insbesondere war der Rechtsbegriff zu keiner Zeit ausschließlich auf den Staat bezogen. Staatliches Recht genoss zwar vor dem Hintergrund der staatlichen Zwangsgewalt eine besonders prägnante Normativität; an seiner Seite stand aber immer auch Recht, hinter dem diese Gewalt nicht stand, das aber gleichwohl in seiner Existenz und Wirksamkeit als Recht nicht in Zweifel gezogen werden konnte.[7] Es sei daran erinnert, dass sich das Völkerrecht seit Jahrhunderten mit der Frage befasst, warum *Rechts*normen befolgt werden (müssen), hinter der nicht ein mit Zwangsgewalt ausgerüsteter Hoheitsträger steht. Vor diesem Hintergrund muss hier betont werden, dass es der Verfassungswissenschaft nicht um Neufassung oder Revision, sondern um Fortschreibung überkommener Kategorien in neuartigem Zusammenhang gehen muss. Im Prozess der Integration mag sich zwar die besondere Nähe (nicht: Einheit) von Staat und Recht relativieren; auch ist sofort einzugestehen, dass der Staat sein Monopol für die Ordnung des Politischen verliert. Die Herausforderung der europäischen Verfassungsrechtswissenschaft liegt aber nicht im Begrifflichen oder im Kategoriellen, sondern im Legitimatorischen. Hierauf wird zurückzukommen sein.

2. *Die Verbandsqualität der Europäischen Union*

Während man sich im Hinblick auf die Konstitutionalisierungsthese heute weitgehend einig ist, besteht in der Frage, wer Träger der europäischen Hoheitsgewalt ist, Uneinigkeit. Im Wesentlichen lassen sich drei Positionen unterscheiden:[8]

---

[7] Insofern bedarf es eines Hinweises, dass die Durchsetzung des Unionsrechts in den Händen der Mitgliedstaaten liegt, nicht.
[8] Ausführliche Diskussion bei *Pechstein, Matthias/Koenig, Christian*, Die Europäische Union, 3. Aufl. 2000, S. 5 ff.

Teilweise ist man der Auffassung, dass das Primärrecht einen einzigen Verband konstituiert, der auf der Grundlage der verschiedenen Verträge handelt.[9] Dieser Sichtweise zufolge gingen die Gemeinschaften mit Inkrafttreten des Maastricht-Vertrages in dem neuen Verband *Europäische Union* auf; der Vertrag bewirkte eine Verschmelzung der bis dahin rechtlich selbstständigen drei Europäischen Gemeinschaften. Es ist seither nur noch die europäische Union, die Handlungsträger ist, wenngleich auf der Grundlage von Kompetenznormen, die ihren Ursprung in verschiedenen Verträgen haben. Dieser Sichtweise zufolge ist Rechtsträger und Zurechnungssubjekt allein die Europäische Union, dies gilt selbst dann, wenn sie unter dem Namen Europäische Gemeinschaft handelt. Diese Sichtweise kommt nicht umhin, der Europäischen Union nach innen Rechtssubjektivität zuzuschreiben; sie muss ihr auch Völkerrechtssubjektivität jedenfalls in den Bereichen zuschreiben, in denen die Verträge (namentlich der EGV) dies ausdrücklich oder implizit vorsehen. Insofern empfiehlt es sich, sämtliche Rechtsakte des einen Verbandes als Unionsrecht zu bezeichnen. Für die Mitgliedstaaten bedeutet dies, dass sie nur noch dem einen Verband Europäische Union angehören können; eine parallele Mitgliedschaft in verschiedenen Verbänden, etwa den Europäischen Gemeinschaften, ist ausgeschlossen.

Teilweise lehnt man aber auch die Fusionsthese ab und ist der Auffassung, dass mit dem Inkrafttreten des Vertrages von Maastricht ein gestufter bzw. gegliederter Verband entstanden ist, in dem die Europäische Union als Rechtsträger mehrere Glieder, die europäischen Gemeinschaften, umschließt.[10] Diesem Rechtsverständnis zufolge agieren auf europäischer Ebene gegenwärtig vier Rechtssubjekte, die die jeweils in den Verträgen zugewiesenen Kompetenzen in eigener Verantwortung wahrnehmen. Dem ausdrücklichen Wortlaut der Verträge zufolge ist der Beitritt allein zur Europäischen Union zulässig; dieser Beitritt schließt dann automatisch und ohne weitere rechtliche Schritte die Mitgliedschaft in den Gliedern ein. Dieser Sichtweise zufolge ist zwischen dem vom Verband „Europäische Union" gesetzten Recht („Unionsrecht") und dem von den Europäischen Gemeinschaften erlassenen Recht („Gemeinschaftsrecht") zu unterscheiden. Überwiegend gehen die Vertreter dieser Positionen davon aus, dass der Europäischen Union keine Völkerrechtssubjektivität zukomme; sie kann danach zwar nach innen rechtssetzend tätig werden, nicht aber nach außen rechtliche Bindungen eingehen.

Einer dritten, in Deutschland vereinzelt vertretenen Sichtweise zufolge ist zwischen den fortbestehenden Europäischen Gemeinschaften und dem durch den Maastricht-Vertrag neu errichteten Bereich der Europäischen Union zu unterscheiden. Einige Anhänger dieser Position gehen davon aus, dass seither vier

---

[9] So *Bogdandy, Armin von/Nettesheim, Martin*, Die Verschmelzung der Europäischen Gemeinschaften in der Europäischen Union, 48 NJW 1995, S. 2324ff.; *dies.*, Die Europäische Union: Ein einheitlicher Verband mit eigener Rechtsordnung, 31 EuR 1996, S. 3ff.
[10] So *Dörr, Oliver*, Zur Rechtsnatur der Europäischen Union, 30 EuR 1995, S. 334.

oder fünf Organisationen nebeneinander stehen und vom Unionsvertrag „tempelartig" überdacht werden. Die radikaleren Vertreter dieser Sichtweise wollen einen strikten Grenzstrich zwischen dem Bereich der Europäischen Gemeinschaften und der Sphäre der EU ziehen. Dieser Sichtweise zufolge sollen die Europäischen Gemeinschaften und der Bereich der Europäischen Union weitgehend zusammenhanglos nebeneinander stehen.[11] Die Europäische Union ist danach kein Verband mit mitgliedschaftlicher Struktur, sondern lediglich eine Form der mitgliedstaatlichen intergouvernementalen Zusammenarbeit. Rechtsakte, die in diesem Bereich ergehen, sind nicht Rechtsakte eines supranationalen Verbandes, sondern völkerrechtlich vereinbarte Verträge der Mitgliedstaaten.

Misst man die vorgestellten Positionen an den Vertragsbestimmungen, so erweist sich die drittgenannte Sichtweise als kaum haltbar. Sie lässt sich nur unter klarer Überspielung ausdrücklicher vertraglicher Festlegungen vertreten. Demgegenüber verhalten sich die Vertragsbestimmungen gegenüber den beiden erstgenannten Positionen ambivalenter. Welcher der Positionen in einer derartigen Situation der Vorzug zu geben ist, hängt nicht zuletzt vom methodischen Vorverständnis und funktionalen Anliegen ab. Wer es für ein legitimes Anliegen hält, die im Maastricht-Vertrag angelegte Spaltungstendenz und die damit einhergehenden Gefahren für die Einheit des Integrationsverbands abzuwehren, wird sich eher der erstgenannten Sichtweise zuwenden. Ihr wird man auch den Vorzug geben, wenn man pragmatischen Erwägungen (Vermittelbarkeit der rechtlichen Zusammenhänge; praktischer Nutzwert) Raum gibt. Wer sich demgegenüber in den Traditionen dogmatisch-konstruktivistischer Verfassungstheorie bewegt, wird dem Verständnis der EU als gegliedertem Verband den Vorzug geben. In den letzten Jahren lässt sich jedenfalls im allgemeinen europarechtlichen Schrifttum in Deutschland eine deutliche Hinwendung zur erstgenannten These erkennen.

3. Die staatstheoretische Einordnung des Verbands

Noch immer besteht in Deutschland keine Einigkeit darüber, wie der Integrationsverband (ungeachtet seiner internen Binnenstruktur) verfassungstheoretisch einzuordnen ist. Die Frage ist nicht nur in terminologischer Hinsicht von Bedeutung. Sie entfaltet ihre Bedeutung vor allem, wenn es darum geht, verfassungstheoretische Typenmerkmale im interpretatorischen Umgang mit den Regeln des EU-Rechts zur Anwendung zu bringen: Die Grundordnung einer internationalen Organisation wird nun einmal anders interpretiert als die Grundordnung eines Staates. Relevanz hat die Frage zudem bei der Beurteilung der inneren Finalität des Integrationsprozesses: Je nachdem, wie man den Verband ty-

---

[11] So *Pechstein, Matthias/Koenig, Christian*, Die Europäische Union, 3. Aufl. 2000, S. 54 ff.

pologisch einordnet, wird ihm eine bestimmte Entwicklungsrichtung eingeschrieben.[12]

a) Der Integrationsverband als internationale Organisation

Noch immer spielt in Deutschland eine Sichtweise, derzufolge der Integrationsverband als (wenn auch besonders entwickelte) internationale Organisation anzusehen ist, eine besonders prominente Rolle. Dieser Position zufolge haben die Mitgliedstaaten in den Gründungsverträgen auf völkerrechtlichem Wege eine internationale Organisation gegründet; diese Organisation hat sich von ihren Wurzeln nicht gelöst.[13] Die Beziehungen zwischen der Organisation und ihren Mitgliedstaaten werden zwar grundsätzlich vom Europarecht beherrscht; jenseits und hinter diesen Regeln steht aber das Völkerrecht, das insbesondere im Hinblick auf grundlegende konstitutionelle Fragen (etwa die Frage des Austrittsrechts) zur Anwendung kommt. Wird die Konzeption mit normativem Anspruch vertreten,[14] so mündet sie in die Schlussfolgerung, dass der Integrationsverband keinen legitimatorischen Selbststand erlangen kann. Er bleibt in seinem Wirken von der Zustimmung und Rückbindung seitens der Mitgliedstaaten abhängig; er hat die politische Letztverantwortung der Mitgliedstaaten zu respektieren und darf ihre Souveränität nicht antasten. Der Versuch, sich von der mitgliedschaftlichen Basis rechtlich, politisch oder legitimatorisch abzulö-

---

[12] Es werden gegenwärtig unterschiedliche Systematisierungsvorschläge diskutiert: Nach *Marcel Kaufmann* (Europäische Integration und Demokratieprinzip, 1997, S. 224 ff.) ist zwischen Bundesstaatskonzeption, Zweckverbandslehre und Staatenverbundslehre zu unterscheiden. *Armin von Bogdandy* (Beobachtungen zur Wissenschaft vom Europarecht, Der Staat 2001, S. 24ff.) geht von den folgenden drei Konzeptionen aus: Konzeption der internationalen Organisation, föderalistische Konzeption, Zweckverbandslehre.

[13] Wer die EU weiterhin als eine internationale Organisationen völkerrechtlichen Typs ansieht (vgl. z. B. *Randelzhofer, Albrecht*, Zum behaupteten Demokratiedefizit der Europäischen Gemeinschaft, in: Hommelhoff, Peter/Kirchhof, Paul (Hrsg.), Der Staatenverbund der Europäischen Union, 1994,S. 39, 40; *Steinberger, Helmut*, Der Verfassungsstaat als Glied einer europäischen Gemeinschaft, 50 VVDStRL 1991, S. 16; *Tomuschat, Christian*, in: von der Groeben/Thiesing/Ehlermann (Hrsg.), Kommentar zum EWG-Vertrag, 4. Aufl. 1991, Art. 210, Rdnr. 4; *Dörr, Oliver*, Zur Rechtsnatur der Europäischen Union, 30 EuR 1995, S. 334; Klein, in: Graf Vitzthum, Wolfgang (Hrsg.), Völkerrecht, 1997, S. 309f.; *Kimminich, Otto*, Einführung in das Völkerrecht, 6. Aufl. 1997, 162; guter Überblick bei: *Pechstein, Matthias/Koenig, Christian*, Die Europäische Union, 3. Aufl. 2000), wird immer zugleich einräumen, dass sich der Verband angesichts seiner Kompetenzbreite und -tiefe sowie seiner Befugnis, unmittelbar wirksame Hoheitsgewalt auszuüben, von den herkömmlichen internationalen Organisationen doch erheblich abhebt und als besondere Form des Staatenbundes anzusehen ist. Chr. Tomuschat beispielsweise hält diese Einordnung schon deshalb für zwingend, weil alles andere die EU auf die Ebene eines Staates höbe (*Tomuschat, Christian*, Das Endziel der Europäischen Integration, in: Nettesheim, Martin/Schiera Pierangelo (Hrsg.), Der integrierte Staat, 1999, S. 155, 159).

[14] Es ist natürlich möglich, diese Konzeption zur analytischen Beschreibung der Anfangsjahre der Integration zu verwenden, sodann aber einen Übergang zur etatistischen Konzeption zu konstatieren. Dazu z.B. *Everling, Ulrich*, Vom Zweckverband zur Europäischen Union: Überlegungen zur Struktur der Europäischen Gemeinschaft, FS Ipsen, 1977, S. 595.

sen, muss im Nichts enden, weil es der EU als internationaler Organisation schon strukturell nicht möglich ist, politisch-legitimatorische Wurzeln unmittelbar in der Bevölkerung Europas zu schlagen. Damit verbinden sich institutionelle Folgerungen: Eine weitere Parlamentarisierung der EU würde jedenfalls dann, wenn sie mit einem Bedeutungsverlust der Mitgliedstaaten im Rat einherginge, strukturell delegitimierende Effekte mit sich bringen. Der natürliche Modus europäischer Integration ist danach die intergouvernementale Absprache – auch wenn sie im Rahmen europäischer Organe stattfindet. Diese Sichtweise steht nicht nur hinter der von Paul Kirchhof entwickelten Konzeption des „Staatenverbunds"[15], sondern findet auch im Maastricht-Urteil des BVerfG einen (wenn auch in seiner Reichweite unklaren) Niederschlag. Der Kampf des BVerfG um die Sicherung der mitgliedstaatlichen Kompetenz-Kompetenz findet hier seine Erklärung.

Es liegt auf der Hand, dass dem Integrationsverband aus dieser Perspektive nicht mehr als eine funktional definierte, begrenzte Aufgabenstellung zugewiesen werden kann. Der Integrationsverband darf sich nicht der Gesamtverantwortung für die Angelegenheiten des Gemeinwesens annehmen – dies schon deshalb, weil er sonst in ein staatliches Wesen umschlagen könnte. Mehr als sachlich und gegenständlich klar definierte, in ihrer Teleologie inhaltlich festgelegte Zuständigkeiten dürfen ihm nicht überantwortet werden. Diese Position wurde und wird in Deutschland immer wieder und in immer wieder neuen Fassungen und Nuancen formuliert. Die vielleicht bedeutendste Formulierung fand sie im Verständnis des Integrationsverbands als „Zweckverband funktionaler Integration"[16], der sich der Integration bestimmter Sachbereiche anzunehmen habe und hierin seine Erfüllung finde. Während man teilweise das Element des Politischen im Prozess der Integration hervorhebt, interpretiert man andernorts die Gehalte des EGV als Ausdruck eines ökonomisch beherrschten, auf Marktfreiheit und Effizienz ausgerichteten Deregulierungsprogramms.[17] Das Element der politischen Entscheidung wird hier weit zurückgeschoben; es sind die Gesetze der ökonomischen Rationalität, die eins zu eins in das Primärrecht eingeschrieben worden sind und so in Europa ein Rechts- und Gesellschaftssystem des wirtschaftlichen Liberalismus zu errichten beanspruchen.[18]

---

[15] *Kirchhof, Paul*, Der deutsche Staat im Prozeß der europäischen Integration, in: Josef Isensee/Paul Kirchhof (Hrsg.), HdBStR, Bd. VII, 1992, § 183, S. 855ff., 876ff., Rdnrn. 43ff.; *ders.*, Das Maastricht-Urteil des Bundesverfassungsgerichts, in: Hommelhoff, Peter/Kirchhof, Paul, (Hrsg.), Der Staatenverbund der Europäischen Union, 1994, S. 11ff.

[16] *Ipsen, Hans P.*, Europäisches Gemeinschaftsrecht, 1972, S. 196, 1055.

[17] *Mestmäcker, Ernst J.*, Der Kampf ums Recht in der offenen Gesellschaft, Rechtstheorie 1989, S. 273ff.; ähnlich: *Majone, Giandomenico*, Europe's „Democratic Deficit": The Question of Standards, 4 ELJ 1988, S. 5ff.

[18] *Mestmäcker, Ernst J.*, Die Wiederkehr der bürgerlichen Gesellschaft und ihres Rechts, 10 RJ 1991, S. 177.

Die verfassungstheoretischen Schlussfolgerungen dieser Position liegen auf der Hand und sind wohlbekannt: Die Tätigkeit des Integrationsverbands kann nur dann als legitim erachtet werden, wenn er die Souveränität der Mitgliedstaaten (Letztentscheidungsmacht) nicht antastet. Was die Entscheidungszuständigkeiten angeht, so hängt viel davon ab, welchen Raum man dem Politischen einräumt: Sieht man Integrationsziele und -wege inhaltlich weitgehend festgelegt, so wird man sich Legitimität vor allem dadurch erhoffen, dass unabhängige und funktionaler Gesetzmäßigkeit entsprechende Organe das im Primärrecht angelegte Programm abarbeiten. Gegen eine Stärkung der Kommission wird man aus dieser Perspektive nichts einzuwenden haben; darüber hinaus ist eine weitere Aufgabenverlagerung auf spezialisierte Einrichtungen und Ämter in Betracht zu ziehen. Die Rolle der im Rat vertretenen Vertreter der Mitgliedstaaten darf nicht geringgeschätzt werden. Ihre Funktion liegt aber weniger in der deliberativen Gestaltung und mehr in der retrospektiven Kontrolle der andernorts getroffenen Entscheidungen. Hebt man demgegenüber das Element des Politischen hervor, so ist die Rolle der Mitgliedstaaten stärker in den Vordergrund zu rücken. Ihre Funktion liegt in diesem Fall weniger im Bereich der Kontrolle und mehr im Bereich der politischen Gestaltung. Je nach normativem Verständnis lässt sich so mehr der Charakter eines Zweckverbands oder mehr der Charakter eines Staatenverbunds hervorheben; zwischen den beiden Extrempolen besteht ein gradueller Übergang.

b) Der Integrationsverbund als (werdender) Staat

Den verfassungstheoretischen Gegenpol zur Konzeption des Integrationsverbands bildet das Verständnis der EU als (werdender) Staat. Die EU ist dieser Sichtweise zufolge dabei, die Qualität eines Verbands anzunehmen, der sich der Angelegenheiten einer europäischen Gemeinschaft in umfassender Weise annimmt. Dieser Verband ist nicht nur sektoral für bestimmte Politikbereiche zuständig, sondern ebenso Hüter des gesellschaftlichen Allgemeinen wie der überkommene Nationalstaat zu seiner Zeit. Er ist auch nicht lediglich Instrument zwischenstaatlicher Kooperation, sondern selbst Träger von Verantwortung für das Gemeinwohl. Er ruht legitimatorisch in sich selbst, stützt sich auf eine europäische Bürgerschaft, die ihre Interessen teils unmittelbar, teils vermittelt über nationalstaatliche Amtswalter äußert. Er erfüllt seine Aufgaben, indem er sich des Individuums in staatsgleicher Weise annimmt, ihm Rechte verleiht und Pflichten auferlegt sowie seine Lebenswelt ordnet. Gewiss, auch in ihrer normativen Version geht die Theorie europäischer Staatswerdung nicht davon aus, dass der Integrationsverband demnächst *Souveränität* gewinnen wird. Staatsqualität ist aber, wie die Bundesstaatslehre zeigt, nicht notwendig von Souveränität abhängig. Staatsqualität setzt auch nicht notwendig allumfassende Kompetenz voraus; Verfassungsstaatlichkeit der Gegenwart zeigt, dass die den

Trägern der Hoheitsgewalt zugewiesenen Kompetenzen immer begrenzt sind. Zwar wird im Regelfall die Kompetenz-Kompetenz in den Händen der Organe des Verbandes liegen, um dessen Kompetenzen es geht. Art. 79 Abs. 3 GG belegt aber, dass eine Verfassung auch hier Grenzen ziehen kann; und ein Blick in die U.S.-amerikanische Verfassung beweist, dass in bündisch verfaßten Gemeinwesen ein Anteil der Kompetenz-Kompetenz bei den Gliedern liegen kann, ohne dass dies die Staatsqualität des Bundes beeinträchtigen würde. Eine der wesentlichen Thesen dieser Theorie ist es, dass die Frage nach der Finalität der Integration mit der Staatswerdung obsolet wird (oder geworden ist); ein Verband, der sich der Rolle des Hüters des Allgemeinen angenommen hat, ist nicht mehr auf dem Weg, sondern hat sein Ziel erreicht.

Zweifellos wird man zu den wichtigsten frühen Anhängern dieser Theorie Walter Hallstein zählen müssen, der in seiner Vision von Europa als Bundesstaat im Werden Richtung und Ziel bereits klar formuliert hat.[19] Er war allerdings nicht allein. Unter den (politischen und wissenschaftlichen) Wegbegleitern der frühen Integration gab es viele, die das Integrationsprojekt im Lichte der Theorie funktionaler Integration interpretierten und ihm normativ das Ziel der Staatswerdung einschrieben – an dieser Stelle sei lediglich Eberhard Grabitz erwähnt.[20] Schwierigkeiten bei der Verwirklichung der Integrationsziele, vor allem aber politische Überlegungen ließen diese Stimmen später verstummen; man war der Auffassung, dass man mit der Rede von europäischer Staatlichkeit dem Fortkommen der Integration eher schaden als nutzen würde. Zudem lassen sich funktionale und vor allem ideelle Einwände dagegen formulieren, dass die europäische Integration in einer Form enden solle, die im neunzehnten Jahrhundert ihre vollendete Form gefunden hat und im zwanzigsten Jahrhundert Grundlage von unvorstellbarem Unrecht werden konnte. Inzwischen aber hat sich das Bild wieder gewandelt. Zwar sind jene, die von der Staatswerdung Europas sprechen, immer noch in der (deutlichen) Minderheit. Die Zahl derer, die die EU als werdenden Staat behandeln und Fragen an sie herantragen, die nur an einen legitimatorisch in sich selbst ruhenden und für das Allgemein zuständigen Verband gerichtet werden können, nimmt aber deutlich zu. Die wohl deutlichste Stimme unter den Anhängern dieser Position in Deutschland[21] gehört gegenwärtig *Ingolf Pernice*, der dem Verband nicht nur Verfassungsfähigkeit attestiert, sondern auch darauf hinarbeitet, die Legitimationsbasis des Verbands von ihren bisherigen (völkerrechtlich-internationalen) Wurzeln zu lösen und in der Idee einer europäischen Gesellschaft neu zu errichten.

---

[19] *Hallstein, Walter*, Der unvollendete Bundesstaat, Düsseldorf: Econ, 1969.
[20] *Grabitz, Ebergard*, Der Verfassungsstaat in der Gemeinschaft, 92 DVBl. 1977, S. 786.
[21] Vgl. etwa *Mancini, Giuseppe Federico*, Europe: The Case for Statehood, 4 ELJ 1998, S. 29ff. (deutsch: Europa: Gründe für einen Gesamtstaat, KritV 1998, S. 386ff.).

c) Der Integrationsverband als eigenständige Form neben Staat und internationaler Organisation

Es kann nicht überraschen, dass sich an der Seite der beiden beschriebenen Positionen noch eine dritte Sichtweise herausgebildet hat. Wer die EU nicht lediglich als internationale Organisation ansehen will, zugleich aber der These von der Staatswerdung Europas (aus politischen, ideengeschichtlichen oder funktionalen Gründen) mit Skepsis begegnet, wird vorschlagen, die EU als Herrschaftsform „sui generis" anzusehen. Dieser Herrschaftsform lässt sich das Potential einschreiben, jenseits der bekannten und delegitimierten Formen staatlicher und völkerrechtlicher Verbandsformung Grundlage einer neuen, legitimatorisch und moralisch frischen Form der Vergemeinschaftung zu bilden. In dieser Richtung wurden in Deutschland vor allem Anfang der neunziger Jahre mehrfach Vorstöße unternommen. Genannt seien hier vor allem die Beiträge Armin von Bogdandys, der in der EU eine eigenständige und zukunftsmächtige Form zwischen Staat und internationaler Organisation erblickt.[22] In der verfassungstheoretischen Diskussion konnten diese Vorschläge allerdings nie die ihnen gebührende Bedeutung erlangen. Wer darüber nachdenkt, warum sich diese Sichtweise nicht hat durchsetzen können, kommt nicht umhin festzustellen, dass es bislang noch nicht gelungen ist, das Eigene herauszuarbeiten, das der EU als Ausprägung einer eigenständigen Herrschaftsform (nicht: zwischen Staat und Internationaler Organisation, sondern) an der Seite von Staat und internationaler Organisation zukommen soll. Ohne Zweifel lässt sich der Übergang vom Staat zur internationalen Organisation graduell begreifen; ohne Zweifel auch ließ sich die EU Anfang der neunziger Jahre irgendwo im Übergang verorten. Diese Zwischenstellung als Form „sui generis" auszuweisen, stößt allerdings solange auf Bedenken, wie nicht ein Merkmal herausgearbeitet werden kann, das die EU *neben* Staat und internationale Organisation rückt (ein Merkmal also, das das spezifisch Dritte ausmacht). Dies aber ist bislang nicht geglückt. Einer der Gründe hierfür mag sein, dass Staat und internationale Organisation konzeptionell so offen sind, dass sie Platz für ein Tertium nicht lassen.

d) Schlussfolgerungen

Vor dem Hintergrund des Entwicklungsstandes, den die EU inzwischen erreicht hat, lässt sich der Verband nicht mehr sinnvoll als Ausprägung des Typs Internationale Organisation betrachten. Man kommt nicht umhin, sie jedenfalls als *werdenden Staat* anzusehen. Für den Berichterstatter liegt sogar die Schlussfolgerung nahe, dass die EU inzwischen die Qualität eines staatlichen Verbandes

---

[22] *Bogdandy, Armin von*, Suprantionale Union als neuer Herrschaftstypus: Entstaatlichung und Vergemeinschaftung in staatstheoretischer Perspektive, 16 integration 1993, S. 210.

erlangt hat.²³ Sicherlich wird man eingestehen müssen, dass es diesem Verband (noch) an manchen Merkmalen mangelt, die man traditionellerweise dem klassischen, durch das Völkerrecht allein kooperativ eingebundenen Nationalstaat des neunzehnten oder zwanzigsten Jahrhunderts zuschreibt. Hierbei handelt es sich aber, wie ein schneller Blick auf die Vielfalt der Staatsformen (insbesondere in föderalen Systemen) zeigt, um akzidentielle, nicht um notwendige Merkmale. Bestätigung findet die hier vertretene These vor allem, wenn man sich den Verlauf der weiteren Integration ausmalt. Gewiss sind weitere Kompetenzgewinne der EU denkbar; es fällt allerdings schwer, hier irgendeine Grenzlinie zu ziehen, ab der man dann vom Staat Europa ausgeht. Natürlich kann darüber nachgedacht werden, diese Grenze dort zu verorten, wo der EU Fiskalgewalt eingeräumt oder ihr die ersten Polizei- oder Armeeeinheiten zugeordnet werden. Eine derartige Grenzziehung ist aber willkürlich und beliebig; vieles spricht im Übrigen für die Erwartung, dass die meisten Beobachter selbst dann, wenn in einer nächsten Vertragsänderungsrunde die Grundlagen für diese Schritte geschaffen würden, diese Schlussfolgerungen dann wieder hinauszögern würden. Wer sich die Wirkmächtigkeit und den Zuständigkeitsumfang der EU vor Augen führt, tut sich schwer damit, den kompetenziell entkräfteten Ländern der Bundesrepublik Deutschland Staatsqualität zuzuschreiben, dies aber der EU vorzuenthalten. Dass die Erlangung von Souveränität nicht notwendiges Merkmal der Staatsqualität ist, bedarf hier keiner Begründung.

III. Die Verfassungsqualität der herrschaftseinsetzenden Verträge

Über lange Zeit verstand man in Deutschland unter „Verfassung" die Beschreibung eines Zustandes, etwa des Zustandes eines Landes, eines Gemeinwesens oder überhaupt irgendeines abgrenzbaren Gegenstandes. Erst im 18. Jahrhundert gewann der Verfassungsbegriff seine normative Bedeutung. Die überkommene, auf empirische Gegebenheiten bezogene Bedeutung des Begriffs „Verfassung" wirkt fort; es ist möglich, nach der „Verfassung der Europäischen

---

[23] Wer diese Begrifflichkeit scheut, kann die EU in zweckmäßiger Weise als „supranationale Integrationsgemeinschaft" bezeichnen (so *Nettesheim*, Kommentierung des Art. 249 EGV, in: Grabitz, Eberhard/Hilf, Meinhard (Hrsg.), Kommentar zum EU- und EG-Vertrag, 19. Ergänzungslieferung 2002 (im Erscheinen)). Damit kommt nicht nur zum Ausdruck, dass die Unionsgewalt in staatenähnlicher Weise zur Setzung unmittelbar wirksamen Rechts befugt ist und dabei einen Kompetenzbereich abdeckt, der jenem traditioneller Staatsgewalt inzwischen entspricht. Der Begriff bringt auch zum Ausdruck, dass es sich bei der Union nicht nur um einen Zweckverband zur Erzielung bestimmter wirtschaftlicher Ziele handelt. Inhalte und Finalität des Primärrechts sind Ausdruck und Verkörperung gemeinsamer politischer Grundwerte; die EU wirkt darauf hin, ein europäisches politisches Gemeinwesen zu errichten, in dem die – weiterhin souveränen und selbst-ständigen Mitgliedstaaten eingebunden und integriert werden.

Union" zu fragen und so ihren Zustand, ihre Befindlichkeit und Lage zu untersuchen.[24] Im rechtlichen Kontext wird diese Begriffsbedeutung allerdings heute von den die Normativität der Verfassung in den Vordergrund stellenden Bedeutungen überlagert. Es ist wohlbekannt, dass dieser Prozess der Normativierung des Verfassungsbegriffs dem Verfassungsbegriff seine Mehrdeutigkeit nicht genommen hat. Im Sprachgebrauch der Verfassungswissenschaft lassen sich weiterhin verschiedene Bedeutungsgehalte nachweisen. Verfassung kann ein schriftliches Dokument sein, in dem Rechtssätze formuliert werden; Verfassung kann aber auch die Gesamtheit der Normen sein, die in einem Grunddokument ihren Niederschlag gefunden haben. Man kann den Verfassungsbegriff normativen Grundordnungen vorbehalten, die bestimmten Legitimationsmustern entsprechen – etwa in der Art, dass Verfassung nur die demokratische Grundordnung ist. Ebenso ist es möglich, den Verfassungsbegriff in umfassender Weise auf Normen, Institutionen und die von diesen geordnete Lebenswelt zu beziehen. Die Vieldeutigkeit des Verfassungsbegriffs ermöglicht es, begriffliche und theoretische Überlegungen zu Semantik und Funktion der verschiedenen Begriffsbedeutungen anzustellen und diese am konkreten Anwendungsfall durchzuspielen. Der erste, allerdings schnell erschöpfte Wert derartiger Reflektionen über Begriffsbedeutungen liegt in der Feststellung, dass ein und derselbe Begriff – je nach Begriffsbedeutung – zur Beschreibung eines Lebenssachverhalts verwandt werden kann – oder eben nicht: Je nach Verfassungsbegriff hat die Europäische Union eine Verfassung – oder auch nicht. Der wissenschaftliche Wert begrifflicher Klärungen kann ferner darin liegen aufzuzeigen, dass scheinbare sachliche Meinungsverschiedenheiten ihre Ursache in der Unterschiedlichkeit begrifflicher Setzung haben. Sie können schließlich auch in konventionelle Vorschläge münden, etwa des Inhaltes, dass es sinnvoller ist, die eine Bedeutung der anderen im rechtswissenschaftlichen Sprachgebrauch vorzuziehen. Der Wert derartiger Reflektionen ist allerdings begrenzt. Man erreicht schnell einen Punkt, an der ein sinnvolles Fortkommen bei der Bearbeitung konkreter Fragestellungen nur dann möglich ist, wenn eine bestimmte Begriffsbedeutung als die im konkreten Kontext verwandte Bedeutung gesetzt wird. Es ist wenig zweckmäßig, die Bedeutung eines Begriffs in der Schwebe zu halten und ihn zugleich in einem konkreten Anwendungskontext zu verwenden. Bei dieser Entscheidung spielen Konvention[25], darüber hinaus vor allem aber funktionale Erwägungen eine Rolle.[26]

---

[24] Dieser analytischen Aufgabe unterzieht sich der Bericht nicht, sie wird regelmäßig in Lehrbüchern des Europarechts geleistet.

[25] Es ist grundsätzlich nicht sinnvoll, einem Begriff einen Bedeutungsgehalt zuzuschreiben, der so nicht in der Sprachgemeinschaft bekannt ist.

[26] Vgl nur *Hesse, Konrad*, Grundzüge des Verfassungsrechts der Bunderpublik Deutschland, 19. Aufl., 1993, S. 3: Zur Darstellung des Verfassungsrechts kann nur „nach der heutigen, individuell-konkreten Verfassung gefragt werden". *Stern, Klaus*, Das Staatsrecht der Bundes-

1. Verfassung und Staatlichkeit

In der Verfassungsdiskussion der letzten Jahre[27] erfuhr die Frage, inwieweit der Verfassungsbegriff notwendig auf den Staat bezogen sei, besondere Aufmerksamkeit. Kaum einer anderen begrifflichen Frage wurde so viel Aufmerksamkeit geschenkt. Zurückzuführen dürfte dies vor allem auf den Umstand sein, dass es Verfassungsrechtswissenschaftler besonderer Prominenz waren, die die These vertraten, dass eine Verfassung begriffsnotwendig auf den Staat bezogen sei, dass also von Verfassung nur dort gesprochen werden könne, wo es um Zähmung oder Konstituierung *staatlicher* Herrschaft gehe. Der Staat ist danach vorfindlich, d.h. er ist der Verfassung begrifflich vorgelagert: Die grundlegende Behauptung der Anhänger dieses Verständnisses lautet: „Ohne Staat keine Verfassung"[28]. Eine vergleichbare Festlegung treffen jene Verfassungsrechtler, die in der Verfassung das Grundstatut des *staatlichen* Gemeinwesens reduzieren und damit den Begriff der Verfassung ebenfalls auf den der Staatsverfassung verengen[29]. Verfassung ist danach ihrerseits keine Voraussetzung von Staatlichkeit, sondern nurmehr von Stabilität[30]. Dieses auf die Hegel'sche Staatsphilosophie zurückgehende[31] staatszentrierte Verständnis von Verfassung lässt die Annah-

---

republik Deutschland, Bd. I: Grundbegriffe und Grundlagen des Staatsrechts, Strukturprinzipien der Verfassung, 2. Aufl., 1984, S. 70: „Die Staatsrechtswissenschaft muss *den* Verfassungsbegriff in das Zentrum ihrer Betrachtungen stellen, der für die Bewältigung der ihr gestellten Aufgaben wesentlich ist.".

[27] Siehe vor allem: *Grimm, Dieter*, Braucht Europa eine Verfassung?, 50 JZ 1995, S. 581; *Pernice, Ingolf*, Multilevel Constitutionalism and the Treaty of Amsterdam: European Constitution-Making Revisited?, 36 CMLRev. 1999, S. 703ff.; *Häberle, Peter*, Gemeineuropäisches Verfassungsrecht, in: Ders., Europäische Rechtskultur, 1994, S. 33ff.; *Böckenförde, Ernst-Wolfgang*, Welchen Weg geht Europa?, in: Ders., Staat, Nation, Europa. Studien zur Staatslehre, Verfassungstheorie und Rechtsphilosophie, 1999, S. 68ff.; *Bruha, Thomas/Hesse, Joachim Jens/Nowak, Carsten* (Hrsg.), Welche Verfassung für Europa? Erstes interdisziplinäres „Schwarzkopf-Kolloquium" zur Verfassungsdebatte in der Europäischen Union, 2001; *Habermas, Jürgen*, Die postnationale Konstellation und die Zukunft der Demokratie, in: Ders., Die postnationale Konstellation. Politische Essays, 1998, S. 91ff.; *Habermas, Jürgen*, Braucht Europa eine Verfassung? Eine Bemerkung zu *Dieter Grimm*, in: Ders., Die Einbeziehung des Anderen. Studien zur politischen Theorie, 1996, S. 185ff.; *Frankenberg, Günter*, The Return of Contract: Problems and Pitfalls of European Constitutionalism, 6 ELJ 2000, S. 257ff.; *Petersmann, Ernst-Ulrich*, Proposals for a Constitutional Theory and Constitutional Law of the EU, 32 CMLRev. 1995, S. 1123ff.

[28] *Kirchhof, Paul*, Europäische Einigung und der Verfassungsstaat der Bundesrepublik Deutschland, in: Isensee, Josef (Hrsg.), Europa als politische Idee und als rechtliche Form, 1993, S. 63, 82.

[29] Wie es *Grimm* etwa tut, der zwar von Verfassung als Grundordnung eines Gemeinwesens ausgeht, dieses aber gleichwohl in Bezug auf die Vorfindlichkeit des Staatlichen reduziert, 50 JZ 1995, S. 581, 582.

[30] *Kirchhof, Paul*, Europäische Einigung und der Verfassungsstaat der Bundesrepublik Deutschland, in: Isensee, Josef (Hrsg.), Europa als politische Idee und als rechtliche Form, 1993, S. 63, 84.

[31] Für Hegel ist der Staat als „die Wirklichkeit der Sittlichen Idee" das „an und für sich Vernüftige", vgl. *Hegel, Georg Wilhelm Friedrich*, Grundlinien der Philosophie des Rechts, 1821,

me, es existiere bereits eine europäische Verfassung, ebensowenig zu wie die Behauptung, die EU könne sich in näherer Zukunft eine Verfassung zulegen.[32] Europäische Verfassungsgebung liefe dieser Sichtweise zufolge notwendig auf die Schaffung eines europäischen Superstaates hinaus[33]; sie brächte den Verlust souveräner mitgliedstaatlicher Nationalstaatlichkeit[34] mit sich.

Inzwischen hat sich in Deutschland allerdings eine Sichtweise durchgesetzt, derzufolge der Verfassungsbegriff nicht notwendig auf den Staat bezogen ist. Danach waren es historisch-kontingente Gegebenheiten, die dazu geführt haben, dass in den letzten Jahrhunderten von Verfassung vor allem im Zusammenhang mit staatlicher Gewalt gesprochen wurde. Begriffsnotwendig ist diese Engführung des Verfassungsbegriffs danach allerdings nicht. Eine begriffliche *Loslösung* vom Element der Staatlichkeit ist dem Verfassungsbegriff möglich[35]; er entwickelt sich so zum poststaatlichen Begriff, zum „abstrakten Verfassungsbegriff"[36] oder zum „postnationalen Verfassungsbegriff"[37]. Diesem Verständnis zufolge steht der Weg zur Anerkennung europäischen Verfassungsrechts offen. Europäische Verfassungsgebung bedeutet danach nicht Auflösung von Staatlichkeit schlechthin. Sie bedeutet nur, dass an die Seite eines auf Staatlichkeit gerichteten Verfassungsbegriffs auch ein auf supranationale Herrschaftsgewalt bezogener Begriff treten kann. Dass sich diese Sichtweise relativ schnell hat durchsetzen können, dürfte nicht zuletzt daran liegen, dass die Staatslehre in Deutschland darniederliegt[38] und der Ablösung keinen Widerstand entgegen-

---

S. 398f. (§§ 257ff.); Zum modernen sittlichen Staat vgl. *Pauly, Walter*, Hegel und die Frage nach dem Staat, 39 Der Staat 2000, S. 381, vor allem 392ff., *Böckenförde, Ernst-Wolfgang*, Der Staat als sittlicher Staat, Berlin, 1978.

[32] *Grimm, Dieter*, Braucht Europa eine Verfassung?, 50 JZ 1995, S. 581; *Koenig, Christian*, Ist die Europäische Union verfassungsfähig?, 51 DÖV 1998, S. 268.

[33] Zur Frage der europäischen Staatlichkeit etwa *Oeter, Stefan*, Vertrag oder Verfassung: Wie offen läßt sich die Souveränitätsfrage halten?, in: Bruha, Thomas u.a. (Hrsg.), Welche Verfassung für Europa?, 2001, S. 243; *Landfried, Christine*, Auf dem Weg zu einem europäischen Verfassungsstaat?, in: Bruha, Thomas u.a. (Hrsg.), Welche Verfassung für Europa?, 2001, S. 265.

[34] Eine Behauptung, die praktisch einhellig abgelehnt wird, vgl. zum Meinungsstand nur *Busse, Christian*, Die völkerrechtliche Einordnung der Europäischen Union, 1999, S. 43.

[35] Zur These, die europäische Verfassung schliesse Elemente von staatlicher Verfassung und internationaler Verfassung (UN-Charta) in sich ein und stehe dadurch sozusagen zwischen ihnen, *Thürer, Daniel*, Föderalistische Strukturen für Europa – eine zweite Chance der Entfaltung, 23 integration 2000, S. 89, 92.

[36] *Hertel, Wolfram*, Supranationalität als Verfassungsprinzip, 1999, S. 77ff. und S. 256, Zusammenfassung, Punkt 5.

[37] *Pernice, Ingolf*, Europäisches und nationales Verfassungsrecht, 60 VVDStRL 2001, S. 148, 155.

[38] Selbst *Josef Isensee* leugnet diesen Zustand nicht, wenngleich er auch umso stärker und ohne Umschweife die Rückbeziehung des Verfassungsbegriffs auf den Staat fordert, vgl nur „Staat und Verfassung", in Isensee, Kirchof (Hrsg.), HdBStR, Bd. I, § 13, Rdn. 3: „Paradigmenwechsel [der] Ablösung von „Staat" durch „Verfassung" und „Demokratie"" versus „Staat als

setzen konnte.[39] Von Bedeutung dürfte schließlich auch sein, dass sich aussagekräftige und gehaltvolle Begriffe zur Bezeichnung der Grundordnung der EU bislang nicht entwickelt haben; derartige Begriffe wären aber notwendig, wollte man auf die Verwendung des Verfassungsbegriffs verzichten.

2. Verfassung als Zähmung oder Einsetzung von Herrschaft

Versucht man, die im gegenwärtigen Sprachgebrauch verwandten Begriffsbedeutungen zu ordnen, so ist zunächst zwischen jenen Bedeutungen zu unterscheiden, denen zufolge Verfassung vorexistente Herrschaft bindet und zähmt, und jenen Bedeutungen, denen zufolge Verfassung Herrschaft konstituiert und inhaltlich anleitet. Beide Bedeutungen sind miteinander inkompatibel. Der zunächst genannten Sichtweise zufolge treten Verfassungen „von außen" an eine bereits konstituierte Herrschaftsgewalt heran; Verfassungen konstituieren danach nicht, sondern zähmen und binden Herrschaftsgewalt, die ihre Existenz einem außerhalb der Verfassung liegenden Legitimationsgrund verdankt. Seine größte geschichtliche Bedeutung erlangte dieser Verfassungsbegriff vor allem im Deutschland des neunzehnten Jahrhunderts, darüber hinaus aber auch in England. In beiden Fällen musste es der politischen Theorie darum gehen, die bereits existente Herrschaftsgewalt des Monarchen rechtlich einzubinden. Diesem Verständnis zufolge sind Verfassungen notwendig normativ; sie sind aber nicht notwendig dem demokratischen Prinzip verpflichtet. Eine bedeutende Rolle kommt hier der Idee des Verfassungsvertrages zu, der zwischen dem Träger der Herrschaftsgewalt und jenen gesellschaftlichen Kräften abgeschlossen wird, die auf Begrenzung, Zähmung und Einbindung der Herrschaftsgewalt dringen. Im Extremfall kann Verfassung hier als Akt der Selbstzähmung des Trägers der Herrschaftsgewalt begriffen werden.

Demgegenüber liegt dem zweitgenannten Verfassungsverständnis das Moment der Konstituierung, der Einsetzung von Herrschaftsgewalt zugrunde. Dieser Sichtweise zufolge verdankt in einem verfassten Gemeinwesen alle Herrschaftsgewalt ihre Existenz und ihr Dasein der Verfassung. Legale Herrschaftsgewalt, die nicht ihre Grundlage in der Verfassung findet, ist danach bereits nicht vorstellbar; jeder Versuch, außerhalb der Verfassung und jenseits verfassungsrechtlicher Kompetenzen Herrschaftsgewalt auszuüben, muss danach als Verfassungsbruch gewertet werden. Verfassungsgebung ist immer Bruch mit der alten Ordnung und Neuanfang; Verfassung und Revolution sind danach un-

---

Natur der Sache"; ähnlich in : „Gemeinwohl und Staatsaufgaben im Verfassungsstaat", in HdBStR Bd. III, § 57, Rdn. 132.
[39] Zsfd. *Hofmann, Hasso*, Von der Staatssoziologie zu einer Soziologie der Verfassung?, 54 JZ 1999, S. 1065. Eine ganz andere Frage ist, inwieweit Staatlichkeit selbst sich wandelt; hierzu etwa *Denninger, Erhard*, Vom Ende nationalstaatlicher Souveränität in Europa, 55 JZ 1998, S. 1121.

trennbar miteinander verbunden. Das Verständnis von Verfassung als Form der Konstitution von Herrschaft impliziert mindestens dreierlei, nämlich den *normativen*, den *grundlegenden* und den *umfassenden* Charakter von Verfassung. Alle drei Eigenschaften lassen es zu, Verfassung als einen Normenkomplex zu identifizieren, der „die Einrichtung und Ausübung der Staatsgewalt sowie der Beziehungen zwischen Staat und Gesellschaft grundlegend regelt"[40]. Damit ist Verfassung eine *gewollte Gesamtentscheidung*, die dem sozialen Miteinander zugrunde liegt. Dieser Gesichtspunkt der Gesamtentscheidung bildet den wesentlichen Unterschied zu nicht „verfassten" rechtlichen Systemen. Während die *institutio* eine „historisch gewachsene, irgendwie, meist vertraglich geformte, an naturrechtlichen Lehren orientierte oder auch nur tatsächlich sich ergebende Machtverteilung unter den real vorhandenen Kräften"[41] ist,[42] kennzeichnet es die *constitutio*, normativ gebundene Grundorientierung über Herrschaftsverhältnisse zu sein. Zu den funktionalen Anforderungen an eine Verfassung gehört insofern nicht nur, dass sie eine Kompetenzordnung etabliert; sie hat auch Institutionen einzurichten und deren Entscheidungsproze zu regeln.[43] Zur verfassungsmäßigen negativen Legitimation von Herrschaft (Freiheit *vor* staatlicher Herrschaft) gesellte sich gleichsam die positive Legitimation hinzu (Freiheit *zu* staatlicher Herrschaft)[44]. Die Verfassung muss zudem eine Antwort auf die Legitimationsproblematik geben; eine Verfassung, die sich nicht mit der Frage der Legitimität ihres Geltungsanspruchs befaßt, steht auf tönernen Füßen. Kein *notwendiger* Bestandteil der Verfassung sind dieser Sichtweise zufolge Grundrechte oder Staatszielbestimmungen; die historische Erfahrung belegt allerdings, dass eine Verfassung die Legitimitätserwartungen im westlich-aufgeklärten Gemeinwesen nur dann erfüllen kann, wenn sie Grundrechtsschutz gewährt und materiell-inhaltliche Festlegungen vornimmt. In diesem materiell angereicherten Sinne ist Verfassung die *freiheitlich* politische Grundordnung des Staates, sie ist „der Inbegriff von in der Regel in einer Verfassungsurkunde niedergelegten Rechtssätzen höchsten Ranges, die die Ordnung des Staates hinsichtlich der grundlegenden Organisation, Form und Struktur regeln sowie das grundlegende Verhältnis zu seinen Bürgern und bestimmte

---

[40] *Grimm, Dieter*, Verfassung, in: Ders., Die Zukunft der Verfassung, 1991, S. 11.
[41] *Stern, Klaus*, Das Staatsrecht der Bundesrepublik Deutschland, Bd. I, 2. Aufl., S. 61.
[42] Sie lässt sich damit mit dem analytischen Verfassungsbegriff gut erfassen.
[43] Vgl. bereits *Jellinek, Georg*, Allgemeine Staatslehre, 1914, S. 505: „Die Verfassung des Staates umfasst demnach in der Regel die Rechtssätze, welche die obersten Organe des Staates bezeichnen, die Art ihrer Schöpfung, ihr gegenseitiges Verhältnis und ihren Wirkungskreis festsetzen, ferner die grundsätzliche Stellung des einzelnen zur Staatsgewalt."
[44] Im einzelnen *Starck, Christian*, Grundrechtliche und demokratische Freiheitsidee, in: Isensee, Josef und Kirchhof, Paul (Hrsg.), HdBStR, Bd. II, 1987, S. 3; *Grabitz, Eberhard*, Freiheit und Verfassungsrecht, 1976. Legitimation ist in der westlichen Welt eines der wichtigsten, wenn nicht das wichtigste Thema von Verfassung, vgl. nur Alexander, der es gleich zu Beginn seines verfassungsrechtlichen Diskurses aufbringt: *Alexander, Larry*, Introduction, in: Ders. (Hrsg.), Constitutionalism, Philosophical Foundations, Cambridge: CUP, 1999, S. 1.

aus Gründen erschwerter Abänderbarkeit in diese übernommene Gegenstände festlegen."⁴⁵. Dieser Verfassungsbegriff hat seine Wurzeln in der Theorie Frankreichs und der Vereinigten Staaten, hat aber im Deutschland des zwanzigsten Jahrhunderts an Bedeutung gewonnen und lässt sich wohl heute als vorherrschend bezeichnen.

3. Verfassung und Legitimität

Die Mehrdeutigkeit des Verfassungsbegriffs ist ferner darauf zurückzuführen, dass sich im Sprachgebrauch von Politik und Wissenschaft Bedeutungsvarianten nachweisen lassen, denen zufolge jede rechtliche Grundordnung im oben beschriebenen Sinne als Verfassung bezeichnet werden kann, darüber hinaus aber auch solche Varianten existieren, die bestimmte materielle Anforderungen an eine Verfassung stellen. Während der erstgenannten Sichtweise zufolge bereits ein bloßes Organisationsstatut „Verfassung" sein kann, verlangen die zuletzt genannten Positionen die Erfüllung bestimmter Legitimationskriterien. Wird etwa der legitimistische Verfassungsbegriff mit tradierten, am „Staatsvolk" und an der Verfassungstheorie des 19. Jahrhunderts orientierten Gehalten angereichert und werden in diesem Zusammenhang hohe Anforderungen an die demokratische Legitimation der einschlägigen Regeln gestellt, so wird die Europäische Union angesichts ihrer dann defizitären Strukturen kaum verfassungsfähig sein⁴⁶. Unter den Anhängern eines legitimistischen Verfassungsbegriffs herrscht allerdings kein Einverständnis darüber, welche Anforderungen zu formulieren sind. Teilweise ist man der Auffassung, dass von Verfassung nur dann gesprochen werden kann, wenn ein bestimmtes Verfahren der Inkraftsetzung oder ein bestimmter Legitimitätsanspruch (regelmäßig: Rückführbarkeit auf den Willen des verfassungsgebenden Volkes) gegeben sind. Als Verfassung ist eine Grundordnung danach nur dann zu bezeichnen, wenn sie ihre Legitimität im demokratischen Prinzip sucht und sich auf das Prinzip der verfas-

---

⁴⁵ *Stern, Klaus*, Das Staatsrecht der Bundesrepublik Deutschland, Bd. I, 2. Aufl., S. 78; Eingehend: *Ders.*: Die Verbindung von Verfassungsidee und Grundrechtsidee zur modernen Verfassung, in: *Ders.*: Der Staat des Grundgesetzes, Ausgewählte Schriften und Vorträge, hrsg. von Helmut Siekmann, 1992, S. 111.

⁴⁶ In Deutschland wird die Legitimationsfrage des Unionsrechts überwiegend im Zusammenhang mit der Frage nach der Staatlichkeit diskutiert, weil der Begriff des „Volkes" nach Art. 20 Abs. 2 S. 1 GG im Sinne von „Staatsvolk" verstanden wird; vgl. etwa BVerfGE 89, 155, 186: „Jedes Staatsvolk ist Ausgangspunkt für eine auf es selbst bezogene Staatsgewalt. Die Staaten bedürfen hinreichend bedeutsamer Aufgabenfelder, auf denen sich das jeweilige Staatsvolk in einem von ihme legitimierten und gesteuerten Prozess politischer Willensbildung entfalten kann, um so dem, was es – relativ homogen – geistig, sozial und politisch verbindet, rechtlichen Ausdruck zu geben." Diese Verknüpfung von Staatlichkeit und Legitimation wird auch in der Literatur deutlich. Beispielhaft hierfür etwa die Argumentation, die Union sei nicht verfassungsfähig, weil ihr *mangels legitimierenden Staatsvolkes* die eigene Staatlichkeit fehle: *Koenig, Christian*, Ist die Europäische Union verfassungsfähig? 51 DÖV 1998, S. 268.

sungsgebenden Gewalt des Volkes stützt, um Existenz und Geltungsanspruch zu begründen. Legitimistische Verfassungsbegriffe formulieren ferner Anforderungen, was die inhaltliche Ausrichtung der gezähmten oder eingesetzten Herrschaftsgewalt angeht: Teilweise fordert man, dass von Verfassung nur dort die Rede sein kann, wo Herrschaft demokratisch rückgebunden wird. So identifiziert etwa *Kägi* als Wesensmerkmal und Hauptaufgabe von Verfassung die Bestimmung der Staatsordnung „von unten". Zentrales Merkmal des modernen Konstitutionalismus ist danach das Demokratieprinzip: „Diese Idee der Selbstgesetzgebung ist es, was die Staats*verfassung* von der (autoritär von oben gesetzten) Staats*ordnung* unterscheidet."[47] Anderer Sichtweise zufolge muss eine Grundordnung jedenfalls bestimmte Werte in Rechtsnormen überführen, Grundrechte begründen, Staatsziele festlegen oder bestimmten Organisationsprinzipen genügen, um die begrifflichen Anforderungen an eine Verfassung zu erfüllen. Der vielleicht berühmteste Niederschlag dieses Verständnisses findet sich in der französischen Erklärung der Menschenrechte von 1789: „Toute société dans laquelle la garantie des droits n'est pas assurée, ni la séparation des pouvoirs déterminée, n'a point de constitution." Es liegt auf der Hand, dass der Verfassungsbegriff in dieser inhaltlichen Aufladung zum politischen Kampfbegriff werden konnte. Schwierigkeiten verbinden sich mit diesem Verständnis, weil es keine Einigkeit über die Kriterien gibt, die als *notwendiger* Maßstab und Inhalt einer Verfassung zu formulieren sind.

4. Verfassung und Gesellschaft

Bedeutungsvarianten des Verfassungsbegriffs lassen sich auch insoweit nachweisen, als es um den Umfang und die Reichweite des Ordnungsanspruchs der errichteten Grundordnung geht. Dem formalen Verständnis zufolge konstituiert oder zähmt die Verfassung Herrschaft, befasst sich mit der Ordnung der Herrschaftsausübung und leitet diese an. Den Anspruch einer Ordnung der Gesellschaft beansprucht die Verfassung demgegenüber nicht. Die gesellschaftlichen Verhältnisse liegen dieser Sichtweise zufolge vor oder jenseits des Regelungsanspruchs der Verfassung. Sie sind grundsätzlich dem freien Spiel der gesellschaftlichen Kräfte überlassen. Besteht Ordnungsbedarf, so ist dieser von der demokratisch verantwortlichen Hoheitsgewalt im politischen Prozess zu befriedigen; die gesellschaftliche Ordnung darf nicht bereits substantiell in der Verfassung vorgeprägt sein. Der formale Verfassungsbegriff weist insofern eine große Affinität zur politischen Theorie des Liberalismus auf.

Demgegenüber gehen die Anhänger eines substantiellen Verfassungsbegriffes davon aus, dass sich der Regelungsanspruch der Grundordnung auch auf die

---

[47] *Kägi, Werner,* Die Verfassung als rechtliche Grundordnung des Staates, 1945 (Neudruck 1971), S. 49.

Ordnung der Gesellschaft beziehen muss. Verfassung ist danach umfassende Grundordnung des Gemeinwesens, nicht lediglich konstituierendes Statut für den Träger der Hoheitsgewalt. Verfassung ist nicht lediglich „Staatsverfassung", sondern auch „Gesellschaftsverfassung"[48]; ihr Regelungsanliegen beschränkt sich nicht auf die Steuerung der Hoheitsgewalt, sondern erstreckt sich auch auf die Ordnung der gesellschaftlichen Verhältnisse mit Blick auf eine Idee des Guten oder Richtigen. Mit diesem Verständnis werden Verfassungsfunktionen im Bezugsfeld Bürger – Staat eingefangen, mittelbar darüber hinaus auch im Bezugsfeld Bürger – Gesellschaft. Verfassung konstituiert danach nicht nur staatliche Macht; sie konstituiert auch *Gesellschaft*, wirkt jedenfalls konstituierend in sie hinein[49]. Konrad Hesse etwa hebt hervor, dass Verfassung nicht auf die Ordnung staatlichen Lebens beschränkt sei. Vielmehr sei sie auch in nicht-staatlichen Lebensbereichen konstituierend fühlbar, wie etwa in Ehe und Familie, Eigentum, Bildung, Freiheit von Kunst und Wissenschaft, Wirken sozialer Gruppen usw.[50] Dem folgend sind daher in Abkehr zu dem engen staatszentrierten Verfassungsbegriff in den Begriff der „Verfassung" auch die gesellschaftsintegrierenden Bestandteile aufzunehmen. Mit Konrad Hesse bedeutet daher Verfassung nicht etwa die „rechtliche Grundordnung *des Staates*", sondern die „rechtliche Grundordnung *des Gemeinwesens*".[51] Besonders in der Rechtsprechung des Bundesverfassungsgerichts zur Werteordnung des Grundgesetzes[52] hat dieses weite Verständnis von Verfassung seinen Niederschlag gefunden. Anhänger dieses Verfassungsverständnisses beschreiben als Verfassungsfunktion die Gewährleistung von „Integration", interpretieren die Verfassung im Lichte republikanisch-politischer Vorstellungen von Bürgeraktivität und politischem Ethos oder verlangen von ihr die Sicherung des gesellschaftlichen Grundkonsenses.

5. *Verfassung und Identität*

Bedeutungsvarianten des Verfassungsbegriffs lassen sich schließlich auch insoweit nachweisen, als es um den Stellenwert der Verfassung im Prozess der Identitätsbildung geht. Es lassen sich in Deutschland Stimmen nachweisen, die den Begriff der Verfassung einer Grundordnung nur dann zuschreiben wollen,

---

[48] *Brugger, Winfried* (Hrsg.), Legitimation des Grundgesetzes aus Sicht von Rechtsphilosophie und Gesellschaftstheorie, 1996, S. 7.
[49] Zur historischen Entwicklung der Verfassungsfunktionen insoweit *Böckenförde, Ernst-Wolfgang*, Geschichtliche Entwicklung und Bedeutungswandel der Verfassung, in: Ders., Staat, Verfassung, Demokratie, S. 29, 47ff.
[50] *Hesse, Konrad*, Grundzüge des Verfassungsrechts der Bundesrepublik Deutschland, 19. Aufl. 1993, § 1 III 1: Rz. 17.
[51] Ibid.; vgl auch Verfassung und Verfassungsrecht, in: Benda, Ernst u.a. (Hrsg.): HdBVR, S. 1, 7 Rz. 10.
[52] Werterechtsprechung, vgl. etwa BVerfGE 6, 55 (72); 10, 59 (81) usw.

wenn sie identitätsformende oder gar identitätskonstituierende Funktion hat, wenn also die Verfassung auch oder vor allem Kristallisationsfaktor der Identität der Mitglieder des Gemeinwesens darstellt. Diese Sichtweise wird in verschiedenen Spielarten vertreten. Teilweise meint man, dass Verfassungsgebung scheitern müsse und eine Verfassung nicht zu ihrem Sinn kommen könne, wenn sie nicht gesellschaftlichen Sinn, historische Erfahrungen und existentielle Momente des Gemeinwesens in sich trage. Von Verfassung könne daher nur dort gesprochen werden, wo hinter der Verfassung die vorfindliche Geschichtlichkeit des Gemeinwesens stünde, wo die Verfassung Gedächtnis des Gemeinwesens sei. Der Versuch, ein Gemeinwesen durch Verfassungsgebung erst zu konstituieren, sein Zusammenwachsen im Verfassungsleben zu organisieren, soll danach zum Scheitern verurteilt sein. Funktionalistische Verfassungsgebung kann demzufolge lediglich „Scheinlegitimation" vermitteln. Dieser Sichtweise ist insoweit zuzustimmen, als hinter vielen Verfassungen in der Tat existentielle Erfahrungen stehen, die den Akt der Verfassungsgebung zugleich auch zu einem wesentlichen Element der Identitätsbildung machen. Begrifflich oder historisch notwendig ist dies aber nicht. In einer Zeit, in der sich zu identitätskonstituierenden Faktoren vor allem die Kriterien der wirtschaftlichen und sozialen Stellung, der Konsum- und Freizeitgewohnheiten etc. entwickelt haben, mutet es merkwürdig anachronistisch an, dem Verfassungsbegriff einen Gehalt einschreiben zu wollen, mit dem die Einzelnen kaum mehr etwas anfangen können. Auf einer anderen Ebene bewegen sich Ansätze, die die Verfassungsqualität einer Grundordnung mit dem identitätsformenden Kriterium des Verfassungspatriotismus in Verbindung bringen.

6. *Schlussfolgerungen*

Die vorstehenden Überlegungen bekräftigen zunächst die Ausgangsfeststellung, dass sich die deutsche Verfassungsrechtswissenschaft nicht eines eindeutigen Verfassungsbegriffs bedient. Je nach Erkenntnisinteresse, verfassungstheoretischem Standpunkt und normativem Anliegen bedient man sich des Begriffs in deutlich unterschiedlicher Bedeutung. Insofern kann es nicht verwundern, dass sich die Diskussion um Stand und Entwicklung der europäischen Integration, um Richtung und Finalität des Prozesses auch und zuerst auf begrifflicher Ebene abspielt. Die letzten Jahre haben allerdings im Begrifflichen zu gewissen Ermüdungserscheinungen geführt. Überwiegend hat sich die Auffassung durchgesetzt, dass die Verwendung eines angereicherten, wenngleich nicht legitimistischen Verfassungsbegriffs[53] sinnvoll ist. Es muss sich um einen Verfassungsbegriff handeln, der auf die Problematik zugeschnitten ist, die sich mit der Einbin-

---

[53] Zum ganzen *Craig, Paul*, Constitutions, Constitutionalism and the European Union, 7 ELJ 2001, S. 125.

dung und Legitimierung von Herrschaft im 21. Jahrhundert jenseits des Nationalstaates verbindet (konkreter, aber abstrahierender normativer Verfassungsbegriff)[54]. Vor diesem Hintergrund[55] ist man sich inzwischen weitgehend einig, dass das Primärrecht der EU Verfassungsqualität hat, dass aber unter Zugrundelegung eines substantiell angereicherten Verfassungsbegriffs Defizite bestehen. Die Diskussion hat sich inzwischen der Frage danach zugewandt, wo derartige Defizite zu sehen sind und wie sie zu beseitigen sind. Man erkennt die Verfassungswerdung der Verträge an, fordert aber verfassungsrechtliche Erneuerung und Fortschreibung. Dem bestehenden Primärrecht wird die Qualität einer „de-facto"-Verfassung oder einer „Grundordnung"[56] zugeschrieben; sie wird als Verfassung im formellen Sinne bezeichnet. In einem Atemzug werden allerdings dann immer (und jeweils in Abhängigkeit vom verwandten Verfassungsbegriff) jene Mängel hervorgehoben, die dem Primärrecht „in materieller Hinsicht" anhaften und ihm die Qualität als „vollwertige" und angemessene Verfassung[57] nehmen. In diesem Zusammenhang wird vor allem die Frage danach gestellt, ob es nicht Zeit ist, dass sich die EU eine formelle Verfassungsurkunde zulegt.[58]

IV. Der Verbund von EU und Mitgliedstaaten als konsoziative Föderation

Während man sich in Deutschland in der ersten Hälfte der neunziger Jahre vor allem mit der herrschaftstheoretischen Einordnung der EU befasste, gewann in der zweiten Hälfte der neunziger Jahre die verfassungstheoretische und -rechtliche Beschreibung des Zusammenspiels von Integrationsverband und Mitgliedstaaten an Bedeutung. Im Kreise derjenigen Beobachter, die die Beschreibung der EU als (wenn auch besonderer) internationaler Organisation für überholt erachteten, stellte man sich die Frage, wie das Verhältnis zwischen dem europäischen Herrschaftsträger und seinen Mitgliedstaaten zu konzipieren ist. Dies war folgerichtig: Die überkommenen Begrifflichkeiten und Konzeptionen des Völkerrechts über das Zusammenspiel von Staat und internationaler Organisation

---

[54] Zur Begriffsbildung vgl. zsfd. etwa *Bieber*, Verfassungsfrage und institutionelle Reform, in: Bruha, Thomas u.a. (Hrsg.), Welche Verfassung für Europa?, 2001, S. 111.
[55] Vgl. auch die Einschätzung von *Biaggini, Giovanni*, Eine Verfassung für Europa?, in NZZ vom 11./12. November 2000, S. 57: „Dem neuen internationalen Verfassungsbegriff liegt ein in erster Linie deskriptives Verfassungsverständnis zugrunde."
[56] *Tsatsos, Dimitris Th.*, Die europäische Unionsgrundordnung, 22 EuGRZ 1995, S. 287ff.
[57] Hierzu *Weiler, Joseph H. H.*, European Neo-constitutionalism: In Search of Foundations for the European Constitutional Order, 44 Political Studies 1996, S. 517ff.
[58] *Bruha, Thomas/Hesse, Joachim Jens/Nowak, Carsten*, Vorwort, in: Dies (Hrsg.), Welche Verfassung für Europa? Erstes interdisziplinäres „Schwarzkopf-Kolloquium" zur Verfassungsdebatte in der Europäischen Union, Baden-Baden: Nomos 2001, S. 5ff.

konnten das neu entstandene Verhältnis nicht (oder jedenfalls nicht eins zu eins) erfassen. Aufgrund ihrer Kompetenzbreite und ihrer Rechtsetzungsgewalt steht die EU zu den Mitgliedstaaten in einem Verhältnis, das sich elementar von jenem zwischen einer herkömmlichen internationalen Organisation und ihren Mitgliedstaaten unterscheidet. Ihr Wirken, insbesondere ihre Rechtsetzung wirkt breit und tief in die mitgliedstaatlichen Rechtsordnungen hinein. Die EU ist Produkt mitgliedstaatlicher Entscheidung, zugleich aber verändern sich die Mitgliedstaaten im Integrationsprozess tiefgreifend. Beinahe zeitgleich wurden zwei Konzeptionen dieses Verhältnisses entwickelt, eine eher formalen und konstruktivistischen Inhalts, eine andere eher materiellen Inhalts.

1. Die Herausbildung eines Verfassungsverbunds

Große Bedeutung hat in der deutschen Diskussion zunächst die Konzeption des Verfassungsverbunds erlangt, die Ingolf Pernice entwickelt hat. Danach stehen Verfassung und Rechtsordnung des Verbands „Europäische Union" und der mitgliedstaatlichen Verbände in einem so engen Verhältnis der gegenseitigen Verweisung, der gegenseitigen Abhängigkeit und der Verflechtung, dass man die klassisch-völkerrechtliche Sichtweise (unabhängiger Staat und internationaler Zusammenschluss) überwinden müsse. EU und Mitgliedstaaten sind danach rechtsnormativ in einer Weise zusammengewachsen, dass man sie als Bestandteile eines miteinander zusammengewachsenen Verbundes betrachten müsse. Die zwischen der EU und den Mitgliedstaaten bestehende *Trennung* werde durch den Prozess des konstitutiven Zusammenwachsens aufgehoben.[59] EU-Rechtsordnung und nationale Rechtsordnung würden miteinander verschmolzen. Die Verflechtung hätte einen Grad erreicht, der es konzeptionell nicht mehr sinnvoll erscheinen ließe, zwischen zwei verschiedenen Rechtsordnungen zu unterscheiden.[60] Die in der Vergangenheit immer wieder auftauchenden Konflikte zwischen dem Geltungsanspruch beider Rechtsordnungen wären damit hinfällig. Im Hinblick auf das Zusammenwachsen der Verfassungen müsse auch von einer einheitlichen „Verfassung Europas" gesprochen werden, in der EU-Verfassungsrecht und nationale Verfassungen aufgegangen seien. Dies mündet in ein Verfassungsverständnis, in dessen Mittelpunkt die europäische

---

[59] *Pernice* sieht inzwischen einen Umfang der Verflechtung als gegeben, der es rechtfertigt, davon zu sprechen, dass die Unterscheidung und Unterscheidbarkeit von Europäischer Verfassung und nationalen Verfassungen aufgehoben worden sei.

[60] *Pernice, Ingolf*, in: Dreier, Horst (Hrsg.), Grundgesetz Kommentar, 1998, Art. 23 Rdnr. 20. M.E. schießt die Feststellung, europäische Rechtsordnung und nationale Rechtsordnungen wüchsen so miteinander zusammen, dass man sie als einheitliche Rechtsordnung ansehen müsse, über das normative Ziel der Verbundsthese hinaus. Ihrem Ursprung nach lassen sich Normen des europäischen Rechts und solche des nationalen Rechts weiterhin unterscheiden – wie auch diese Unterscheidung im Bundesstaat im Hinblick auf Bundes- und Landesrecht möglich ist.

Verfassungsgesamtheit steht, in der die mitgliedstaatlichen Verfassungen und die unionale Verfassung als „Teilverfassungen" aufgehen („Mehrebenen-Verfassungsverbund"[61]). *Ingolf Pernice* hat mit diesen Überlegungen die verfassungstheoretische Diskussion in kaum zu überschätzender Weise vorangebracht und befruchtet. Der unschätzbare Wert dieser Überlegungen liegt (ungeachtet gelegentlicher Überzeichnungen[62]) in dem Umstand, dass die bislang vorherrschende, einen Antagonismus von EU und Mitgliedstaaten unterstellende Sichtweise überwunden werden konnte. Nicht die Frage des Konflikts, nicht die Frage der gegenseitigen Abgrenzung und des Geländegewinns auf Kosten der jeweils anderen Seite steht für diese Position im Vordergrund, sondern die gemeinsame, nur im gegenseitigen Zusammenspiel zu verwirklichende Zielsetzung der Verwirklichung eines europäischen Gemeinwohls im „europäischen Verfassungsraum".[63] Nicht die Frage nach der Souveränität, nach dem Ausnahmefall, steht im Zentrum des Denkens von *Pernice*, sondern der Regelfall der Kooperation. Die europäische Verfassungstheorie hat insofern Anschluss an das Verfassungsdenken in bundesstaatlich gestuften Ordnungen gefunden. Es kann insofern als programmatische Formulierung angesehen werden, wenn Pernice seine Verfassungstheorie als „Mehrebenenkonstitutionalismus" bezeichnet.[64]

2. Die föderale Qualität des Verbunds

Mit dem Begriff des Mehrebenenverbundes lässt sich das Element der gegenseitigen Verweisung von EU-Verfassung und nationalem Verfassungsrecht gut einfangen. Über die inhaltlichen Qualitäten des entstandenen Verbundes ist damit allerdings noch keine Aussage getroffen. Auch der gelegentlich verwandte Begriff des regulativen „Mehrebenen*systems*" (gerade wegen seines Abstraktions-

---

[61] Vgl. nur *Pernice, Ingolf*, Multilevel Constitutionalism and the Treaty of Amsterdam: European Constitution-making revisited?, 26 CMLRev 1999, S. 703.

[62] Problematisch beispielsweise die Behauptung, „national administrative bodies are in an ‚agency-situation' regarding the transposition and application of community law, in fact they are part of the European executive and exercising European authority"; *Pernice, Ingolf*, Multilevel Constitutionalism and the Treaty of Amsterdam. European Constitutional-Making Revisited? 36 CMLR 1999, S. 703 (724). Darin läge eine Verwischung der Verantwortlichkeiten, die aus verfassungstheoretischer und demokratischer Sicht bedenklich wäre. Auch im Bundesstaat wandeln sich die Organe der Gliedstaaten nicht zu Organen des Bundes, wenn sie Bundesrecht ausführen.

[63] Vgl. z.B. *Bieber, Roland* u.a. (Hrsg.), Europäischer Verfassungsraum, 1995.

[64] *Pernice, Ingolf*, in: WHI für Europäisches Verfassungsrecht (Hrsg.), Grundfragen der europäischen Verfassungsentwicklung, Bd. 1, 2000, 11; ders., 36 CMRL 1996, 703; vgl. auch *Bauer*, JBl. 2000, S. 749; *Bogdandy, Armin von*, A bird's eye view on the science of European Law, 6 ELJ 2000, S. 208; Schuppert, Gunnar F., in: Klingemann, Hans D./Neidhardt, Friedhelm, Zur Zukunft der Demokratie. Herausforderungen im Zeitalter der Globalisierung, 2000, S. 237; *Thürer, Daniel*, Föderalistische Verfassungsstrukturen – eine zweite Chance der Entfaltung, 23 Integration 2000, S. 89.

grads und seiner begrifflichen Unbelastetheit) hilft nicht unbedingt weiter[65]. Die wohl überwiegende Auffassung in Deutschland geht heute davon aus, dass das Zusammenspiel von EU und Mitgliedstaaten von föderalen Strukturprinzipien beherrscht wird. Deutlich tritt die föderale Natur vor allem in den jeweiligen Gewährleistungsnormen der Art. 6, 7 EUV und Art. 23 GG hervor. Auch die gegenseitigen Loyalitätspflichten sind in dieser Hinsicht von konstitutiver Bedeutung.

In der Theoriegeschichte des Föderalismus ist eine reiche Vielfalt von Varianten entstanden. Vor diesem Hintergrund ist es nur zu verstehen, dass man sich in der Frage, welchen Grad der Föderalisierung der Verbund bereits erreicht hat, nicht einig ist. Während einige Beobachter dem Verbund bereits eine entwickelte Form des Föderalismus attestieren,[66] sehen andere ihn erst auf dem Weg zur Föderation.[67] Die Zurückhaltung, die im Umgang mit dem Föderalismusbegriff zu beobachten ist, mag nicht zuletzt darauf zurückzuführen sein, dass sich im Verlauf des 19. Jahrhunderts eine Verengung auf die Form der Bundesstaatlichkeit vollzogen hat. Wer sich dieser Begriffstradition verpflichtet fühlt, wird sich jedenfalls dann, wenn die damit einhergehenden Folgerungen (insbesondere: Souveränität des Bundes) nicht gezogen werden sollen, im Umgang mit dem Föderalismusbegriff Zurückhaltung auferlegen. Zwingend ist diese Verengung aber nicht; sie ist lediglich eine – wenn auch in den letzten zweihundert Jahren besonders wichtige – Form des Föderalismus. Arbeitet man die ideengeschichtlichen Wurzeln des Föderalismus heraus, so geht es nicht um Souveränität, sondern um Einheitssicherung und Vielfaltgewähr, um das freie und selbstbestimmte Zusammenwirken verschiedener, vertikal gestufter Verbände. Im Lichte eines solchen Föderalismusbegriffs lassen sich gegen die Bezeichnung des Integrationsverbunds als Föderation keine Einwände erheben. Föderalismus ist ein politisches Ordnungsprinzip, das darauf abzielt, die Existenz und Selbstständigkeit einer Mehrheit politischer Einheiten mit der Zusammenfassung dieser Einheiten in ein höheres Ganzes zu verbinden. Föderalistische Ordnungen sind als mehrstufige politische Systeme zu begreifen, in denen an die Seite der politischen Einheit der Glieder die politische Gesamtexistenz tritt. Föderalismus ist damit Bildung eines Ganzen unter gleichzeitiger Bewahrung der Freiheit der engeren territorialen und personellen Gemeinschaf-

---

[65] *Mayer, Franz C.*, Kompetenzüberschreitung und Letztentscheidung, Das Maastricht-Urteil des Bundesverfassungsgerichts und die Letztentscheidung über Ultra vires-Akte in Mehrebenensystemen, 2000, S. 51 ff.

[66] *Cappelletti/Seccombe/Weiler*, General Introduction, in: Dies. (Hrsg.), Integration through Law, Vol 1, Book 1 S. 4; *Heckel, Katharina*, Der Föderalismus als Prinzip überstaatlicher Gemeinschaftsbildung, 1998; *Hertel, Wolfram*, Supranationalität als Verfassungsprinzip, 1999; *von Bogdandy, Armin*, Supranationaler Föderalismus als Wirklichkeit und Idee einer neuen Herrschaftsform, 1999.

[67] *Fischer, Joschka*, Vom Staatenverbund zur Föderation – Gedanken über die Finalität der europäischen Integration, 23 integration 2000, S. 149.

ten. Er dient der Selbstbehauptung der Eigenart und der Anerkennung des Eigenrechtes dieser Eigenart. Dies kann nur gelingen, wenn man – allen Unterschieden zum Trotze – im Wertverständnis und in der Formulierung der Interessen auf einen Grundkonsens aufbauen kann. „Freiheit ist dort, wo diese Eigenart nicht durch Unitarismus und Zentralismus negiert, sondern durch Selbstgesetzgebung (Autonomie) und Selbstverwaltung der engeren Gemeinschaften respektiert und beschützt wird. Diese föderalistische Freiheit ist die Grundbedingung für die Einheit eines vielgestaltigen Staatswesens."[68] In der Existenz einer politischen Gesamtexistenz unterscheiden sich föderalistische Ordnungen vom bloßen vertraglichen Zusammenwirken verschiedener Staaten. Im Fortbestand und der Erhaltung der politischen Einheit der Glieder liegt der Unterschied zwischen Föderalismus und bloßer Dezentralisation. Föderalismus dient der Einheitsbildung in Verschiedenheit; er wirkt auf Integration des Unterschiedlichen im Gemeinsamen hin. Der Prozess der gegenseitigen Verflechtung hat inzwischen einen Grad erreicht, der es rechtfertigt, den Verbund von EU und Mitgliedstaaten als Föderation zu bezeichnen.

3. *Der Verbund als konsoziative Föderation*

Mit der Bezeichnung des Integrationsverbunds als Föderation erschließt man sich den ideellen Gehalt und die Geschichte einer politischen Theorie und kann diese für die Interpretation der Vertragsbestimmungen und die Ausgestaltung der Binnenbeziehungen von EU und Mitgliedstaaten fruchtbar machen. Vor dem Hintergrund des Umstandes, dass die politische Theorie eine Vielzahl föderaler Typen mit je unterschiedlicher Prägung kennt, eröffnen sich dabei allerdings erhebliche Spielräume. Es wäre viel gewonnen, wenn es gelänge, den Typ föderalistischer Verbundenheit, der EU und Mitgliedstaaten kennzeichnet, näher zu kennzeichnen. Die in Deutschland deutlich vorherrschende Auffassung ist in diesem Zusammenhang geneigt, den Integrationsverbund weiterhin (empirisch und normativ) als Ausprägung eines bündisch verfassten Zusammenschlusses anzusehen. Europäischer Föderalismus lässt sich insofern als *konsoziativer Föderalismus* treffend kennzeichnen („Föderation von Staaten").[69] Anders als im *bundesstaatlichen Föderalismus* fließt die verfassungsgebende Gewalt der Glieder in der konsoziativen Föderation nicht aus der Verfassung des übergreifenden Verbands (hier: der EU); anders als im *bundesstaatlichen Föderalismus* haben die Glieder auch ihre Souveränität bewahrt. Weiterhin liegt die Befugnis zur Verfassungsfortschreibung nach Art. 48 EGV weitgehend, aller-

---

[68] *Kägi, Werner*, in: Die Juristischen Fakultäten der Schweizer Universitäten (Hrsg.), Die Freiheit des Bürgers im schweizerischen Recht. Festgabe zur 100-Jahr-Feier der Bundesverfassung, 1948, S. 53.
[69] Vgl. *Schneider, Heinrich*, Alternativen der Verfassungsfinalität: Föderation, Konföderation – oder was sonst? 23 integration 2000, S. 171.

dings schon nicht mehr ausschließlich in den Händen der Glieder; auch haben die Mitgliedstaaten im Entscheidungsprozess der überstaatlichen Ebene eine bestimmende Rolle. Man ist sich im Übrigen in der verfassungstheoretischen Diskussion einig, dass diesem Prinzip des konsoziativen Föderalismus im Prozess der Fortentwicklung der EU normative Qualität zukommt: Europa muß seine bündische Struktur bewahren, muß seine Form als „Föderation von Bürgern und Staaten" erhalten. Einen Umschlag in die Form bundesstaatlichen Föderalismus gilt es, so die ganz überwiegende Auffassung, gegenwärtig zu verhindern.[70] Auf absehbare Zeit bleibt die Grundordnung der EU eine „Vertragsverfassung".

4. Der integrierte Staat

Es liegt auf der Hand, dass sich die verfassungstheoretische Lage der Mitgliedstaaten im Zuge der Entstehung des föderalen Verbunds tiefgreifend gewandelt hat.[71] Ihre Einbindung in diesen Verbund führt zu weitreichenden Veränderungen im Verfassungsgefüge. Wenn sich das Verfassungsrecht dieser Veränderungen lange nicht bewusst geworden ist, so liegt dies nicht zuletzt an dem Umstand, dass sich die Veränderungen unterhalb der Schwelle der formalen Verfassungstextfortschreibung abspielen. Der Wandel vollzieht sich – wenn er nicht vom verfassungsändernden Gesetzgeber aufgenommen und positiviert wird (so in Art. 23 oder Art. 88 GG) – unterhalb des Verfassungswortlautes und höhlt die Verfassungsordnung quasi von innen aus. Diese Strukturveränderungen sind in den letzten Jahren in Deutschland verstärkt zum Gegenstand verfassungstheoretischer und -rechtlicher Betrachtungen gemacht worden. Dabei geht es nicht mehr nur um die alte Frage, welche Anforderungen das Grundgesetz an den Integrationsverband richtet, und ebenso geht es nicht mehr nur um die Frage, wie der Transfer von Hoheitsrechten vorzunehmen ist und welchen Beschränkungen er unterliegt. An die Stelle dieser einseitigen, auf das mitgliedstaatliche „Geben" abstellenden Sichtweise ist ein vertieftes Verständnis für die Wechselwirkungen, für das „Geben und Nehmen" der Mitgliedstaaten getreten. Eine frühe erste Auseinandersetzung mit der Problematik findet sich im Maastricht-Urteil des BVerfG: Das BVerfG postuliert in dieser Entscheidung, dass es gegen das Demokratieprinzip verstoße, wenn sich im Zuge der Vertiefung der Integration ein Zustand einstelle, in dem den gesetzgebenden Organen in Deutschland keine substantiellen Kompetenzen von Gewicht mehr verbleiben.[72] Die Diskus-

---

[70] Hierzu die Beiträge von: *Pernice, Ingolf/Huber, Peter Michael/Lübbe-Wolff, Gertrude/ Grabenwarter, Christoph*, Europäisches und nationales Verfassungsrecht, 60 VVDStRL 2001, S. 148/194/246/290 mwN.

[71] Weitsichtig: *Tomuschat, Christian*, Der Verfassungsstaat im Geflecht der internationalen Beziehungen, 36 VVDStRL 1978, S. 7.

[72] BVerfGE 89, 155. Man mag diese Schlussfolgerung dem Subsidiaritätsprinzip entnehmen;

sion hat sich inzwischen geöffnet. Man begreift die Einbindung des Verfassungsstaats in den föderalen Verband als strukturelle Gegebenheit, die durch Strukturnormen abzusichern und zu stabilisieren ist.[73] Andere betrachten die Einbindung als Ausdruck eines Verfassungsprinzips und versuchen, dessen Gehalte normativ zu entfalten.[74] Wer die Idee des föderalen Verbunds inhaltlich auffüllen will, wendet sich Einzelfacetten des Zusammenspiels zu. So wird beispielsweise die Kooperationsoffenheit des Verfassungsstaats problematisiert – sei es über die Gewalten hinweg,[75] sei es im Hinblick auf die Kooperation einzelner Gewalten, sei es in einzelnen Sachbereichen.[76] Besondere Aufmerksamkeit hat die gegenseitige Verflechtung im administrativen Bereich inzwischen erfahren. So konnten inzwischen wertvolle Grundlegungen zur Beschreibung der Lage des „integrierten Staats"[77] gemacht werden. Man kommt allerdings nicht umhin zu konstatieren, dass die Aufbauarbeit zur Errichtung eines neuen, die Verbundenheit von Integrationsverband und Mitgliedstaaten in den Vordergrund stellenden Verfassungsverständnisses noch nicht vollendet ist. Die Entwicklung einer europabezogenen „postnationalen Verfassungstheorie"[78] oder einer „Theorie der Verfassung Europas"[79] steht noch am Anfang, die Neukonzeptionalisierung normativer Verfassungselemente auf europäischer und internationaler Ebene (Beisp.: „Mehrebenenkonzept von *Demos*"[80], Entstehungsbedingungen europäischer Identität[81]) zeichnet sich erst in Umrissen ab. Die bisherigen Er-

---

auch läßt sich die Idee der Staatlichkeit Deutschlands fruchtbar machen. Die Herleitung aus dem Demokratieprinzip erweist sich allerdings problematisch. Sie hätte zur Folge, dass die Entwertung der Gesetzgebungskompetenzen der Länder im grundgesetzlichen Föderalismus im Hinblick auf Art. 20 Abs. 2 GG zu thematisieren wäre.

[73] *Kaufmann, Marcel*, Integrierte Staatlichkeit als Staatsstrukturprinzip, 54 JZ 1999, S. 814; *Mosler, Hermann*, Die Übertragung von Hoheitsgewalt, in: Isensee, Josef/Kirchhof, Paul (Hrsg.), HdBStR, § 175.

[74] *Schmitt-Glaeser, Alexander*, Grundgesetz und Europarecht als Elemente Eruopäischen Verfassungsrechts, 1996; Hertel, Wolfgang, Supranationalität als Verfassungsprinzip, 1999.

[75] *Hobe, Stephan*, Der kooperationsoffene Verfassungsstaat, 37 Der Staat 1998, S. 521.

[76] Vgl. z.B. *Hahn, Hugo J.* (Hrsg.), Das Währungswesen in der europäischen Integration, 1996, ders., Das Entstehen der Europawährung – Szenarien ihrer Einführung, 57 JZ 1996, S. 321.

[77] So der Titel des von *Martin Nettesheim* und *Pierangelo Schiera* herausgegebenen Sammelbandes „Der Integrierte Staat", 1999.

[78] *Pernice, Ingolf*, Europäisches und nationales Verfassungsrecht, 60 VVDStRL 2001, S. 148, · 154 im Anschluss an *Habermas, Jürgen*, Die postnationale Konstellation, 1998.

[79] *Peters, Anne*, Elemente einer Theorie der Verfassung Europas, 2001.

[80] In diese Richtung *Franck, Thomas M.*, Clan and Superclan: Loyality, Identity and Community in Law and Practice, 90 AJIL 1996, S. 359.

[81] *Weiler, Joseph J. H.*, „We will do, and hearken ..." , in: Ders., The Constitution of Europe, 1999, S. 1; zum ganzen auch *Thürer, Daniel*, Föderalistische Strukturen für Europa – eine zweite Chance der Entfaltung, 23 integration 2000, S. 89, 94. So aufschlussreich Weilers These ist, dass erst der Aufschrei von Maastricht der konstitutionelle Moment Europas, oder präziser: dessen Beginn war, so zweifelhaft erscheint doch Weilers symbolträchtiger Rekurs auf das biblische zweite Buch Mose, den Exodus, zu sein, geht es jedenfalls in der lutherischen Fassung in dem zitierten Vers doch nicht so sehr um das „*Nachdenken*" über den zuvor geschlossenen

kenntnisse mögen ausreichen, einen *strukturellen Erklärungsansatz* für das Bestehen einer europäischen Verfassung zu liefern, die bestehenden verfassungs*technischen* Inhalte des Primärrechts (Vorrang, unmittelbare Wirkung, „implied powers" etc.) zu verarbeiten und strukturelle Defizite (Mangel an Transparenz und Überkomplexität der Verträge, Offenheit und Unbestimmtheit von Kompetenznormen etc.) zu erkennen. Inzwischen ist der europäische Konstitutionalismus aber an einem Punkt angekommen, an dem dies nicht mehr ausreicht. Für das neue Zeitalter braucht es mehr – es braucht einen öffentlichen Diskurs um Werte, Legitimität und Demokratie in Europa.

Bund, sondern um dessen *Beachtung* als göttlichem Gesetz: „Und er nahm das Buch des Bundes und las es vor den Ohren des Volkes. Und sie sprachen: Alles was der Herr gesagt hat, wollen wir tun und *auf ihn höhren.*", Die Bibel nach der Übersetzung Martin Luthers, 2. Buch Mose (Exodus), Kap. 24, Vers 7.

Reformbedarf im neuen Insolvenzrecht

Wolfgang Marotzke

I. Einleitung

„Kreditsicherheiten im Sog des neuen Insolvenzrechts" lautete der Titel des Ringvorlesungs-Beitrags des Verfassers. Der Vortrag führte zu dem Ergebnis, dass die dinglichen Sicherungsrechte dem Sog des am 1.1.1999 in Kraft getretenen neuen Rechts weitgehend standgehalten haben und nun sogar ihrerseits über ein Sogpotenzial verfügen, das zu schweren Ungleichgewichtslagen führen kann[1]. Als externes Mitglied einer Reformkommission des Arbeitskreises der Insolvenzverwalter Deutschland e.V.[2] hatte der Verfasser zu diesem Thema bereits damals eine Reihe von Gesetzgebungsvorschlägen erarbeitet und diese auch schon auf verschiedenen Tagungen des Arbeitskreises zur Diskussion gestellt. Der Arbeitskreis hat sich einige dieser Vorschläge zu eigen gemacht und sie im Verbund mit den Gesetzesentwürfen der Kommissionskollegen *Spliedt*[3] und *Vallender*[4] im NZI-Heft 1/2002 veröffentlicht[5]. Das Team *Spliedt/Vallender/Marotzke* war damit am Ziel. Im selben Augenblick waren jedoch große Teile des Vortrags, den der Verfasser am 31.10.2001 im Rahmen der Tübinger Ringvorlesung gehalten hatte, „prozessual überholt". Der Verfasser präsentiert deshalb an dieser Stelle nicht erneut den gesamten Vortragstext, sondern nur die Teilaspekte, die nicht bereits Gegenstand des in der NZI publizierten Abschlusspapiers des Insolvenzverwalter-Arbeitskreises sind. Als Ausgleich für das Weggelassene wurde auch das Nachfolgende zu konkreten Gesetzgebungs-

---

[1] Ausführl. *Marotzke*, Das neue Insolvenzrecht – dargestellt am Beispiel der Mobiliarsicherheiten, Schriften der Juristischen Gesellschaft Mittelfranken zu Nürnberg e.V. Heft 12 (1999) S. 27ff.; *ders.*, Unabhängiger Insolvenzverwalter, Gläubigerautonomie, Großgläubigerhypertrophie, ZIP 2001, 173f.

[2] Zu den Zielen und den Aktivitäten dieses Insolvenzverwalter-Arbeitskreises vgl. den Bericht von *Hans P. Runkel* in NZI 2002, 2f. Runkel ist Vorsitzender des Arbeitskreises und Seniorpartner der Rechtsanwaltssozietät Runkel/Weber/Schneider in Wuppertal.

[3] *Dr. oec. Jürgen D. Spliedt*, Rechtsanwalt und vereidigter Buchprüfer in Berlin, zugleich Insolvenzverwalter und Mitglied des Arbeitskreises der Insolvenzverwalter Deutschland e.V.

[4] *Dr. jur. Heinz Vallender*, Richter am AG Köln, Leiter der dortigen Insolvenzabteilung, Vorsitzender des Kölner Arbeitskreises für Insolvenz- und Schiedsgerichtswesen e.V., *externes* Kommissionsmitglied.

[5] Vgl. *Arbeitskreis der Insolvenzverwalter Deutschland e.V.:* Vorschläge zur Änderung des Unternehmensinsolvenzrechts, NZI 2002, 3ff.

vorschlägen verdichtet, die bei der bevorstehenden Reform des Unternehmensinsolvenzrechts[6] vielleicht noch berücksichtigt werden können[7].

II. Gesetzgebungsvorschläge

1. Ersatzaussonderung, Ersatzabsonderung

§ 48 Satz 1 InsO, der die Ersatzaussonderung und damit indirekt[8] auch die Ersatz*abs*onderung regelt, sollte wie folgt neu gefasst werden:

Ist ein Gegenstand, dessen Aussonderung hätte verlangt werden können, *nach dem Antrag auf Eröffnung des Insolvenzverfahrens von einem vorläufigen Insolvenzverwalter oder mit dessen Zustimmung vom Schuldner oder nach der Verfahrenseröffnung* vom Insolvenzverwalter unberechtigt veräußert worden, so kann der Aussonderungsberechtigte die Abtretung des Rechts auf die Gegenleistung verlangen, soweit diese noch aussteht.

Begründung:

Die gegenwärtige Fassung des § 48 InsO unterscheidet bei der Gewährung von Ersatzaus- bzw. Ersatzabsonderungsrechten[9] nicht danach, ob die unberechtigte Veräußerung vor Eröffnung des Insolvenzverfahrens vom Schuldner oder nach Verfahrenseröffnung vom Insolvenzverwalter vorgenommen wurde. Auch im erstgenannten Fall wird ohne weiteres ein Ersatzaussonderungsrecht (Ersatzabsonderungsrecht) gewährt. Das ist verfehlt. Die hier vorgeschlagene Neufassung des § 48 Satz 1 InsO bemüht sich um eine Beschränkung der Ersatzaussonderung (Ersatzabsonderung) auf das sachlich gebotene Maß. Zu Recht führt die Begründung des InsO-Regierungsentwurfs von 1992 aus[10], dass es zu weit gehe, auch dann ein Ersatzaus- bzw. Ersatzabsonderungsrecht zu gewähren, wenn der Gegenstand, der hätte ausgesondert (abgesondert) werden können, „schon vor der Eröffnung des Verfahrens vom Schuldner (unberechtigt) veräußert worden ist". Denn in diesem Fall habe „der Gläubiger seinen zur Ausson-

---

[6] Vgl. *Graf-Schlicker/Remmert*, NZI 2001, 569, 572ff.; *dieselben*, ZInsO 2002, 563ff. sowie den im Jahre 2002 vorgelegten Abschlussbericht der Bund-Länder-Arbeitsgruppe „Insolvenzrecht", zum Download abrufbar unter www.jm.nrw.de (Justiz NRW/Rechtspolitik/Schwerpunktthemen/Insolvenzrecht).

[7] Vgl. ergänzend die Vorschläge bei *Marotzke*, Das Unternehmen in der Insolvenz, 2000, Rn. 19, Fn. 36 (Steuerschulden und sonstige öffentliche Abgaben sollten vom Masseschuldprivileg des § 55 Abs. 2 InsO ausgenommen werden!) sowie in KTS 2001, 67ff. (zu §§ 109, 313 InsO); 2002, 1ff. ad II 1 b (zu § 107 InsO), II 2 b (zu § 112 InsO), II 3 d (zu §§ 281 Abs. 4, 350 BGB n.F.).

[8] Auf die Verletzung von Absonderungsrechten ist § 48 InsO *analog* anzuwenden. Näheres bei *Häcker*, Abgesonderte Befriedigung aus Rechten, 2001, Rn. 160ff.; kritisch *Harder*, KTS 2001, 97ff.

[9] Vgl. Fn. 8.

[10] Vgl. BT-Drucks. 12/2443 S. 125.

derung berechtigenden Anspruch schon vor der Eröffnung des Verfahrens verloren", ihm stünden jetzt „nur noch allgemeine Delikts- und Bereicherungsansprüche" zu. Unter diesen Umständen sei „kein einleuchtender Grund dafür ersichtlich, den Gläubiger im Insolvenzverfahren besser zu stellen als andere Gläubiger mit derartigen Ansprüchen". Es müsse vielmehr der Grundsatz gelten, „dass durch die Eröffnung des Insolvenzverfahrens nicht die Rechtsstellung einzelner Gläubiger zum Nachteil der übrigen verbessert werden darf".

Die Erwägungen, mit denen der Rechtsausschuss den Gesetzgeber später dazu gebracht hat, auch *vor* Verfahrenseröffnung vorgenommene, unberechtigte Veräußerungen des *Schuldners* ohne weiteres zu einem Ersatzaussonderungsrecht (Ersatzabsonderungsrecht) führen zu lassen, stellen diese wohlüberlegten Erwägungen des Regierungsentwurfs auf den Kopf und sind nicht zu akzeptieren[11]. In einem Diskussionspapier für den Arbeitskreis der Insolvenzverwalter Deutschland e.V. hatte der Verfasser deshalb vorgeschlagen, den gegenwärtigen § 48 Satz 1 InsO durch ersatzlose Streichung der Worte „vor der Eröffnung des Insolvenzverfahrens vom Schuldner oder nach der Eröffnung" so zu verkürzen, dass er *vor* Verfahrenseröffnung vorgenommene Verfügungen nicht mehr erfasst. Das wurde, wohl zu Recht, als zu radikal empfunden. Denn man muss auch an das Eröffnungsverfahren und einen für dieses Vorschaltverfahren bestellten „vorläufigen" Insolvenzverwalter denken. Von diesem wird einerseits erwartet, dass er das Unternehmen des Schuldners fortführt (wozu er u.U. sogar verpflichtet ist[12]), und andererseits, dass er dabei rechtmäßig handelt, insbesondere unberechtigte Verfügungen über potenzielles Aus- oder Absonderungsgut unterlässt. Unterlaufen ihm in letzterer Hinsicht Fehler (was vor allem in der Anfangsphase leicht passieren kann), droht ihm wie einem *endgültigen* Insolvenzverwalter die persönliche Haftung aus §§ 60 ff. InsO, auf die § 21 Abs. 2 Nr. 1 InsO verweist. Einem *endgültigen* Insolvenzverwalter wird dieses Haftungsrisiko weitgehend dadurch abgenommen, dass seine unberechtigten Verfügungen über Aus- oder Absonderungsgut nach § 48 InsO zu einem Ersatzaussonderungsrecht (Ersatzabsonderungsrecht) des in seinem Recht Verletzten führen[13]. In demselben Maße, in welchem der Verletzte auf dem Wege der Ersatzausson-

---

[11] Ausf. *Marotzke*, ZZP 109 (1996) 429, 434ff.; vgl. auch *Harder*, KTS 2001, 97, 104ff.
[12] Vgl. § 22 Abs. 1 Satz 2 Nr. 2 InsO.
[13] Auch sonst wird dem endgültigen Insolvenzverwalter im Zusammenhang mit der Verletzung dinglicher Rechte viel Verständnis entgegengebracht. So meint z.B. der *BGH*, dass ein Insolvenzverwalter, der im Rahmen einer einheitlichen Veräußerung des gesamten Warenbestandes des Schuldners auch *Vorbehaltsware* von Vorlieferanten veräußere, damit noch nicht ohne weiteres i.S.d. §§ 103, 107 Abs. 2 InsO die *Erfüllung* der Kaufverträge mit den Vorbehaltseigentümern wähle. Denn die Vorbehaltseigentümer müssten mit der Möglichkeit rechnen, dass der Insolvenzverwalter ihre Rechte in solchen Fällen *bewusst* missachte und ihnen gegenüber sogar eine persönliche Haftung in Kauf nehme. Vgl. *BGH*, NJW 1998, 992ff. = ZIP 1998, 298ff. = DZWIR 1998, 195ff. m. Anm. *Smid*; dazu auch *Marotzke* im Heidelberger Kommentar zur InsO, 2. Aufl. 2001, § 103 Rn. 62.

derung (Ersatzabsonderung) Kompensation erlangt, mindert sich die potenzielle Schadensersatzpflicht des Insolvenzverwalters. Es wäre in der Tat nicht einzusehen, wenn eine solche Haftungsentlastung zwar dem endgültigen, nicht aber einem vorläufigen Insolvenzverwalter zu Teil werden könnte. Man sollte deshalb den § 48 Satz 1 InsO so umformulieren, dass er vor Eröffnung des Insolvenzverfahrens vorgenommene unberechtigte Verfügungen über potenzielles Aus- oder Absonderungsgut *dann und nur dann* miterfasst, wenn die Veräußerung unter Beteiligung eines vorläufigen Insolvenzverwalters[14] erfolgte. Diesem Ziel dient die oben vorgeschlagene Neufassung der Vorschrift.

2. Eröffnungsverfahren, Insolvenzgeld, Insolvenzarbeitsrecht

Der *Insolvenzgeldzeitraum* sollte auch künftig drei Monate betragen, dabei jedoch in einer Weise flexibilisiert werden, die unnötig lange Eröffnungsverfahren überflüssig macht. Ein in das Insolvenzverfahren hineinragender Teil[15] sollte de lege ferenda nicht als undenkbar angesehen werden, müsste allerdings analog § 55 Abs. 3 InsO mit einer Rangrückstufung der Rückgriffsforderung der Bundesanstalt für Arbeit und der in § 208 Abs. 1 SGB III bezeichneten Ansprüche kombiniert werden, soweit diese gegenüber dem Schuldner bestehen bleiben.

Die mit diesem Vorschlag beabsichtigte Beseitigung der wichtigsten wirtschaftlichen Anreize für eine künstliche Verlängerung des Eröffnungsverfahrens würde zugleich eine erhebliche Verkürzung des Zeitraums bedeuten, innerhalb dessen dem (vorläufigen) Insolvenzverwalter Gläubigerausschuss und Gläubigerversammlung als Ansprechpartner fehlen[16].

Auch die von manchen Autoren[17] geforderte Erweiterung des Anwendungsbereichs der *arbeitsrechtlichen* Vorschriften der InsO (§§ 113, 120ff., 125ff.) auf das Eröffnungsverfahren dient der Lösung von Problemen, die in erster Linie infolge der zu langen Dauer von Eröffnungsverfahren virulent geworden sind. M.E. sollte man nicht schon während des Eröffnungsverfahrens die Arbeitnehmerrechte auf das im eröffneten Verfahren geltende Maß zurückschneiden,

---

[14] Dem *Schuldner* würde die Zuerkennung von Ersatzaussonderungs- bzw. Ersatzabsonderungsrechten keine Vorteile bringen. Die Höhe der Gesamtschuldenlast, die ihm nach Verfahrensbeendigung bleibt, ist nicht davon abhängig, ob einzelne Gläubiger bevorzugt bedient wurden oder ob sie mit den übrigen Gläubigern in gleichberechtigter Verlustgemeinschaft standen.

[15] Rechtspolitisch und europarechtlich vertretbar?

[16] Vgl. zu dieser „Mangelsituation" *Marotzke*, Das Unternehmen in der Insolvenz, 2000, Rn. 51 ff., 97 ff., 168 ff., 177 ff.; *Undritz*, EWiR § 67 InsO 1/2000, 1115 (= Kurzkommentar zu *AG Köln*, ZIP 2000, 1350 = ZInsO 2000, 406 = NZI 2000, 443 = DZWIR 2000, 393).

[17] *Berscheid*, ZInsO 2001, 64 ff. (für den Bund der Richterinnen und Richter der Arbeitsgerichtsbarkeit); *ders.*, NZI 2000, 1, 9; *ders.*, Arbeitsverhältnisse in der Insolvenz, 1999, Rn. 511 ff.; noch weiter gehend, nämlich bereits de lege lata: *Moll* in Kübler/Prütting, Kommentar zur InsO, November 2002, § 113 Rn. 22 ff., 26.

sondern bessere Voraussetzungen für kürzere Eröffnungsverfahren schaffen. Da nicht jedes Eröffnungsverfahren tatsächlich zur Verfahrenseröffnung führt, sollte man mit der Vorverlagerung von insolvenzrechtlich motivierten Eingriffsmöglichkeiten in bestehende Vertragsverhältnisse sehr vorsichtig sein.

3. Herrschaft, Haftung und Gläubigerautonomie

Für Mitglieder der Gläubigerversammlung, zumindest für stimmrechtsstarke Mitglieder ab 20% Stimmgewicht der zur Abstimmung gelangenden Gläubiger, sollte eine Haftungsnorm geschaffen werden, die sich an § 71 InsO in der Fassung des bereits im Abschlusspapier des Arbeitskreises der Insolvenzverwalter Deutschland e.V. enthaltenen „Änderungsvorschlags Marotzke"[18] orientiert.

a) § 71 InsO regelt die Haftung der Mitglieder des Gläubiger*ausschusses*. Nach Satz 1 sind diese „den absonderungsberechtigten Gläubigern und den Insolvenzgläubigern" (und zwar *nur* diesen!) zum Schadensersatz verpflichtet, „wenn sie schuldhaft die Pflichten verletzen, die ihnen nach diesem Gesetz obliegen". Der Änderungsvorschlag, auf den soeben Bezug genommen wurde, sieht folgende neue Fassung des § 71 Satz 1 InsO vor:

Die Mitglieder des Gläubigerausschusses sind *allen Beteiligten* zum Schadensersatz verpflichtet, wenn sie schuldhaft die Pflichten verletzten, die ihnen nach diesem Gesetz obliegen.

Die in dieser Formulierung enthaltene Ersetzung der Worte „den absonderungsberechtigten Gläubigern und den Insolvenzgläubigern" durch die Worte „allen Beteiligten" bedeutet eine Rückkehr zu § 89 KO. Die gegenwärtige Fassung des § 71 Satz 1 InsO ist viel zu eng. Ohne sachlichen Grund erspart sie den Mitgliedern des Gläubigerausschusses im Verhältnis zu dem *Schuldner* und zu den *Massegläubigern* eine Haftung, welche § 60 InsO dem *Insolvenzverwalter* wie selbstverständlich zumutet. Eine Herrschaft ohne Haftung entbehrt des mäßigenden Gegengewichts. Sie ist hier wie auch sonst aus rechtsgrundsätzlichen Erwägungen abzulehnen. „Gläubigerautonomie" bedeutet nicht „Haftungsfreistellung". In Fällen wie demjenigen der *BGH*-Entscheidung vom 22.1. 1985[19] sollte eine Mithaftung der Gläubigerausschussmitglieder für Schäden des

---

[18] Vgl. NZI 2002, 3, 7 (dortige Ziff. 14) und sogleich unter 3 a.
[19] *BGH*, LM § 82 KO Nr. 15 = WM 1985, 422ff. = ZIP 1985, 423ff. = EWiR § 82 KO 3/1985, 312f. m. Anm. *Kübler*. Leitsatz 2 dieses Urteils betrifft die Haftung des *Konkursverwalters* und hat folgenden Wortlaut: „Ein Konkursverwalter kann seine Pflichten gegenüber dem Gemeinschuldner auch dadurch verletzen, dass er es durch sein Verhalten verhindert, dass das Unternehmen zu einem Preis veräußert wird, welcher dem Gemeinschuldner einen Vermögensüberschuss erbracht hätte, oder dass er das Konkursverfahren in großer und übertriebener Eile durchführt (Bestätigung von RGZ 152, 125, 127)". Hinsichtlich der *Gläubigerausschussmitglieder* stellt das Urteil in Abschnitt II 2 der Gründe klar, dass sie sich (nach damaligem Recht) „auch durch eine die Masse schädigende Stimmabgabe schadensersatzpflichtig machen" können. Direkt zu dem zur Entscheidung anstehenden Fall fügt der *BGH* sodann hinzu: „Sollte

Schuldners (dessen Unternehmen möglicherweise weit unter Wert verschleudert worden war[20]) auch künftig nicht von vornherein ausgeschlossen sein[21].

b) Nach geltendem Recht können Gläubiger, deren Forderungen mehr als 50% der Gesamtschuldenmasse betragen, unabhängig vom Willen der übrigen Gläubiger die Einsetzung eines Gläubigerausschusses verhindern bzw. letztverbindlich über die Beibehaltung eines vom Insolvenzgericht eingesetzten Gläubigerausschusses entscheiden (§§ 68 Abs. 1, 76 Abs. 2 InsO). Wenn diese Gläubiger in der von ihnen dominierten (§ 76 Abs. 2 InsO) Gläubigerversammlung dafür sorgen, dass es fortan keinen Gläubigerausschuss, sondern nur noch eine Gläubigerversammlung gibt, können sie *sowohl ihr Stimmgewicht erhöhen* (im Gläubigerausschuss wird mit Kopfmehrheit[22], in der Gläubigerversammlung hingegen mit – auf sehr willkürlichen Berechnungsmethoden beruhender[23] – Summenmehrheit[24] entschieden) *als auch ihr Haftungsrisiko auf Null reduzieren* (denn § 71 InsO gilt nur für Mitglieder des Gläubiger*ausschusses*). Dies steigert die Inkongruenz von Herrschaft und Haftung ins Abenteuerliche. Geht man davon aus, dass beim Gläubiger*ausschuss* jedes Mitglied ein Stimmgewicht von ca. 20–33% hat[25] und für die Ausübung der damit verbundenen Rechte und

---

sich bei der weiteren Sachverhaltsaufklärung herausstellen, dass die Veräußerung des Unternehmens an die V. in großer und übertriebener Eile auf Betreiben oder mit Zustimmung des Gläubigerausschusses erfolgte, so kann die Beklagten zu 2) bis 5) auch aus diesem Grunde eine Schadensersatzverpflichtung gegenüber der Klägerin treffen." Warum soll das falsch sein?

[20] Vgl. Fn. 19.

[21] Näheres bei *Marotzke*, Das Unternehmen in der Insolvenz, 2000, Rn. 106 m.w.N. (in Fn. 234). Vgl. auch *Heidland*, in: Kölner Schrift zur InsO, 2. Aufl. 2000, S. 711 (725 ff. Rn. 26 ff.). Nicht gut recherchiert ist in diesem Punkt der im Jahre 2002 vorgelegte Abschlussbericht der Bund-Länder-Arbeitsgruppe „Insolvenzrecht", o. Fn. 6, der den vom *BGH* entschiedenen Fall (s. Fn. 19) unerwähnt lässt und auf S. 144 unter 12.3 sogar ausführt: „Der Bund-Länder-Arbeitsgruppe sind allerdings keine Fälle bekannt worden, in denen die Haftung von Mitgliedern des Gläubigerausschusses gegenüber anderen als den in § 71 InsO genannten Gläubigern von Bedeutung gewesen wäre. Eine praxisrelevante Schwachstelle des Insolvenzrechts und dementsprechend ein zwingender gesetzgeberischer Handlungsbedarf ist daher nicht anzuerkennen." Hoffentlich bleibt das nicht das letzte Wort!

[22] Vgl. § 72 InsO.

[23] Die Unangemessenheit besteht darin, dass nach § 76 Abs. 2 InsO auch solche Gläubiger über eine stimmrechtsrelevante Summenmehrheit verfügen können, die im konkreten Verfahren überhaupt keinen Forderungsausfall befürchten müssen, weil sie zu 100% durch Absonderungsrechte gesichert sind oder weil sich ihre durch das Absonderungsrecht gesicherte Forderung gegen einen *anderen* Schuldner richtet. Vgl. hierzu *Marotzke*, ZIP 2001, 173 f. (ausführlich); Arbeitskreis der Insolvenzverwalter Deutschland e.V., NZI 2002, 3, 7 ad 15 (knapp); *Jelinek*, in: Leipold (Hrsg.), Insolvenzrecht im Umbruch, 1991, S. 21, 24 f., 276 f.; *Häsemeyer*, Insolvenzrecht, 3. Aufl. 2003, Rn. 6.10; *Uhlenbruck*, InsO, 12. Aufl. 2003, § 76 Rn. 23 a.E.; keinen aktuellen Reformbedarf sieht hingegen der Abschlussbericht der Bund-Länder-Kommission „Insolvenzrecht", o. Fn. 6, S. 145 (ad 12.4), 162 (ad 2.4).

[24] § 76 Abs. 2 InsO. Anders noch § 87 Abs. 2 RegEInsO, der Summen- *und Kopfmehrheit* verlangte. Ebenso der durch Art. 1 des Gesetzes v. 26. 10. 2001 (BGBl. I S. 2710) eingefügte § 57 Satz 2 InsO für den Sonderfall der Wahl eines neuen Insolvenzverwalters.

[25] Nach *Eickmann* (in: Heidelberger Kommentar zur InsO, 2. Aufl. 2001, § 67 Rn. 7) hat ein

Pflichten nach Maßgabe des § 71 InsO haftet, so ist es ein Gebot der Folgerichtigkeit, auch für die Mitglieder der Gläubiger*versammlung* eine entsprechende Haftung vorzusehen, wenn ihr Stimmgewicht dem eines Gläubiger*ausschuss*mitglieds entspricht. Angemessen erscheint es, als Vergleichsfall einen fünfköpfigen Gläubigerausschuss zu nehmen und somit ein Stimmgewicht von 20% der „Summe der Forderungsbeträge der abstimmenden Gläubiger" (§ 76 Abs. 2 InsO) genügen zu lassen, um den Inhaber auch dann einer dem § 71 InsO[26] entsprechenden Haftung zu unterwerfen, wenn er es vorzieht, seine Herrschaftsrechte nicht im Gläubigerausschuss, sondern in der Gläubigerversammlung auszuüben. Vor dem thematischen Hindergrund der bereits erwähnten[27] *BGH*-Entscheidung vom 22.1.1985 erscheint es geradezu grotesk, dass nach geltendem Recht ausgerechnet für Betriebsveräußerungen an *Insider (§ 162 InsO)* und u.U. auch für Betriebsveräußerungen *unter Wert (§ 163 InsO)* nicht die Zustimmung des Gläubigerausschusses (dessen Mitglieder nach § 71 InsO haftbar gemacht werden können), sondern die der Gläubigerversammlung erforderlich ist (deren Mitglieder im wahrsten Sinne des Wortes „unverantwortlich" entscheiden). Dass die InsO die Hauptakteure der Gläubigerautonomie ausgerechnet dort von jeder (!) Haftung freistellt, wo die Gefahr von Ermessensfehlgebräuchen besonders groß ist, verwundert doch sehr. Der Gesetzgeber sollte diesen Fehler rasch korrigieren und die stimmrechtsstarken Mitglieder der Gläubigerversammlung einer Haftung unterwerfen, die den in § 162 und § 163 InsO vorausgesetzten Vertrauensbonus auch tatsächlich rechtfertigt.

c) Hilfsweise sollte erwogen werden, die in §§ 156–163 InsO geregelten Kompetenzen der Gläubigerversammlung wieder auf das in der KO vorgesehene Maß zu reduzieren und die Rechte des Gläubigerausschusses, hilfsweise des Insolvenzverwalters, entsprechend zu verstärken[28]. Die gegenwärtige Fassung der §§ 156 ff. InsO führt zu einer unguten Asymmetrie zwischen Herrschaft und Haftung, die insbesondere die stimmrechtsstarken Großgläubiger begünstigt.

4. Gewerbliche Schutzrechte als Kreditsicherheiten?

a) Dem § 27 Abs. 1 MarkenG sollten die folgenden Sätze 2 und 3 angefügt werden:

Gläubigerausschuss i.d.R. drei bis vier Mitglieder (arg. § 67 Abs. 2 InsO). Für i.d.R. drei bis fünf, in Großverfahren sogar bis fünfzehn Mitglieder plädiert *Uhlenbruck*, InsO, 12. Aufl. 2003, § 67 Rn. 18, § 68 Rn. 12. Da der Gläubigerausschuss nicht mit Summen-, sondern mit Kopfmehrheit entscheidet (§ 72 InsO), hat jedes Ausschussmitglied ein Stimmgewicht von ca. 20 bis 33%, in Großverfahren sogar deutlich weniger.

[26] Gemeint ist die vom *Arbeitskreis der Insolvenzverwalter Deutschland e.V.* vorgeschlagene *erweiterte* Fassung des § 71 InsO (s.o. II 3 a).

[27] Vgl. den letzten Satz des Abschnitts II 3 a.

[28] In der Tendenz ähnlich der *Arbeitskreis der Insolvenzverwalter Deutschland e.V.* in NZI 2002, 3, 9 (vgl. die dortigen Vorschläge 23 und 25).

Das Recht ist unpfändbar. Eine Übertragung oder sonstige Verfügung ist nichtig, wenn sie der Sicherung eines Anspruchs dienen soll.

Begründung:

Die erst im zeitlichen Zusammenhang mit der Insolvenzrechtsreform eröffnete Möglichkeit der kreditsichernden Abspaltung der Marke von dem das Markenprodukt herstellenden Schuldnerunternehmen kann sehr leicht dazu benutzt werden, bereits fest vereinbarte Mobiliarsicherheiten anderer Gläubiger entgegen dem Prioritätsprinzip von heute auf morgen wirtschaftlich zu entwerten und einem Insolvenzverwalter Zugeständnisse abzuringen, die mit den Zwecken des Insolvenzverfahrens unvereinbar sind[29]. Erfolgte die Verwertung der als Kreditsicherheit verwendeten Marke bereits *vor* dem Antrag auf Eröffnung des Insolvenzverfahrens, so kann keiner der in NZI 2002, 3ff. abgedruckten Gesetzgebungsvorschläge[30] verhindern, dass sich der Insolvenzverwalter weitestgehend dem Willen des neuen Inhabers der Marke beugen bzw. sich dessen Wohlwollen notfalls durch finanzielle Zugeständnisse – bis hin zur Unternehmensveräußerung unter Wert[31] – erkaufen muss. M.E. sollte man das Übel[32] an der Wurzel packen und hinsichtlich der Pfändung, der Verpfändung und der Sicherungsübertragung von Markenrechten den früheren Rechtszustand wieder herstellen.

b) Als Konsequenz des Vorschlags zu 4a sollten die ersten beiden Absätze des § 29 MarkenG gestrichen und § 154 Abs. 1 MarkenG redaktionell angepasst werden.

c) Es sollte in Ruhe geprüft werden, ob und ggfls. in welcher Form die Vorschläge zu 4a und b auch für *sonstige* gewerbliche Schutzrechte in Betracht kommen.

III. Schluss

Aus den in der Einleitung genannten Gründen liefert dieser Beitrag kein aktualisiertes Vortragsmanuskript, sondern einen Steinbruch, dessen Material bei der anstehenden[33] Reform des Unternehmensinsolvenzrechts verwendet werden kann – oder auch nicht. Dass ein erst vier Jahre altes Gesetz[34] nun schon wieder überarbeitet werden muss (und das nicht zum ersten Mal), macht nachdenklich.

---

[29] Näheres bei *Marotzke*, ZIP 2001, 173, 174 r.Sp.; *Häcker*, ZIP 2001, 995ff.
[30] Das gilt auch für die dortigen Vorschläge zu 3, 5, 6, 28.
[31] Kann es noch andere Kaufinteressenten geben als den Inhaber der Marke?
[32] Vgl. auch *Albrecht*, GRUR 1992, 660, 663: „Schreckensvision".
[33] S.o. Fn. 6, 21, 23.
[34] Die InsO trat am 1.1.1999 in Kraft.

Jedoch ist die InsO kein insgesamt schlechtes Gesetz, sondern ein großes Reformwerk, das diesen Namen verdient. Der Gesetzgeber sollte seine Produktbeobachtungspflicht weiterhin ernst nehmen und sich nicht scheuen, nachträglich erkannte Mängel offen anzusprechen und zügig zu beheben. Noch besser als ein optimales Insolvenzrecht wären allerdings bessere wirtschaftliche Verhältnisse. Wie das Strafrecht gehört auch das Insolvenzrecht nicht zu den Rechtsgebieten, denen man viele Anwendungsfälle wünschen darf.

Die europäische polizeiliche und justizielle Zusammenarbeit in Strafsachen im Wandel[*]

Joachim Vogel

I. Einführung

1. Zwei aktuelle Ereignisse bestimmen den gegenwärtigen und künftigen Wandel der europäischen polizeilichen und justiziellen Zusammenarbeit in Strafsachen (PJZS): die terroristischen Anschläge in den Vereinigten Staaten von Amerika vom 11. September 2001 und die Einberufung des Europäischen Konvents durch den Europäischen Rat von Laeken vom 14./15. Dezember 2001.

a) Veranlasst durch die Anschläge vom 11. September 2001 beschloss der außerordentliche Europäische Rat von Brüssel am 21. September 2001 einen Aktionsplan, der insbesondere auch eine Verbesserung der PJZS (nicht nur im Bereich des Terrorismus) vorsah[1]. Besonders gelegen kam dem Rat, dass die Kommission der Europäischen Gemeinschaften – übrigens unabhängig von den Anschlägen und auf der Grundlage weit zurückreichender Vorarbeiten – am 19. September 2001 Vorschläge eines Rahmenbeschlusses zur Terrorismusbekämpfung (TerrRB) und eines Rahmenbeschlusses über den Europäischen Haftbefehl und die Übergabeverfahren zwischen den Mitgliedstaaten (EuHaftRB) vorgelegt hatte[2]. Deren Umsetzung wurde im Aktionsplan zur Eilsache erklärt. In der Tat erzielte der Rat der Europäischen Union Justiz, Inneres und Katastrophenschutz bereits am 6. Dezember 2001 politische Einigkeit über den TerrRB; Gleiches gelang – nachdem die Italienische Republik ihren Widerstand aufgegeben hatte[3] – wenige Tage später beim EuHaftRB. Förmlich angenommen worden sind die Rahmenbeschlüsse dann vom Rat am 13. Juni 2002[4]. Sie

---

[*] Erweiterte, auf Stand August 2002 gebrachte und mit Fußnoten versehene Fassung der am 7. November 2001 gehaltenen Vorlesung. Den Vortragsstil habe ich beibehalten.

[1] Ratsdok. SN 140/01 v. 21. 9. 2001. – Über die Umsetzung des Aktionsplans informiert eine monatlich aktualisierte „road map", s. zuletzt Ratsdok. 10773/2/02 REV 2 v. 17. 7. 2002.

[2] Kommissionsdok. KOM (2001) 521 endg. (TerrRB) und 522 endg./2 (EuHaftRB) v. 19. 9. 2001, ABlEG Nr. C 332 E v. 27. 11. 2001 S. 300 und 305.

[3] Noch am 6. Dezember 2001 hatte die italienische Delegation erklärt, sie könne nur einer kürzeren – nämlich aus den sechs Straftaten Terrorismus, Menschenhandel, Drogen- und Waffenschmuggel, sexueller Missbrauch von Kindern und organisierte Kriminalität bestehenden – Liste der Straftaten in Art. 2 Abs. 2 EuHaftRB (hierzu sogleich im Text) zustimmen, s. Ratsdok. 14867/01REV 1 v. 10. 12. 2001. Dem Vernehmen nach hatte der italienische Ministerpräsident *Berlusconi* darauf bestanden, dass vor allem Wirtschaftsdelikte wie Korruption oder Betrug gestrichen würden. Die politische Empörung hierüber war so groß, dass *Berlusconi* am 11. Dezember 2001 doch noch seine Zustimmung signalisierte.

[4] ABlEG Nr. L 164 v. 22. 6. 2002 S. 3 (TerrRB) und Nr. L 190 v. 18. 7. 2002 S. 1 (EuHaftRB).

müssen von den Mitgliedstaaten bis zum 31. Dezember 2002 (TerrRB) bzw. 31. Dezember 2003 (EuHaftRB) umgesetzt werden und markieren einen qualitativen Sprung in der PJZS. So enthält der TerrRB – weltweit einzigartig – eine substanzielle Legaldefinition terroristischer Straftaten (Art. 1 Abs. 1). Sie besteht aus einer Liste allgemeiner vorsätzlicher Straftaten[5], die durch das objektive Element einer näher bestimmten Schädigungseignung[6] in Verbindung mit dem subjektiven Element einer näher bestimmten terroristischen Absicht[7] zu terroristischen Straftaten qualifiziert werden und unter qualifizierte Strafdrohung gestellt werden müssen (Art. 5 Abs. 2). Und der EuHaftRB enthält nicht weniger als eine Revolution des Auslieferungsrechts[8], beseitigt nämlich für eine umfassende Positivliste von Straftaten[9] das Erfordernis beidseitiger Strafbarkeit (Art. 2 Abs. 2), verpflichtet den ersuchten Staat zur Überstellung eigener Staatsangehöriger (vgl. Art. 5 Nr. 3, wonach allein zur Bedingung gemacht werden kann, dass der Verfolgte zur Vollstreckung in seinen Heimatstaat zurücküberstellt wird), lässt den direkten Geschäftsweg zu (Art. 9 Abs. 1) und legt die Entscheidung allein in die Hände der Justiz (Art. 15), so dass das bisherige gouvernementale (ministerielle) Bewilligungsverfahren entfällt. Damit ist der EuHaftRB einer der konsequentesten Anwendungsfälle des Prinzips der gegenseitigen Anerkennung, auf das ich noch zu sprechen komme[10].

b) Während sich die in der Folge der Anschläge vom 11. September 2001 erlassenen Maßnahmen noch innerhalb des institutionellen Rahmens der PJZS nach Art. 29 ff. EUV halten, wird im Europäischen Konvent dieser Rahmen selbst in Frage gestellt[11]. Bereits in der Erklärung von Laeken zur Zukunft der Europäischen Union[12] ist die Erwartung der Unionsbürger formuliert worden, dass die Union „*eine gewichtigere Rolle* auf den Gebieten der Justiz und der (...)

---

[5] Die Liste ist weiter als die in § 129 a Abs. 1 StGB enthaltene, umfasst beispielsweise auch Körperverletzungen (lit. b) oder Waffendelikte (lit. f).

[6] Die Tat muss durch die Art ihrer Begehung oder den jeweiligen Kontext ein Land oder eine internationale Organisation ernsthaft schädigen können.

[7] Die Tat muss das Ziel haben, entweder die Bevölkerung auf schwer wiegende Weise einzuschüchtern oder öffentliche Stellen oder eine internationale Organisation rechtswidrig zu einem Tun oder Unterlassen zu zwingen oder die politischen, verfassungsrechtlichen, wirtschaftlichen oder sozialen Grundstrukturen eines Landes oder einer internationalen Organisation ernsthaft zu destabilisieren oder zu zerstören.

[8] S. hierzu bereits *Vogel*, JZ 2001, 937 ff.

[9] Die Liste reicht von der Beteiligung an einer kriminellen Vereinigung bis zur Sabotage und enthält so unbestimmte Begriffe wie „Korruption", „Cyberkriminalität" oder „Rassismus und Fremdenfeindlichkeit".

[10] S. unten IV. 5.

[11] Die Diskussionen können über die offizielle Internet-Seite des Europäischen Konvents http://european-convention.eu.int verfolgt werden; dort sind sämtliche Dokumente, Beiträge und Reden zugänglich. Weiterhin ist auf die dem Thema „Zukunft der Europäischen Union" gewidmete Internet-Seite der Union http://www.europa.eu.int/futurum/ hinzuweisen.

[12] Anlage I zu den Schlussfolgerungen des Vorsitzes, Ratsdok. SN 300/1/01 REV 1 v. 14./15. 12. 2001; Herv. v. *Verf.*

Bekämpfung der grenzüberschreitenden Kriminalität" spielen möge, und es sind die Fragen aufgeworfen worden, ob sich die Union bei der polizeilichen und justiziellen Zusammenarbeit in Strafsachen einem *„stärker integrierten Konzept"* zuwenden solle und ob die Einteilung in Säulen sinnvoll sei. Hieran – und an ähnliche Initiativen des Europäischen Parlaments[13] und der Kommission der Europäischen Gemeinschaft[14] – anknüpfend hat das Präsidium des Europäischen Konvents sämtliche Grundlagen der derzeitigen PJZS zur Diskussion gestellt[15] und eine Arbeitsgruppe „Raum der Freiheit, der Sicherheit und des Rechts" eingesetzt, deren Mandat sich auf die Verbesserung der Verträge, Rechtsakte und Verfahren zwecks wirklicher Schaffung eines Raumes der Freiheit, der Sicherheit und des Rechts, auf die Eingrenzung derjenigen strafrechtlichen Fragen, welche ein Vorgehen auf der Ebene der Union erfordern, und auf die Verstärkung der Zusammenarbeit zwischen den Justizbehörden im strafrechtlichen Bereich erstreckt[16]. Vorläufig zeichnet sich eine deutliche Tendenz ab, die PJZS zu verstärken und zu „vergemeinschaften"[17], d.h. in den EGV zu überführen, worauf ich zum Schluss nochmals zu sprechen komme[18].

2. Der rapide Wandel, dem die PJZS unterworfen war und ist, darf freilich nicht den Blick darauf verstellen, dass die PJZS *für sich* einen fundamentalen und für die europäische Integration wesentlichen Wandel markiert: Strafverfolgung, eine traditionelle domaine réservée der Nationalstaaten, wird in die Mitverantwortung der Europäischen Union übertragen – was bei der Verfolgung transnationaler Kriminalität zwar alles andere als fernliegend, im Weltmaßstab aber alles andere als selbstverständlich ist. Deshalb erscheint es auch in einer Ringvorlesung über den „Wandel der Rechtsordnung" sinnvoll, die PJZS, wie

---

[13] AblEG Nr. C 140 E v. 15.11. 2001 S. 524.
[14] Kommissionsdok. KOM (2002) 247 endg. v. 22.5. 2002 („Mitteilung der Kommission: Ein Projekt für die Europäische Union").
[15] Konventsdok. CONV 69/02 und 70/02 v. 31.5. 2000 („Justiz und Inneres – Stand der Arbeiten und allgemeine Problematik"). Das Präsidium des Konvents stellt Fragen nach
– der Beibehaltung des Einstimmigkeitsprinzips;
– einer „begrenzten, aber genau umrissenen Zuständigkeit" der Gemeinschaft im Bereich der Strafverfolgung;
– der Zuständigkeit des Gerichtshofs;
– der Annäherung der Rechtsinstrumente an die des EGV (Verordnung, Richtlinie);
– der Beibehaltung der Säulenkonstruktion;
– der Einrichtung einer regelrechten europäischen Polizei und einer europäischen Staatsanwaltschaft (nicht notwendig nur für den Schutz der finanziellen Interessen der Gemeinschaft);
– der Einführung einer europäischen Strafgerichtsbarkeit oder einer europäischen Strafkammer am Gerichtshof.
[16] Konventsdok. CONV 179/02 v. 9.7. 2002.
[17] Konventsdok. CONV 97/02 v. 19.6. 2000 („Plenartagung – 6./7. Juni 2002 in Brüssel") Nr. 11: „Die überwiegende Mehrheit (...) plädierte für eine vollständige ‚Vergemeinschaftung' (...) der Bereiche der dritten Säule (polizeiliche und justizielle Zusammenarbeit in Strafsachen)".
[18] S. unten V 1.

sie sich derzeit darstellt, vorzustellen und zu analysieren, zumal sich das bisherige wissenschaftliche Interesse in Grenzen gehalten hat[19]. Im folgenden werde ich zunächst den primärrechtlichen Rahmen der PJZS skizzieren (II.). Sodann werde ich mich der Ausfüllung dieses Rahmens zuwenden, nämlich dem Sekundärrecht und den mittlerweile geschaffenen Institutionen der PJZS (III.). Folgen wird eine Analyse der Prinzipien und Probleme der PJZS (IV.). Und schließen werde ich mit einem Plädoyer zugunsten einer „Vergemeinschaftung" der PJZS, verbunden mit der Errichtung eines komplementären europäischen Strafjustizsystems (V).

II. Primärrechtlicher Rahmen der PJZS

1. Ursprünglich klammerten die Römischen Verträge die Bereiche Justiz und Inneres (JI) und PJZS noch aus, weil sie als domaine réservée der Mitgliedstaaten angesehen wurden. Erst in den 70er Jahren des vorigen Jahrhunderts kam die Idee auf, auch diese Bereiche zu europäisieren. Ein erster Durchbruch wurde mit der Schengen-Zusammenarbeit zwischen Deutschland, Frankreich und den Benelux-Ländern nach dem Schengener Übereinkommen 1985 und dem Schengener Durchführungsübereinkommen 1990 (SDÜ) erzielt. Der sog. Schengen-Besitzstand ist mittlerweile in Unionsrecht überführt worden und gilt in allen Mitgliedstaaten außer Irland und dem Vereinigten Königreich (die aber ein opt in-Recht haben)[20]. 1992 wurde dann durch den Vertrag von Maastricht die Europäische Union mit ihrer „Tempelarchitektur" und ihren „drei Säulen" gegründet: als „erste Säule" die in den Römischen Verträgen – nunmehr EGV und EuratomV – vergemeinschafteten Politiken; als „zweite" die Gemeinsame Sicherheits- und Außenpolitik nach Titel V, ex-Art. J.1ff., nunmehr Art. 11ff.

---

[19] In den Lehrbüchern des Europarechts wird die PJZS eher am Rande abgehandelt, vgl. *Streinz*, Europarecht, 5. Aufl. 2001, Rdn. 259a, 422–422e; *Schweitzer/Hummer*, Europarecht, 5. Aufl. 1999, Rdn. 1889; *Bleckmann*, Europarecht, 6. Aufl. 1997, Rdn. 133–138; *Oppermann*, Europarecht, 2. Aufl. 1999, Rdn. 1575–1579; *Fischer*, Europarecht, 3. Aufl. 2001, § 14 Rdn. 101–125; *Beutler/Bieber*, Die Europäische Union, 5. Aufl. 2001, Rdn. 402–407. Auch gibt es nicht sehr viele Monographien und Aufsätze, die sich mit der PJZS befassen, s. aber *Andrews*, Judicial co-operation: recent progress, 2001; *Baldus*, Transnationales Polizeirecht, 2001 (mit umfassender Bibliographie auf S. 371ff.); *ders./Soiné*, Rechtsprobleme der internationalen polizeilichen Zusammenarbeit, Baden-Baden, 1999; *Cullen/Jund*, Criminal justice co-operation in the European Union after Tampere, 2002; *Götz*, in: Rauschning-FS, 2001, S. 185ff.; *Merli* (Hrsg.), Der Raum der Freiheit, der Sicherheit und des Rechts und die Osterweiterung der Europäischen Union, 2001; *López y López*, in: Referate für den 1. Europäischen Juristentag Nürnberg 2001, 2. Aufl. 2002, S. 251ff.; *Eeckhout*, in: Lord Slynn of Hadley-FS, 2000, S. 153ff.; *Schomburg*, DRiZ 1999, 77ff.; sowie die Hinweise bei *Vogel*, in: *Vogler/Wilkitzki*, IRG, 2. Aufl. Stand Nov. 2001 (Teil I A 2 von *Grützner/Pötz*, Internationaler Rechtshilfeverkehr in Strafsachen), Vor § 1 IRG Rdn. 156ff., v.a. in Fn. 61 und 62.

[20] Näher *Vogel* (Fn. 19), Vor § 1 Rdn. 168

EUV; und als „dritte" die Zusammenarbeit in den Bereichen JI nach Titel VI, ex-Art. K.1ff. EUV, die neben der PJZS auch die Zuwanderungspolitiken, die justizielle Zusammenarbeit in Zivilsachen und die Zusammenarbeit in Zollsachen umfasste. Mit dem Vertrag von Amsterdam 1997 wurden die zuletzt genannten Bereiche in die „erste Säule" des EGV überführt und die „dritte Säule", nunmehr Art. 29ff. EUV, auf die in besonderem Maße souveränitätssensible PJZS konzentriert. Zudem hat der Amsterdamer Vertrag die „dritte Säule" verrechtlicht und fortentwickelt, indem die Beteiligung von Kommission und Parlament gestärkt und die Zuständigkeit des Gerichtshofs erweitert worden ist. Der derzeit noch nicht in Kraft befindliche Vertrag von Nizza[21] baut die PJZS noch weiter aus, indem die Europäische Stelle für justizielle Zusammenarbeit Eurojust vorgesehen (Art. 29, 31 Abs. 2 EUV künftiger Fassung) und die Möglichkeit für eine verstärkte Zusammenarbeit erweitert wird (Art. 40ff. EUV künftiger Fassung).

2. Art. 29 Unterabs. 1 EUV formuliert die *Leitidee* der PJZS: Die Europäische Union soll nicht allein ein wirtschaftlicher Binnenmarkt oder Raum ohne Binnengrenzen sein, sondern zugleich ein rechtlicher Raum der Freiheit, der Sicherheit und des Rechts, in dem die Unionsbürger ein hohes Maß an Sicherheit genießen. Die Konzepte des Binnenmarkts einerseits und des Raumes der Freiheit, der Sicherheit und des Rechts andererseits sind komplementär: Wenn und soweit der Wegfall der Binnengrenzen Gefahren für die Freiheit, die Sicherheit und das Recht in sich birgt, muss ihnen grenzüberschreitend begegnet werden, eben durch PJZS[22]. Das *Ziel* der PJZS, Sicherheit zu gewährleisten, soll durch Verhütung und Bekämpfung der Kriminalität – welcher Art auch immer – erreicht werden (Art. 29 Unterabs. 2 EUV). Als *Mittel* hierfür wird erstens die Zusammenarbeit zwischen den Polizei-, Zoll- und anderen zuständigen Behörden in den Mitgliedstaaten unter Einschaltung des Europäischen Polizeiamts Europol genannt (polizeiliche Kooperation und Koordination). Zweitens findet eine Zusammenarbeit der Justizbehörden sowie anderer zuständiger Behörden der Mitgliedstaaten unter Einschaltung von Eurojust statt (justizielle Kooperation und Koordination). Und drittens werden die Strafvorschriften der Mitgliedstaaten angenähert (Harmonisierung). Für alles das stellt die PJZS vier *Handlungsformen* zur Verfügung (Art. 34 Abs. 2 EUV): gemeinsame Standpunkte, durch die das Vorgehen der Union in einer gegebenen Frage bestimmt wird; Rahmenbeschlüsse zur Rechtsangleichung, die in ihrer Wirkung den Richtlinien des Gemeinschaftsrechts nachgebildet sind, also in nationales Recht umgesetzt werden müssen, allerdings keine unmittelbare Wirkung entfalten und nicht im Vertragsverletzungsverfahren durchgesetzt werden können; sonstige Beschlüsse; und

---

[21] AB1EG Nr. C 80 v. 10. 3. 2001 S. 1.
[22] Vgl. hierzu *Röben*, in: Grabitz/Hilf, Das Recht der Europäischen Union, Stand Mai 2001, Vor Art. 29 EUV Rdn. 24ff., besonders 28.

Übereinkommen, die den Mitgliedstaaten zur Annahme gemäß ihren verfassungsrechtlichen Vorschriften empfohlen werden. Die *Verfahren* weichen nicht unerheblich von denen des EGV ab. Zwar wird die Kommission in vollem Umfang beteiligt (Art. 36 Abs. 2 EUV). Jedoch ist die Rolle der Mitgliedstaaten und ihrer Regierungen aufgewertet, indem auch sie das Initiativrecht haben (Art. 34 Abs. 2 Satz 2 EUV) und institutioneller „Motor" weniger die Kommission denn der Koordinierungsausschuss hoher Beamter nach Art. 36 EUV ist. Es gilt der Einstimmigkeitsgrundsatz. Das Europäische Parlament wird nur angehört (Art. 39 EUV). Bei der Rechtskontrolle durch den Europäischen Gerichtshof (Art. 35 EUV) fehlt ein Individualrechtsbehelf, und es ist nur ein Vorabentscheidungsverfahren zu sekundärem PJZS-Recht vorgesehen, sofern sich die Mitgliedstaaten dem unterworfen haben – was die Bundesrepublik Deutschland 1998 getan hat[23]. Die *Rechtsnatur* der PJZS lässt sich nicht eindeutig festlegen. Den Charakter einer rein intergouvernementalen Zusammenarbeit nach rein völkerrechtlichen Grundsätzen hat sie spätestens mit dem Vertrag von Amsterdam verloren. Andererseits handelt es sich noch nicht um einen in vollem Umfange supranationalen und „vergemeinschafteten", nämlich gemeinschaftsrechtlichen Grundsätzen folgenden Bereich[24]. Immerhin dürfte die durch den Vertrag von Amsterdam eröffnete Zuständigkeit des Gerichtshofs dazu führen, dass die gemeinschaftsrechtlichen Züge der PJZS immer stärker zunehmen werden. Auch rechtspolitisch liegt es – wie *Oppermann*[25] treffend bemerkt – in der Logik der Integration, bei der PJZS zu einer Stärkung gemeinschaftlichen Handelns zu kommen; darauf werde ich am Ende zurückkommen[26].

III. Sekundärrecht und Institutionen der PJZS

1. Bei der Ausfüllung des primärrechtlichen Rahmens der PJZS können *zwei Phasen* unterschieden werden: diejenige der *Einzel*projekte bis 1998 und die danach angelaufene, noch nicht abgeschlossene Phase der *systematischen* Verwirklichung des Raumes der Freiheit, der Sicherheit und des Rechts. In die erste Phase fallen Maßnahmen wie die Errichtung Europols[27] und des Europäischen justiziellen Netzes[28]; die Annahme des Übereinkommens über den Schutz der finanziellen Interessen der Europäischen Gemeinschaften nebst Zusatzproto-

---

[23] EuGH-Gesetz, BGBl. 1998 I S. 2035.
[24] Vgl. *Oppermann* (Fn. 19), Rdn. 1575ff., besonders 1576 („,Mischung' aus supranationalen und völkerrechtlichen Elementen").
[25] Wie vorige Fn., Rdn. 314.
[26] S. unten V 1.
[27] Durch das EuropolÜbk, AB1EG Nr. C 316 v. 27. 11. 1995 S. 1.
[28] Durch die gemeinsame Maßnahme des Rats vom 22. April 1996, AB1EG Nr. L 105 v. 27. 4. 1996 S. 1.

kollen[29]; das EU-Auslieferungsübereinkommen (EU-AuslÜbk)[30]; das Schengen-Protokoll zum Vertrag von Amsterdam[31]; und eine Fülle nichtverbindlicher Ratsentschließungen oder bürokratischer gemeinsamer Maßnahmen. Es dürfte vor allem diese Phase gewesen sein, die Sachkenner zu dem Urteil geführt hat, Titel VI EUV habe sich nicht bewährt; der entstandene Besitzstand sei zwar beachtlich, weise aber durchaus heterogene und zahlreiche nichtbindende Instrumente auf, die seine Effektivität, Transparenz und Legitimität beeinträchtigten; insgesamt sei die PJZS begrenzt und halbherzig[32]. Den Wendepunkt bezeichnen die Europäischen Räte von Cardiff und Wien 1998 und vor allem von Tampere 1999. In Cardiff hatte der Europäische Rat, gewiss auch in Reaktion auf die erwähnte Kritik, einen integralen Aktionsplan zur Umsetzung des Raumes der Freiheit, der Sicherheit und des Rechts gefordert. Diesen Aktionsplan hatten Kommission und Rat der Union in Wien vorgelegt[33]. Auf seiner Grundlage wurden dann in Tampere konkrete Schritte beschlossen[34]. Deren wichtigster ist die Errichtung eines echten europäischen Rechtsraums, und zwar auch für das Strafrecht. In diesem europäischen Rechtsraum sollen gerichtliche Entscheidungen gegenseitig anerkannt werden – das Prinzip der gegenseitigen Anerkennung ist in Tampere sogar als „Eckstein" des europäischen Rechtsraumes bezeichnet worden –, und zwar auch in Strafsachen und sogar bei im Rahmen des Ermittlungsverfahrens ergangenen Anordnungen. Weiterhin soll Kriminalität unionsweit verhütet und bekämpft werden, wobei Prävention und Strafverfolgung gleiches Gewicht haben sollen. Es soll gemeinsame Ermittlungsteams geben. Europol soll operative Befugnisse bekommen, und ihm soll eine Stelle Eurojust zur Seite gestellt werden, welche eine sachgerechte Koordinierung der nationalen Staatsanwaltschaften erleichtern soll. In Bezug auf das nationale Strafrecht sollen gemeinsame Definitionen, Tatbestandsmerkmale und Sanktionen in besonders relevanten Bereichen vereinbart werden, zu denen Finanzkriminalität (Geldwäsche, Bestechung, Fälschung des Euro), illegaler Drogenhandel, Menschenhandel, insbesondere die Ausbeutung von Frauen, sexuelle Ausbeutung von Kindern, High-Tech-Kriminalität und Umweltkriminalität gehören. Dieses ehrgeizige Programm wird seitdem Schritt für Schritt verwirklicht. Die Fortschritte lassen sich in einem halbjährlich aktualisierten scoreboard der Kommission nachlesen[35]. Als begrenzt und halbherzig kann das nicht

---

[29] AblEG Nr. C 316 v. 26.7.1995 S. 48; Nr. C 313 v. 23.10.1996 S. 1; Nr. C 151 v. 20.5.1997 S. 1; Nr. C 221 v. 19.7.1997 S. 11.
[30] AblEG Nr. C 313 v. 23.10.1996 S. 11.
[31] AblEG Nr. C 340 v. 10.11.1997 S. 93.
[32] Kritisch z.B. *Oppermann* (Fn.19), Rdn. 315, 1575 und 1579; *Röben* (Fn.22), Rdn. 48f.
[33] AblEG Nr. C 19 v. 23.1.1999 S. 1.
[34] Schlussfolgerungen des Vorsitzes Nrn. 33, 35 u.ö. (abgedruckt in: Bulletin der Bundesregierung v. 7.12.1999 Nr. 84 S. 793).
[35] Zuletzt Kommissionsdok. KOM (2002) 251 endg. v. 30.5.2002.

mehr gelten; im Gegenteil erheben sich Bedenken, ob die Entwicklung zu rasch voranschreitet und in die richtige Richtung geht[36].

2. Das *Sekundärrecht* der PJZS kann in zwei große Gruppen unterteilt werden: einerseits das Recht der eigentlichen Zusammenarbeit oder Kooperation in Strafsachen (a) und andererseits das Recht der Annäherung oder Harmonisierung des Strafrechts der Mitgliedstaaten (b).

a) Natürlich haben Polizei und Justiz auch vor Schengen, Maastricht, Amsterdam und Nizza in Strafsachen zusammengearbeitet. Rechtsgrundlage hierfür waren und sind die Europäischen Auslieferungs- und Rechtshilfeübereinkommen 1957 und 1959 und ihre Zusatzprotokolle, die zu den großen Erfolgen des Straßburger Europarats zählen. Auf diesen „Mutterkonventionen" baut das sekundäre PJZS-Recht auf und will sie in einem ersten Schritt ergänzen und verbessern, in einem zweiten ersetzen[37].

Die wesentlichen Ergänzungen und Verbesserungen der Zusammenarbeit oder Kooperation finden sich im SDÜ, im EU-AuslÜbk[38] und im derzeit noch unanwendbaren EU-Rechtshilfeübereinkommen (EU-RechtshÜbk)[39]. Das SDÜ hat die Auslieferung und die Rechtshilfe in Strafsachen erleichtert, vor allem durch das Schengener Informationssystem SIS, und – weniger praktisch denn theoretisch von Bedeutung – eine grenzüberschreitende Observation und Nacheile ermöglicht (s. Art. 41, 42 SDÜ). Durch das EU-AuslÜbk sind zahlreiche Auslieferungshindernisse abgebaut worden, namentlich diejenigen der politischen und fiskalischen Straftat (s. Art. 5, 6 EU-AuslÜbk) und im Prinzip auch dasjenige der Staatsangehörigkeit im ersuchten Mitgliedstaat (s. Art. 7 EU-AuslÜbk). Und künftig wird das EU-RechtshÜbk wesentliche Erleichterungen transnationaler Strafverfolgung bewirken: Bei der Leistung von Rechtshilfe sind Formvorschriften und Verfahren des ersuchenden Staates zu beachten (forum regit actum, s. Art. 4 Abs. 1 EU-RechtshÜbk), was die Verwertbarkeit von im Rechtshilfeweg erlangten Beweisen verbessert. Verfahrensurkunden können gegebenenfalls unmittelbar durch die Post übersandt werden (s. Art. 5 EU-RechtshÜbk). Polizei- und Justizbehörden in den Mitgliedstaaten dürfen künftig unmittelbar miteinander zusammenarbeiten, ohne dass der diplomatische Geschäftsweg eingehalten werden muss (s. Art. 6 EU-RechtshÜbk) – ein Anruf kann genügen! Den Polizeibehörden der Mitgliedstaaten wird ein umfassender Informationsaustausch erlaubt (s. Art. 7 EU-RechtshÜbk). Grenzüber-

---

[36] S. noch unten V.
[37] Zum folgenden *Vogel* (Fn. 8).
[38] S. oben Fn. 30. – Es ist bislang (Stand August 2002) von allen Mitgliedstaaten außer den Republiken Italien und Frankreich ratifiziert worden. Die meisten Mitgliedstaaten – darunter die Bundesrepublik Deutschland – haben bei der Ratifikation eine Erklärung zur vorläufigen Anwendbarkeit gem. Art. 18 Abs. 4 EU-AuslÜbk abgegeben.
[39] ABlEG Nr. C 197 v. 12.7. 2000 S. 1, ergänzt durch das Protokoll vom 16. Oktober 2001, ABlEG Nr. C 326 v. 21.11. 2001 S. 1. – Bislang (Stand August 2002) hat nur Portugal die Ratifikation des EU-RechtshÜbk notifiziert (am 5. November 2001).

schreitende Observation, Nacheile und Telekommunikationsüberwachung (s. Art. 17ff. EU-RechtshÜbk) werden europaweit ermöglicht. Bei grenzüberschreitender Kriminalität dürfen gemeinsame Ermittlungsgruppen aus Amtsträgern mehrerer Mitgliedstaaten gebildet werden, deren Tätigwerden sich nach den Rechtsvorschriften des Staates richtet, in dem die Gruppe ihren Einsatz durchführt (sog. Einsatzstaatsprinzip), und deren Ermittlungsergebnisse in allen beteiligten Staaten verwertet werden dürfen (sog. Prinzip allseitiger Verwertbarkeit, s. Art. 13 EU-RechtshÜbk). Die grenzüberschreitende Vernehmung per Video- oder Telefonkonferenz wird europaweit ermöglicht (s. Art. 11 EU-RechtshÜbk).

Die genannten Ergänzungen und Verbesserungen verbleiben noch im Rahmen des tradierten, dem Souveränitätsdenken verpflichteten Modells internationaler Zusammenarbeit in Strafsachen. Gesprengt wird dieser Rahmen durch das Konzept des echten europäischen Strafrechtsraumes, in dem das Prinzip der gegenseitigen Anerkennung gilt[40]: Jeder Mitgliedstaat soll strafrechtliche Entscheidungen aller anderen Mitgliedstaaten ipso facto – d.h. formell ohne sachliche Nachprüfung und materiell ohne Bedingung oder Vorbehalt – anerkennen und ggf. vollstrecken. Bei Licht besehen stellt das eine Teilverwirklichung des Bundesstaatsprinzips in der Europäischen Union dar. Sein erster Anwendungsfall ist das 1998 angenommene, allerdings noch nicht in Kraft getretene Übereinkommen über den Entzug der Fahrerlaubnis[41]. Hiernach müssen Fahrverbote und Fahrerlaubnisentziehungen, die im Staat der Zuwiderhandlung rechtskräftig sind, auch im Wohnsitzstaat des Betroffenen vollstreckt werden, gleich ob nach dessen Recht ein Fahrverbot hätte verhängt oder die Fahrerlaubnis hätte entzogen werden können. Vor allem aber ist der eingangs vorgestellte Europäische Haftbefehl ein eindeutiger Anwendungsfall des Prinzips der gegenseitigen Anerkennung. Hierbei soll es freilich nicht sein Bewenden haben. Wie in der Mitteilung der Kommission „Gegenseitige Anerkennung von Endentscheidungen in Strafsachen"[42] und im Maßnahmenprogramm zur Umsetzung des Grundsatzes der gegenseitigen Anerkennung gerichtlicher Entscheidungen in Strafsachen[43] vorgezeichnet, sollen vielmehr weitere Maßnahmen folgen. Derzeit verhandelt werden Initiativen zu Rahmenbeschlüssen über die Vollstrekkung von Entscheidungen über die Sicherstellung von Vermögensgegenständen oder Beweismitteln in der Europäischen Union[44] – gleichsam die „Europäische Beschlagnahmeanordnung" –, über die Anwendung des Prinzips der gegenseiti-

---

[40] Hierzu *Vogel* (Fn. 19), Rdn. 172.
[41] AB1EG Nr. C 216 v. 10. 7. 1997 S. 1. – Bislang (Stand August 2002) hat nur Spanien die Ratifikation am 18. Januar 2001 notifiziert.
[42] Kommissionsdok. KOM (2000) 495 endg. v. 26. 7. 2000.
[43] AB1EG Nr. C 12 v. 15. 1. 2001 S. 10.
[44] AB1EG Nr. C 75 v. 7. 3. 2001 S. 3.

gen Anerkennung auf Geldstrafen und -bußen[45] – gleichsam die „Europäische Geldstrafe und -buße" – und über die Vollstreckung von Konfiskationsanordnungen in der Europäischen Union[46] – gleichsam die „Europäische Verfalls- bzw. Einziehungsanordnung". Weiterhin arbeitet die Kommission an Vorschlägen zur gegenseitigen Anerkennung weiterer Rechts- und Nebenfolgen der Tat, beispielsweise der Aberkennung von Rechten wie z.B. beim Berufsverbot.

b) Neben das PJZS-Recht der Zusammenarbeit tritt dasjenige der Annäherung oder Harmonisierung der Strafvorschriften der Mitgliedstaaten[47]. Noch unter der Geltung des Vertrages von Maastricht angenommen worden sind das Übereinkommen zum Schutz der finanziellen Interessen der Europäischen Gemeinschaft und seine Zusatzprotokolle[48]. Die dort enthaltenen Vorgaben für das Betrugs- und Korruptionsstrafrecht hat die Bundesrepublik Deutschland 1998 durch das EG-Finanzschutzgesetz und das EU-Bestechungsgesetz sowie 2002 durch weitere Gesetze umgesetzt[49]. Allerdings hat sich der Weg der Strafrechtsangleichung durch Übereinkommen, die noch der innerstaatlichen Ratifikation bedürfen, aus Sicht der Union nicht bewährt. Vielmehr ist die Union mittlerweile dazu übergegangen, Strafrechtsangleichung nahezu ausnahmslos über Rahmenbeschlüsse gem. Art. 34 Abs. 2 Satz 2 lit. b EUV zu betreiben, die zwar gleichfalls transformationsbedürftig sind, jedoch – ähnlich wie Richtlinien – für die Mitgliedstaaten hinsichtlich des zu erreichenden Zieles verbindlich sind, also umgesetzt werden müssen. Bereits in Kraft befinden sich der eingangs genannte TerrRB, weiterhin die Rahmenbeschlüsse über die Verstärkung des strafrechtlichen und mit anderen Sanktionen bewehrten Schutzes gegen Geldfälschung im Hinblick auf die Einführung des Euro[50], zur Bekämpfung von Betrug und Fälschung im Zusammenhang mit unbaren Zahlungsmitteln[51] und zur Bekämpfung des Menschenhandels[52]. Zahlreiche weitere Rahmenbeschlüsse befinden sich in z.T. weit gediehener Vorbereitung. Sie betreffen u.a. die sexuelle Ausbeutung von Kindern und Kinderpornographie, den illegalen Drogenhandel, das Umweltstrafrecht, Rassismus und Fremdenfeindlichkeit, Angriffe auf Informationssysteme oder die Beihilfe zur unerlaubten Ein- und Durchreise. Die Aufzählung verdeutlicht, dass die an sich in Art. 31 lit. e EUV primär-

---

[45] Ratsdok. 11178/01 v. 12.9.2001.
[46] Ratsdok. 10701/02 v. 18.7.2002.
[47] Hierzu nunmehr grundlegend *Vogel*, in: (Hrsg.) Hilgendorf/Laubenthal/Zieschang, Strafrecht und Kriminalität in Europa, 2003.
[48] S. oben Fn. 29.
[49] BGBl. 1998 II S. 2322 und 2340 und Gesetz zu dem Zweiten Protokoll (...), zur Ausführung des Zweiten Protokolls (...) und zu dem Übereinkommen vom 26.5.1997 über die Bekämpfung der Bestechung, an der Beamte der Europäischen Gemeinschaften oder der Mitgliedstaaten der Europäischen Union beteiligt sind, unternommen (Entwürfe in BT-Drucks. 14/8998, 8999 und 9002; die Verkündung im BGBl. steht derzeit noch aus).
[50] ABlEG Nr. L 140 v. 14.6.2000 S. 1.
[51] ABlEG Nr. L 149 v. 2.6.2001 S. 1.
[52] ABlEG Nr. L 203 v. 1.8.2002 S. 1.

rechtlich vorgesehene Beschränkung der Rechtsangleichungskompetenz der Union auf organisierte Kriminalität, Terrorismus und illegalen Drogenhandel in der Praxis lax gehandhabt, wenn nicht gar als unbeachtliches Redaktionsversehen im Text des Vertrags von Amsterdam abgetan wird[53].

3. Die wichtigsten *Institutionen* der PJZS sind – in zeitlicher Reihenfolge ihrer Errichtung – das Schengener Informationssystem SIS, das Europäische Justizielle Netz EJN, das Europäische Polizeiamt Europol, die Task Force der europäischen Polizeichefs und die Europäische Stelle für justizielle Zusammenarbeit Eurojust, welche – rechtlich nicht bedenkenfrei – bereits vor Inkrafttreten des Vertrages von Nizza und damit der primärrechtlichen Grundlagen durch den Rat errichtet worden ist[54]. Alle diese Institutionen dienen in erster Linie dazu, die Strafverfolgungstätigkeit der Mitgliedstaaten zu koordinieren – weshalb Koordination als dritter Leitbegriff der PJZS (neben Kooperation und Harmonisierung) gelten kann. Der Begriff Koordination impliziert, dass die europäischen Institutionen zwar anleitend oder anweisend, planend und unterstützend tätig werden, u.a. um einander überschneidende oder sich gar behindernde Strafverfolgungstätigkeiten auf nationaler Ebene zu vermeiden, dass jedoch die eigentliche Strafverfolgung Sache der Mitgliedstaaten bleibt.

In der Tat ist *Europol* ebenso wenig eine wirkliche supranationale Kriminalpolizeibehörde, die dem deutschen Bundeskriminalamt oder dem amerikanischen Federal Bureau of Investigation vergleichbar wäre, wie *Eurojust* eine wirkliche supranationale Staatsanwaltschaft ist. Weder Europol noch Eurojust haben Befugnisse zu wirklichen Ermittlungseingriffen – im Sprachgebrauch der Union: zu exekutiven Maßnahmen –, beispielsweise zu Festnahmen, Beschlagnahmen, Durchsuchungen oder Telekommunikationsüberwachungen. Vielmehr hat Europol nach derzeitigem Stand lediglich die „Aufgaben", den Informationsaustausch zwischen den Mitgliedstaaten über bestimmte Kriminalitätsfelder zu erleichtern, Informationen hierüber zu sammeln, zusammenzustellen und zu analysieren, die zuständigen Behörden in den Mitgliedstaaten hierüber zu unterrichten und Ermittlungen zu unterstützen (s. Art. 3 Abs. 1 EuropolÜbk). Allerdings sieht Art. 30 Abs. 2 EUV vor, dass Europol bis spätestens 30. April 2004 mit weiteren „operativen Befugnissen" ausgestattet wird[55]. Im

---

[53] So *Röben* (Fn. 22), Art. 31 Rdn. 17.

[54] S. Beschluss des Rates vom 14. Dezember 2000 über die Einrichtung einer vorläufigen Stelle zur justiziellen Zusammenarbeit („Pro-Eurojust"), AblEG Nr. L 324 v. 21.12. 2000 S. 2, und Beschluss des Rates vom 28. Februar 2002 über die Errichtung von Eurojust zur Verstärkung der Bekämpfung der schweren Kriminalität (Eurojust-Beschluss), AblEG Nr. L 63 v. 6.3. 2002 S. 1. – „Pro-Eurojust" hat seine Arbeit am 1. März 2001 aufgenommen, Eurojust wird derzeit aufgebaut.

[55] Dies kann an sich nur über ein – allseits ratifikationsbedürftiges – Änderungsübereinkommen (Protokoll) zum EuropolÜbk geschehen, s. hierzu die Initiative des Königreichs Dänemark, Ratsdok. 10307/02 v. 2.7. 2002, und zuvor die Initiative des Königreichs Belgien und des Königreichs Spaniens, Ratsdok. 5455/02 v. 28.1. 2002. Im Rat sind freilich drei Optionen für

Sprachgebrauch der Union sind operative Befugnisse freilich streng von Befugnissen zu exekutiven Maßnahmen zu trennen. Operativ sind Befugnisse bereits dann, wenn sie auf bestimmte Operationen, das heißt auf spezifische Ermittlungen, bezogen sind. In diesem weiten Sinne soll Europol künftig spezifische Ermittlungsmaßnahmen der zuständigen Behörden der Mitgliedstaaten vorbereiten, koordinieren und fördern, in unterstützender Funktion an gemeinsamen Ermittlungsteams teilnehmen, die solche Maßnahmen durchführen, und die zuständigen Behörden der Mitgliedstaaten ersuchen, Ermittlungen in speziellen Fällen vorzunehmen und zu koordinieren – aber ohne dass Europolbeamte eigene Festnahme-, Beschlagnahme- oder Durchsuchungsbefugnisse hätten. Ähnlich beschränken sich die „Aufgaben" von Eurojust darauf, insbesondere bei transnationalen Ermittlungen oder Strafverfolgungsmaßnahmen als Schaltstelle zwischen den beteiligten nationalen Behörden zu dienen und u.a. für wechselseitige Unterrichtung und ggf. Übermittlung von Rechtshilfeersuchen zu sorgen. Weitergehend als – derzeit – Europol kann Eurojust (als Kollegium) die zuständigen nationalen Behörden ersuchen, Ermittlungen zu führen bzw. die Strafverfolgung aufzunehmen oder sich einverstanden zu erklären, dass eine andere zuständige Behörde dies tut; auch kann Eurojust (als Kollegium) um Koordinierung von Ermittlungen und um Einsetzung eines gemeinsamen Ermittlungsteams ersuchen (s. Art. 7 lit. a Eurojust-Beschluss). Unmittelbare Rechtsfolge solcher Ersuchen ist freilich nur die Pflicht, Eurojust von einer ablehnenden Entscheidung und deren Begründung in Kenntnis zu setzen (s. Art. 8 Eurojust-Beschluss).

Die *praktische Bedeutung* der PJZS-Institutionen ist bislang nicht sehr groß. Praxisrelevant sind vor allem die automatisiert geführten Informationssysteme, in denen strafverfolgungsbezogene Informationen unionsweit eingeholt, gespeichert, verarbeitet, analysiert und ausgetauscht werden. Besonders bewährt hat sich das Schengener Informationssystem SIS, ein automatisiertes Fahndungssystem, in dem europaweit Personen, Fahrzeuge und Sachen zur Festnahme, Beschlagnahme oder Kontrolle ausgeschrieben werden können (s. Art. 92ff. SDÜ). Hingegen ist das Europol-Informationssystem EIS, nach Art. 7ff. EuropolÜbk an sich das Herzstück von Europol, immer noch im Aufbau begriffen[56]. Von der nach Art. 10ff. EuropolÜbk eröffneten Möglichkeit, strategische Arbeitsdateien zu Analysezwecken zu erstellen und auszuwerten, machte Europol im Jahr 2000 in 11 Fällen Gebrauch – was auffällig mit der Zahl von 1198 Tagungen, Treffen, Seminaren und Workshops kontrastiert, die Europol im Jahr 2000

---

ein „vereinfachtes Verfahren" diskutiert worden: (1) Änderung des EuropolÜbk durch Ratsbeschluss; (2) dies beschränkt auf wenige, eher technische Bestimmungen; (3) Aufhebung des EuropolÜbk durch ein – allseits ratifikationsbedürftiges – Übereinkommen (Protokoll) und Ersetzung durch einen Ratsbeschluss nach dem Vorbild des Eurojust-Beschlusses.

[56] Eine „Version 0.1" ist am 30. Dezember 2001 für einsatzbereit erklärt worden, s. Ratsdok. 8381/02 v. 30. 4. 2002 (mit dem Europol-Jahresbericht 2001).

veranstaltete[57]. Seit dem 11. September 2001 ist Europol mit Maßnahmen zur Terrorismusbekämpfung befasst, die erhebliche personelle und finanzielle Ressourcen absorbieren. Eurojust befindet sich derzeit noch im Aufbau; mittlerweile ist eine Geschäftsordnung verabschiedet und der Präsident sowie Vizepräsident gewählt worden.

IV. Prinzipien und Probleme der PJZS

Angesichts der Neuheit und des Wandels der PJZS überrascht es nicht, dass die Grundprinzipien und -probleme der PJZS bislang noch wenig erörtert worden sind – was sich im Kontext des Europäischen Konvents derzeit ändert.

1. Die gesamte PJZS beruht auf dem *Prinzip der Intergouvernementalität*. Damit ist gemeint, dass die Vertragsgeber von Maastricht, Amsterdam und Nizza die Entscheidungsmacht über die PJZS beim Rat der Europäischen Union und damit bei den Regierungen bzw. Regierungsvertretern der Mitgliedstaaten konzentriert haben. Die politischen, rechtlichen und institutionellen Weichen werden auf Regierungsebene in komplexen Ratsstrukturen und in vertraulichen oder doch abseits der politischen Öffentlichkeit geführten Verhandlungen gestellt. Der Einfluss der Kommission ist beschränkt; das Europäische Parlament hat nur ein Anhörungsrecht; die Parlamente der Mitgliedstaaten sind allenfalls in der Theorie frei, die Umsetzung von Rahmenbeschlüssen oder Übereinkommen zur PJZS abzulehnen; der Rechtsschutz durch den Europäischen Gerichtshof ist begrenzt. Die bei der PJZS in Frage stehenden strafrechtlichen Maßnahmen unterliegen aber wegen ihrer hohen Eingriffstiefe und ihrer besonderen Eingriffsqualität traditionell besonders hohen Anforderungen an demokratische Legitimation und justiziellen Rechtsschutz. Deshalb sind die allgemeinen, im Konvent zu behandelnden *Probleme des Demokratiedefizits, der Intransparenz und des Rechtsschutzes* für die PJZS besonders drängend.

2. Ein weiteres und auf der Hand liegendes, freilich nur scheinbar triviales Prinzip der PJZS ist das *Prinzip der Zusammenarbeit*. Es begründet zum einen eine unionsrechtliche Pflicht der Mitgliedstaaten zur Zusammenarbeit in Strafsachen[58]. Zum anderen enthält es ein „Rückschrittsverbot": Wenn, wie Art. 29 Unterabs. 2 EUV sagt, Mittel der Zielerreichung in der PJZS eine *immer engere* Zusammenarbeit ist und Art. 40ff. EUV eine *noch verstärktere* Zusammenarbeit ermöglichen, dann dürfte es unionsrechtlich unzulässig sein, ein einmal erreichtes Niveau der Zusammenarbeit wieder substanziell abzusenken. Schließlich setzt das Prinzip der Zusammenarbeit Grenzen für die Errichtung eines

---

[57] Zahlenangaben aus Europol, Annual report 2000, Luxembourg: Office for Official Publications of the European Communities, 2001, S. 10, 15.
[58] Näher *Vogel* (Fn. 19), Rdn. 28.

wirklichen europäischen Strafjustizsystems im Rahmen der PJZS. Finalität der Art. 29ff. EUV ist eben die immer bessere Zusammenarbeit der jeweiligen nationalen Strafverfolgungssysteme. Eine wirkliche europäische Kriminalpolizei, Staatsanwaltschaft und Gerichtsbarkeit dürfte deshalb nur primärrechtlich – ggf. im Wege des Art. 42 EUV durch Überführung von (Teilen der) Art. 29ff. EUV in Titel IV des EGV –, nicht aber sekundärrechtlich beispielsweise durch schleichende Änderung des EuropolÜbk oder des Eurojust-Beschlusses errichtet werden können.

Gewiss ist Zusammenarbeit ein ausgesprochen positiv besetzter Begriff. Doch darf nicht verkannt werden, dass Zusammenarbeit, zumal wenn sie institutionalisiert wird, zu staatlichen Macht- und Herrschaftsverbänden mit großer Macht- und Herrschaftsfülle führen kann. Diese wiederum birgt Gefahren für Bürgerfreiheiten, vor allem im Strafrecht, das besonders intensive Freiheitseingriffe erlaubt, die sich nicht bloß gegen Schuldige, sondern auch gegen bloß Verdächtige, in Wahrheit aber Unschuldige und zunehmend auch gegen Unverdächtige richten können. Das Prinzip der Zusammenarbeit in Strafsachen kann deshalb nicht schrankenlos gelten, sondern es ist gleichgewichtig das Prinzip der Gewaltenteilung zu beachten, wonach Macht- und Herrschaftsverbände und -konzentrationen durch Teilung, Trennung und Balancierung („checks and balances") der Gewalten vermieden werden müssen. Daher muss in der PJZS ein *Prinzip der internationalen Gewaltenteilung bei der Strafverfolgung* anerkannt werden, das mit dem Zusammenarbeitsprinzip in ein Verhältnis praktischer Konkordanz gebracht werden muss[59].

3. Sodann ist die PJZS von dem *Prinzip der Trennung von polizeilicher und justizieller Zusammenarbeit* beherrscht. Polizeiliche und justizielle Zusammenarbeit werden nicht bloß begrifflich und rechtstechnisch streng voneinander unterschieden und sachlich verschieden geregelt (vgl. einerseits Art. 30, andererseits Art. 31 EUV), sondern sind auch kaum verzahnt. Beispielsweise hat Eurojust keinerlei Sachleitungs-, Aufsichts- und Überwachungsbefugnis über Europol. Damit erteilt die PJZS den tradierten Rechtsgrundsätzen eine Absage, wonach die Polizei nicht justizfrei agieren darf und das Recht der internationalen Zusammenarbeit in Strafsachen gleichermaßen für polizeiliches wie für justizielles Handeln gilt. Die Rechtswirklichkeit ist über solche Grundsätze freilich seit langem hinweggegangen. Deshalb kann man das Trennungsprinzip auch für methodenehrlich halten und meinen, dass es die Chance bietet, den Grau- oder

---

[59] Beispielsweise muss bedacht werden, dass *gemeinsame Ermittlungsgruppen* die internationale Gewaltentrennung zwischen den jeweiligen nationalen Strafverfolgungssystemen durchbrechen und dass die *gegenseitige Anerkennung von Entscheidungen in Strafsachen* die internationale Gewaltenbalancierung überspielt, nämlich vermeidet, dass sich die beteiligten Strafverfolgungssysteme im Sinne gegenseitiger checks and balances wechselseitig kontrollieren und hemmen.

gar Rechtswidrigkeitsbereich der euphemistisch so genannten „informellen" polizeilichen Zusammenarbeit wieder zu verrechtlichen[60].

Im übrigen anerkennt die PJZS ein dem Trennungsprinzip durchaus gegenläufiges *Prinzip der Zusammenarbeit aller zuständiger Stellen*. Bereits nach dem Wortlaut des EUV ist die polizeiliche Zusammenarbeit eine solche der zuständigen Behörden – auch des Zolls und anderer spezialisierter Strafverfolgungsbehörden (s. Art. 30 Abs. 1 lit. a EUV) – und die justizielle Zusammenarbeit eine solche auch zwischen den zuständigen Ministerien und entsprechenden Behörden (s. Art. 31 Abs. 1 lit. a EUV). Das erlaubt die Bildung internationaler Kooperations- und Informationsverbände aller beteiligter Stellen, beispielsweise der Justizbehörden und Zollverwaltungen bei Zollhinterziehung oder der Justiz- und Finanzbehörden bei Steuerhinterziehung oder Geldwäsche[61]. Derartige Kooperations- und Informationsverbände führen freilich wiederum zu Gewaltenteilungsproblemen, insbesondere zu Fragen der informationellen Gewaltenteilung: Dürfen Informationen, die eine nicht strafverfolgende Behörde oder gar ein Privater erlangt hat, ohne weiteres an Strafverfolgungsbehörden übermittelt und zu Strafverfolgungszwecken verwendet werden? Was soll gelten, wenn die Information besonders geschützt ist – etwa durch das Steuer-, Sozial- oder Bankgeheimnis – oder wenn sie zwar selbstbelastenden Charakter hat, für außerstrafrechtliche Zwecke jedoch von Rechts wegen erzwungen werden darf – etwa als Auskunft des Gemeinschuldners über sein Vermögen? Art. 27 ZollamtshilfeÜbk[62] löst das Problem nur vordergründig, indem zugelassen wird, zur Wahrung des Ermittlungsgeheimnisses Bedingungen für die Verwendung der international übermittelten Information vorzuschreiben, also eine Spezialitäts- oder Zweckbindung auszulösen. Noch weitergehend wird in allen Fällen, in denen internationale Kooperations- und Informationsverbände strafprozessuale Garantien wie das Selbstbelastungsverbot auszuhöhlen drohen, über gesetzliche oder richterrechtliche strafprozessuale Verwertungsverbote nachgedacht werden müssen.

4. Weiterhin wird die PJZS von dem *Prinzip der Gleichbehandlung von repressiver Strafverfolgung und präventiver vorbeugender Verbrechensbekämpfung* beherrscht. So dürfen im Schengener Informationssystem nicht nur Straftäter oder Tatverdächtige ausgeschrieben werden, sondern auch Personen, die Straftaten planen oder von denen aufgrund einer Gesamtbeurteilung zu erwarten ist, dass sie außergewöhnlich schwere Straftaten begehen werden (s. Art. 99 Abs. 2 SDÜ). Aufgabe von Europol ist von vornherein gleichrangig die Verhütung wie die Bekämpfung der in seiner Zuständigkeit stehenden Kriminalitätsformen (s. Art. 2 Abs. 1 EuropolÜbk). Beispielsweise dürfen in Arbeitsdateien

---

[60] S. hierzu auch die Entschließungen C. der Sektion IV des XVI. Internationalen Strafrechtskongresses, abgedruckt in ZStW 112 (2000), 704 (736f.).
[61] AblEG Nr. C 24 v. 23. 1. 1998 S. 1; näher hierzu *Vogel* (Fn. 19), Rdn. 159.
[62] AblEG Nr. C 24 v. 23. 1. 1998 S. 1.

zu Analysezwecken u.a. Personen gespeichert werden, die bei einer künftigen Strafverfolgung als Zeugen in Betracht kommen (s. Art. 10 Abs. 1 Nr. 2 Europol-Übk) – hier geht es um Vorsorge für künftige Strafverfolgung –, und auch Personen, die Opfer einer Straftat werden könnten (s. Art. 10 Abs. 1 Nr. 3 Europol-Übk) – hier geht es um Personenschutz, also um reine Gefahrenabwehr und damit um Verhütung von Straftaten –. Die Gleichbehandlung von Strafverfolgung und vorbeugender Verbrechensbekämpfung entspricht dem Zug der Zeit[63]. Im Entstehen begriffen ist ein *Prinzip des Vorfeldschutzes*, wonach Ermittlungs- oder Sicherungsmaßnahmen, die gegen konkret Tatverdächtige ergriffen werden dürfen, auch gegen konkret Tat*vorbereitungs*verdächtige zur Verfügung stehen müssen. Im Ausgangspunkt leuchtet das ein: Warum soll die Telekommunikation einer Person überwacht werden dürfen, die verdächtig ist, einen Mord begangen zu haben, nicht aber einer Person, die ernsthafte Schritte unternimmt, einen Mord zu begehen? Probleme übermäßiger Gewaltenkonzentration und -vermischung entstehen aber, wenn die Befugnisse zu justizieller Strafverfolgung und zu polizeilich-exekutiver vorbeugender Verbrechensbekämpfung in einer Hand vereinigt werden wie bei Europol. Außerdem ermöglichen die in Art. 10 Abs. 6 EuropolÜbk vorgesehenen allgemeinen und strategischen Analysen Ermittlungen nicht nur ohne konkreten Tatverdacht, sondern auch ohne konkreten Tatgefahrverdacht. Derartige pro- wie retrospektiv verdachtslosen Ermittlungen gegen Bürger passen selbst dann nicht in unser Bild vom Rechtsstaat, wenn es – wie bei Europol – an Befugnissen zu wirklichen Ermittlungseingriffen fehlt.

5. Bereits mehrfach erwähnt worden ist *das Prinzip der gegenseitigen Anerkennung von (End-) Entscheidungen in Strafsachen*[64]. Begründet wird es mit der Überlegung, die Mitgliedstaaten müssten einander vertrauen und dürften es auch, weil sie demokratische, die Menschenrechte achtende Rechtsstaaten seien. Weiterhin wird mit dem Herkunftstaatsprinzip argumentiert, wonach, was in einem Mitgliedstaat rechtmäßig sei, im Grundsatz auch in allen anderen Mitgliedstaaten als rechtmäßig anerkannt werden muss. Hier sind aber gewisse Vorbehalte angebracht[65]. Ein Vertrauen, das allein deshalb, weil ein anderer Staat abstrakt ein Rechtsstaat ist, jede konkrete seiner Strafverfolgungsmaßnahmen in jedem konkreten Einzelfall ungeprüft hinnimmt, ist blind und wäre auch innerstaatlich nicht gerechtfertigt, da andernfalls Rechtsmittelzüge entfallen könnten. Das Herkunftstaatsprinzip, das auf unionsweite Durchsetzung der Grundfreiheiten zielt, wird geradezu ins Gegenteil verkehrt, wenn es für die unionsweite Durchsetzung von staatlichen Strafansprüchen in Anspruch genommen wird. Es ist keineswegs anstößig, wenn die Mitgliedstaaten der Union

---

[63] S. nur *Keller/Griesbaum*, NStZ 1996, 416 ff.
[64] S. oben III. 1. und 2. a).
[65] S. erneut *Vogel* (Fn. 19), Rdn. 172 und bereits in JZ 2001, 937 (940 f.).

bei grenzüberschreitender Strafverfolgung gegenseitig kontrollieren, ob Mindeststandards insbesondere der Europäischen Menschenrechtskonvention eingehalten wurden. Zudem ist zu bedenken, dass das Prinzip der gegenseitigen Anerkennung zu Problemen der Verhältnismäßigkeit führen kann, beispielsweise wenn ein Fahr- oder Berufsverbot unionsweit anerkannt und somit in seinem räumlichen Geltungsbereich auf das gesamte Unionsgebiet erstreckt werden soll.

6. Als letztes *Prinzip* ist schließlich das *der Unabhängigkeit und Selbstkontrolle* der PJZS-Institutionen zu nennen. Die Institutionen der PJZS, insbesondere Europol und Eurojust, sind rechtsfähig, ihre Mitglieder genießen – wie bei internationalen Organisationen üblich – Immunität, und sie sind im Verhältnis zu Regierungen, Behörden, Organisationen oder nicht zu ihnen gehörenden Personen weisungsfrei gestellt. Kontrolliert werden Europol und Eurojust durch sog. unabhängige gemeinsame Kontrollinstanzen (s. Art. 24 EuropolÜbk, Art. 23 Eurojust-Beschluss). Zwar ist der Status dieser Instanzen durchaus dem von Gerichten vergleichbar (und nach Art. 23 Abs. 4 Eurojust-Beschluss treten sogar ein oder mehrere von dem betroffenen Mitgliedstaat benannte Ad-hoc-Richter zusammen, wenn eine Beschwerde in Bezug auf personenbezogene Daten zu prüfen ist); der gebotene Individualrechtsschutz steht einem traditionellen gerichtlichen aber nicht wirklich gleich. Hieraus resultieren die viel diskutierten Probleme der demokratischen und justiziellen Einbindung und Kontrolle von Europol und Eurojust[66]. Ob diese Probleme im Rahmen der PJZS in ihrer derzeitigen Gestalt überzeugend gelöst werden können, ist durchaus fragwürdig.

V. Plädoyer zugunsten einer „Vergemeinschaftung" der PJZS sowie eines komplementären europäischen Strafjustizsystems

Damit komme ich zum Schluss und dazu, dass die PJZS nach weithin geteilter, auch im Konvent vorherrschender Auffassung *reformbedürftig* ist. Meines Erachtens sollte die Reform in zwei Richtungen gehen: Zum einen sollten die Grundsätze, Verfahren und Methoden der PJZS denen des EGV angenähert werden („Vergemeinschaftung" der PJZS). Zum anderen sollte ein komplementäres europäisches Strafjustizsystem geschaffen werden.

1. Wer die grenzüberschreitende Strafverfolgung in der Europäischen Union angemessen demokratisch und justiziell einbinden will, wird nicht umhin können, die *Überführung der PJZS in die erste Säule der Union*, nämlich ins europäi-

---

[66] Grundlegend *Gleß/Grote/Heine* (Hrsg.), Justitielle Einbindung und Kontrolle von Europol, 2001. – S. nunmehr Kommissionsdok. KOM (2002) 95endg. v. 26. 2. 2002 (Mitteilung „Die demokratische Kontrolle von Europol").

sche Gemeinschaftsrecht, zu fordern – wie es bei der Zusammenarbeit in Zivilsachen bereits mit Erfolg geschehen ist. Für die europäische Strafrechtsetzung hätte das den Vorteil, dass die bewährten und wirksamen Handlungsformen des EGV – Richtlinien, aber auch Verordnungen – zur Verfügung ständen. Weiterhin läge das Initiativrecht bei der Kommission, was eine stetigere und konsistentere europäische Kriminalpolitik bewirken würde – natürlich wäre es immer noch Sache des Europäischen Rates und des Rates der Europäischen Union, Impulse zu geben und bindende Leitlinien festzulegen. Vor allem aber könnten die Probleme der defizitären demokratischen Legitimation und justiziellen Kontrolle der PJZS elegant und durchgreifend gelöst werden, indem das Europäische Parlament im Mitentscheidungsverfahren beteiligt und die allgemeine Zuständigkeit des Europäischen Gerichtshofs eröffnet würde. Und für die europäischen Strafverfolgungsinstitutionen bestände der Vorteil darin, dass sie mit klaren Zuständigkeiten und Verantwortlichkeiten in das Institutionensystem der Gemeinschaft eingebunden werden könnten und dass die allgemeinen und bewährten politischen und justiziellen Kontrollmechanismen der Gemeinschaft – einschließlich des Budgetrechts des Parlaments und des durch den Gerichtshof gewährten Individualrechtsschutzes – eingreifen würden. Schließlich könnte bei Gelegenheit der „Vergemeinschaftung" der PJZS besser als bislang bestimmt werden, in welchem Umfange der Union eigentlich strafrechtliche Kompetenzen eingeräumt werden sollten. Sinnvoll erscheint es, der Union konkurrierende Kompetenzen zum Schutz ihrer eigenen Interessen (Schutzprinzip), zur Durchsetzung von Vorschriften des Unions- und Gemeinschaftsrechts (Annexprinzip) und bei europäischer grenzüberschreitender Kriminalität (Transnationalitätsprinzip) zu geben.

2. Und wer die grenzüberschreitende Strafverfolgung in der Europäischen Union effektiver gestalten will, wird nicht umhin können, *die Errichtung eines komplementären europäischen Strafjustizsystems* zu fordern. Für den Bereich des Schutzes der finanziellen Interessen der Europäischen Gemeinschaft bemühen sich die Kommission und das Europäische Parlament seit langem darum, das Projekt einer Europäischen (Finanz-) Staatsanwaltschaft voranzutreiben[67].

---

[67] Ausgangspunkt waren die von Kommission und Parlament angestoßenen sog. „*Corpus Juris*"-Studien: *Delmas-Marty* (Hrsg.), Corpus Juris portant dispositions pénales pour la protection des intérêts financiers de l'Union européenne, 1997 (= Corpus Juris der strafrechtlichen Regelungen zum Schutz der finanziellen Interessen der Europäischen Union, 1998); *Delmas-Marty/Vervaele* (Hrsg.), The implementation of the Corpus Juris in the Member States, Bd. I-IV 2000–2001; *van den Wyngaert*, The Protection of the Financial Interests of the EU in the Candidate States. Perspectives on the Future of Judicial Intergration in Europe, ERA-Forum 3–2001; näher (teils krit.) *Braum*, JZ 2000, 493ff.; *Hassemer*, KritV 1999, 133ff.; *Huber* (Hrsg.), Das Corpus Juris als Grundlage eines Europäischen Strafrechts, 2000; *Manoledakis*, KritV 1999, 191ff.; *Otto*, Jura 2000, 98ff.; *Spinellis*, KritV 1999, 141ff.; *Vogel*, in: *Grützner/Pötz* (Fn.1) Rdn. 180; *Wattenberg*, StV 2000, 95ff. – In einer an die Regierungskonferenz von Nizza gerichteten Mitteilung schlug die Kommission sodann vor, eine primärrechtliche Grundlage für das Amt eines europäischen Staatsanwalts zum Schutz der finanziellen Interessen der Gemeinschaft in

Obwohl ich selbst an zwei diesbezüglichen Studien beteiligt war, möchte ich für eine zweifache Ausweitung dieses Projekts plädieren: Einerseits erscheint es mir nicht sinnvoll, es auf den Finanzschutz zu beschränken; vielmehr sollten *sämtliche* Bereiche einbezogen werden, in denen die Union eine strafrechtliche Kompetenz hat. Andererseits erscheint es mir nicht sinnvoll und zu einseitig, lediglich eine Europäische *Staatsanwaltschaft* zu errichten und auf eine Europäische *Kriminalpolizei* und Europäische *Strafgerichte* unter der Kontrolle des Europäischen Gerichtshofs zu verzichten. Mit anderen Worten plädiere ich für ein wirkliches europäisches Kriminaljustizsystem, das allerdings – auch um den Einwand zu entkräften, es widerspreche dem Subsidiaritätsprinzip und führe zu einer bundesstaatlichen Struktur wie im amerikanischen federal criminal justice system – *komplementär* sein sollte. Damit meine ich, dass das im Völkerstrafrecht entwickelte Komplementaritätsprinzip auf das europäische Strafjustizsystem übertragen werden sollte: Eine Zuständigkeit des europäischen Strafjustizsystems wäre nur dann gegeben, wenn die mitgliedstaatlichen Strafjustizsysteme, ggf. koordiniert durch Europol und Eurojust, die Tat nicht angemessen verfolgen wollten oder könnten.

Gestalt eines neuen Art. 280a EGV zu schaffen (Kommissionsdok. KOM [2000] 608endg. v. 29.9. 2000). In Nizza war das nicht konsensfähig. – In einem erneuten Anlauf hat die Kommission ein Grünbuch zum strafrechtlichen Schutz der finanziellen Interessen der Europäischen Gemeinschaften und zur Schaffung einer Europäischen Staatsanwaltschaft (Kommissionsdok. KOM [2001] 715endg. v. 11.12. 2001) vorgelegt. Es ist auf der 2411. Tagung des Rates Justiz, Inneres und Katastrophenschutz am 28.2. 2002 in Brüssel vorläufig diskutiert worden. In der amtlichen Presseerklärung (Ratsdok. 6533/02) heißt es: „Die Delegationen stellen fest, dass sich einige Schwierigkeiten im Zusammenhang mit der Einrichtung einer Europäischen Staatsanwaltschaft ergeben, und vertraten die Ansicht, dass dies nicht der geeignete Zeitpunkt für einen so radikalen Schritt sei. Generell wurde die Auffassung vertreten, dass neu geschaffene Stellen wie Eurojust und OLAF noch Zeit bräuchten, um sich bei der Bekämpfung von Straftaten gegen die finanziellen Interessen der Gemeinschaften durchzusetzen. Ferner wurden Bedenken gegen den Vorschlag geäußert, dass der Zuständigkeitsbereich der Europäischen Staatsanwaltschaft – falls diese Stelle geschaffen würde – auf den engen Bereich des Schutzes der finanziellen Interessen begrenzt werden sollte. Schließlich wurde im Zuge der Aussprache auf die im Grünbuch zur Sprache gebrachten äußerst vielschichtigen verfassungsrechtlichen Implikationen hingewiesen." Ähnlich zurückhaltend ist die Mehrzahl der regierungsamtlichen Stellungnahmen zum Grünbuch (s. http://www.europa.eu.int/comm/anit_ fraud/ green_paper/ index_ en.html; s. auch Beschluss des Bundesrats v. 31.5. 2002, BT-Drucks. 51/02). Es ist zu erwarten, dass die Kommission derzeit im Rat keine Mehrheit für ihre Pläne findet. – Deshalb versucht die Kommission nunmehr, das Projekt über den Konvent weiter zu betreiben, s. die Mitteilung der Kommission an den Konvent „A Project for the European Union" (Kommissionsdok. COM [2002] 247 fin. v. 22.5. 2002), wo es heißt (S. 9): „We also clearly need to supplement the current Treaty provisions on the protection of the Community's financial interests by a legal basis providing for a European prosecutor and facilitating the adoption of rules on criminal proceedings in cases of cross-border fraud"; s. weiterhin *Brüner/Spitzer*, NStZ 2002, 393ff.

Arbeitsrecht in der Risikogesellschaft – die Reaktion des Gesetzgebers

Hermann Reichold

I. Die „Risikogesellschaft" (U. Beck) als Chiffre für gesellschaftlichen Wandel

Der Soziologe *Ulrich Beck* (München) hat vor 15 Jahren den Weg in eine andere Moderne mit dem Begriff „Risikogesellschaft" dingfest zu machen versucht[1]. Er hat in einem weit ausgreifenden Szenario naturwissenschaftliche „Schadstoffverteilungen" und soziale „Gefährdungslagen" beschrieben[2] und zu einem Zeitpunkt die „Globalisierung der Zivilisationsrisiken"[3] analysiert, da die *politischen* Voraussetzungen dieser Globalisierung noch gar nicht in Sicht waren. Mich hatte dieses Buch in meiner Habilitationsphase nicht nur als Blick über die Grenzen der eigenen Disziplin, sondern vor allem als empirische Grundlagenstudie zum gesellschaftlichen Wandel dieser Arbeitsgesellschaft gereizt. Und schließlich fand der Jurist auch genügend Appetithappen bei der Soziologie. „*Arbeitsrecht*" spielt im Kapitel „Individualisierung und Klassenbildung: Karl Marx und Max Weber" als Beispiel für den „gezähmten" Klassenkampf und die Auflösung der traditionalen Klassengesellschaft gleich eine prominente Rolle[4]. Weiter hinten, nach Massenarbeitslosigkeit, Geschlechterkampf und Gleichstellungspolitik ging es weiter mit der „Entstandardisierung der Erwerbsarbeit"[5]. Die Flexibilisierung von Arbeitsrecht, Arbeitsort und Arbeitszeit wurde ebenso wortreich benannt wie der Umbau des bisherigen „Betriebsparadigmas" der Arbeitsorganisation, mehr noch: das *„Beschäftigungsförderungsgesetz"* von 1985 diente *Beck* geradezu als Kronzeugin für eine „breite Durchsetzung unsicherer Unterbeschäftigungsformen mit allen damit verbundenen Risiken"[6].

Damit bin ich bei meinem Thema, nämlich bei der Reaktion des Gesetzgebers auf offenkundige Umbrüche und Verwerfungen in der Arbeitsgesellschaft. Der Soziologe blickte anno 1986 in professioneller Krisenstimmung auf den

---

[1] „Risikogesellschaft – Auf dem Weg in eine andere Moderne", Erstausgabe Frankfurt/M. 1986.
[2] *Beck* (Fn. 1), S. 31 (Überschrift).
[3] *Beck* (Fn. 1), S. 48 (Überschrift).
[4] *Beck* (Fn. 1), S. 133 („Die Arbeiterbewegung ist sozusagen durch die Verrechtlichung von der Straße in die Gänge der Ämter verlegt worden...").
[5] *Beck* (Fn. 1), S. 220 (Kapitelüberschrift).
[6] *Beck* (Fn. 1), S. 234.

Skandal der Massenarbeitslosigkeit; er vermochte der Reaktion des Gesetzgebers im BeschFG 1985 als einer Beschleunigung sozialer Destabilisierung nur wenig Positives abzugewinnen[7]. Mit einem deutlich düsteren Unterton erkannte er nichts als neue soziale *Risiken*. Dieser Perspektive, immerhin, wollte ich mich schon damals nicht anschließen. Der *Privatrechtler* in mir erkannte auch *Chancen* in dieser „schönen neuen Arbeitswelt"[8]. Er sah neue Möglichkeiten privatautonomer Spielräume. Wenn er sich damit möglicherweise dem Ernst einer verfassungsrechtlich gebotenen Abwägungsproblematik vorschnell und individualistisch entzog, so lässt sich das im Folgenden nachholen. Immerhin, und damit ein letztes Mal *Ulrich Beck*, hat dieser in einer seiner Prognosen von damals schon heute ganz sicher Recht bekommen: „...dass dieser arbeitsgesellschaftliche Systemwandel auf beträchtliche Widerstände treffen und sich möglicherweise lange hinziehen wird"[9].

II. Nationaler Sozialstaat versus globaler Wettbewerb – das Dilemma einer überregulierten Arbeitsrechtsordnung

Die Rede von der „Risikogesellschaft" dient letztlich nur als Chiffre für jenen unaufhaltsamen sozialen Wandel, dem heute mit dem Schlagwort der „Globalisierung" ein deutlich ökonomischer Akzent beigemischt wird. Was *Beck* vor 15 Jahren wortreich und metaphernstark beschwor, war nicht viel anderes als eine Wiederauflage des Ende des 19. Jahrhunderts vorherrschenden Abgesangs auf eine ständisch verknöcherte *Agrargesellschaft*. Einhundert Jahre später nun löst die Globalisierung die Konturen einer verknöcherten *Industriegesellschaft* auf. Kontinuierlich blieb allein der Wandel. Juristen versuchten sich damals wie heute in normativen Antworten auf sozio-ökonomische Krisen-Szenarien. Ich versuche daher im Folgenden, die Reaktionen des heutigen Rechts auf den Wandel der Arbeitsgesellschaft anhand der neuen Gesetze zur Teilzeit und zur Befristung (TzBfG) sowie zur neuen Betriebsverfassung (BetrVG) in einen historisch-dogmatischen Kontext zu stellen, um dann die entscheidende Frage zu beantworten, ob der heutige Gesetzgeber den „Beruf seiner Zeit" (*Savigny* 1814) erfasst hat oder nicht.

---

[7] *Beck* (Fn.1), S.235f. spricht zwar von einer „historischen Überlegenheit" des neuen Arbeitssystems, weil die skandalöse offene Arbeitslosigkeit durch produktivere Formen der Unterbeschäftigung abgelöst würde. Dennoch folgt die düstere Prophezeiung, dass der als Beitrag zur Überwindung der Arbeitslosigkeit gedachte Schritt des Gesetzgebers zur Aktivierung der „stillen Reserve" am Arbeitsmarkt führen und eine kontraproduktive Nachfrage-Lawine auslösen könnte.

[8] So der Titel der aktuellen *Beck*'schen Fortschreibung seiner Thesen von 1986: „Schöne neue Arbeitswelt – Vision Weltbürgergesellschaft", Frankfurt/ New York 1999.

[9] *Beck* (Fn.1), S.235.

1. Die Reaktion des Rechts auf die „erste Moderne" und die politische Logik des korporatistischen Sozialstaats

Ende des 19. Jahrhunderts begegneten als „Arbeitsordnungen" einerseits noch die patriarchalische Gesindeordnung für Landarbeiter[10], andererseits schon die moderne Gewerbeordnung für Fabrikarbeiter. Der Rechtsstaat im Kaiserreich reagierte auch im Übrigen durchaus prompt auf den Eintritt in den „organisierten Kapitalismus"[11]. Er entwickelte nicht nur ein modernes Wirtschaftsrecht, insbesondere das Aktien- und das GmbH-Recht, das Kartell- und das Wettbewerbsrecht[12]. Er reagierte auch auf den sich anhäufenden sozialen Zündstoff mit Bismarcks Sozialversicherung in den 80er Jahren und Kaiser Wilhelms II. so genanntem Arbeiterschutzgesetz von 1891[13]. Damals standen übrigens *Ökonomen* an der Wiege des modernen Arbeitsrechts. Im „Verein für Socialpolitik" waren es vor allem *Gustav Schmoller* (1838–1917) und *Lujo Brentano* (1844–1931), die das Arbeitsrecht als Kritik am ungenügenden Privatrecht des freien Arbeitsvertrags in die Richtung kollektiven Schutzes fort zu entwickeln suchten und damit Tarifvertrag und Betriebsvereinbarung im Ansatz vorwegnahmen[14]. Der wichtigste juristische Kopf in der damaligen Diskussion, *Otto v. Gierke* (1841–1921), verlangte für den Arbeiter damals keineswegs Gleichordnung im Arbeitsvertrag, sondern Unter- bzw. Einordnung in einen herrschaftlichen „Betriebsverband"[15]. Seine konservative Rechtsdogmatik sah eine Gleichberechtigung der Vertragspartner nur *vor* dem Vertragsschluss, nicht aber mehr *danach*. Mit *Knut Wolfgang Nörr* darf *Gierkes* Rechtsidee als kollektivistisch, nicht als individualistisch bezeichnet werden[16]. Für das Arbeitsrecht zeichnete sich damit für das 20. Jahrhundert eine kollektivistische Struktur mit sozial-paternalistischen Zügen ab. Akteure dieser Arbeitswelt waren in erster Linie Gewerk-

---

[10] Monografisch *Vormbaum*, Politik und Gesinderecht im 19. Jahrhundert, Berlin 1980.
[11] Dazu näher *Reichold*, Betriebsverfassung als Sozialprivatrecht, München 1995, S. 84ff. mit weit. Nachw.
[12] Monografisch *R. Schröder*, Die Entwicklung des Kartellrechts und des kollektiven Arbeitsrechts durch die Rechtsprechung des Reichsgerichts vor 1914, Ebelsbach 1988, passim; guter Überblick bei *Coing*, Europäisches Privatrecht II (19. Jahrhundert), München 1989, S. 78ff. (§§ 11 – 31).
[13] Monografisch *v. Berlepsch*, „Neuer Kurs" im Kaiserreich? – Die Arbeiterpolitik des Freiherrn v. Berlepsch 1890–1896, Bonn 1987; ferner *Reichold*, Der „Neue Kurs" von 1890 und das Recht der Arbeit: Gewerbegerichte, Arbeitsschutz, Arbeitsordnung, ZfA 1990, 5ff.
[14] Monografisch *Becker*, Arbeitsvertrag und Arbeitsverhältnis in Deutschland, Frankfurt/M. 1995, S. 151ff.; *Reichold* (Fn. 11), S. 105ff.; ferner MünchArbR/ *Richardi*, 2. Aufl. 2000, § 2 Rdn. 18f.; *Picker*, ZfA 1986, 199 (246ff.); *ders.*, FS Zöllner, 1998, S. 899 (901ff.); *Richardi*, JA 1986, 289 (293f.); *Rückert*, ZfA 1992, 225 (250ff.). Sozialgeschichtlicher Überblick bei *vom Bruch* (Hrsg.), Weder Kommunismus noch Kapitalismus – Bürgerliche Sozialreform in Deutschland vom Vormärz bis zur Ära Adenauer, München 1985.
[15] Ausführlich dazu *Reichold* (Fn. 11), S. 149ff. („Das Unternehmen als Herrschaftsverband"); vgl. ferner *Becker* (Fn. 14), S. 221ff.
[16] *Nörr*, Eher Hegel als Kant. Zum Privatrechtsverständnis im 19. Jh., Paderborn etc. 1991, S. 48; ähnlich *Picker*, Gedächtnisschrift Knobbe-Keuk, Köln 1997, S. 879ff.

schaften, Arbeitgeberverbände und Betriebsräte, also korporative Akteure. Der einzelne Arbeitnehmer hatte sich mit einer dienenden Rolle im fremd gesteuerten Arbeitsprozess abzufinden, faktisch *wie* rechtlich. Dem Arbeitsrecht war die Privatrechts-Idee für lange Zeit abhanden gekommen, obwohl sie dogmatisch der Ausgangspunkt noch bei *Hugo Sinzheimer* (1875 – 1945) war[17]. Es gehorchte im Grunde einer *politischen Logik*, nämlich der Befriedung von Sozialkonflikten durch ein korporatistisches Verhandlungssystem.

2. Die Reaktion des Rechts auf die „zweite Moderne" und die ökonomische Logik der Globalisierung

Dass einhundert Jahre später sich die Arbeitsgesellschaft und die Arbeitswelt gravierend verändert haben, bedarf keiner näheren Erläuterung mehr. Der einleitenden soziologischen Diagnose wäre nur noch hinzuzufügen, dass auch nach Ansicht *Becks* die Rezepte der „ersten Moderne" heute nicht mehr greifen[18]. Internationalisierung, Informatisierung und Individualisierung lauten stichwortartig die Herausforderungen der „zweiten Moderne", die Technologie, Politik und Gesellschaft verändert haben und damit natürlich auch das Recht vor neue Aufgaben stellen. Dabei lassen Sie mich die *politisch-kulturelle Grundsatzfrage* für den Juristen gleich vorweg nehmen: *Wie viel Privatautonomie darf es heute sein im Arbeitsrecht? Und wie gestalten wir sie aus?*

a. Dass das Vertrauen ins Privatrecht bei Soziologen wie *Ulrich Beck* nicht groß ist, verwundert nicht weiter. Er setzt noch immer auf die Dominanz des Politischen, beschwört die „Weltbürgergesellschaft" und hält den Arbeitsvertrag dem gemäß noch immer für einen „Unterwerfungsvertrag"[19]. Ganz ähnlich sehen das die maßgeblichen Kräfte der vormaligen Arbeiterbewegung, die sich heute noch im Gewerkschaftslager und bei der herkömmlich so genannten politischen „Linken" finden. So hat etwa *Kehrmann* in einem „Blick zurück im Zorn" nach dem Regierungswechsel 1998 der Regierung Kohl „Marktradikalismus und Sozialabbau" vorgeworfen[20]. Das BeschFG 1985 galt ihm als Musterbeispiel für den Abbau von Arbeitnehmerrechten; Deregulierung und Flexibilisierung wurden eindeutig pejorativ besetzt.

---

[17] Dazu *Becker* (Fn. 14), S. 327f.; *Reichold* (Fn. 11), S. 222ff. Allgemein zur Entwicklung der Tarifautonomie als „kollektiv ausgeübter" Privatautonomie vor allem *Picker*, Die Tarifautonomie in der deutschen Arbeitsverfassung, Köln 2000, insb. S. 21ff.

[18] *Beck* (Fn. 1), S. 357ff., insb. S. 368ff. („differentielle Politik" als Strategie); auf eine neue Bedeutung von „Recht und Ordnung" setzt *Dahrendorf*, FAZ Nr. 271 v. 21.11.2001, S. 10; vgl. auch die juristisch einschlägigeren Diagnosen etwa bei *Hanau*, RdA 1999, 159; *Heinze*, NZA 2001, 1; *Hromadka*, NZA 1998, 1; *Ichino*, RdA 1998, 271; *Linnenkohl*, BB 1999, 48; *Löwisch*, RdA 1999, 69; *Preis*, NZA 2000, 9; *Reichold*, Forum Wirtschaftsethik 2000, 9.

[19] *Beck* (Fn. 8), S. 164.

[20] *Kehrmann*, Ein Blick zurück im Zorn – arbeitsrechtliche Bilanz der Regierung Kohl, AuR 1999, 5.

b. *Eduard Picker* hat demgegenüber zutreffend festgestellt, dass die Forderungen aus dem Arbeitgeber-Lager, die eben gerade auf Deregulierung und Flexibilisierung zielen, juristisch zuallererst auf eine „*Re-Individualisierung*" des Arbeitsrechts hinauslaufen[21]. Den wissenschaftlichen Flankenschutz erhalten die Arbeitgeber von jenen *Ökonomen*, die – heute wieder! – grundlegende Reformen des Arbeitsrechts, insbesondere eine Stärkung der betrieblichen Ebene, fordern[22], diesmal aber nicht einer sozialpolitischen Logik wie 100 Jahre zuvor folgend, sondern der eigentlich ökonomischen „Logik der Globalisierung"[23]. Um dies abseits der verkürzten Logik politischer Grabenkämpfe plausibel zu machen, ist ein Exkurs nötig.

c. Mit dem Eintritt der Globalisierung hat *Adam Smith* (1723 – 1790) zumindest gegenüber *Karl Marx* (1818–1883) Recht behalten. In seinem Werk „Wealth of Nations" (1776) führte er den Wohlstand auf die Arbeitsteilung zurück, die sich ihrerseits über den Marktaustausch organisiert. Je größer die Märkte, desto umfassender die Arbeitsteilung und der Wettbewerb. Und in der Tat ging der hohe Zuwachs an Wohlstand im Verlauf des 20. Jahrhunderts einher mit einer zunehmenden Verfeinerung der Arbeitsteilung, mit einer zunehmenden Professionalisierung und einer zunehmenden Wettbewerbsintensität[24]. So war z.B. der Hochleistungssport vor einem Jahrhundert noch ein Feld der Amateure. Heute wird er zunehmend von Profis mit gigantischen Zuwachsraten betrieben. Bäcker und Metzger hatten vor 100 Jahren an vielen Orten eine natürliche, sozusagen „gottgewollte" Monopolstellung. Ihre „Performance" beruhte auf Kriterien wie persönlicher Wertschätzung, Solidität und Rechtschaffenheit. Wer sich heute als Bäcker und Metzger im Wettbewerb behaupten will, kommt nicht umhin, seine „Performance" anhand von objektiven Leistungskriterien wie Preis-Leistungs-Verhältnis, Service- oder Produktqualität vom Kunden messen zu lassen. Er unterliegt dem unbarmherzigen Zwang der ökonomischen Logik des Wettbewerbs, die den Produzenten nur an seiner Leistung und nicht an seinem politischen oder sonstigen Wohlverhalten misst – jedenfalls solange, als der Kunde seine Möglichkeit zur Auswahl zwischen verschiedenen Anbietern nutzt bzw. nutzen kann.

In Bezug auf die globale Wettbewerbswirtschaft spricht der Kölner Ökonom *Carl Christian v. Weizsäcker* deshalb von einem „*entpolitisierten Wirtschaftssystem*", weil dort Innovationen nur noch vom Wettbewerb und nicht mehr von

---

[21] *Picker* (Fn. 17), S. 47; vgl. auch *Becker* (Fn. 14), S. 329ff.
[22] Vgl. etwa *Engels et al. (Kronberger Kreis)*, Mehr Markt im Arbeitsrecht, 1986; ferner *Berthold* in: FAZ Nr. 233 v. 7.10.2000, S. 14; *Dahlmanns* in: FAZ Nr. 197 v. 10.5.1999, S. 19; *Franz* in: FAZ Nr. 100 v. 30.4.1999, S. 14; *Rüthers/ Siebert* in: FAZ Nr. 47 v. 24.2.2001, S. 15.
[23] Vgl. nur *C. Chr. v. Weizsäcker*, Logik der Globalisierung, Göttingen 1999, passim; ähnlich *ders.*, FAZ Nr. 146 v. 27.6.1998, S. 15; *Issing*, FAZ Nr. 116 v. 19.5.2001, S. 15.
[24] Hier folge ich *C. Ch. v. Weizsäcker*, Logik der Globalisierung (Fn. 23), insb. S. 13ff., 47ff.

der Politik erzwungen werden können[25]. Eine „durchdemokratisierte" Wirtschaft, wie sie noch der Weimarer Reichsverfassung (Art. 165) vorschwebte und die deutschen Gewerkschaften bis in die 80er Jahre visionär beflügelte, wäre ihrer politischen Logik wegen eine Wirtschaft der Stagnation, praktisch ohne Innovationen[26]. So wichtig und unverzichtbar Demokratie für die Staatsordnung moderner Gesellschaften auch ist, so wichtig ist es auf der anderen Seite, die Grenzen des demokratischen Mehrheitsprinzips zu erkennen. Die *Innovationskraft* eines Systems beruht nämlich nicht auf Mehrheitsentscheidungen, sondern auf der *Entfaltungsfreiheit von Minderheiten*, die sich abweichende Meinungen leisten können[27]. Wer daher gegenüber der Globalisierung auf dem Primat der Politik beharrt, muss gleichzeitig auch zu den Grenzen dieses Primats stehen: sie verlaufen grundsätzlich an der Scheidelinie zwischen Staat und Gesellschaft, entlang der Gewährleistung der unternehmerischen Betätigungsfreiheit, der Eigentums-, Vertrags- und Berufsfreiheit[28]. Die regulative Idee der Unterscheidung von Staat und Gesellschaft hat also keineswegs ausgedient[29]. Kümmert sich die Politik um neues Arbeits- und Sozialrecht und damit um die politisch unverzichtbare *Sozialverträglichkeit der Wirtschaft*, dürfen ihre Regeln nicht die Marktlogik des Wettbewerbs und die daraus erwachsende innovative Kraft der individuellen Akteure im Wirtschaftsprozess außer Kraft setzen. Die Politik muss vielmehr dieser Systemlogik *angepasste* intelligente Lösungen finden. Sie muss auch in ihrer Regelungstechnik die „Logik des Markts" anerkennen, die auf die Spur des Vertragsrechts führt. *Wolfgang Zöllner* hat das auf die Formel gebracht: „Je mehr Privatrecht, desto weniger Staatsbevormundung"[30]. Zumindest bei der Aushandlung des *Entgelts* hat sich auch im Arbeitsrecht diese Logik durchgesetzt. Selbst die Tarifpartner folgen hier nicht primär „politisch-sozial" definierten Verteilungskriterien (wie der viel beschworenen „sozialen Gerechtigkeit"), sondern sie folgen der Marktlogik und verteilen in der Regel die erzielten Produktivitätszuwächse[31], ohne dass sich Staat und Gerichte (außerhalb der Bestimmung allgemeiner Spielregeln) dabei einmischen müssten. *Alle Gerechtigkeit ist hier also Ergebnis eines Tauschhandels.* Sie wird nicht zugeteilt („iustitia distributiva"), sondern verhandelt („iustitia commutati-

---

[25] A. a. O. (Fn. 24), S. 42.
[26] A. a. O. (Fn. 24), S. 37.
[27] *C. Chr. v. Weizsäcker* (Fn. 24), S. 37.
[28] *C. Chr. v. Weizsäcker* (Fn. 24), S. 41 ff.
[29] So aber z.B. *Säcker*, Gruppenautonomie und Übermachtkontrolle im Arbeitsrecht, Berlin 1972, S. 243.
[30] *Zöllner*, Die politische Rolle des Privatrechts, JuS 1988, 329.
[31] Der „Benchmarking Deutschland"-Bericht der Wissenschaftlergruppe des Bündnisses für Arbeit, Ausbildung und Wettbewerbsfähigkeit, der im September 2001 vorgelegt wurde, hat für Deutschland einen vergleichsweise unterdurchschnittlichen Lohnanstieg von 1992–1999 ermittelt (jährliche Zuwächse von durchschnittlich 1,2%). Wesentliche Gründe hierfür soll das Zurückbleiben der Löhne hinter der Produktivitäts-entwicklung und der starke Anstieg der gesetzlichen Lohnnebenkosten bis 1998 sein (vgl. S. 23 des Berichts).

va")³². Es dominieren die Akteure „unten". Der Staat sitzt nicht mit am Tisch, sondern hat „Rahmenbedingungen" bereit zu stellen, die „globalisierungskompatibel" sein sollten. Das allein ist für ihn Aufgabe genug – eine Aufgabe, die man z.B. im Verwaltungsrecht als „regulierte Selbstregulierung" bezeichnet[33].

Andererseits hat es *Carl Christian von Weizsäcker* unter Bezugnahme auf die „politischen" Entstehungsbedingungen der deutschen *Mitbestimmungsgesetze* aus ökonomischer Sicht bedauert, dass damit der Wettbewerb über die besten Leitungsstrukturen der Unternehmung, d.h. der Lernprozess über das Thema „corporate governance", insoweit blockiert sei[34]. Entscheide eine Unternehmensleitung nach dem politischen Modell der Kompromissbildung, ergäben sich retardierende und komplizierende Effekte –ein Unternehmensführer wie *Jack Welsh* wäre nach deutschem Recht gescheitert. „Angesichts der Schwerfälligkeit des Mitbestimmungsmodells ist es fraglich", so *v. Weizsäcker*, „ob die Kunden und Mitarbeiter denselben Nutzen ziehen wie beim Shareholder-Value-Modell. Die geringere Effizienz und Flexibilität macht das Modell unterlegen. Es ist daher zu vermuten, dass es in einem freien Wettbewerb gegenüber dem Shareholder-Value-Modell nicht würde bestehen können, ähnlich wie das Arbeiterverwaltungsmodell. Natürlich kann man es durch ein Legalmonopol wie in Deutschland vor dem Wettbewerb mit überlegenen Modellen schützen. Aber wenn es tatsächlich unterlegen sein sollte, so geht dieses Monopol zu Lasten des Wohlstands der deutschen Bevölkerung"[35].

d. Auch das *Verfassungsrecht* erkennt die Systemlogik der Globalisierung zunehmend an. So hat *Depenheuer* in der aktuellen Festschrift „50 Jahre Bundesverfassungsgericht" die Berufsfreiheit des Art. 12 GG in das Zentrum einer tiefgreifenden Umwälzung der ökonomischen Rahmenbedingungen gestellt. Er hat die für Juristen bemerkenswerte Wahrheit ausgesprochen, dass der freiheitliche Staat nicht nur von ethischen, sondern auch von *„ökonomischen Voraussetzungen"* (lebt), die er selbst nicht schaffen kann. Mittels ihrer Arbeit verdienen die Bürger die finanziellen Mittel, an denen der Staat über die Steuern partizipiert, die ihm die materiellen Grundlagen für die Erfüllung von Gemein-

---

[32] Zu diesen Gerechtigkeitstypen vgl. nur *H. Hofmann*, FS Heckel, Tübingen 1999, S. 547 (553).
[33] Vgl. Ergebnisse des Symposiums aus Anlass des 60. Geburtstags von *Hoffmann-Riem*: „Regulierte Selbstregulierung als Steuerungskonzept des Gewährleistungsstaates", Berlin 2001.
[34] In: „Alle Macht den Aktionären", FAZ Nr. 146 vom 27.6.1998, S. 15.
[35] *C. Ch. v. Weizsäcker* a.a.O. (Fn. 34). Vgl. auch das Ergebnis der „Mitbestimmungskommission" (Bertelsmann- und Böckler-Stiftung) in ihrem 1998 vorgelegten Bericht (S. 7 Tz. 1): „Am Ende der 90er Jahre ist Mitbestimmung in keiner denkbaren Zukunft mehr etwas anderes als ein Element der einzelwirtschaftlichen Leitungs- und Entscheidungsstruktur (*„corporate governance"*) von am Markt konkurrierenden Unternehmen, unter Berücksichtigung der Interessen und Bedürfnisse aller Beteiligten"; vgl. dazu *Streeck*, AuA 1999, 369; *ders.*, JbArbR 36 (1999), 21. Eine genauere ökonomische Evaluation der *gesetzlichen* Mitbestimmung in Deutschland findet sich bei *Sadowski/Junkes/Lindenthal*, ZGR 2001, 110.

wohlaufgaben bieten. Arbeit, Beruf und Bildung bilden mithin in einem elementaren Sinne die Grundlagen von Freiheit, Gleichheit und sozialer Sicherheit der Bürger"[36]. *Depenheuer* sieht also aus der Perspektive des Grundgesetzes „von oben", dass nur eine Aktivierung des *Freiheitspotenzials* von Art. 12 GG die notwendige Anpassung der Arbeitsbedingungen ermöglicht. Er fordert damit die Perspektive „von unten", die Fundierung der Berufsfreiheit als Recht der *Persönlichkeitsentfaltung*, das sich rechtstechnisch in einer grundsätzlichen Freiheitsvermutung und damit im Vorrang des Privatrechts äußert: „Die Berufsfreiheit als liberales Freiheitsrecht mit der *Garantie dezentraler Entscheidungskompetenzen* müsste heute geradezu neu erfunden werden, wenn es sie nicht schon gäbe"[37], so *Depenheuer*. Das BVerfG hat zu dieser Akzentuierung erst seit 1983 beigetragen[38]. Heute kann es sich nicht mehr der Erkenntnis verschließen, dass die Zukunft der Arbeitswelt und die Bewältigung unvorhersehbar komplexer Arbeitsbedingungen nur unter Beteiligung der Betroffenen selbst, der Arbeits- und Marktbürger, gelingen kann. Das von oben vorgegebene „Berufsbild" ist tot – es lebe die Berufs*gestaltungs*freiheit!

III. Die Antwort des Gesetzgebers anhand des Teilzeit- und Befristungsgesetzes 2001

1. Zur Anpassungsfähigkeit von Verrechtlichung

Dass die Logik des Marktes in den Zeiten der Globalisierung zu einem *neuen Gesetzesrecht* führt, steht damit aber noch keineswegs fest. Denn zu fragen ist jeweils, wie und mit welchem Zentralisierungsgrad das Recht von Arbeit und Wirtschaft gestaltet wird. Gibt es erhebliche Spielräume für selbst gesetztes Recht, so wandelt sich dieses „*gesellschaftliche Recht*" der Allgemeinen Geschäfts- und Arbeitsbedingungen in der Regel mit den gewandelten Bedürfnissen der gesellschaftlichen Akteure. Der Staat kann dem Raum geben durch im Schwerpunkt *prozedurale* Regeln, wenn er sich z.B. auf Verfahrensregeln wie etwa im Schiedsverfahren (§§ 1025 ff. ZPO) beschränkt. Die Anpassungsfähigkeit ist dem Recht damit „einprogrammiert". Gibt der Staat dagegen wie im Arbeitsrecht durch *materiale* Regeln vor, welche inhaltlichen Standards bei der Regelung von Arbeitsbedingungen keinesfalls zu unterschreiten sind, macht er also strikte Vorgaben inhaltlicher Art, so handelt es sich um ein „*staatliches Recht*" mit eingebauter Veränderungsbremse: der Gesetzgeber muss immer wieder neue Maßnahmen zur Anpassung an veränderte Umstände ergreifen,

---

[36] *Depenheuer*, Freiheit des Berufs und Grundfreiheiten der Arbeit, FS 50 Jahre BVerfG, Tübingen 2001, S. 241 (242, Hervorhebung d. Verf.).

[37] *Depenheuer* (Fn. 36), S. 249 (Hervorhebung d. Verf.).

[38] BVerfGE 63, 266 (286); 66, 337 (359f.); 71, 163 (201); 77, 84 (196).

die seine beschränkten Möglichkeiten tendenziell überfordern[39]. Obwohl in Deutschland die Arbeitsbedingungen bekanntlich in einem komplexen „Mehr-Ebenen-System" zwischen Gesetzgeber, Tarifparteien, Betriebspartnern und Arbeitsvertragsparteien geregelt werden, traut man der „sozialen Selbstverwaltung" von Seiten des Staates traditionell nicht allzu viel zu. Ein Staat wie der deutsche Wohlfahrts- und Interventionsstaat hat sich in der Vergangenheit im Zweifel stets für die fürsorgliche Bevormundung seiner Arbeitsbürger entschieden[40]. Durch die traditionell *zentralistische Regulierung* werden privatautonome Spielräume der Akteure vor Ort auch heute noch selten wahr genommen, geschweige denn angeregt. Weil bis heute das Schutzprinzip die Gesetzgebung dominiert, wird weiterhin eine zentrale Steuerung durch Gesetz bevorzugt, obwohl eine Aufwertung des Vertragsprinzips dem neuen Selbstbewusstsein des Arbeitsbürgers in einer wettbewerbsintensiveren Arbeitsgesellschaft weit besser entspräche.

Würde also meine These von der ökonomischen Logik des Marktes juristisch transformiert, so könnte das Ergebnis etwa so aussehen wie bei der Errichtung der *Europäischen Betriebsräte*, bei der die gesetzliche Auffanglösung erst dann greift, wenn eine Vereinbarungslösung zwischen den Beteiligten gescheitert ist (§§ 17ff. EBRG)[41]. Sie könnte auch aussehen wie in *Schweden*, wo der Arbeitgeber bei jeder gravierenden Änderung von Vertragsbedingungen mit der Betriebsvertretung in Verhandlungen eintreten muss – ohne jede materiale Vorgabe. Kommt es nicht zu einer Einigung im Betrieb, so muss er mit der zuständigen Gewerkschaft verhandeln. Verletzt der Arbeitgeber die Verhandlungspflicht, führt dies nicht zur Unwirksamkeit der Maßnahme, sondern zu einer Schadensersatzpflicht gegenüber der Gewerkschaft[42]. Gar nicht zu reden vom weiter gehenden englischen Prinzip des „*voluntarism*", der Freiwilligkeit in kollektiven Arbeitsbeziehungen, das *Lord Wedderburn* aufreizend wie folgt formuliert hat:

---

[39] Die sehr hohe Regelungsdichte z.B. im Steuerrecht dient *C. Chr. v. Weizsäcker* als Beispiel für die „Status Quo"-Orientierung der Politik, a.a.O. (Fn.23), S.24f.

[40] Das ist nicht nur zu tadeln, sind dadurch doch auch wesentliche Strukturen eines sozialen Rechtsstaats vorbereitet worden, so z.B. Bismarcks Sozialversicherung als Zwangsversicherung, vgl. dazu *Brüggemeier*, FAZ Nr.85 v. 10. 4. 01, S.52. Zum deutschen Sonderweg der dualistischen und gesetzlich zentral geregelten Mitbestimmung vgl. *Reichold* (Fn.11), S.193ff.; *Richardi*, MünchArbR I, 2. Aufl. 2000, § 7 Rdn. 27ff.,

[41] Zur RL 94/45 über die Einsetzung eines Europäischen Betriebsrats oder die Schaffung eines Verfahrens zur Unterrichtung und Anhörung der Arbeitnehmer in gemeinschaftsweit operierenden Unternehmen und Unternehmensgruppen (vom 22.9. 1994, AblEG Nr. L 254/64) vgl. nur MünchArbR/ *Birk*, 2. Aufl. 2000, § 19 Rdn. 455ff., insb. Rdn. 466 – 468; MünchArbR/ *Joost*, § 366 Rdn. 3ff. Auch die am 8.10. 2001 verabschiedete Richtlinie 2001/86/EG zur Ergänzung des Statuts der Europäischen Gesellschaft hinsichtlich der Beteiligung der Arbeitnehmer sieht wieder Verhandlungslösungen zur Mitbestimmungsfrage vor (AblEG Nr. L 294/22), vgl. *Ulmer*, FAZ Nr.99 vom 28.4. 2001, S.23; *Herfs-Röttgen*, NZA 2001, 424 (425ff.).

[42] Sog. „primäre Verhandlungspflicht", vgl. *Rebhahn*, NZA 2001, 763 (773).

„Most workers want nothing more of the law than that it should leave them alone"[43].

2. Die Kodifikation des Teilzeit- und Befristungsrechts

In Bezug auf die Bereiche *Kündigungsschutz, befristete Beschäftigung und Zeitarbeit* hat der so genannte „Benchmarking Deutschland"-Bericht der Wissenschaftlergruppe des Bündnisses für Arbeit, Ausbildung und Wettbewerbsfähigkeit im September 2001 festgestellt, dass im Vergleich mit anderen OECD-Ländern die *gesetzlichen* Regelungen in Deutschland strikter seien als anderswo – und das, *obwohl* mit dem *BeschFG 1985* ja eine sektorale Deregulierung erprobt worden war[44]. Für den Bereich der Befristung von Arbeitsverträgen baute diese Analyse noch auf dem unsäglichen Wirrwarr von BGB, Rechtsprechung und BeschFG auf, das inzwischen zum 1.1.2001 wenigstens eine gesetzestechnische Entwirrung erfahren durfte. Zu diesem Zeitpunkt endeten die befristeten Beschäftigungsförderungsgesetze der Kohl/ Blüm-Ära[45]. Zudem galt es, europäische Richtlinien zur Teilzeitarbeit[46] und zu befristeten Arbeitsverhältnissen[47] rechtzeitig umzusetzen. So wurde pünktlich zum 1.1.2001, wenn auch nach einem legislativen „Hau Ruck"-Verfahren[48], das *Teilzeit- und Befristungsgesetz (TzBfG)* aus der Taufe gehoben. Die entsprechende Verweisung im neuen Abs. 3 des § 620 BGB – „Für Arbeitsverträge, die auf bestimmte Zeit abgeschlossen werden, gilt das Teilzeit- und Befristungsgesetz" – darf dabei vorweg als echter kodifikatorischer Fortschritt gelobt werden. Dass sich auch der *deutsche Gesetzgeber* der *ökonomischen* Logik zunehmender Teilzeitarbeit und befristeter Arbeit nicht verweigern konnte, wird aus der Gesetzesbegründung deutlich. Der Teilzeit wird aber deutlich höhere beschäftigungspolitische Bedeutung zugemessen als der befristeten Beschäftigung, die nur „als Brücke zu

---

[43] *Wedderburn*, The Worker and the Law, 2. Aufl. 1971, S. 12, zitiert nach *Junker*, ZfA 2001, 225 (229).

[44] „Benchmarking Deutschland"-Bericht (Fn. 31), S. 26f.; ferner *Adomeit*, NJW 2001, 3314: „Arbeitsmarktreform – was ist das?"

[45] Vgl. § 1 Abs. 6 BeschFG 1985 in der Fassung vom 25.9.1996 (BGBl. I S. 1476).

[46] Die RL 97/ 81/ EG des Rates über Teilzeitarbeit vom 15.12.1997 beruhte auf einer Rahmenvereinbarung der europäischen Sozialpartner (ABlEG 1997 Nr. L 397/ 81), vgl. MünchArbR/ *Birk*, 2. Aufl. 2000, § 19 Rdn. 99ff.

[47] Die RL 99/ 70/ EG des Rates über befristete Arbeitsverträge vom 28.6.1999 beruhte gleichfalls auf einer entsprechenden Rahmenvereinbarung der europäischen Sozialpartner (ABlEG 1999 Nr. L 175/ 43); vgl. MünchArbR/ *Birk*, § 19 Rdn. 87ff.; *Röthel*, NZA 2000, 65; *Wank/ Börgmann*, RdA 1999, 383.

[48] Vgl. nur die Kritik von *Preis/ Gotthardt*, DB 2001, 145 (152): „Man hat den Eindruck, im Hause des Arbeitsministers würde Gesetzgebung als geheime Kommandosache (miss)verstanden, die möglichst lange der Fachöffentlichkeit vorzuenthalten sei, um sie dann möglichst kurzfristig ‚durchzuziehen'".

unbefristeten Arbeitsverhältnissen weiterhin gebraucht wird"[49]. Beschäftigungsförderung, so der erste Eindruck, soll also möglichst ohne Einbußen an Sicherheit (durch Kündigungsschutz, der ja auch Teilzeitbeschäftigten, zu denen sogar die 630-Mark-Kräfte gehören, sicher ist) und damit ohne Risiko erreicht werden. Dabei wird bei Teilzeit aber häufig nur der vorhandene Mangel umverteilt, soweit aus einem Vollzeit- mehrere Teilzeitarbeitsplätze entstehen (die Zahl der geringfügig Beschäftigten – sog. 630-Mark-Kräfte – dürfte durch ihre neue sozialversicherungsrechtliche Stellung ohnehin nicht mehr weiter wachsen und deshalb die frühere Funktion eines Niedriglohn-Segments nicht mehr erfüllen können[50]).

Befristete Verträge dagegen könnten aus Arbeitgebersicht erwünschte Flexibilität und damit *zusätzliche*, wenn auch nur vorübergehende Arbeitsplätze schaffen, gelten der traditionell gewerkschaftlichen Sicht des aktuellen Gesetzgebers aber als „ungeschützt"[51], weil nicht bestands- bzw. abfindungsgeschützt. Ganz anders ging die Regierung Kohl 1998 noch davon aus, dass die Übernahmequote der zunächst nach BeschFG 1985 ohne Sachgrund befristet Beschäftigten immerhin 50% betragen habe[52]. Die neue Missachtung der Befristung spiegelt sich auch im Wortlaut des § 1 (Zielsetzung) des Gesetzes: „Ziel des Gesetzes ist, Teilzeitarbeit zu fördern, die Voraussetzungen für die Zulässigkeit befristeter Arbeitsverträge festzulegen und die Diskriminierung von teilzeitbeschäftigten und befristet beschäftigten Arbeitnehmern zu verhindern".

Der *Europäische Gesetzgeber* hatte dagegen in seinen Erwägungsgründen zur Rahmenvereinbarung über befristete Arbeitsverträge wesentlich offener die „Modernisierung der Arbeitsorganisation" betont, die es erfordere, „auch anpassungsfähige Arbeitsregelungen auszuhandeln, um die Unternehmen pro-

---

[49] Vgl. BT-Drucks. 14/4374 v. 24.10.2000, S.1: Derzeit seien über 6 Mio. Arbeitnehmer teilzeitbeschäftigt und mehr als 2 Mio. befristet beschäftigt. Während der Ausweitung von Teilzeitarbeit „erhebliche beschäftigungspolitische Bedeutung" zugemessen wird, zu der auch noch ihre gleichstellungspolitische Dimension kommt, werden die „erleichterten Befristungsmöglichkeiten" lediglich „im Interesse der Flexibilität der Beschäftigung und als *Brücke zu unbefristeten* Arbeitsverhältnissen weiterhin gebraucht" (Hervorhebung d. Verf.). In 2000 hatten 2,28 Mio. Menschen einen befristeten Arbeitsvertrag; dies entspricht einem Anteil von knapp 8% aller sozialversicherungspflichtig Beschäftigten. Erstmals seit sieben Jahren war damit 2000 der Anteil befristeter Beschäftigung (1999: 8,3%) wieder zurückgegangen, vgl. FAZ Nr. 109 v. 11.5.2001, S.14.

[50] Vgl. aber *Hanau*, Gutachten C zum 63. DJT (Fn.55), C 29: „Beschäftigungsförderung durch Aushöhlung der Sozialversicherung gehört zu den hochtoxischen Rezepturen gegen Arbeitslosigkeit und ist deshalb auch im Ausland nicht üblich". Die noch immer hohe Zahl von 3,7 Mio. angemeldeten geringfügig Beschäftigten zeige, dass auch eine nur beschränkte Einbeziehung in die Sozialversicherung einen erheblichen Beschäftigungsanreiz (Belastung nur 22% bzw. 12% statt sonst 40% des Entgelts) bieten kann.

[51] Vgl. nur *Lörcher*, Ungeschützte Arbeitsverhältnisse – Die Richtlinienentwürfe der Kommission der Europäischen Gemeinschaften zu den „atypischen Arbeitsverhältnissen", PersR 1991, 73.

[52] BT-Drucks. 13/4612, S.11.

duktiv und wettbewerbsfähig zu machen und ein ausgewogenes Verhältnis zwischen Anpassungsfähigkeit und Sicherheit zu erreichen"[53]. Die europäischen Sozialpartner waren sich zwar darin einig, dass der unbefristete Arbeitsvertrag „die übliche Form des Beschäftigungsverhältnisses" bleiben solle, räumten aber ein, dass die Befristung für die Beschäftigung in bestimmten Branchen charakteristisch sei[54]. Diese ökonomische Dimension der Befristung war auch beim Deutschen Juristentag in Leipzig 2000 durch die Gutachten des Ökonomen *Kleinhenz* und des Juristen *Peter Hanau* in den Vordergrund gerückt worden[55]. Der Ökonom *Kleinhenz* empfahl dabei keine radikale Deregulierung, sondern schloss sich dem Konzept des Juristen *Hanau* an, der mit dem Kunstwort „*Flexurity*" einer ausgewogenen Kombination von interner Flexibilität und externer Sicherheit im Arbeitsverhältnis das Wort redete[56]. Konkret bezogen auf die Befristungsgesetzgebung, schlug *Hanau* eine Ausweitung der Befristung ohne sachlichen Grund von bisher zwei auf *drei Jahre* vor. Seiner Ansicht nach werde dadurch die Chance zu unbefristeter Beschäftigung für den Arbeitnehmer noch verbessert, weil dieser nach drei Jahren noch besser in den Betrieb integriert sei als nach zwei Jahren[57]. Die Antwort der *Schröder/ Riester*-Regierung im TzBfG ließ wenig später an Deutlichkeit nichts zu wünschen übrig. Im Grundsatz soll nun gelten: *jede Befristung bedarf eines sachlichen Grundes* (§ 14 Abs. 1 Satz 1 TzBFG). Ausnahmsweise darf ohne Sachgrund bis zur Dauer von zwei Jahren befristet werden, jedoch nur dann, wenn nicht mit „demselben Arbeitgeber bereits zuvor ein befristetes oder unbefristetes Arbeitsverhältnis bestanden hat" (§ 14 Abs. 2 S. 2 TzBfG). *Hromadka* erwartet von dieser Teilrücknahme der Liberalisierung durch das BeschFG 1985/96[58] keine Beschäftigungsimpulse mehr[59], wohingegen andere Autoren die neue Teilkodifikation insoweit für unschädlich halten[60]. Man könnte so zumindest zu einem Fazit gelangen, das die „Förderung" der Teilzeitarbeit (vgl. §§ 1, 6 TzBfG) und die „Regelung" der Be-

---

[53] Erwägungsgrund Nr. 6 zur RL 99/ 70/ EG (Fn. 47); vgl. auch *Birk* (Fn. 47), Rdn. 87: „Die Differenzierung der Beschäftigungsformen wird sich in Zukunft immer weniger in das Bezugsschema Regel/ Ausnahme pressen lassen".

[54] Erwägungsgründe Nr. 6 und 8 der Rahmenvereinbarung der Sozialpartner (EGB, UNICE, CEEP) – Anhang zur RL 99/ 70/ EG (Fn. 47); abgedruckt auch in der dtv-Ausgabe „EU-Arbeitsrecht", München 2001, S. 151 (156); 89.

[55] Gutachten B (*Kleinhenz*) und C (*Hanau*) für den 63. Deutschen Juristentag zum Thema „Welche arbeits- und ergänzenden sozialrechtlichen Regelungen empfehlen sich zur Bekämpfung der Arbeitslosigkeit?", München 2000.

[56] *Kleinhenz* (Fn. 55), B 70; *Hanau* (Fn. 55), C 13, insb. C 18ff. (zum BeschFG); dazu auch *Preis*, NJW 2000, 2304 (2307ff.).

[57] *Hanau* (Fn. 55), C 53 bzw. C 88; dazu auch *Preis*, NJW 2000, 2304 (2309).

[58] Zum Gesamtpaket des BeschFG 1996 genauso wie zur Gegenreaktion der neuen Regierung Schröder 1998 vgl. *Hanau* (Fn. 55), C 23ff.

[59] *Hromadka*, NJW 2001, 400 (401). Dass die sog. Altersbefristung auf 58 Jahre (vorher: 60 Jahre) gesenkt wurde, ändert den Befund nur unwesentlich.

[60] *Preis/ Gotthardt*, DB 2000, 2065 (2074).

fristung von Arbeitsverhältnissen für eine vertretbare Antwort auf die Logik der Globalisierung hält, wenn das mit privatrechtskonformen Mitteln geschehen wäre. Gerade das lässt sich aber im Fall des viel kritisierten § 8 TzBfG nicht behaupten. Diese „Medizin" enthält eine *hochtoxische Wirkung* auf die Anpassungsfähigkeit und Wettbewerbsfähigkeit der Unternehmen.

3. *Der systemwidrige Reduzierungsanspruch nach § 8 TzBfG*

Der europäische Gesetzgeber hatte in § 5 Abs. 3 lit. a der Rahmenvereinbarung zur Teilzeit-RL 97/ 81/ EG die Arbeitgeber aufgefordert, „soweit dies möglich ist, Anträge von Vollzeitbeschäftigten auf Wechsel in ein im Betrieb zur Verfügung stehendes Teilzeitarbeitsverhältnis (zu) berücksichtigen". Mehr als diesen Appell und entsprechende informationelle und organisatorische Obliegenheiten der Arbeitgeber sah die europäische Rechtsquelle nicht vor. Der deutsche Gesetzgeber ging weit über diese Vorgaben hinaus, als er jetzt einen *Änderungsanspruch*[61] des Arbeitnehmers in § 8 TzBfG einführte: er darf seine vertraglich vereinbarte Arbeitszeit nach sechsmonatiger Betriebszugehörigkeit und bei Betriebsgrößen ab 16 Arbeitnehmern einseitig verringern. Der Arbeitgeber, der eine Vollzeitkraft eingestellt und einen entsprechenden Arbeitsvertrag ausgehandelt hatte, muss also damit rechnen, dass der vereinbarte Arbeitszeitumfang ebenso wie die Verteilung dieser Arbeitszeit auf die Woche kurze Zeit später nicht mehr gültig sein könnten – auch wenn er einem entsprechenden Reduzierungswunsch „betriebliche Gründe" entgegenhalten kann (§ 8 Abs. 4 Sätze 1 und 2 TzBfG). Das ist so, als könnte der Verkäufer nachträglich den Umfang seiner Lieferung einseitig reduzieren oder der Vermieter dem Mieter einen Teil der Mieträume entziehen. Der *Verkäufer von Arbeit* wird vom Gesetzgeber also ermächtigt, seine Hauptleistungspflichten ohne Begründung und ohne Begrenzung auch gegen den Willen des Vertragspartners zu reduzieren – ein Vorgang, der zu bestätigen scheint, dass das Arbeitsrecht mit privatrechtlichen Maximen wie dem „pacta sunt servanda" nur noch schwer vereinbar erscheint[62]. Der Arbeitsverkäufer muss nicht einmal besondere „soziale" Gründe für seinen Änderungswunsch vorbringen[63], nein, dem überraschten Arbeitskäufer (Arbeitgeber) obliegt die Darlegung von Gegengründen, ihm wird letztlich das Prozessri-

---

[61] Die dogmatische Kontroverse zwischen *Richardi*, NZA Heft 22/ 2000, S. XII („Gestaltungsrecht") und *Preis/ Gotthardt* (Anspruch auf Abgabe einer Willenserklärung, s. u. Fn. 65) hat wohl mit der rechtstechnisch merkwürdigen Ausgestaltung des § 8 TzBfG zu tun, der einerseits vertragliche Einigung will, andererseits aber auch (im Falle des § 8 V 2, 3 TzBfG) dem einseitigen Verringerungswunsch Gestaltungswirkung zukommen lässt. Die Intention des Gesetzgebers zielt aber deutlich auf den Vorrang der Verhandlungslösung.
[62] Vgl. nur die Kritik von *Preis*, FAZ Nr. 213 v. 13. 9. 2000, S. 19; *Richardi*, FAZ Nr. 281 v. 2. 12. 2000, S. 22; *ders.*, NZA Heft 22/ 2000, S. XII.
[63] Vgl. insoweit die schärfer gefassten Regelungen der § 6 IV ArbZG, § 15 VII BerzGG, § 14 IV 3 SchwbG, § 15 b BAT.

siko überwiesen. Verweigert er sich auch noch der vorrangigen Erörterungs- und Einigungspflicht, so wird sein Schweigen ausweislich der Regelung in § 8 Absatz 5 Sätze 2 und 3 TzBfG als Zustimmung zum Änderungsantrag bewertet[64] – die Vertragsänderung wird also *gesetzlich fingiert*[65], der Kontrahierungszwang zur Methode verordneter Arbeitszeitpolitik „von oben". Arbeitgebern ist jetzt zu raten, schon bei der Einstellung die besondere „betriebliche" Bedeutung des Arbeitszeitumfangs und/ oder ihrer Verteilung vertraglich so zu betonen, dass spätere Änderungswünsche jedenfalls die Beibehaltung *dieses speziellen* Arbeitsplatzes dem Arbeitnehmer selbst aussichtslos erscheinen lassen werden[66].

Gewiss, so mag man einwenden, wird die Verkürzung der Arbeitszeit wegen der Reduzierung des Einkommens nicht für jeden Arbeitnehmer attraktiv sein. Gewiss, so hat *Däubler* betont, lässt sich die Zielsetzung des Gesetzgebers „typischerweise nur im Wege der freiwilligen Einigung" erreichen[67]. Warum aber hat man es dann für nötig gehalten, anstelle etwa einer betrieblichen Schlichtungsstelle gleich den Arbeitsrichter mit den Konfliktfällen zu betrauen? Warum hat man ein Verfahren gewählt, das so viel Streitstoff in die Betriebe bringt, dass der Rechtsanwalt zum ständigen Begleiter auch kleinerer Arbeitgeber werden wird? Kurz: Warum meint man, eine Arbeitszeitpolitik „vom grünen Tisch" auch gegen das Einvernehmen der Vertragspartner durchsetzen zu müssen? Wie kann es sich der Gesetzgeber anmaßen, nicht nur vertraglich vereinbarte Arbeitszeitumfänge in Frage zu stellen, sondern auch noch deren betriebliche Verteilung auf die Woche?[68]

Die Antwort lässt sich nicht ohne einen letzten Blick auf die im Juli 2001 novellierte Betriebsverfassung[69] geben. Als gemeinsames Leitbild gilt für beide „Reformgesetze", soviel sei vorweg genommen: Gesellschaftliche Selbstregulierung in den Betrieben auf der Basis von Verträgen oder Betriebsvereinbarungen gilt als suspekt und bedarf genauer gesetzgeberischer Kontrolle.

---

[64] *Hromadka*, NJW 2001, 400 (403).

[65] Vgl. dazu *Däubler*, ZIP 2001, 217 (221); *Hromadka*, NJW 2001, 400 (403: Kontrahierungszwang); *Preis/ Gotthardt*, DB 2001, 145 (146), die anders als *Richardi* (Fn. 61) nicht von einem Gestaltungsrecht des Arbeitnehmers ausgehen, sondern von einem Anspruch auf Abgabe einer Willenserklärung (in Parallele zu § 558 b BGB – Mieterhöhungsverlangen).

[66] Vgl. den Hinweis von *Straub*, NZA 2001, 919 (924).

[67] *Däubler*, ZIP 2001, 217 (219).

[68] Ein erträglicherer Kompromiss wäre es gewesen, zwar den Arbeitszeitumfang auf Wunsch des Arbeitnehmers zu reduzieren, dem Arbeitgeber aber nicht auch noch sein angestammtes Weisungsrecht über die Verteilung der Arbeitszeit (das im Übrigen ja auch Mitbestimmungsgegenstand ist!) aus der Hand zu nehmen.

[69] Betriebsverfassungs-Reformgesetz vom 23.7. 2001, BGBl. I, S. 1852; zur Entstehungsgeschichte vgl. *Konzen*, RdA 2001, 76; *Reichold*, Sonderbeilage zu NZA Heft 16/2001, S. 2; *Rieble*, ZIP 2001, 133.

IV. Die Antwort des Gesetzgebers anhand der BetrVG-Novelle 2001

Auch die bereits in der Koalitionsvereinbarung vom 20.10.1998[70] angekündigte Novelle zum Betriebsverfassungsgesetz wollte der Gesetzgeber als „zeitgemäße Antwort auf die tiefgreifenden Änderungen der Arbeits- und Wirtschaftswelt" verstanden wissen[71]. Das bewährte System betrieblicher Mitbestimmung solle „zukunftsfähig" gemacht werden[72]. Damit meinen die Gesetzesverfasser vor allem Rückgewinnung von Effizienz durch größere Anpassungsfähigkeit der Belegschaftsvertretungen an neue Unternehmensstrukturen, erleichterte Bildung von Betriebsräten in kleineren Betrieben u.a. durch vereinfachte Wahlen, Verbesserung der Arbeitsmöglichkeiten der Betriebsräte und schließlich Mitwirkung bei den „neuen Themen" Qualifizierung, Beschäftigungssicherung, Frauenförderung, betrieblicher Umweltschutz und Bekämpfung von Rassismus bzw. Fremdenfeindlichkeit[73]. Gerade in Zeiten eines verschärften internationalen Wettbewerbs, rasanter technischer Neuerungen und ständiger Umstrukturierungen in der Wirtschaft könne eine wirksame Vertretung von Arbeitnehmerinteressen, so verbreitete das BMA per Internet, „nur in einem gesicherten Rechtsrahmen" ermöglicht werden[74]. Dieser Rechtsrahmen soll durch das Reformgesetz und seine zahlreichen Neuregelungen „stabilisiert und modernisiert"[75] werden. Die Herausforderungen durch die Globalisierung wurden also erkannt, so dass die Antworten besonders neugierig machten.

1. Das „politische" Postulat der Zukunftsfähigkeit des Betriebsrats

Indes lässt sich schon aus einem kurzen Überblick über die vor allem *organisatorischen* Regeln zur besonders einfachen und vor allem raschen Etablierung des Betriebsrats in kleinen Unternehmen (vgl. §§ 14, 14a, 17, 17a BetrVG), zur abweichenden Vereinbarung passgenau zugeschnittener Vertretungen auf Unternehmens- oder Konzernebene, ja sogar auf unternehmensübergreifender Ebene (z.B. Industrieparks, virtuelle Netzwerke) durch Tarifvertrag (vgl. § 3 BetrVG)[76] oder zur Anreicherung der Wählerschaft durch Leiharbeiter (vgl. § 7 BetrVG) der Schluss ziehen, dass die ökonomische Logik der Globalisierung

---

[70] Wortlaut vgl. AuR 1998, 477 sowie *Schäfers* in FAZ Nr. 132 v. 8.6.2000, S. 17.
[71] Begründung Regierungsentwurf, BT-Drucks. 14/5741 vom 2.4.2001, S. 1; dazu näher *Picker*, RdA 2001, 259 (260); *Reichold*, NZA 2001, 857f.
[72] Begründung (Fn. 71), S. 6.
[73] Vgl. Begründung (Fn. 71), S. 7 – 9.
[74] Vgl. seinerzeitige Darstellung des BMA unter http://www.bma.de/download/gesetzesentwuerfe/ betrverfwasistneu. doc, ferner *Däubler*, AiB 2001, 313f.
[75] BMA a.a.O (Fn. 74).
[76] Dazu ausführlich und kritisch *Picker*, RdA 2001, 259 (277ff.); *Reichold*, NZA 2001, 857 (858ff.); vgl. ferner *Buchner*, NZA 2001, 633 (635); *Franzen*, ZfA 2000, 285 (297ff.); *Konzen*, RdA 2001, 76 (86); *Rieble*, ZIP 2001, 133 (138f.).

den Gesetzgeber nicht zu einer Verschlankung, Vereinfachung und Deregulierung der Betriebsbeziehungen veranlasst hat, sondern zum genauen *Gegenteil*: zur quantitativen und qualitativen Steigerung der Regulierung, zur Verschärfung der Kostenbelastung des Arbeitgebers durch Erweiterung der Gremien und Freistellungspflichten (vgl. §§ 9, 27, 28, 37, 38, 40 BetrVG) und zur weiteren gesellschaftspolitischen Aufwertung des Betriebsrats als Agenten eines quasi-öffentlichen Interesses[77]. Ganz im Mittelpunkt steht also die Stärkung der Institution Betriebsrat und seine Betreuung durch die Gewerkschaften, nicht aber der einzelne Arbeitnehmer oder die Belegschaft. Das entspricht nicht einer ökonomischen Logik, sondern einer *politischen Logik: der Betriebsrat ist aus dieser Sicht Garant „betrieblicher Demokratie".* Entsprechend ist er auszustatten wie ein kleines Parlament, allerdings auf Kosten des Arbeitgebers, was die Vertreter solch falscher Parallelen zwischen Staats- und Betriebsverfassung nur geringfügig irritiert. Und deshalb muss er unter allen Umständen und mit allen gesetzlichen Mitteln auch in die kleinsten Betriebe gebracht werden – der Betriebsrat ist aus Sicht des Gesetzgebers also *Selbstzweck*!

2. Die Stärkung der politischen Funktion des Betriebsrats als „kontrafaktische" Antwort des Gesetzgebers

Es verwundert nicht, dass bei einem solchen Vorverständnis die ehrliche Analyse der Frage, warum seit Jahr und Tag allenfalls 50 – 60 % der Arbeitnehmer in der Privatwirtschaft von einem Betriebsrat vertreten werden[78], vom Gesetzgeber trotz vielfacher Hinweise nicht in den Blick genommen wurde[79]. Dass die Frage nach dem Betriebsrat in Handwerksbetrieben, beim Freiberufler, vor allem auch in der „New Economy" allenfalls Lacherfolge hervorruft, hat zu tun mit dieser vom Gesetzgeber eindrucksvoll aufs Neue demonstrierten „politischen Logik", die in Gefahr gerät, der Palmström-Logik der Realitätsverleugnung zu folgen[80]. Ich glaube nicht, dass der typische schwäbische Maschinenbauer ein Interesse daran hat, mit einem Betriebsrat einen Aufgabenkatalog im Sinne des erweiterten § 80 BetrVG abzuarbeiten und über Themen wie Beschäftigungssicherung (vgl. § 92a BetrVG), betrieblichen Umweltschutz (vgl. § 89 BetrVG) und die Bekämpfung von Rassismus und Fremdenfeindlichkeit im Betrieb zu reden. Er hat in der Regel nämlich überhaupt keinen Anlass dazu. Ich glaube auch nicht, dass man diesem Kleinunternehmer Vorschriften machen

---

[77] So die historische Rolle des Betriebsrats, vgl. nur *Reichold* (Fn. 11), S. 241 ff.; *ders.*, NZA 1999, 561 (562). Zum aktuellen BetrVG ausführlich *Picker*, RdA 2001, 259 (270 ff.: Zuweisung gesellschaftspolitischer Aufgaben an den Betriebsrat).

[78] Mit stark abnehmender Tendenz, vgl. die Zahlenangaben bei *Reichold*, NZA 1999, 561 f.

[79] Darauf weist auch *Picker*, RdA 2001, 259 (261 f.) mit Nachdruck hin.

[80] Vgl. die Lyrik von *Christian Morgenstern*: „... weil, so schließt er messerscharf, nicht sein *kann*, was nicht sein *darf*".

muss, wie er mit seinen Leuten umzugehen hat. Der schwäbische Kleinunternehmer, und nicht nur er, braucht gute Betriebsbeziehungen für seinen unternehmerischen Erfolg. Er kommt deshalb heute von selber auf die Idee einer *vertrauensvollen Zusammenarbeit* mit seinen Mitarbeitern, ohne § 2 BetrVG gelesen zu haben. Führt man deshalb die Betriebsverfassung privatrechtskonform auf die richtige „*Organisation der Freiheit auf Gegenseitigkeit*"[81] zurück, sieht man ihr berechtigtes Anliegen darin, die Abhängigkeit von Weisungsrecht und Organisationsgewalt des Arbeitgebers sozialverträglich zu gestalten, den insoweit „unvollständigen Vertrag" also durch kollektive Regelungen z.B. zur Arbeitszeit sozialverträglich zu ergänzen, so leuchtet ohne weiteres ein, dass dieses Modell seine Bewährungsprobe nahezu ausschließlich *im Großbetrieb* bestanden hat, nicht aber im kleineren Unternehmen[82]. Das Gesetz zielt aber nach wie vor auf den „Betriebsrat von der Stange" für den Betrieb ab 500 Arbeitnehmern aufwärts. Selbst die mitbestimmungsfreundliche Kommission der Bertelsmann- und Böckler-Stiftung hielt es deshalb für notwendig, den Gesetzgeber bereits 1998 darauf hinzuweisen, dass „die Mitbestimmung der Zukunft ... als Teil der Selbstorganisation der Gesellschaft gestaltet werden muss"[83]. Auch dieses Votum verwies auf Deregulierung und Flexibilisierung in einem rechtlich geordneten Rahmen. Bekanntlich gibt es in deutschen Unternehmen keinen Zwang zur Errichtung eines Betriebsrats. Wo keine Initiative zur Bestellung eines Wahlvorstands ergriffen wird, bleibt der Betrieb ohne Betriebsrat. Deshalb möchte der neue § 17 BetrVG den Gesamt- oder Konzernbetriebsrat, falls vorhanden, zu dieser Initiative berechtigen, erst ersatzweise die bisher vorrangige Betriebsversammlung (§ 17 Abs. 2), und falls auch das nicht klappt, das Arbeitsgericht auf Antrag von drei wahlberechtigten Arbeitnehmern oder einer im Betrieb vertretenen Gewerkschaft (§ 17 Abs. 4 BetrVG). Doch auch diese verzweifelten Versuche, die Wirklichkeit einzufangen in ein Organisationsmodell des 19. Jahrhunderts, werden vermutlich scheitern. Denn die einzig sinnvolle Strategie in der heutigen Arbeitsgesellschaft mündiger Mitarbeiter und Marktbürger ist eine Strategie der Anreize[84]. So müsste der Arbeitgeber etwa dadurch mit ins Boot genommen werden, dass seine Kostenbelastung durch Budgetierung der Sachmittel für den Betriebsrat überschaubarer würde[85]. Für kleinere und mitt-

---

[81] So *Reichold* (Fn. 11), S. 433 ff.; ders., NZA 1999, 561 (563).
[82] Zu der besonders mittelstandsfeindlichen Dimension des neuen BetrVG vgl. *Hanau*, RdA 2001, 65 (69); ferner *Hamer*, FAZ Nr. 255 v. 2. 11. 2000, S. 19; *Schön*, FAZ Nr. 117 v. 21. 5. 2001, B 3.
[83] Bericht der „Mitbestimmungskommission" (Fn. 35), S. 114 (Tz. 5); vgl. auch FAZ Nr. 117 v. 22. 5. 1998, S. 20.
[84] Vgl. zum Konzept einer Anreizökonomik *Homann/ Suchanek*, Ökonomik, Tübingen 2000, S. 58 ff.
[85] Zudem würden sinnlose Streitigkeiten um die Ausstattung des Betriebsrats überflüssig, vgl. auch *Buchner*, NZA 2001, 633 (637); *Hanau*, RdA 2001, 65 (71); *Konzen*, RdA 2001, 76 (84).

lere Betriebe müsste ein Betriebsrat „light" mit reduzierten Befugnissen als Angebot des Gesetzgebers an den Mittelstand offeriert werden. Es ist ja auch kein Zufall, dass im europäischen Rechtsvergleich nur in Deutschland und Österreich schon bei der Grenzzahl von *fünf* Arbeitnehmern die Betriebsratsfähigkeit beginnt. Bei den meisten anderen europäischen Betriebsvertretungen beginnt die institutionalisierte „Betriebsverfassung" erst *bei 50 Arbeitnehmern*[86].

V. Fazit: Ein „anachronistischer" Gesetzgeber als Herausforderung der Wissenschaft

Das Fazit meiner Ausführungen und die Antwort auf die eingangs gestellte Frage wird nach allem nicht mehr überraschen. Die Antworten des Gesetzgebers auf die ökonomische Logik der Globalisierung ähneln der Einrichtung einer 30-km/h-Zone auf der Autobahn. Seine Regelungen sowohl in § 8 TzBfG zur Beschäftigungsförderung wie auch im Bereich der neuen Organisationsregeln im BetrVG zur „Beschäftigungsförderung des Betriebsrats" sind sachwidrig, weil sie nicht einer Organisation „der Zusammenarbeit zum gegenseitigen Vorteil" (*Rawls*)[87] im Betrieb zuarbeiten, sondern im Gegenteil die Ressource Recht durch eine verquere politische Logik entwerten. Dabei wird die Sachgerechtigkeit privatrechtlicher Lösungen häufig missachtet: die Möglichkeiten dezentraler und prozeduraler Streitschlichtung werden nicht genutzt.

Insbesondere die so genannte „Reform" des BetrVG besinnt sich, so mein Eindruck, auf ihren lateinischen Wortstamm „*re-formatio*" und dessen Gebrauch im Spätmittelalter[88]: Sie versucht eine Betriebsverfassung in Rückbesinnung auf ihre *politischen Wurzeln* „*wieder her zu stellen*": So, wie sie vor gut 80 Jahren die Rätebewegung abwehren und kanalisieren sollte[89], soll sie heute der Erosion der Gewerkschaftsmacht Einhalt gebieten[90]. Dass die Novelle als großenteils symbolische Gesetzgebung die Erosion der Verbandsmacht nicht aufhalten wird, steht für mich außer Frage. Jedoch droht die Erosion der Autorität des Gesetzes selbst, wird es so wirklichkeitsfern ersonnen und nimmt es nicht auch die „andere Seite", die Arbeitgeber, mit ins Boot einer ausgewogenen Be-

---

[86] Vgl. *Junker*, ZfA 2001, 225 (235 ff.); *Rebhahn*, NZA 2001, 763 (772).
[87] *Rawls*, Eine Theorie der Gerechtigkeit, Frankfurt/M. 1979, S. 105.
[88] Zu den Anliegen der spätmittelalterlichen „Reformations"-Schriften vgl. *Hattenhauer*, Europäische Rechtsgeschichte, 3. Aufl. 1999, S. 353 ff., hier insb. Rdn. 1075.
[89] Vgl. *Reichold*, Betriebsverfassung als Sozialprivatrecht, 1995, S. 198 ff. Zu *Sinzheimers* Räte-Programm in der WRV ebd. S. 231 ff., dazu auch *Fraenkel*, Aus Politik und Zeitgeschichte B 14/1971, S. 21 ff.
[90] Vgl. nur das Fazit von *Hanaus* Denkschrift, RdA 2001, 65 (76): „Der Entwurf enthält vielfältige Ansätze zur Modernisierung der Betriebsverfassung, getrübt durch eine strikte Hierarchie und Misstrauen gegen alle Beteiligten (außer den Gewerkschaften). Modern ist das nicht." Ähnlich *Konzen*, RdA 2001, 76 (79); *Rieble*, ZIP 2001, 133 (142).

triebspartnerschaft. Diese Gefahr wiegt weit schwerer für einen sozialen Rechtsstaat, der für seine Regelungen Akzeptanz in der Wirtschaft erwartet. Der *Wissenschaft* werden damit ganz neue Herausforderungen gestellt: ihr obliegt es offenbar zunehmend, nicht nur handwerkliche Fehler des Gesetzgebers aufzuzeigen und auszuräumen, sondern die Alternative eines „*Sozialprivatrechts*" zu entwickeln, das der Autobahn der Globalisierung nicht eine 30-km/h-Zone und damit ein „kontrafaktisches Dogma" (*Picker*)[91] entgegensetzt, sondern *moderate Geschwindigkeitsbeschränkungen* zur Senkung der Unfallgefahr.

---

[91] *Picker*, RdA 2001, 259 (291).

Paradigmenwechsel im Europäischen Kartellrecht?

Zu den Reformvorschlägen der Kommission

Wernhard Möschel

„Besonnenheit wacht über Dir und Einsicht behütet Dich." So heißt es in Kap. 2 Vers 8 des alttestamentarischen Buches der Wörter. Dieser beglückende Wunsch hat die Reformvorschläge der Kommission zu den europäischen Wettbewerbsregeln nicht bestimmt.[1] Meine Stellungnahme dazu gliedert sich in vier Abschnitte:
– Ich skizziere zunächst den gegenwärtigen Rechtszustand,
– stelle diesem das Reformkonzept der Kommission gegenüber und
– diskutiere sodann Für und Wider der Reformvorschläge. Dies geschieht aus einem Blickwinkel wettbewerbspolitischer Effizienz. Hierauf liegt das Schwergewicht meiner Ausführungen.
– Abschließend stelle ich die Frage, wie es weitergehen könnte.

I. Der gegenwärtige Rechtszustand

Art. 81 Abs. 1 EG-Vertrag enthält ein Verbot für Wettbewerbsbeschränkungen horizontaler Art, z.B. eine Preisabsprache zwischen Konkurrenten, sowie vertikaler Art, z.B. einen Alleinvertriebsvertrag zwischen einem Hersteller und einem Großhändler. Art. 81 Abs. 3 EG-Vertrag sieht eine Freistellungsmöglichkeit vor. Sie ist durch extrem unbestimmte Rechtsbegriffe gekennzeichnet (Verbesserung der Warenerzeugung und -verteilung unter angemessener Beteiligung der Verbraucher an dem entstehenden Gewinn oder Förderung des technischen oder wirtschaftlichen Fortschritts, die Beschränkung muss unerlässlich sein für die Verwirklichung dieser Ziele, es darf keine Möglichkeit eröffnet werden, für einen wesentlichen Teil der betreffenden Waren den Wettbewerb auszuschließen).

---

[1] Weißbuch der Kommission vom 28. April 1999 zur Modernisierung der Wettbewerbsregeln, ABl. EG C 132 vom 12.5. 1999, S. 1–33; Vorschlag für eine Verordnung des Rates zur Durchführung der in den Artikeln 81 und 82 EG-Vertrag niedergelegten Wettbewerbsregeln vom 27.9. 2000, ABl. EG C 365 vom 19.12. 2000, S. 284–296; hierzu namentlich *E.J. Mestmäcker*, Versuch einer kartellpolitischen Wende in der EU, EuZW 1999, 523 ff.; *W. Möschel*, Systemwechsel im Europäischen Wettbewerbsrecht, JZ 1999, 61 ff.; *Monopolkommission*, Kartellpolitische Wende in der Europäischen Union?, Sondergutachten 28, Baden-Baden 1999.

Art. 82 EG-Vertrag enthält ein Verbot des Missbrauchs marktbeherrschender Stellungen. Das Verfahren im Einzelnen ist in der sog. Kartellverordnung aus dem Jahre 1962 geregelt. Seit 1990 ist eine präventive Kontrolle von Unternehmenszusammenschlüssen hinzugetreten. Sie beschränkt sich auf die großen Fälle, die sog. Elefantenhochzeiten.

Was die Beziehung zum nationalen Recht anbelangt, besteht bei der Fusionskontrolle ein Verhältnis wechselseitiger Ausschließlichkeit. Das heißt, für Fälle oberhalb bestimmter Größenschwellen ist allein Brüssel zuständig, für alle anderen Sachverhalte die jeweilige nationale Behörde. Bei Art. 81 und 82 EG-Vertrag sind europäisches und nationales Recht dagegen nebeneinander anwendbar. Im Konfliktsfall setzt sich aufgrund seiner Vorrangwirkung das europäische Gemeinschaftsrecht durch. Doch ist dies eher ein akademisches als ein praktisches Problem. Die Art. 81 f. EG-Vertrag werden von der Kommission in Brüssel exekutiert, gleichzeitig von den nationalen Kartellbehörden, soweit sie vom jeweiligen Gesetzgeber dazu ermächtigt wurden. Dies trifft für die Hälfte der Mitgliedstaaten, darunter Deutschland, zu. Die zivilrechtliche Wirkung der Art. 81 Abs. 1 und 82 EG-Vertrag, Nichtigkeitsfolgen, ggf. Schadensersatzforderungen, ist eine unmittelbare. Doch spielt der Zivilrechtsschutz faktisch nur eine geringe Rolle. Die primäre Verantwortung liegt bei der Kommission in Brüssel und bei den nationalen Kartellbehörden. Zur Anwendung der Freistellung nach Art. 81 Abs. 3 EG-Vertrag ist allein die Kommission befugt. Auch Gerichte haben hier keine Zuständigkeit. Dieses Anwendungsmonopol hängt im Wesentlichen mit einem Bemühen zusammen, divergierende Entwicklungen innerhalb der EU, d. h. praktisch Verwässerungen des Kartellverbots, möglichst auszuschließen.

Überblickt man die vergangenen vier Jahrzehnte europäischer Kartellrechtsanwendung, so kann man alles in allem von einer Erfolgsgeschichte sprechen. Das Hauptverdienst liegt darin: Es wurde in vielen Mitgliedstaaten überhaupt erst das Bewusstsein geweckt und dann stabilisiert, dass es sich beim Wettbewerb um ein schützenswertes Gut von hohem Rang handelt. Wettbewerb ist sozusagen die Grundstruktur gelebter Freiheit. Bei der europäischen Fusionskontrolle konnte man in den ersten Jahren den Eindruck gewinnen, sie wäre – etwa im Vergleich zum deutschen Recht – übermäßig lasch. Doch hat sich dies mittlerweile gegeben. Sie wird in Brüssel mit hohem Sachverstand gehandhabt.

Ein gewisser Schwachpunkt war lange mit dem Anwendungsmonopol der Kommission nach Art. 81 Abs. 3 EG-Vertrag verbunden. Die verbreitete Praxis vertikaler Bindungen wie Alleinvertriebs- oder Alleinbezugsverträge führte zu einer Überschwemmung der Kommission mit Anmeldungen. In den ersten Jahren waren dies über 30.000. Doch auch dieses Problem wurde gelöst und zwar auf zwei Wegen:

Materiell schränkte man den ohnehin zu weit reichenden Anwendungsbereich des Art. 81 Abs. 1 EG-Vertrag durch sog. Gruppenfreistellungsverordnungen ein, schwerpunktmäßig bei vertikalen Bindungen. Daneben behalf man sich mit Mitteln der Verwaltungskunst. Freistellungsentscheidungen werden ganz überwiegend nicht in einem förmlichen Verfahren erteilt, welches mit einem Verwaltungsakt endet, sondern in sog. comfort letters. Dies sind Meinungsäußerungen der Kommission mit nur beschränkter Bindungswirkung.

Im Jahre 2000 gelangten insgesamt 297 neue Fälle nach Art. 81 und 82 EG-Vertrag nach Brüssel.[2] 101 Verfahren waren Anmeldungen nach Art. 81 Abs. 3 EG-Vertrag, 112 gingen auf Beschwerden seitens Dritter zurück und 84 Verfahren waren auf Initiative der Kommission eingeleitet worden. Im gleichen Zeitraum wurden 379 Verfahren erledigt, 36 davon durch förmliche Entscheidung, 343 auf formlose Weise. In der Fusionskontrolle waren im Jahre 2000 insgesamt 345 Unternehmenszusammenschlüsse nach der Fusionskontrollverordnung angemeldet worden.[3] Eine genau gleiche Anzahl von Fällen ist abschließend entschieden worden.

II. Die Reformvorschläge der Kommission

Die Reformvorschläge der Kommission lassen das Missbrauchsverbot des Art. 82 EG-Vertrag und die präventive Fusionskontrolle unberührt. Der entscheidende Wechsel liegt im Übergang vom bisherigen System des Verbots in Art. 81 Abs. 1 EG-Vertrag mit ausschließlich von der Kommission auszuübendem Administrativvorbehalt nach Abs. 3 der Vorschrift zu einem System der Legalausnahme: Art. 81 Abs. 1 und 3 EG-Vertrag sind integriert und unmittelbar anzuwenden. Einer vorgängigen Klärung seitens einer Kartellbehörde bedarf es nicht mehr. Dies ist ein Wechsel von einer ex ante-Kontrolle durch Anmeldung auf eine ausschließliche ex post-Kontrolle mittels Abschreckung.[4]

Die Motive der Kommission waren lange unklar. Ursprünglich hieß es, die knappen Ressourcen in Brüssel sollten effizienter eingesetzt werden. Dies konnte keine überzeugende Auskunft sein. Die Generaldirektion Wettbewerb erledigt pro Jahr etwa ebenso viele Fälle, wie neue nach Brüssel kommen. Sie schiebt einen Berg von rund 630 unerledigten Fällen vor sich her. Das erfordert eine Einmalanstrengung, keinen grundlegenden Wechsel des Systems. Mittlerweile steht fest: Das Argument mit einer vorgeblichen Arbeitsüberlastung ist nicht ernst gemeint. Auf zahlreichen Diskussionsforen haben die Beteiligten erklärt: Selbst wenn das Personal in Brüssel vervielfacht würde, hielte man an den Reformvorschlägen fest.

---

[2] Vgl. hierzu XXX. Bericht über die Wettbewerbspolitik 2000, Luxemburg 2001, S. 57.
[3] AaO (Fn. 2), S. 75.
[4] Hierzu W. Möschel, Ex ante-Kontrolle versus ex post-Kontrolle im Recht der Wettbewerbsbeschränkungen, Ordo 52 (2001), 63 ff.

Später war zu hören: Es gehe um eine wirksamere Bekämpfung sog. hardcore-Kartelle, also von Preis-, Gebiets- und Quotenabsprachen. Doch diese Absprachen in der Nachbarschaft des Kriminellen haben mit einem Anmeldesystem nichts zu tun. Sie werden in keinem System, welches Kartellen kritisch gegenübersteht, angemeldet. Sie bleiben von den Vorschlägen der Kommission unberührt. Letztere beziehen sich auf die große Bandbreite von Sachverhalten, deren kartellrechtliche Beurteilung zweifelhaft erscheint.

Schließlich hieß es: Die Ineffizienz des überkommenen Anmeldesystems zeige sich allein schon daran, dass es als Folge von Anmeldungen nur vereinzelt zu förmlichen Untersagungsentscheidungen gekommen ist. Dieses Argument beruht auf einem Denkfehler. Genau umgekehrt ist es richtig. Weil ein Anmeldesystem wirksam ist, kommt es erst gar nicht zu Beanstandungen. Sehr deutlich wurde dies jüngst am holländischen Kartellgesetz. Es ist am 1.1.1998 in Kraft getreten. Die neue holländische Kartellbehörde wurde in den ersten drei Monaten mit über 1000 Anmeldungen konfrontiert. Sie brachte diese auf informellem Wege vom Tisch. Nach Auskunft des Kartellamtschefs reichte in der Regel schon ein Hochziehen der Augenbrauen.[5] Hier aus einem Fehlen förmlicher Entscheidungen auf Ineffizienz des Systems zu schließen, ist verfehlt.

Der innerste Kern der Kommissionsvorschläge liegt in einem veränderten Verständnis von Wettbewerb und Wettbewerbsbeschränkung. Das durch die bisherige Trennung von Art. 81 Abs. 1 und 3 EG-Vertrag ermöglichte zu juristische Verständnis einer Wettbewerbsbeschränkung als die einverständliche Beseitigung von Ungewissheit im Hinblick auf das Marktverhalten von Konkurrenten sei zu uferlos und durch eine integrierende Berücksichtigung des Absatzes 3 auf einen ökonomisch sinnvollen Pfad zu bringen. Aus dieser Sicht wird das überkommene, kritische Vorverständnis gegenüber Kooperationen zwischen Wettbewerbern verabschiedet. Solche Kooperationen haben keinerlei Vermutung der Wettbewerbsschädlichkeit mehr gegen sich.[6] Das berühmte Diktum Adam Smith's, wonach Kaufleute des gleichen Gewerbes selten zusammenkommen, selbst zu Festen und zur Zerstreuung, ohne dass das Gespräch in einer Verschwörung gegen die Öffentlichkeit endet oder irgendein Plan ausgeheckt wird, wie man die Preise erhöhen kann,[7] wird der Dogmengeschichte überantwortet. Aus dem gleichen Ansatz, den die Kommission einen „stärker wirtschaftlichen" zu nennen beliebt, soll die Anwendung von Art. 81 Abs. 1 EG-

---

[5] Vgl. *Frankfurter Institut* (Hrsg.), Perspektiven des Europäischen Kartellrechts. Redigiertes Protokoll einer Tagung des Frankfurter Instituts am 7.7.1999, Bad Homburg vdH 1999, S. 41 ff. (*A. W. Kist*).

[6] *EG-Kommission*, Weißbuch (Fn. 1), Tz. 78; *dies.*, Leitlinien zur Anwendbarkeit von Artikel 81 EG-Vertrag auf Vereinbarungen über horizontale Zusammenarbeit, ABl. EG C 3 vom 6.1.2001, S. 2 ff.

[7] *A. Smith*, Der Wohlstand der Nationen (übersetzt von Horst Claus Recktenwald), München 1974, S. 112.

Vertrag „auf Unternehmen mit einer gewissen Marktmacht" beschränkt bleiben.

III. Kritik der Reformvorschläge

Ein solcher Paradigmenwechsel im europäischen Kartellrecht ist wettbewerbspolitisch hochriskant. Folgende Aspekte fallen ins Gewicht:

1. Information

Eine ex ante-Kontrolle ermöglicht Transparenz und Information. Dies gilt nicht nur für eine Kartellbehörde, sondern auch für betroffene Dritte, Konkurrenten, Zulieferer, Abnehmer einschließlich Verbrauchern. Noch vor wenigen Jahren war sich die Kommission dessen wohl bewusst: „Die Anmeldungen sind für die Kommission eine unerschöpliche Quelle der Information über Geschäftsvorhaben."[8] Bei einer ex post-Kontrolle fehlt dieser Mechanismus. Überzeugende Ersatzoptionen sind nicht erkennbar. Sektorenuntersuchungen bringen kaum etwas. Das belegen namentlich die US-amerikanischen Erfahrungen. Informationen als Nebenprodukt von Fusionskontrollfällen, die nach Brüssel kommen, ermöglichen einen allgemeinen Einblick in Marktverhältnisse. Sie wirken als Navigatoren hin zu kartellrechtlich bedenklichen Absprachen aber bestenfalls nur bei den unmittelbar fusionsbeteiligten Unternehmen. Eine Intensivierung von Kronzeugenregelungen, von sog. leniency programs, bezieht sich auf hardcore-Kartelle. Diese haben mit der Frage ex ante/ex post indes, wie gezeigt, nichts zu tun.

2. Rechtssicherheit

Rechtssicherheit ist für die Beteiligten ein wesentlicher Gesichtspunkt. Er mag für eine F- & E-Kooperation oder für ein Rationalisierungskartell von geringerem Gewicht sein als typischerweise bei einem Unternehmenszusammenschluss. Doch verringert sich lediglich das relative, nicht das absolute Gewicht des Gesichtspunkts. Eine Selbstveranlagung der Unternehmen oder ihrer Anwälte im Rahmen des Art. 81 Abs. 3 EG-Vertrag wird diese Sicherheit schwerlich liefern. Den beteiligten Unternehmen fehlen vielfach die erforderlichen Marktdaten. Sie haben nicht die Aufklärungsbefugnisse einer Kartellbehörde, in der Regel auch nicht deren Erfahrung und Sachverstand. Eine Anwendung des Art. 81 Abs. 3 EG-Vertrag wird dann schnell zur Spekulation. In den USA,

---

[8] Grünbuch der Kommission zur EG-Wettbewerbspolitik gegenüber vertikalen Wettbewerbsbeschränkungen, KOM (96), 721 endg., Rn. 188.

dem Land mit ausgeprägter ex post-Kontrolle mittels Abschreckung, sind die Rechtsunsicherheiten auf dem Felde des antitrust unverändert hoch. Im board einer corporation sitzt immer der Geist des Senators Sherman mit am Tisch. Die gegenwärtige Anmeldepraxis in Brüssel führt zwar nur ganz selten zu förmlichen Entscheidungen. 90% der Fälle werden, wie erwähnt, mit comfort letters oder sonst auf informellem Wege abgeschlossen. Für die Praxis bleibt dies alles in allem ein befriedigendes Verfahren. Die Unternehmen schätzen die Auskunft der zuständigen Kartellbehörde jedenfalls allemal höher ein als die Auskunft eines Anwaltes. Die Vorstellung der Kommission, hier mit ausgedehnten Bekanntmachungen, Leitlinien u.ä. helfen zu wollen, bringt nur ganz Begrenztes. Die Schwierigkeiten in der Kartellrechtspraxis liegen nicht so sehr im Abstrakt-Normativen, sie liegen im Tatsächlichen. Jeder Fall ist anders.

3. Kohärenz

Angesichts der Kompetenzverteilung zwischen nationalen Kartellbehörden, nationalen Gerichten einerseits und EG-Kommission, europäischen Gerichten andererseits wird die Kohärenz in der Anwendung des Art. 81 Abs. 3 EG-Vertrag zum Problem. Was eine Zusammenarbeit zwischen den Kartellbehörden, die Generaldirektion Wettbewerb in Brüssel mit eingeschlossen, anbelangt, wird man eine positive Prognose stellen dürfen. Schwer vorstellbar ist dies bei den nationalen Gerichten, von Helsinki bis Palermo und von Lissabon bis demnächst Budapest. Dies gilt jedenfalls für Zivilverfahren, bei denen üblicherweise die Parteien Herren des Verfahrens sind (Beibringungsgrundsatz, Dispositionsmaxime). Eine bessere Option gegenüber dem Systemwechsel, den die Kommission vorschlägt, wäre schlicht die dezentrale Anwendung des Art. 81 Abs. 3 EG-Vertrag durch die jeweiligen nationalen Behörden unter der koordinierenden Letztverantwortung der Kommission.[9] Die Errichtung eines solchen Koordinierungssystems ist ohnehin beabsichtigt.

4. Subsidiarität

Die Kommission verbindet den Übergang zu einer ex post-Kontrolle mit dem Gedanken einer erwünschten stärkeren Subsidiarität in der Anwendung der europäischen Wettbewerbsregeln. Sieht man genauer hin, erkennt man: Die postulierte Subsidiarität ist im Wesentlichen eine scheinbare. Die Kommission behält sich ein Evokationsrecht vor, nicht nur gegenüber nationalen Kartellbehörden, auch gegenüber nationalen Gerichten. Letzteres gilt so lange, als ein Verfahren noch nicht rechtskräftig abgeschlossen ist, wobei eine eingetretene Rechtskraft auch nur inter partes, nicht etwa erga omnes wirken würde. Scharf

---

[9] Hierzu namentlich *Monopolkommission* (Fn. 1), Tz. 61 ff.

formuliert: Die Organe der Mitgliedstaaten mutieren letztendlich zu Hilfstruppen der Kommission. Letztere entscheidet nach eigenem Ermessen und das in entspannter Atmosphäre. Die Vorschläge der Kommission beschreiben das, wovon Behörden träumen.

5. Abschreckungswirkung

Zentral ist die Frage, bei welchem System die höhere Abschreckungswirkung zu erzielen ist. Ein Anmeldesystem gibt der Kartellbehörde die Möglichkeit, schon im Vorfeld der Praktizierung horizontaler Vereinbarungen aktiv auf ihre wettbewerbsverträgliche Gestaltung hinzuwirken. Bei den Kartellbeteiligten führt es zu disziplinierenden Wirkungen; sie schließen die Verträge eher kartellrechtskonform ab, um auf diese Weise eine Freistellung zu erlangen. Ähnlich verringert sich ein Anreiz, von der erlaubten Kooperation zu einer verbotenen überzugehen. Denn die Unternehmen wissen, dass die Behörde „weiß". Letzteres ist ein Gesichtspunkt, der allgemeinere Bedeutung hat. Die Kommission stellt mit ihrem Vorschlag Wettbewerbsfreiheit und Kartellfreiheit letztlich auf eine Stufe. Dies ist geeignet, die erörterte Abschreckungswirkung im Mark zu treffen, nämlich insoweit, als die Aufrechterhaltung des Rechtsbewusstseins auf diesem Felde gefährdet wird. Abschreckung ist ja nicht nur im alten Feuerbach'schen Sinne als Androhung von Sanktion zu verstehen, sie hat diese wohl wichtigere kulturelle Komponente der Aufrechterhaltung des Rechtsbewusstseins. Es wäre Primitivökonomie, wenn man diese Dimension menschlicher Verhaltensbeeinflussung außer Acht ließe. Dies gilt umso mehr, als man Zweifel haben kann, ob der Wettbewerbsgedanke in den europäischen Regierungen und bei den Bevölkerungen wirklich stabil verankert ist. Berücksichtigt man die zahlreichen Verstöße gegen die europäischen Beihilfevorschriften, die Bemühungen, national champions zu kultivieren, die weitgehende Akzeptanz des service public-Gedankens,[10] so scheint Skepsis auf. Die anstehende Erweiterung der EU wird in dieser Richtung schwerlich einen positiven Impuls bringen.

Auf eine forcierte zivilrechtliche Bekämpfung von Wettbewerbsbeschränkungen kann man nach den bisherigen Erfahrungen in den europäischen Verhältnissen nicht setzen. Die Verkoppelung des unbestimmten Art. 81 Abs. 1 EG-Vertrag mit einem noch unbestimmteren Art. 81 Abs. 3 EG-Vertrag erleichtert Zivilklagen jedenfalls nicht. Zu Recht ist die Frage gestellt worden, ob Art. 81 Abs. 3 EG-Vertrag überhaupt self-executing i.S.d. EuGH-Rechtsprechung sein, ob er ohne vorgängige Behördenentscheidung unmittelbare Rechte und Pflichten zwischen Privatrechtsparteien begründen kann.[11]

---

[10] Hierzu kritisch Wissenschaftlicher Beirat beim Bundesministerium für Wirtschaft und Technologie, „Daseinsvorsorge" im europäischen Binnenmarkt, BMWi-Dokumentation Nr. 503, Berlin 2002.
[11] Grundlegend *Ernst-Joachim Mestmäcker*, EuZW 1999, 523ff.; Wissenschaftlicher Beirat

6. Durchsetzungskosten

Es scheint ausgemachte Sache zu sein, dass ein System der ex post-Kontrolle geringere enforcement costs verursache als ein System der ex ante-Kontrolle.[12] Richtig ist daran zunächst: Es werden die Ressourcen frei, die innerhalb eines Anmeldesystems gebunden sind. Das beschreibt das Bild indes nicht vollständig. Gegenzurechnen sind die innerhalb eines Anmeldesystems bestehenden Möglichkeiten, Freistellungen zu dosieren und diese auf spezialisierte Behörden zu konzentrieren, welche entsprechende Sachkunde aufbauen können. Zu fragen ist ferner nach dem Gewicht der Ermittlungskosten innerhalb eines Systems der ex post-Kontrolle. Eine eindeutige Antwort scheint sich nicht aufzudrängen.

7. US-amerikanische Erfahrungen

Eine Einräumung ist zu machen: Ein System der ex post-Kontrolle durch Abschreckung kann wirksam sein.[13] Das zeigen die Erfahrungen des US-amerikanischen Antitrust-Rechts. Es weist mit seiner Trennung von per se-Sachverhalten einerseits und rule of reason-Sachverhalten andererseits freilich einen anderen Charakter auf als das in Aussicht genommene EG-System, wonach zunächst verbotene Wettbewerbsbeschränkungen grundsätzlich allesamt zulässig sein können. Ein solches System setzt im übrigen eine Fülle flankierender Regelungen voraus, die in Europa nicht vorhanden sind.
– Eine zivilrechtliche Verfolgung von Kartellverstößen bedingt die Möglichkeit eines pretrial discovery-Verfahrens. Der Privatmann wird sozusagen zum Staatsanwalt.
– Erfolgshonorare für Anwälte schaffen einen Anreiz zur Rechtsverfolgung. Sie gelten in Europa weithin als sittenwidrig.
– Treble damages liefern einen zusätzlichen Anreiz. Amerikanische Urteile, welche solche punitive damages enthalten, werden in Europa freilich in der Regel nicht anerkannt. Sie verstoßen hier gegen den ordre public.
– Man darf die Negativseiten amerikanischer Rechtsdurchsetzung nicht übersehen. Die hohe Rechtsunsicherheit wurde bereits erwähnt. Zivilklagen lassen sich in den USA überdies als Instrument der Einschüchterung, in unserem Zusammenhang als Instrument der Wettbewerbsbeschränkung einsetzen. Ein zu Unrecht Beklagter bleibt auf seinen eigenen Kosten, namentlich

---

beim Bundesministerium für Wirtschaft und Technologie, Reform der europäischen Kartellpolitik, BMWi-Dokumentation Nr. 480, Berlin 2000, Tz. 7 = WuW 2000, 1096–1101.

[12] Vgl. *Wouter P.J. Wils*, Does the effective enforcement of Artikels 81 and 82 EG require not only fines on undertakings but also individual penalties, in particular imprisonment?, http://www.iue.it/RSC/competition2001(papers).html.

[13] Vgl. *W. Möschel*, JZ 2000, 61, 66f.

beträchtlichen Anwaltskosten, sitzen (american rule). Das zwingt fast die Parteien zu einem Arrangement.

Man muss weiter bedenken: Unabhängige private Klagen, also solche, die nicht lediglich „follow on-cases" nach Entscheidungen der Antitrust-Behörden sind, konzentrieren sich auf Unternehmensverhalten, welches im Markt sichtbar ist und ein klar identifizierbares Opfer aufweist. Horizontale Vereinbarungen, gerade auch hard core-Kartelle, werden auf diesem Wege dagegen weniger häufig vor die Gerichte gebracht.[14]

8. Verdrängung nationalen Rechts

Der konkrete Verordnungsentwurf der Kommission, der seit Ende 2000 vorliegt, sieht in seinem Art. 3 vor: Wettbewerbsbeschränkungen, die geeignet sind, den zwischenstaatlichen Handel zu beeinträchtigen, dürfen *alleine* nach Gemeinschaftsrecht beurteilt werden. Das macht die nationalen Rechte angesichts der extremen Reichweite dieser sog. Zwischenstaatlichkeitsklausel nahezu obsolet. Sie würden nur noch bei Wettbewerbsbeschränkungen lokalen oder regionalen Zuschnitts praktisch. Auch hier ließe sich auf die Dauer eine Andersbehandlung politisch nicht beibehalten. Man kann die Kleinen nicht schärfer anfassen als die Großen. Ein Wettbewerb der verschiedenen Rechtssysteme, ein Kampf um die bessere Lösung, ist dann nicht mehr möglich. Das Gegenargument, man wünsche ein level playing field, überall identische Wettbewerbsbedingungen, ist nicht ohne Naivität. Es unterstellt eine Kenntnis des besten Rechts, welches dann möglichst weltweit, mindestens EU-weit, anwendbar sein sollte. Das ist ein Denken in Endzuständen. Es gibt keinen Anhalt dafür, dass ausgerechnet im Recht der Wettbewerbsbeschränkungen Erkenntnisprozesse einen endgültigen Abschluss gefunden haben.

9. Ermächtigung zu Gruppenfreistellungsverordnungen

Art. 28 enthält eine generelle Ermächtigung an die Kommission zum Erlass von Gruppenfreistellungsverordnungen. Wird diese umfassend wahrgenommen, zerfällt das Kartellrecht in eine Addition branchenspezifischer Regulierungen. Das zeigen namentlich die japanischen Erfahrungen. Die gleichen Erfahrungen belegen, dass zusammen mit der Allgemeinheit der Regelungen der Wettbewerbsschutz insgesamt auf der Strecke bleibt. Ein weiteres Bedenken ist das folgende: Die Kommission hat ein Vorschlagsmonopol für die Gesetzgebung auf EG-Ebene. Eine Einschränkung der Generalermächtigung, wie sie jetzt in

---

[14] Hierzu *Michael Paulweber* The End of a Success Story? The European Commission's White Paper on the Modernisation of the European Competition Law, Journal of World Competition 23 (2000), p. 3, 24.

Art. 28 des Entwurfs enthalten ist, würde also wiederum einen entsprechenden Vorschlag der Kommission selbst voraussetzen. Insoweit kann man in Richtung Art. 28 des Entwurfs in der Tat von einer Art Ermächtigungsgesetz sprechen.

Es ist möglich, dass die beiden hier zuletzt kritisierten Punkte eher als politische Verhandlungsmasse dienen sollen, um den Rest der Verordnung leichter durchzubringen. Solche polittaktischen Überlegungen stehen der EG-Kommission, die als Hüterin des Gemeinschaftsrechts ein Organ der Rechtspflege ist, freilich nicht gut zu Gesicht.

10. Die Verfassungsfrage

Die Kommission will den Systemwechsel durch eine bloße Veränderung der Verordnung Nr. 17 herbeiführen. Primäres Gemeinschaftsrecht stehe nicht entgegen, da Art. 81 EG-Vertrag die Frage eines Anmeldesystems oder einer Legalausnahme offen gelassen habe. Das ist eine Legende. Die unterschiedlichen Standpunkte des Jahres 1957 wurden vielmehr in einem Formelkompromiss zugedeckt, wie das an zahlreichen anderen Stellen des EG-Vertrages ebenfalls geschah. Dann aber ist die Frage nicht offen gehalten, sondern entschieden worden und im Wege üblicher Auslegung zu ermitteln. Aus der Fülle der Argumente, die dafür sprechen, dass es ohne eine Änderung des primären Gemeinschaftsrechts nicht geht, seien nur drei genannt:[15]

- In Art. 81 Abs. 3 EG-Vertrag ist die Rede davon, dass die Bestimmung des Absatzes 1 für nicht anwendbar „erklärt werden" kann.
- Die Vorschrift spricht von Vereinbarungen oder „Gruppen von Vereinbarungen" zwischen Unternehmen. In der Formulierung „Gruppen von Vereinbarungen" ist ein Element der Begrenzung enthalten. Gemeint sind Typen von Wettbewerbsbeschränkungen bzw. entsprechende Sachverhaltsgruppen. Ein System der Legalausnahme müsste demgegenüber auf eine nicht begrenzte Ausnahme, auf eine Totalausnahme hinauslaufen.
- Schließlich sind Zweifel daran möglich, ob Art. 81 Abs. 3 EG-Vertrag self-executing ist, also von Gerichten ohne vorgängige Behördenentscheidung überhaupt angewandt werden kann. Die Praxis des EuGH, der Kommission bei einer Überprüfung von Entscheidungen nach Art. 81 Abs. 3 EG-Vertrag einen besonders weiten Beurteilungsspielraum zu belassen, ist eher ein Indiz dagegen. Art. 81 Abs. 1 EG-Vertrag begründet demgegenüber unstreitig subjektive Rechte für den Einzelnen. Jedes Gericht hat sie zu beachten. Ein Prinzip der Legalausnahme bzw. eine integrierte Anwendung von Art. 81 EG-Vertrag würde den Absatz 1 an einen nicht unmittelbar justiziablen Absatz 3 koppeln und ihn damit insgesamt seiner Direktwirkung berauben. Eine solche Regelung wäre gemeinschaftsrechtswidrig.

---
[15] Eingehend *Monopolkommission* (Fn. 1), Tz. 13 ff.

IV. Wie wird es weitergehen?

Beim Vorschlag der Kommission handelt es sich um eine Verordnung. Für ihre Verabschiedung ist der Rat zuständig. Er entscheidet mit qualifizierter Mehrheit. Dies hat zur Folge: Ein einzelnes Mitgliedsland kann überstimmt werden. Das Europäische Parlament hat kein Mitentscheidungsrecht. Es ist lediglich anzuhören (Art. 83 EG-Vertrag). Es zeichnet sich ab: Im Jahre 2002 wird die Verordnung durch den Rat gehen. Einige Änderungen sind denkbar. So betrachtet Frankreich die vollständige Verdrängung nationalen Rechts nach Art. 3 des Verordnungsentwurfs mit einigem Stirnrunzeln. Es ist aus grundsätzlichen Erwägungen heraus um seine legislative Souveränität besorgt. Schon jetzt scheint Übereinstimmung zu bestehen, dass solche Verdrängung jedenfalls nicht bei einem Missbrauch marktbeherrschender Stellungen Platz greifen soll. Die Ermächtigung zu Gruppenfreistellungsverordnungen nach Art. 28 mag an Einschränkungen geknüpft werden. Verbesserungen im technischen Detail, wie sie die Monopolkommission soeben in einem Sondergutachten angemahnt hat,[16] haben eine gewisse Chance auf Realisierung.

Die Bundesregierung könnte ein Veto gegen den Vorschlag insgesamt einlegen, wenn sie im Einklang mit dem Luxemburger Kompromiss von 1966 ein vitales nationales Interesse geltend macht. Wie gering die Anforderungen an solche Interessen sein können, hat unlängst Großbritannien gezeigt. Es blockierte mit Rücksicht auf die Geschäftsinteressen der Londoner Auktionshäuser Sotheby's und Christie's die Verabschiedung einer Richtlinie, welche bei der Versteigerung von Kunstwerken ein Folgerecht der Urheber vorsah. Man befürchtete eine Verlagerung des Kunsthandels von London nach Zürich und New York, wo man ein solches Folgerecht nicht kennt. Mittlerweile hat man sich auf einen Kompromiss verständigt, der namentlich eine lange Übergangszeit vorsieht. Die Bundesregierung hat Vergleichbares nicht im Sinn.

Teilt man die hier vertretene Auffassung, der Paradigmenwechsel der Kommission sei ohne eine Änderung des primären Gemeinschaftsrechts nicht möglich, kommt ferner eine Nichtigkeitsklage eines Mitgliedstaates vor dem Gerichtshof der Europäischen Gemeinschaften in Betracht. Dies hat die Monopolkommission der Bundesregierung erneut angeraten. Auch diesbezüglich hat man in Berlin sogleich abgewunken. Realistisch ist ein Vorlageverfahren seitens eines nationalen Gerichts vor dem EuGH, wenn es auf eine direkte Anwendung des Art. 81 Abs. 3 EG-Vertrag ankommen sollte. Auf diesem Weg könnte der EuGH mit der Prüfung befasst werden, ob sich die Verordnung mit dem primären Gemeinschaftsrecht vereinbaren lässt. Sollte er die Frage bejahen, bliebe noch – als lender of last resort – das deutsche Bundesverfassungsgericht. Es

---

[16] *Monopolkommission*, Folgeprobleme der europäischen Kartellverfahrensreform, Sondergutachten 32, Baden-Baden 2002.

sieht die Geltungsgrundlage des Gemeinschaftsrechts für Deutschland bekanntlich im Zustimmungsgesetz des nationalen Gesetzgebers. Dieses Zustimmungsgesetz bezieht sich auf das primäre Gemeinschaftsrecht, wie es ist, erlaubt indes keine Änderungen desselben durch sekundäres Gemeinschaftsrecht, hier durch eine Verordnung. Die Denkmöglichkeit, das nationale Zustimmungsgesetz habe die Prüfkompetenz, ob noch zulässige Auslegung oder bereits unzulässige Änderung, auch mit Wirkung für Deutschland auf den EuGH übertragen, hat das Bundesverfassungsgericht im Maastricht-Urteil bekanntlich verworfen. Es behält sich insoweit eine Wächterfunktion vor.

Was an diesen Kommissionsvorschlägen über ihren bedenklichen Inhalt hinaus am meisten stört: Der Vorschlag kam aus einer technokratischen Ecke, nämlich aus der Generaldirektion Wettbewerb innerhalb der Kommission. Er erlangt Gesetzeskraft durch einen Beschluss von Regierungen, also von exekutiven Instanzen. Die Wirkung ist eine faktische Verdrängung der nationalen Gesetzgebung. Kein Parlament hat dabei mitentschieden, weder das Europäische Parlament noch irgendein nationales. Eine politische Diskussion in der jeweiligen Öffentlichkeit der Mitgliedstaaten gibt es nicht; sie wäre angesichts dieser Struktur nahezu per definitionem folgenlos. Wenn sich z.B. die Bundesregierung in Brüssel überstimmen ließe, könnte der deutsche Wähler buchstäblich niemanden zur Rechenschaft ziehen. In feudaler Zeit hat ein Gesetzgeber nicht einsamer entschieden.

Reform des Schadensrechts

Gottfried Schiemann

I. Einleitung

Nachdem in dieser Vorlesungsreihe wiederholt und akzentuiert vom Einfluss Europas auf die deutsche Rechtsordnung die Rede gewesen ist, scheint das Thema des heutigen Abends ganz und gar zurückzuführen in die Provinzialität des innerdeutschen Rechts. Es wäre freilich möglich, sogar das deutsche Schadensersatzrecht im Lichte europäischer Entwicklungen zu betrachten. Dies gilt insbesondere dann, wenn man unter Schadensrecht nicht nur die Regelung der Folgen aus einer Haftungsgrundlage versteht, sondern auch die Anspruchsgrundlagen auf Schadensersatz selbst: Etwa die Produkthaftung, wie sie im deutschen Recht u.a. durch das ProdHaftG geregelt ist, hat bekanntlich eine europäische Richtlinie zum Anlass gehabt[1]. Aber sogar beim Inhalt des Ersatzanspruchs, also beim Schadensrecht im engeren Sinne, kann man an den europäischen Entwicklungen nicht vorbeigehen. So ist z.B. erst vor drei Jahren unter europarechtlichem Einfluss eine neue Vorschrift über den Ersatz frustrierter Aufwendungen in das deutsche Recht als § 126 GWB hineingelangt – eine Vorschrift über die Folgen aus der Teilnahme an Ausschreibungen für öffentliche Aufträge[2]. Hiermit ist ein Instrument des Schadensrechts gesetzlich geregelt worden, dessen sich der Gesetzgeber auch im Zuge gegenwärtiger Reformbemühungen bedient[3]. Dennoch trifft der erste Eindruck zu: Ich werde mich im Folgenden auf die innerdeutsche Reformdiskussion beschränken und mich deren schon vollzogenen oder unmittelbar bevorstehenden Umsetzungen in konkrete Gesetzesvorhaben widmen.

Es liegt auf der Hand, dass die wirtschaftliche, soziale und technische Situation, in der das Schadensrecht heute zur Anwendung kommt, grundlegend anders ist als im Jahre 1896 bei der Verabschiedung des BGB durch den kaiserlichen Reichstag. Dennoch ist der Kern des Schadensrechts – §§ 249 ff. und 842 ff. BGB – im Text bis heute kaum verändert worden. Die beiden einzigen Korrekturen sind noch recht neu, berühren aber nicht die Grundlagen des Schadensrechts: Zum einen ist in § 251 Abs. 2 Satz 2 BGB der Vorrang der Naturalherstel-

---

[1] Richtlinie Nr. 85/374/EWG v. 25.7.1985, ABl. EG 1985, L 210/29; vgl. hier nur die „Zwischenbilanz" zur Umsetzung von *R. Schaub*, in: Jahrb. Junger Zivilrechtswissenschaftler 1997, Europäisierung des Privatrechts. Zwischenbilanz und Perspektiven, 1998, S. 69 ff.

[2] Zur Entstehungsgeschichte des „Vergaberechtsänderungsgesetzes" als Teil der 6. GWB-Novelle v. 2.9.1998 *Byok* NJW 1998, 2774 ff.

[3] Vgl. § 284 BGB n. F. und dazu unten III. am Anfang.

lung gegenüber der Geldkompensation für die Verletzung von Tieren verstärkt worden[4]. Zum anderen hat man § 847 Abs. 1 Satz 2 BGB gestrichen, und dies bedeutet: Der Schmerzensgeldanspruch wegen Verletzung der in § 847 Abs. 1 BGB aufgezählten Rechtsgüter ist wie jeder andere Anspruch vererblich und abtretbar[5].

Änderungen der Wirklichkeit haben ihren gesetzlichen Niederschlag – wenn überhaupt – nicht im Schadensrecht gefunden. So war es für das Schadensrecht bereits von erheblicher Bedeutung, dass der Gesetzgeber des Versicherungsvertragsgesetzes von 1908 eine Legalzession zu Gunsten des Sachversicherers bei Leistungen an Geschädigte eingeführt hat. Diesem Modell des § 67 VVG entsprach nur drei Jahre später § 1542 RVO (heute § 116 SGB X). Haftungs- und Schadensrecht wurde hiermit im weitem Umfang zum Recht der Regressvoraussetzungen – genauer betrachtet vor allem zu einer Verhandlungsposition bei den Kollektivverträgen zwischen Haftpflichtversicherungen und Sozialversicherungsträgern. Dogmatisch liegt in diesen Legalzessionen zum Zwecke des Regresses allerdings nur eine Erhaltung des status quo des Haftungs- und Schadensrechts[6]. Zurückzukommen sein wird aber auf die rechtspolitischen und mentalitätsgeschichtlichen Folgen der Verknüpfung des Schadensrechts mit dem Privat- und Sozialversicherungsrecht[7].

Auf das rasante Anwachsen von Schadensfällen durch den Straßenverkehr und andere spezifische Gefahren der Industriegesellschaft hat der Gesetzgeber auch in anderer Weise außerhalb des Schadensrechts vielfältig reagiert: Neben die „klassischen" Gefährdungshaftungsgesetze wie das Haftpflichtgesetz und das Straßenverkehrsgesetz traten in den letzten 25 Jahren Gesetze zur Produzentenhaftung wie das ArznMG, ProdHaftG und GenTG; auch die ökologischen Gefahren der Industrialisierung sind gesetzlich mehr und mehr aufgenommen worden, z.B. durch das WHG und das UmwHG. Nicht immer hat jedoch der Gesetzgeber auf die Veränderungen der für das Schadensrecht wichtigen realen Verhältnisse reagiert. Außerordentlich groß ist daher der Einfluss der Rechtsprechung auf die Ausweitung des Anwendungsgebietes für das allgemeine Schadensrecht und die Ausgestaltung dieses Gebietes selbst[8]. Ich erwähne hier die Ausdehnung der Verkehrspflichten auf immer neue Bereiche, in denen der Gesetzgeber gar nicht oder noch nicht durch Einführung einer Gefährdungshaftung reagiert hat, ferner den Ausbau der Arzthaftung als das bei wei-

---

[4] Eingefügt durch Gesetz v. 20.8. 1990 mit Wirkung ab 1.1. 1991.
[5] Geändert durch Gesetz v. 14.3. 1990 mit Wirkung ab 1.7. 1990.
[6] Vgl. dazu schon *Schiemann*, Argumente und Prinzipien bei der Fortbildung des Schadensrechts, 1981, S. 202 ff. m. Nachw.
[7] Unten II. 1.
[8] Nach *Kötz* (zuletzt: *Kötz/Wagner*, Deliktsrecht, 9. Aufl. 2001, Vorwort S. V) ist das moderne Deliktsrecht – und somit eben auch das Haftungsfolgenrecht – „über weite Strecken Richterrecht reinsten Wassers".

tem wichtigste Beispiel für die Entwicklung der Berufshaftungen auf der Grundlage vertraglicher, pseudo-vertraglicher und außervertraglicher Anspruchsgrundlagen.

Hat sich die Rechtsprechung, vor allem repräsentiert durch den VI. Zivilsenat des BGH, somit zur eigentlichen Herrin des Haftungsrechts aufgeschwungen, nimmt es nicht Wunder, dass auch bei Ausfüllung der Anspruchsgrundlagen durch das allgemeine Schadensrecht die Rechtsprechung wenig Bedenken getragen hat, den Wortlaut des überkommenen Gesetzes beiseite zu schieben und ganz neue Gesichtspunkte und Prinzipien heraus zu arbeiten.

Seit langem ist deshalb eine Reformdiskussion über das allgemeine Schadensrecht im Gange[9]. Auf sie hat der Bundesgesetzgeber – vergleichbar der Aktivität im Leistungsstörungsrecht und im Verjährungsrecht – durch das 2. Schadensrechtsänderungsgesetz reagiert, das auf den Regierungsentwurf vom 24.09. 2001 zur Änderung des BGB und anderer Haftungsgesetze zurückgeht[10]. Deshalb ist vor allem dieses Vorhaben im Folgenden vorzustellen und zu erörtern. Dazu ist zunächst (II.) die Reformdiskussion etwas genauer zu schildern, ehe ihr die Grundlinien der gegenwärtigen Reform gegenüber gestellt werden (III.) und schließlich (IV.) danach gefragt werden soll, wie weit durch das 2. Schadensrechtsänderungsgesetz wirklich Verbesserungen zu erwarten sind und Defizite bestehen bleiben werden.

II. Die Reformbedürftigkeit des gegenwärtig geltenden allgemeinen Schadensrechts

1. Das Altern des BGB-Schadensrechts

Unleugbar erscheint das heute geltende allgemeine Schadensrecht in manchen Punkten durch die Entwicklung der letzten hundert Jahre überholt. Wohl am deutlichsten wird dies an § 253 BGB a.F. Folgende Gründe hatte der Gesetzgeber für diese ganz ungewöhnliche, sozusagen methodologische Vorschrift angegeben[11]: Bekanntlich betrachtete man ein weitgehendes Schätzungsermessen des Richters, wie es mit jeder Zuerkennung immateriellen Schadensersatzes verbunden ist, als eine „dem deutschen Recht fremde Souveränität" des Richters. Wegen etwaiger Schutzlücken wurde auf die Möglichkeit zur Vereinbarung einer Vertragsstrafe hingewiesen sowie auf die Vorschriften des StGB über die

---

[9] Dazu der Überblick von *Lange*, Schadensersatz, 2. Aufl. 1990, S. 19 ff.
[10] BT-Drucks. 14/7752 (Entwurf der Bundesregierung mit Begründung, Stellungnahme des Bundesrates und Erwiderung der Bundesregierung). Zum „2. Gesetz zur Änderung schadensersatzrechtlicher Vorschriften" selbst, das am 1.8.2002 in Kraft getreten ist, *G. Wagner* NJW 2002, 2049 ff.
[11] Vgl. die Protokolle der 2. Kommission bei *Mugdan*, Die gesammten Materialien zum BGB, Bd. 2, 1899, S. 517.

Buße. Am berüchtigtsten und für das heutige Bewusstsein anstößigsten sind die Sätze der Materialien, wonach ein Ersatz ideeller Schäden durch Geldkondemnation „dem modernen deutschen Rechts- und Sittlichkeitsbewusstsein" und „den, zumal in den besseren Volkskreisen vertretenen Anschauungen" widerspräche. Aus einer Geldentschädigung insbesondere für Persönlichkeitsverletzungen „würden nur die schlechteren Elemente Vorteil ziehen, Gewinnsucht, Eigennutz und Begehrlichkeit würden gesteigert und aus unlauteren Motiven zahlreiche schikanöse Prozesse angestrengt werden."

Oft genug ist darauf hingewiesen worden, dass keiner dieser historischen Gründe heute noch zu überzeugen vermag[12]. Richterliches Ermessen bei der Festlegung von Entschädigungen *wird* in weitem Umfang ausgeübt. Für den wichtigsten Fall einer Entschädigung materieller Interessen, die Gewährung von Schmerzensgeld für Körper- und Gesundheitsverletzungen, sieht das BGB selbst die Möglichkeit des Richters zur Gewährung einer billigen Entschädigung vor. Es ist nicht recht nachvollziehbar, wenn der Gesetzgeber dem Richter generell gerade eine solche Ermessensausübung verbietet, zu der er ihn in § 847 a.F. ausdrücklich verpflichtet. Die Ersatzlösungen, auf die in den Materialien verwiesen wird, sind entweder abgeschafft (so die Buße nach § 188 StGB) oder wirklichkeitsfremd (wie der Hinweis auf die Vereinbarung einer Vertragsstrafe). Die Erwähnung der „besseren Volkskreise" ist geistes- und sozialgeschichtlich vollständig überholt und unter der Geltung des Grundgesetzes illegitim[13].

Nicht ganz so auf Anhieb sichtbar, letztlich aber kaum weniger nachhaltig, hat der Zahn der Zeit an § 249 Satz 1 BGB a.F. genagt. Das Prinzip der Naturalrestitution erschien im neunzehnten Jahrhundert sinnvoll, weil die industrielle Produktion von Gebrauchsgütern und Konsumartikeln noch ganz in den Anfängen lag. Daher bestand nicht nur ein erhebliches, sondern ein evident vorrangiges Interesse an der Reparatur beschädigter Sachen[14]. Der Vorrang dieser Reparatur gegenüber der bloßen Geldkondemnation schien generell der Absicherung zu bedürfen, wie es § 251 Abs. 2 Satz 1 BGB vorsieht. Inzwischen funktioniert der Markt sowohl für neu hergestellte Sachen wie auch für viele gebrauchte Gegenstände unendlich viel besser als zu der Zeit, da die „Väter" des BGB an ihrem Gesetz arbeiteten. Reparaturen hingegen sind – wie alle Dienstleistungen – unvergleichlich viel teurer geworden als zur Zeit der Verabschiedung des Gesetzes.

Einen besonders wichtigen Anteil am Alterungsprozess des Schadensrechts hat der Gesetzgeber selbst. Dies habe ich bereits einleitend angedeutet mit dem

---

[12] Vgl. im Überblick z.B. *Staudinger/Schiemann*, 13. Bearbeitung 1998, § 253 Rn. 1 ff. m. Nachw.
[13] So schon *Staudinger/Schiemann* aaO. Rn. 2.
[14] Kritisch zum Prinzip der Naturalrestitution im 1. Entwurf zum BGB aber insbes. *Degenkolb* AcP 76 (1890) S. 1 ff. Vgl. auch *U. Wolter*, Das Prinzip der Naturalrestitution in § 249 BGB, 1985, S. 15 ff.

Hinweis auf die Einführung der Legalzessionen als Mittel des Schadensregresses. Hierdurch und durch den ebenfalls erwähnten ständigen Ausbau der „zweiten Spur" des Haftungsrechts[15] – der Gefährdungshaftungen – hat sich die Funktion des Haftungs- und Schadensrechts immer mehr von der Rechtsfortsetzung und Rechtsverfolgung zur Versorgung der Opfer und zur Schließung von im sozialrechtlichen System bestehenden Versorgungslücken entwickelt[16]. Der Gesetzgeber hat hiermit nicht nur auf technische Anforderungen, sondern auch auf Änderungen des Menschenbildes reagiert, die er seinerseits durch die neuen Normierungen auch wieder gefördert hat. Im Mittelpunkt des Haftungs- und Schadensrechts steht nicht mehr der Bürger, der sich der Folgen seiner Verhaltensweise bewusst ist und der dementsprechend die volle Verantwortung für die Verletzung der bürgerlichen Standards trägt. An die Stelle dieses „Verantwortungsgedankens" ist weithin eine gleichsam mechanische Zurechnung von Schadensfolgen an ein objektives Fehlverhalten getreten, wobei die Überwälzung der Folgen an den Verursacher ohne weiteres wirtschaftlich und sozial akzeptiert wird, weil hinter dem „Täter" in Wahrheit eine Haftpflichtversicherung steht – oft stehen muss wie bei der Pflichtversicherung für den Straßenverkehr.[17]

In dieses Bild einer geänderten Verantwortung passt auch, dass neuere psychologische Erkenntnisse zu einer größeren Skepsis gegenüber der Steuerungsfähigkeit von Kindern geführt haben, die sich etwa zwischen dem siebten und dem vierzehnten, vor allem dem siebten und dem zehnten Lebensjahr befinden[18]. Obwohl sie intellektuell in der Lage wären, ihr Fehlverhalten zu erkennen, schaffen sie es emotional nicht, entsprechend dieser möglichen Einsicht zu agieren. Die Regelung der Deliktsfähigkeit in § 828 Abs. 2 BGB a.F. mit ihrer einseitigen Orientierung an der „zur Erkenntnis der Verantwortlichkeit erforderlichen Einsicht" erscheint hiernach wirklichkeitsfremd und deshalb überholt.

2. Fehlentwicklungen der Rechtsprechung und der Regulierungspraxis

Neben den geschilderten Folgen des Alterungsprozesses sind auch Fehlentwicklungen durch Rechtsprechung und sonstige Praxis zu beobachten. Dies lässt sich anhand einer neueren Regulierungsstatistik der Haftpflichtversicherungen für den Straßenverkehr erläutern (s. Tabelle 1). Sie ergibt ein überraschendes und eigentlich auch erschreckendes Bild:

---

[15] Grundlegend zur „Zweispurigkeit" des Haftpflichtrechts *Esser* JZ 1953, 129ff.
[16] Genauer dazu *Schiemann*, Argumente (o. Fn. 6), S. 234ff.
[17] Dazu hier nur – statt vieler – *Kötz/Wagner* (o. Fn. 8) Rn. 33ff.
[18] Vgl. *Scheffen*, Festschr. Steffen, 1995, S. 387, 388 im Anschluss an *Neuhaus*, 29. Deutscher Verkehrsgerichtstag 1991, S. 72f.; ferner bereits *Wille/Bettge*, Empirische Untersuchungen zur Deliktsfähigkeit nach § 828 BGB, VersR 1971, 878ff.

Tabelle 1: Leistungen der Kfz-Haftpflichtversicherer 1999

	In Mio DM	%
Personenschäden:		
Regressleistungen		
an Sozialversicherungsträger und Arbeitgeber		
aufgrund von:		
Teilungsabkommen	2.073,7	7,5
übergegangenen Ansprüchen nach Sach- und Rechtslage	995,4	3,6
Zwischensumme	3.069,1	11,1
Leistungen an Geschädigte:		
Behandlungskosten	304,2	1,1
Verdienstausfall	1.078,4	3,9
Haushaltsführung	304,1	1,1
Sonstiges	525,3	1,9
Schmerzensgeld	1.769,6	6,4
Zwischensumme	3.981,6	14,4
Sachschäden:		
Konkrete Reparaturkosten	6.525,4	23,6
Fiktive Reparaturkosten	5.474,7	19,8
Merkantiler Minderwert	359,5	1,3
Totalschaden	4.185,1	15,1
Mietwagen	1.410,2	5,1
Abstrakter Nutzungsausfall	580,6	2,1
Sonstiges	2.073,8	7,5
Zwischensumme	20.599,3	74,5
Gesamtsumme	27.650,0	100

Quelle: *Kötz/Wagner*, Deliktsrecht, 9. Aufl. 2001, Rn. 511

Demnach sind die Leistungen für Sachschäden dreimal so hoch wie diejenigen für Personenschäden. Noch eindrucksvoller ist die Gegenüberstellung der Leistungen an die Geschädigten unmittelbar. Dann stehen den ca. 20,6 Milliarden DM individuelle Sachschadensleistungen nur ca. 4 Milliarden DM – also keine 20% der eben genannten Summe – an individuellen Leistungen wegen Personenschäden gegenüber. Das Ergebnis dieses Vergleichs wird noch erstaunlicher, wenn man sich klar macht, dass die deutsche Rechtsprechung beim Schmerzensgeld im europäischen Vergleich eine Spitzenposition einnimmt. Schon Mitte der neunziger Jahre hatten die von Oberlandesgerichten festgelegten Schmerzensgeldbeträge die Summe von einer halben Million DM im Einzelfall überschritten. In dem europäischen Land mit den nächsthöchsten Beträgen, nämlich der Schweiz, waren damals nur knapp über einhundertfünfzigtausend Schweizer Franken im Einzelfall erreicht worden[19].

---

[19] Vgl. dazu *Geier* VersR 1995, 1457, 1460 m. Nachw.

Gemessen am Gesamtvolumen der Sachschadenersatzleistungen nicht besonders auffallend sind die Beträge für den abstrakten Nutzungsausfall, also für die über Jahrzehnte hin bei weitem am meisten diskutierte Position des von der Rechtsprechung geprägten Sachschadensersatzes[20]. Erstaunlich hoch sind hingegen die Reparaturkosten. Dabei sind die Beträge für bloß fiktive Reparaturkosten kaum geringer als die Erstattungen konkreter Reparaturrechnungen. Nach der Begründung der Rechtsprechung zum abstrakten Nutzungsausfall in den sechziger Jahren hat der für das außervertragliche Haftungsrecht zuständige VI. Zivilsenat des BGH den Anspruch nach § 249 Satz 2 BGB a.F. auf die „erforderlichen Kosten" der Herstellung immer mehr von der konkreten Herstellung abstrahiert[21]. Das dogmatische Mittel zu diesem Zweck war und ist die „Dispositionsfreiheit" des Geschädigten über den zur Herstellung erforderlichen Geldbetrag[22]. Mit Hilfe dieser Rechtsfigur hat man dem Geschädigten erlaubt, auf „Voranschlagsbasis" statt auf Rechnungsbasis seinen Sachschaden zu beziffern. Bemerkenswerter Weise wird diese Dispositionsfreiheit von der Rechtsprechung und der herrschenden Lehre bei Personenschäden verneint, obwohl der Wortlaut des § 249 Satz 2 BGB a.F. in keiner Weise zwischen beiden Schadensarten differenziert[23]. Dogmatisch zwingend war die Entwicklung zur Dispositionsfreiheit demnach gewiss nicht. Der Zweck des § 249 Satz 2 BGB a.F. forderte eine solche Handhabung der Vorschrift nicht. Denn er beschränkt sich darauf, den Geschädigten nicht dazu zu zwingen, sich bei der Reparatur seiner beschädigten Sache oder der Wiederherstellung seiner Gesundheit ausgerechnet dem Schädiger anvertrauen zu müssen[24]. Mehr als eine Erstattung der Kosten ist dafür nicht nötig.

Dabei versteckt sich ein weiterer kostentreibender Faktor dieser Abrechnung aufgrund fiktiver Reparaturkosten in dem letzten Posten der Aufstellung: „Sonstiges". Hierunter fallen insbesondere die Sachverständigenkosten, und ohne Sachverständigengutachten geht es gerade bei den fiktiven Reparaturkosten kaum jemals ab. Aber auch die konkreten Reparaturkosten haben sich erstaunlich expansiv entwickelt. Dies beruht nicht einfach auf den kontinuierlich überproportional steigenden Preisen für Dienstleistungen, zu denen nun einmal die Reparatur beschädigter Autos gehört. Vielmehr hat die Rechtsprechung Grundsätze entwickelt, nach denen Reparaturen selbst dann durchgeführt werden können und tatsächlich durchgeführt werden, wenn sie bei rein wirtschaftli-

---

[20] Vgl. insbesondere die Entscheidung des Großen Senates BGHZ 98, 212 und dazu den Vorlagebeschluss des V. Senates BGH NJW 1986, 2037.
[21] Überblick bei *Haug* VersR 2000, 1329 ff., 1471 ff.
[22] Grundlegend BGHZ 66, 239. Vgl. dazu *Jakob*, Ersatz fiktiver Kosten nach Allgemeinem Schadensrecht? 1998, S. 57 ff.
[23] BGHZ 97, 14. Zu diesem Wertungswiderspruch *Schiemann*, Festschr. Steffen, 1995, S. 399, 404 f. mit Fn. 30.
[24] Vgl. Protokolle der 2. Kommission Bd. I, 1897, S. 296 f.; Denkschrift zum Entwurf eines Bürgerlichen Gesetzbuchs, 1896, S. 45.

cher Betrachtung kaum noch sinnvoll sind. Dies ergibt sich zum einen aus der bekannten 130%-Grenze, die der Bundesgerichtshof für Kraftfahrzeug-Schäden zur Anwendung des § 251 Abs. 2 Satz 1 BGB gebilligt hat[25]. Sie besagt, dass der Vorrang der Reparatur vor der Entschädigung für den bloßen Wertverlust auch dann noch gilt, wenn voraussichtlich auf Voranschlagsbasis die Kosten der Reparatur den Wiederbeschaffungswert des Fahrzeugs vor dem Unfall um 30% übersteigen. Diese Großzügigkeit ist später vom Bundesgerichtshof dadurch noch weiter getrieben worden, dass bei der Berechnung der 130% der Restwert (Schrottwert) des Fahrzeugs nach dem Unfall nicht berücksichtigt wird[26]. Betrug der Zeitwert also z. B. 10.000,– DM und ist der Restwert mit 3.000,– DM anzusetzen, kann dennoch eine Reparatur, die 13.000,– DM kostet, zu Lasten des Schädigers und seiner Haftpflichtversicherung ausgeführt werden. Zu diesen 13.000,– DM kommt dann gegebenenfalls auch noch der Erhöhungsbetrag aus Prognosefehlern des Sachverständigen. Denn der Sachverständige wird als eine Art Hilfsperson des Schädigers und Restitutionsschuldners angesehen, sodass dessen Fehlverhalten dem Schädiger und nicht dem Geschädigten zur Last fällt[27].

Wie sehr sich die hier skizzierte Denkweise verselbstständigt hat, hat noch vor kurzem der für Grundstückssachen zuständige V. Zivilsenat demonstriert:[28] Über Jahrzehnte hin hatte dieser Senat im Gegensatz zum VI. Zivilsenat die Abrechnung auf der Grundlage bloß fiktiver Reparaturkosten abgelehnt. Vor wenigen Monaten hat er aber diese Rechtsprechung aufgegeben und zwar ausdrücklich, um die Rechtseinheit des Schadensrechts herzustellen. Dabei hat der V. Senat übersehen, dass der VI. Senat die fiktiven Reparaturkosten wenigstens teilweise „deckelt": Übersteigen die Reparaturkosten nach dem Sachverständigengutachten den hypothetischen Aufwand für die Wiederbeschaffung eines gleichwertigen Fahrzeugs, beschränkt der VI. Senat den Ersatz auf den Wiederbeschaffungswert, falls der Geschädigte die Reparatur nicht wirklich durchführen lässt[29]. Diese Beschränkung hat der V. Senat nicht übernommen, vielleicht auch nicht übernehmen können.

Ich möchte zu der hier geschilderten Entwicklung eine besonders kompetente Einschätzung zitieren. Hermann Lange formuliert[30]: „Das Risiko des Entstehens von Schadensersatzverpflichtungen schlägt sich in der Höhe der Versicherungsprämien und in der Kalkulation der Preise für Waren und Dienstleistungen nieder. Angesichts des Volumens, das diese Verpflichtungen – Jahr um Jahr mit steigender Tendenz – angenommen haben, fragt es sich, ob die noch tragba-

---

[25] BGHZ 115, 364; 115, 375.
[26] BGHZ 115, 364.
[27] *Staudinger/Schiemann* (o. Fn. 12) § 251 Rn. 26, § 254 Rn. 106.
[28] BGHZ 147, 320.
[29] BGHZ 115, 364, 372; BGH NJW 1993, 1849.
[30] *Lange*, in: *Lange/Schiemann*, Schadensersatz, 3. Aufl. 2003, S. 21.

re Belastungsgrenze nunmehr erreicht, wenn nicht schon überschritten ist. Das liegt nicht nur an einer Erweiterung der Haftungsgründe, sondern auch an der inhaltlichen Gestaltung unseres Schadensrecht."

3. Schadensrechtsreform und Verfassung

Die Diagnose der Reformbedürftigkeit des heute geltenden Schadensrechts ergibt sich aber auch aus Anforderungen der Verfassung. Die durch den Bundesgerichtshof entwickelte Entschädigung für immaterielle Interessen bei schweren Verletzungen des Persönlichkeitsrechts mit dem vorläufigen Höhepunkt des „Schmerzensgeldes" für Prinzessin Caroline[31] ist im Text des geltenden BGB bekanntlich nicht nur unauffindbar; vielmehr widerspricht der Wortlaut des § 253 BGB bisheriger Fassung diesem Ersatzanspruch ganz ausdrücklich. Ein zeitgemäßes Gesetz müsste daher den falschen Eindruck, den der Gesetzeswortlaut vermittelt, vermeiden.

Die zweite nicht ganz so spektakuläre, dennoch für die Praxis außerordentlich wichtige aus dem Verfassungsrecht kommende Entwicklung des Schadensrechts bezieht sich auf § 845 BGB, genauer auf die Schäden durch Verletzung oder Tötung eines haushaltsführenden Partners, meistens der Ehefrau und Mutter. Schon seit über 35 Jahren hat sich, nachdem der Große Senat des BGH dazu gesprochen hatte[32], die Regulierungspraxis auf eine Entschädigung des haushaltsführenden Partners selbst eingestellt und auch den Umfang des ehemals bei § 845 BGB angesiedelten Anspruchs eines überlebenden Ehepartners in der Höhe dem realistischen Wert der verlorenen Arbeitsleistungen angenähert[33]. Es handelt sich hier in der Statistik um den Betrag „Haushaltsführung", den kleinsten Einzelbetrag der gesamten Aufstellung.

Die neueste verfassungsrechtliche Anforderung an ein allgemeines Schadensrecht ergibt sich spätestens seit der Bürgschaftsrechtsprechung des Bundesverfassungsgerichts[34], ist in der zivilrechtlichen Literatur aber bereits seit den achtziger Jahren diskutiert worden[35]. Es geht um die Regelung der Deliktsfähigkeit mit der Folge, dass insbesondere Minderjährige durch ihr Fehlverhalten, beispielsweise eine fahrlässige Brandstiftung, lebenslange finanzielle Verpflichtungen aus unerlaubter Handlung auf sich laden. Jedenfalls seitdem der Gesetzgeber in Verwirklichung einer Vorgabe des Bundesverfassungsgerichts[36] mit § 1629a BGB für die Fälle vertraglicher Verpflichtungen und von Verpflich-

---

[31] BGHZ 128, 1.
[32] BGHZ 50, 304.
[33] Vgl. *Küppersbusch*, Ersatzansprüche bei Personenschaden, 7. Aufl. 2000, Rn. 129 ff.
[34] BVerfGE 89, 214.
[35] Grundlegend *Canaris* JZ 1987, 993 ff.; zusammenfassend *Goecke*, Die unbegrenzte Haftung Minderjähriger im Deliktsrecht, 1997.
[36] BVerfG NJW 1986, 1859.

tungen, die sich aus einem Erwerb von Todes wegen ergeben, eine Beschränkung der Haftung Minderjähriger auf das zum Zeitpunkt der Volljährigkeit noch vorhandene Vermögen eingeführt hat, ist die Lücke bei den Verpflichtungen aus unerlaubter Handlung evident geworden.

4. Alte Lücken im Schadensrecht

Neben solchen vom Grundgesetz gleichsam ins BGB gerissenen Lücken gibt es Schwächen, wenn nicht Lücken des allgemeinen Schadensrechts, die dem BGB von Anfang an anhaften. So ist es wertungsmäßig nicht leicht nachzuvollziehen, dass der geltende Gesetzestext Schadensersatz für immaterielle Einbußen im Wesentlichen nur bei deliktischer Schädigung vorsieht sowie seit nicht allzu langer Zeit bei der organisierten Urlaubsreise (§ 651f Abs. 2 BGB) und bei einem Verstoß gegen das Verbot geschlechtsspezifischer Diskriminierung im Arbeitsrecht (§ 611a Abs. 2 BGB). Aufgrund der Ausgleichsfunktion des Schmerzensgeldes als einer Leistung für durchaus realen, aber nur mit größten Schwierigkeiten auf Euro und Cent zu berechnenden Schadens kann eine solche Ersatzleistung kaum auf die unter § 847 BGB a.F. fallenden Verletzungen beschränkt werden.

5. Zwischenergebnis

Als Zwischenergebnis der rechtspolitischen Diskussion über das allgemeine Schadensrecht im BGB wird man folgendes feststellen können: Einige früher teilweise heftig diskutierte Punkte sind nicht mehr oder kaum noch Gegenstand der Erörterung. So hat sich die Diskussion über die Haftungsersetzung durch Versicherungsschutz[37] praktisch vollständig beruhigt. Aber auch zum Beispiel die Einfügung einer allgemeinen Reduktionsklausel[38] oder die Einbeziehung von Hilfspersonen in das Mitverschulden nach § 254 BGB[39] sind nicht mehr Gegenstand dringlicher Vorschläge. Andere schon sehr lange diskutierte Fragen sind unverändert relevant, so etwa die Einfügung der Rechtsfortbildung zum Persönlichkeitsschutz in die Kodifikation oder die Erweiterung des Schmerzensgeldes auf Gefährdungshaftungen, vielleicht auch auf die Haftung aus Verträgen und anderen Schuldverhältnissen im Allgemeinen. Hinzugekommen sind aber in neuerer Zeit weitere Probleme wie etwa die Einsicht in die zu starke Expansion des Sachschadensersatzes oder der Schutz Minderjähriger vor Haftungsrisiken einerseits, vor Verkürzungen des haftungsrechtlichen Schutzes durch die zu strenge Handhabung des Mitverschuldens andererseits.

---

[37] Zusammenfassend *Weyers*, Unfallschäden, Praxis und Ziele von Haftpflicht- und Vorsorgesystemen, 1971. Kurzer Überblick bei *Kötz/Wagner* (o. Fn. 8), Rn. 430ff.
[38] Zum Entwurf eines § 255a im Referentenentwurf von 1967 *Lange* (o. Fn. 9) S. 19f.
[39] Zum Entwurf eines § 254 Abs. 3 aus dem Jahre 1967 *Lange* (o. Fn. 9) S. 21f.

III. Zum Inhalt des Regierungsentwurfs für ein 2. Schadensersatzrechtsänderungsgesetz vom 24.09.2001

Wendet man sich von den hier nur grob skizzierten Anknüpfungspunkten der rechtspolitischen Diskussion der konkreten Gesetzgebung unserer Tage zu, ist vorab festzustellen, dass eine Reform des allgemeinen Schadensrechts bereits zum 01.01.2002 verwirklicht ist: § 284 BGB in der Fassung des Schuldrechtsmodernisierungsgesetzes. Diese Vorschrift handelt ihrem Wortlaut nach gar nicht von Schadens- sondern von Aufwendungsersatz. In der Sache aber geht es um einen Schaden, und zwar regelmäßig um einen immateriellen Schaden. Durch die Vorschrift soll nämlich der Gedanke, der in Gestalt der bekannten Rentabilitätsvermutung zur Begründung eines Ersatzes für entgangenen Gewinn nach § 252 BGB dient[40], fortgesponnen werden für solche Fälle, in denen mangels materieller Einbußen § 252 BGB gerade nicht zur Anwendung kommen kann. Als Maßstab des Ersatzes dienen die sog. frustrierten Aufwendungen. Freilich ist damit nicht gemeint, dass nun die Frustrationstheorie zur Grundlage eines Schadensersatzes wegen Kommerzialisierung im Allgemeinen werden sollte[41]. Andererseits ist der Anwendungsbereich der Vorschrift nicht mehr – wie noch im Vorschlag der Schuldrechtskommission – auf (gegenseitige) Verträge beschränkt. Auch zum Beispiel der Vermächtnisgläubiger, dessen Anspruch durch die Erben vereitelt wird, kann Ersatz für die frustrierten Aufwendungen verlangen, selbst wenn die Erfüllung des Vermächtnisses für den Vermächtnisnehmer allein ideelle oder immaterielle Bedeutung hatte. Ein Beispiel von Canaris dazu ist der Rahmen für ein vermachtes altes Familienbild, das dann aber vom Erben schuldhaft zerstört wird[42].

Da der Aufwendungsersatz an Stelle des Schadensersatzes geschuldet ist, könnte man zunächst zweifeln, ob § 254 BGB Obliegenheiten zur Geringhaltung der Aufwendungen beim Gläubiger des Ersatzes begründet. Durch den Hinweis auf die Billigkeit im Wortlaut der Vorschrift ist aber wohl sichergestellt, dass die Grundsätze des § 254 BGB auch auf diesen Aufwendungsersatzanspruch anzuwenden sind[43]. Die praktische Bedeutung der Vorschrift wird nach meiner Einschätzung nicht allzu hoch sein. Die wichtigeren Fälle betreffen materielle Schäden, und für sie bleibt es bei der Rentabilitätsvermutung zur Begründung des Anspruchs aus § 252 BGB.

Sehr weittragend ist hingegen die durch das Schadensrechtsänderungsgesetz beabsichtigte Reform des Schmerzensgeldes. Durch die Streichung des § 847 BGB und die Versetzung seines Inhalts in einen neuen § 253 Abs. 2 BGB wird

---
[40] RGZ 127, 245; BGH NJW 1999, 3625.
[41] Zur Kritik an der „Frustrationslehre" *Lange/Schiemann* (o. Fn. 30) S. 255ff.
[42] JZ 2001, 499, 517.
[43] Treffend *Faust*, in: *Huber/Faust*, Schuldrechtsmodernisierung, 2002, Rn. 4.34.

das Schmerzensgeld zu einem Institut des allgemeinen Schadensrechts, also anwendbar auf jeden Haftungsgrund. Hiermit wird auch zum Beispiel die deliktsrechtliche Begründung des Schmerzensgeldes aufgrund einer Arzthaftung überflüssig. Außer der Verallgemeinerung des Schmerzensgeldes für alle Haftungsgründe enthielt § 253 Abs. 2 BGB in der Fassung des Entwurfs zum Schadensänderungsgesetz aber auch eine wesentliche Beschränkung: Unabhängig vom Umfang der Verletzung sollte das Schmerzensgeld nur für vorsätzliche Verletzungen bestehen bleiben[44]. Sonst hingegen sollte nach § 253 Abs. 2 Nr. 2 des Entwurfs eine Bagatellklausel gelten. Dies wäre durchaus systemgerecht gewesen. Denn das Bagatellschmerzensgeld, wie es bisher trotz gewisser einschränkender Worte des VI. Zivilsenats des BGH[45] gewährt wird, dient letztlich weniger dem Ausgleich als vielmehr der Hilfe zur inneren Verarbeitung des Schadens.

Der umstrittenste Vorschlag im Entwurf zur Schadensrechtsänderung ist die Neufassung des § 249 BGB dergestalt, dass der bisherige Satz 2 der erste Satz eines Abs. 2 wird und dann ein zusätzlicher Satz 2 angefügt wird, der für fiktive Reparaturkosten die Umsatzsteuer aus dem Ersatzbetrag ausnimmt. In der Begründung zu dieser Regelung heißt es ausdrücklich, dass der Gesetzgeber die Dispositionsfreiheit des Geschädigten nicht beeinträchtigen oder gar abschaffen wollte[46]. In einer früheren Fassung aus dem Jahre 1998 betraf der Ausschluss noch alle öffentlichen Abgaben, also außer den Steuern auch zum Beispiel die fiktiven Beiträge zur Sozialversicherung eines Arbeitnehmers, der bei der Reparatur gerade nicht mitgewirkt hat[47]. In dieser Fassung von 1998, die dann alsbald dem Diskontinuitätsgrundsatz zum Opfer gefallen ist, aber auch von vornherein heftigste Kritik auf sich gezogen hatte[48], wurde als eigentliche Intention der Vorschrift der Kampf gegen die Schwarzarbeit deutlicher als jetzt bei der Beschränkung der Regelung auf die Umsatzsteuer.

Vier weitere Änderungen möchte ich wenigstens noch erwähnen, auch wenn sie durchweg die Haftungsbegründung und nicht den Schadensumfang betreffen:

Das vorhin angesprochene Problem der Deliktsmündigkeit wird in § 828 Abs. 2 BGB – beschränkt auf den Verkehrsbereich (Kfz, Schienenbahnen, Schwebebahnen) – vom Gesetzgeber aufgegriffen. Für die Verursachung frem-

---

[44] BT-Drucks. 14/7752 S. 6. *G. Wagner* NJW 2002, 2056 spricht nicht zu Unrecht von einer „unheiligen Allianz der organisierten Verbraucherschutz-, Automobil- und Anwaltsinteressen", die das Vorhaben, eine Bagatellklausel zu verwirklichen, hat scheitern lassen.

[45] BGH NJW 1992, 1043; NJW 1993, 2172.

[46] BT-Drucks. 14/7752 S. 31: Man wolle insoweit „eine langjährige ... ausdifferenzierte Rechtsprechung" nicht „grundlegend in Frage" stellen. „Überlegungen für eine umfassendere Reform des Sachschadensrechts" habe man zurückgestellt zugunsten einer „behutsamen Korrektur an dem bestehenden System".

[47] BT-Drucks. 13/10435: § 249 Abs. 3 des Entwurfs 1998.

[48] Überblick bei AnwKom-BGB-*C. Huber*, 2001, § 249 Rn. 25ff. m. Nachw.

der Schäden wie für die Mitverursachung eigener Verletzungen wird das Alter der Deliktsfähigkeit in diesem Bereich auf zehn Jahre heraufgesetzt. Eine Verschärfung der Gefährdungshaftung wie auch der mitwirkenden Betriebsgefahr nach § 254 BGB ergibt sich hingegen zu Lasten von Kfz-Haltern durch die Neufassung des § 7 Abs. 2 StVG. Das unabwendbare Ereignis mit seinen Subsumtionsproblemen, vor allem in Gestalt des optimalen Verkehrsteilnehmers, wird durch die Kategorie der höheren Gewalt ersetzt. Soweit eine Haftungsverschärfung hierdurch eintritt, erscheint sie durch das Pflicht-Haftpflichtversicherungssystem hinnehmbar, so wie der etwaige Verlust für den selbst geschädigten Kraftfahrer durch die freiwillige Kasko-Versicherung in den meisten Fällen abgesichert sein wird.

Zwei haftungsrechtliche Änderungen betreffen Fragen, die ich bei meinem Überblick über die Reformdiskussion nicht erwähnt habe: die Sachverständigenhaftung und die Änderung der Arzneimittelhaftung. Mit der Sachverständigenhaftung – jetzt § 839a BGB – wird eine doppelte Wirkung erzielt: Zum Einen wird für gerichtliche Sachverständige, die schon bisher einen allgemeinen Haftungstatbestand, etwa die fahrlässige Freiheitsverletzung nach § 823 Abs. 1 BGB, verwirklichen, ein Haftungsprivileg kodifiziert, das von der Rechtsprechung seit langem praeter legem angewandt wird[49]. Die Beschränkung der Haftung auf Vorsatz und grobe Fahrlässigkeit ist freilich nachvollziehbar, weil die Sachverständigen aufgrund einer öffentlich-rechtlichen Pflicht und in einem öffentlichen Interesse tätig werden. Für Fälle reiner Vermögensschäden, die durch ein fehlerhaftes Sachverständigengutachten entstanden sind, bringt die Vorschrift aber auch einen neuen Haftungstatbestand. Denn die sonst üblichen Haftungsbegründungen zu Lasten von Sachverständigen – zum Beispiel der Vertrag mit Schutzwirkung für Dritte – sind auf den gerichtlichen Sachverständigen nicht anwendbar. Ein Sachgrund dafür, dass der Sachverständige, der etwa Eigentum oder Körper und Gesundheit verletzt hat, haften muss, ein anderer Sachverständiger, der einen Vermögensschaden verursacht hat, aber nicht, ist nicht recht erkennbar. Die Vorschrift scheint daher hinsichtlich ihres universellen Anwendungsbereichs für alle Schäden konsequent[50].

Die Änderung der Arzneimittelhaftung hat als unmittelbaren Anlass den Blutkonservenskandal. Das jetzige Gesetzesvorhaben versucht aber, die Arzneimittelhaftung insgesamt den heutigen Standards der Produkthaftung anzupassen. Wenn ein Medikament schädliche Wirkungen oder Nebenwirkungen herbeigeführt hat, soll es daher jetzt Sache des pharmazeutischen Unternehmens sein, darzulegen und zu beweisen, dass die Ursache für die Wirkungen *nicht* in einem Fehler aus dem Entwicklungs- und Herstellungsbereich des Un-

---

[49] Vgl. insbesondere BVerfGE 49, 304, zugleich unter Verwerfung noch weitergehender, auch grob fahrlässiges Verhalten des Sachverständigen einbeziehender Privilegierung in BGHZ 62, 54.

[50] Ebenso z.B. AnwKom-BGB-C. *Huber* § 839a Rn. 38.

ternehmers lag. Das gesetzgeberische Vorhaben geht aber noch weiter, und diese Erweiterung verdient besonderes Interesse: § 84 Abs. 2 ArznMG neuer Fassung sieht vor, dass sogar die Kausalität des Arzneimittels überhaupt für die schädliche Wirkung vermutet wird. Diese Vermutung ist freilich nach dem weiteren Text widerleglich, allerdings nicht dadurch, dass mehrere pharmazeutische Unternehmen sich die Kausalität sozusagen gegenseitig zuschieben[51].

IV. Eine erste Würdigung der Gesetzesreform

Für eine Bilanz der Schadensrechtsreform oder wenigstens der mir besonders wichtigen Teile davon bleibt mir nur wenig Raum. Jedenfalls ist zunächst in großem Umfang Fehlanzeige zu erstatten, wenn man das jetzt angepackte Vorhaben mit dem Stand der Reformdiskussion der letzten Jahrzehnte vergleicht. Gänzlich ausgespart hat der Gesetzgeber nicht nur die Frage einer Haftungsersetzung durch Versicherungsschutz oder auch nur einer etwas transaktionskostensparenden Behandlung der Regressfragen. Hier kann man zugunsten des Gesetzgebers immerhin anführen, dass solche Fragen bis heute nicht ausdiskutiert worden sind, sodass die Kodifikationsreife füglich zu bezweifeln wäre. Aber selbst eine so unstreitige Materie wie die Kodifikation des materiellen Schadensersatzes für immaterielle Schäden aus Persönlichkeitsrechtsverletzungen ist vom Gesetzgeber nicht aufgegriffen worden. Noch immer scheint sich – wie schon in den sechziger Jahren – die Angst vor den Medien lähmend auf die Bereitschaft eines Gesetzgebers auszuwirken, der möglicherweise durch die Kodifikation der Schadensersatzsanktion ein „Gesetz gegen die Medien" verabschieden würde. Dieses Versäumnis ist freilich wenigstens in soweit unschädlich, als das Schmerzensgeld für Persönlichkeitsverletzungen ohnehin fest in der Hand der Gerichte ist[52].

Aber auch bei solchen Materien, deren sich der Gesetzgeber nunmehr annimmt, erweisen sich die vorliegenden Regelungen eher als Stückwerk. So ist die beabsichtigte Regelung zur Anhebung des Alters für den Beginn der Deliktsfähigkeit zwar für sich genommen plausibel. Wenn man aber schon Minderjährige im Haftungsrecht gesetzgeberischer Fürsorge für bedürftig hält, warum widmet man dann sich nicht der oben geschilderten Problematik finanzieller Überforderung Minderjähriger durch Haftung?

---

[51] Ausführlich dazu G. Wagner VersR 2001, 1334ff.
[52] Nicht verschwiegen sei allerdings die Verschiebung der Legitimationsgrundlage für die höchstrichterliche Rechtsprechung: Bisher konnte der BGH an §§ 253, 847 BGB vorbei unmittelbar auf das GG durchgreifen, da diese Vorschriften als vor-konstitutionelles Recht anzusehen waren. Jetzt hingegen steht der Gesetzestext immer noch dem Geldersatz für Verletzungen des Persönlichkeitsrechts entgegen, obwohl es sich unleugbar um nachkonstitutionelles Recht handelt.

Besonders wenig befriedigen kann die Regelung des Sachschadensproblems durch das Verbot, Umsatzsteuer für fiktive Reparaturkosten zu berechnen. Diese Art der Regelung provoziert in der Tat den sofort erhobenen Einwand[53], dass auf die zur Kompensation des erlittenen Schadens vorgenommenen Konsumaufwendungen ja ebenfalls Umsatzsteuer erhoben werde. Dieser Einwand zeigt allerdings nur, wo die Kritik am gegenwärtigen Rechtszustand eigentlich anzusetzen hätte: nicht an der Umsatzsteuer oder einer anderen öffentlichen Abgabe, sondern am Konzept des kompensatorischen Konsums. Hier besteht die große Gefahr, dass der Gesetzgeber ein „Eigentor" schießt: Indem er ausgerechnet und nur die Umsatzsteuer herausgreift, erkennt er im Übrigen – wie auch in der Begründung ausgesprochen – die Dispositionsfreiheit gerade an. Wie angedeutet, wird die Dispositionsfreiheit uneingeschränkt aber nicht einmal vom VI. Zivilsenat des BGH anerkannt. Diejenige Einschränkung, die der VI. Zivilsenat in Gestalt eines sog. Wirtschaftlichkeitspostulats vornimmt[54], wird in der vorgeschlagenen Fassung nicht kodifiziert. Rechtspolitisch wünschenswert wäre eine Ersetzung der „erforderlichen" durch die „angefallenen Kosten"[55]. Nur so würde sich das Sachschadensproblem – genauer gesagt: das Problem der ständigen Expansion des Sachschadensersatzes – beherrschen lassen. Der Wille dazu wäre Ausdruck einer politischen Entscheidung. Das Abschneiden einer fiktiven Mehrwertsteuer von den fiktiven Kosten erscheint demgegenüber geradezu willkürlich[56]. In anderen Bereichen, wo es weniger oder doch einer geringeren Zahl von Betroffenen weh tut, ist der Gesetzgeber durchaus mutiger, wie sich an der beabsichtigten Novellierung des Arzneimittelgesetzes mit der Vermutung der Kausalität zeigen ließ.

Diese Bemerkungen sollen aber nicht als „Verriss" des Gesetzesvorhabens verstanden werden. Vieles steht zur Reform des Schadensrechts einfach an und ist auch aufgegriffen worden, zum Beispiel das Schmerzensgeld für die Gefährdungshaftung, die Angleichung der Straßenverkehrshaftung an andere Gefährdungshaftungen oder die Kodifikation des Haftungsprivilegs für gerichtliche Sachverständige. Eine (konzeptionell) „große Schadensrechtsreform" ist die Verwirklichung des vorliegenden Regierungsentwurfs wohl nicht geworden. Einen weiten Anwendungsbereich hat sie allerdings: Versicherungen, Unternehmen, aber auch „Normalgeschädigte", insbesondere Kfz-Benutzer, und ihre Anwälte werden sich an manches Neue gewöhnen müssen.

---

[53] *Medicus*, in: 38. Deutscher Verkehrsgerichtstag 2000, S. 121, 127f.
[54] Siehe oben Fn. 29 sowie bereits *Steffen* NZV 1991, 1ff.; ders. NJW 1995, 2057ff.
[55] So auch *Greger* NZV 2000, 1ff.
[56] Positiver z.B. *Greger* NZV 2002, 385, 386 („Schritt in die richtige Richtung"). Zwar weist er mit Recht darauf hin, dass aus dem Teilausschluss der fiktiven Abrechnung nicht auf deren Zulässigkeit im übrigen geschlossen werden könne. Es steht aber zu befürchten, dass die Praxis genau in diesem Sinne verfahren wird. Der Aufruf der Gesetzesbegründung (BT-Drucks. 14/7752, S. 14) an die Rechtsprechung, das Schadensersatzrecht auf der Basis der neuen gesetzlichen Wertung weiterzuentwickeln, wird demgegenüber wohl wenig bewirken.

Reform des öffentlichen Dienstrechts

Günter Püttner

I. Die Problemlage: Die verkrustete und faule Bürokratie

Immer wieder wurde und wird der Verwaltung oder den Beamten Verkrustung, Faulheit, Leerlauf und Ineffizienz vorgeworfen, von Politikern, von Medien, am Stammtisch und wo auch immer. Man könnte die Berechtigung solcher Vorwürfe mit Hilfe empirischer Untersuchungen sicherlich überprüfen, aber zu derartigen Forschungsaufgaben fehlen mir die Mittel. Bezeichnend ist immerhin, dass viele, die sich näher mit der deutschen Verwaltung befasst haben, das negative Urteil über Verwaltung und Beamte nicht teilen, sondern beiden oft sogar eine gute Qualität bescheinigen[1].

Aber dass es auch Schwachstellen und Missstände gibt, wird man kaum übersehen können. Mir soll es heute um die Ursachen solcher Missstände gehen. Unterstellt man einmal, dass in spürbarer Breite Verkrustungen und Faulheit in der Verwaltung gilt, dann fragt sich doch, woran das liegt. Ursache kann ein veraltetes Dienstrecht sein, aber natürlich auch der eingefahrene Trott, der mit dem Dienstrecht gar nichts zu tun hat, oder auch eine allgemeine gesellschaftliche Einstellung zur Arbeit (die berühmte Arbeitsmoral), vielleicht auch eine leistungsfeindliche Verwaltungsorganisation und anderes mehr. Es wäre nicht leicht, dieses Ursachenbündel zu entwirren. Im Zweifel wird man aber davon ausgehen können, dass nicht eine Ursache allein maßgebend ist, sondern verschiedene Umstände zusammenwirken. Die Experten sind sich weitgehend einig, dass jedenfalls auch das Dienstrecht einer der bestimmenden Faktoren für Zustand und Leistungsfähigkeit unserer Verwaltung darstellt. Also geht es darum, das Dienstrecht so zu gestalten, so zu reformieren, dass es eine effiziente, gut arbeitende Verwaltung wenn nicht garantieren, so doch jedenfalls stützen und fördern kann.

In diesem Sinn steht die Reform des öffentlichen Dienstrechts, namentlich des Beamtenrechts seit Jahrzehnten auf der Tagesordnung der deutschen Innenpolitik. In den siebziger Jahren gab es eine große Kommission, die einen mehrbändigen Bericht mit Reformvorschlägen präsentierte, die aber stark vom Zeitgeist geprägt waren und im Wesentlichen nicht umgesetzt wurden. Seitdem hat es ständig kleinere Reformbemühungen mit unterschiedlichem praktischen Erfolg gegeben. Ich kann in dieser kurzen Abendstunde nur einige Punkte aus dem Bündel der Reformansätze herausgreifen, vorzugsweise den der leistungs-

---

[1] Als Beispiel sei *Frido Wagener* genannt (VVdStRL H. 37, S. 215ff.).

gerechten und leistungsmotivierenden Entlohnung der Beschäftigten im öffentlichen Dienst. Zuvor aber schlage ich vor, dass wir erst einmal einen Blick auf die Struktur des öffentlichen Dienstes werfen.

II. Der deutsche öffentliche Dienst

Tabellarisch dargestellt ist die Struktur des öffentlichen Dienstes in vier Tabellen, abgedruckt in meinem Lehrbuch „Verwaltungslehre", auf das ich hiermit verweisen möchte.

Die *Tabelle 1*[2] gibt einen Überblick. Die fast 5 Millionen Beschäftigten machen etwa 10% der Erwerbstätigen der Bundesrepublik aus.

Die *Tabelle 2*[3] vermittelt einen Überblick, in welchen Bereichen die Beschäftigten tätig sind.

Tabelle 3[4] gibt die Aufteilung nach Laufbahngruppen wieder. Dazu ist anzumerken, dass im deutschen öffentlichen Dienst die Beamten und ähnlich die Angestellten im jüngeren Alter in eine dieser Laufbahngruppen eintreten und dann normalerweise lebenslang dort verbleiben. Der Aufstieg in eine höhere Gruppe ist nicht ausgeschlossen, aber selten. Der Einstieg erfolgt entsprechend der Vorbildung. Es ist also nicht möglich, sich von der Pike auf nach ganz oben durchzuarbeiten, leider inzwischen auch in der Wirtschaft (Ausnahme: der Weg über die Politik). Es wäre darüber nachzudenken, ob diese Verkrustung nicht aufgebrochen und mehr Aufstiegschancen auch in der Verwaltung eröffnet werden sollten.

Tabelle 4[5] liefert einen Überblick über die Anstellungsart. Bemerkenswert ist das Übergewicht der Angestellten bei den Gemeinden (einschließlich Großstädten).

III. Verkrustungen im Dienstrecht? Vergleich zur privaten Wirtschaft

Wie sich besonders aus der dritten Tabelle ablesen lässt, gibt es im System des öffentlichen Rechts Verfestigungen oder Verkrustungen, die im Sinne von mehr Mobilität aufgelockert werden könnten. Das gilt insbesondere auch für die in den Tabellen nicht wiedergegebene Besoldung der Beamten und die ihr sehr ähnliche Vergütung der Angestellten. Für jede Laufbahn gibt es 4–5 Besoldungsgruppen; man beginnt jeweils in der untersten Gruppe und kann in die höheren Gruppen aufsteigen, was aber jeweils eine Beförderung, d.h. eine explizi-

---

[2] Vgl. Tabelle 1 in: *Püttner, Günter,* Verwaltungslehre, 3. Aufl. 2000, S. 189
[3] Vgl. Tabelle 2 in: *Püttner, Günter,* Verwaltungslehre, 3. Aufl. 2000, S. 190
[4] Vgl. Tabelle 3 in: *Püttner, Günter,* Verwaltungslehre, 3. Aufl. 2000, S. 190f.
[5] Vgl. Tabelle 4 in: *Püttner, Günter,* Verwaltungslehre, 3. Aufl. 2000, S. 191f.

te Beförderungsentscheidung voraussetzt. Einen automatischen Aufstieg von der ersten in die zweite Stufe gab es zeitweise, aber dieser Automatismus wurde zum Glück wieder abgeschafft. Damit setzt die Erzielung eines höheren Gehalts einen Karrieresprung voraus, den nicht jeder schaffen kann und der normalerweise eine entsprechende Leistung voraussetzt. Damit ist ein nicht unwichtiges Element von Entlohnung nach Leistung bereits traditionell vorhanden und hat sich bewährt.

Innerhalb der einzelnen Besoldungsgruppen gab es allerdings traditionell alle zwei Jahre das Aufrücken in eine höhere Dienstaltersstufe, d.h. den Automatismus einer etwas höheren Bezahlung allein wegen Vorrückens im Alter und völlig unabhängig von der erbrachten Leistung. Es gibt deshalb gute Gründe, in den ersten Berufsjahren von einer durchschnittlichen Leistungsverbesserung nach der Einarbeitungszeit auszugehen, dann aber das Aufrücken an die erbrachte Leistung zu binden. In diesem Sinne hat das noch zu behandelnde Dienstrechtsreformgesetz von 1997 die Dienstaltersstufen begrenzt und im höheren Bereich die Aufrückfristen verlängert und zugleich das Aufrücken teilweise an die Leistung geknüpft. Bei guter Leistung gibt es ein schnelles Aufrücken und bei mangelhafter Leistung wird das Aufrücken hinausgeschoben, ein m.E. sinnvoller Einstieg in die Entlohnung nach Leistung jedenfalls für die frühen Berufsjahre. Damit kann man davon ausgehen, dass das Besoldungssystem insoweit dem Grundsatz der leistungsgerechten oder leistungsorientierten Bezahlung einigermaßen gerecht wird, anders als manche Kritiker meinen.

Ein Vergleich mit dem Vergütungssystem (oder besser: mit der verbreiteten Vergütungspraxis) in der privaten Wirtschaft, wie er ja heute im Zeitalter betriebswirtschaftlichen Denkens immer gern angestellt oder mindestens gefordert wird, bestätigt meine soeben vorgetragene These. Nun lässt sich dies allerdings nur aufgrund von diffizilen Ermittlungen in etwa belegen; denn im Gegensatz zur öffentlich bekannten, im Gesetz verankerten Beamtenbesoldung ist die Vergütungsstruktur in privaten Unternehmen nicht transparent. Zwar gibt es die Tarifverträge, die aber nur Mindestvergütungen festlegen und nur für den unteren Bereich eine gewisse Entlohnungstransparenz schaffen. Für das mittlere und erst recht für das Topmanagement gibt es keine feststehenden Vergütungsregeln. Ich hatte aber Gelegenheit, im Zusammenhang mit einer Begutachtung und anlässlich von Fortbildungsveranstaltungen einige Informationen zu sammeln. Es hat sich immerhin herausgestellt, dass auch in der Wirtschaft das wirkliche Aufrücken im Gehalt nur über die Karriere möglich ist, also durch Wechsel auf eine höherbewertete Position. Zwar gibt es verschiedentlich auch jährliche oder periodische Gehaltsverbesserungen je nach individueller Leistung, aber diese Verbesserungen fallen vergleichsweise bescheiden aus; der eigentliche Sprung nach vorn geht über die Karriere, die sich natürlich nach der erbrachten Leistung richtet. Wirtschaft und öffentlicher Dienst klaffen insoweit nicht sehr weit auseinander. In beiden Fällen bedeutet das Karriere-Prinzip, dass in erster Linie die jüngeren, aufstiegswilligen Kräfte motiviert werden, während es für die älteren Mitarbeiter in diesem System kaum noch Leistungsanreize gibt, was in Zukunft besser geändert werden sollte.

Aber nun gibt es das berühmte Problem der Bezahlung nach individueller Leistung, die – wie gesagt – im Bereich der Wirtschaft in einem gewissen Rahmen vorhanden ist, die aber im öffentlichen Sektor nicht oder nur rudimentär existiert. Die Besoldung eines Beamten richtet sich nach der Bedeutung seines Amtes und ist im Gesetz festgelegt; die Bezahlung erfolgt also nach der geforderten Leistung, nicht nach der individuell erbrachten Leistung. Hierin sehen Kritiker immer wieder die Quelle von Beamtenfaulheit und fordern eine Systemänderung in Richtung auf eine Vergütung nach Leistung zumindest in Form von leistungsabhängigen Zulagen. Der Gesetzgeber ist dieser Forderung in verschiedenen Einzelgesetzen und allgemein im Besoldungsstrukturgesetz von 1997 auch bereits ein Stück entgegengekommen, und im Rahmen des Programms „Moderner Staat" plant der jetzige Bundesgesetzgeber weitere Auflokkerungsregelungen, insbesondere Besoldungsbandbreiten für eine Einstufung von Beamten nach Leistung. Das Schicksal dieser Reform bleibt freilich abzuwarten. Aber auch im Falle der Verwirklichung dieses Vorhabens bleibt es dabei, dass zwar einige Möglichkeiten der Gewährung leistungsabhängiger Zulagen oder Einstufungen bestehen, insgesamt aber die Vergütung sich weiter nach dem Amt und nicht (oder nur marginal) nach der individuellen Leistung richtet.

IV. Bezahlung nach individueller Leistung?

Soll man nun einen großen Schritt weitergehen und die Beamten je nach individueller Leistung spürbar unterschiedlich bezahlen? Aus abstrakter Sicht bietet sich das eigentlich als recht plausibel an, um die Beamten zu besserer Leistung zu motivieren. Aber ein Blick auf die Praxis und vor allem auf die unterschiedlichen Beamtengruppen zeigt, dass die Sache so einfach nicht ist. Zunächst darf an dem verfassungsrechtlich verankerten Alimentationsprinzip nicht gerüttelt werden. Also muss jedem Beamten das entsprechende Minimum ohne Rücksicht auf Leistung gewährt werden. Dem Leistungsprinzip kann folglich, und darüber ist man sich einig, nur durch leistungsabhängige Zulagen Rechnung getragen werden, und so sehen es die schon geltenden Regeln auch vor. Aber wie kann nun ein leistungsbezogenes Zulagensystem konkret aussehen.

Beginnen wir vielleicht mit der Spitze, mit der Ministerialverwaltung. Die sogenannte Basis bilden hier die Referate, zuständig je für ein Sachgebiet, betreut je von einem Ministerialrat. Unterstellen wir, es gäbe in einem Ministerium 15 solcher Referate und damit 15 ranggleiche Ministerialräte. Ihnen könnte man je nach Leistung unterschiedliche Zulagen gewähren. Es stellt sich aber sogleich die Frage, wer denn nach welchen Kriterien beurteilen soll, ob und inwieweit der eine Ministerialrat Besseres geleistet hat als der andere. Im Grunde kommt als Beurteiler nur der unmittelbare Vorgesetzte in Betracht, also beispielsweise der Ministerialdirigent, der – nehmen wir einmal an – fünf Referenten (= Ministerialräte) unter sich hat. Diese sind alle im Wege des geschilderten Leistungsaufstiegs in ihre Position gelangt und normalerweise entsprechend leistungsfähig und auch von ihrer Leistung überzeugt. Also kommt der Vorgesetzte in arge Bedrängnis, wenn er zum Zweck der Ausschüttung von Leistungszulagen eine Bewertung vornehmen soll. Oft empfindet der Vorgesetzte bei aller Unterschiedlichkeit des Arbeitsstils der Mitarbeiter deren Leistung letztendlich als ungefähr gleich, aber ein Leistungszulagensystem fordert in der Regel von ihm, dass er Unterschiede machen muss und ihm verboten wird, alle gleich zu bewerten. Der Vorgesetzte wird mit allen Mitteln versuchen, diesem Zwang auszuweichen, z.B. indem er in Absprache mit den Mitarbeitern in einem Jahr dem ersten, im nächsten Jahr dem zweiten Mitarbeiter usw. die nur einmal zu gebende höhere Zulage per „Leistungsbewertung" zuschanzen wird.

Man darf dabei den psychologischen Faktor nicht unterschätzen: Mit gleicher Bezahlung bei gleichem Amt sind im Grunde alle einigermaßen zufrieden. Sobald aber der eine oder andere bevorzugt wird, hängt der Haussegen schief, die ohnehin immer vorhandene Eifersucht steigert sich, die schlechter Beurteilten fragen sich und den Vorgesetzten, worin denn ihre Minderleistung zu sehen sei und was der prämierte Kollege denn besser gemacht habe. Die sicherste Methode, um eine effiziente Arbeit in einer Abteilung des Ministeriums (oder auch an meinem Lehrstuhl) kaputtzumachen, ist deshalb so ein Zulagensystem. In Ministerien kommt noch der Argwohn hinzu, der eine oder andere werde aus parteipolitischen Gründen bevorzugt, eine Quelle besonderer Verbitterungen.

Bei niedrigeren Verwaltungen liegen die Dinge (vom politischen Faktor abgesehen) meistens ziemlich ähnlich, wenn auch zuzugeben ist, dass in manchen Verwaltungsabteilungen eine bescheidene Zulagengewährung brauchbar gehandhabt werden kann.

Bisher ging es um die leistungsorientierte Bezahlung einer Mehrzahl von Beamten mit gleicher Aufgabe. Es gibt im öffentlichen Sektor aber auch sehr viele singuläre Positionen, deren Inhaber, was ihre Leistung angeht, nicht oder nur sehr bedingt durch Vergleich mit anderen Amtsträgern bewertet werden können. Es gibt solche singulären Positionen keineswegs nur in höheren Rängen, sondern gerade auch an der sogenannten Basis. In einer kleinen Gemeinde stellen der Verwalter des Friedhofs, die Leiterin des Kindergartens, die Sekretärin des Bürgermeisters usw. solche Positionen dar. Man könnte an einen Vergleich mit entsprechenden Mitarbeitern in anderen Gemeinden denken, aber infolge der Eigenständigkeit jeder Gemeinde lässt sich jedenfalls ein entsprechendes Bewertungsverfahren nicht installieren. Der Versuch einer Entlohnung nach individueller Leistung stößt hier auf kaum zu überwindende Schwierigkeiten. Das gilt erst recht für singuläre herausgehobene Ämter.

Wir könnten ja einmal gemeinsam überlegen, wie man den Bundeskanzler statt nach dem Amt (wie es jetzt der Fall ist) nach Leistung bezahlen könnte. Soll die Zahl der Arbeitslosen, soll das Politbarometer den Ausschlag geben, soll der Bundespräsident – oder vielleicht das BVerfG – eine Einschätzung vornehmen? Das kann es wohl nicht sein, und ich habe auch keine andere Idee.

Aber dies mag ein Sonderproblem der Spitze sein. Kehren wir noch einmal zurück zur Basis. Soll man beispielsweise Polizisten im Revier oder im Streifendienst nach Leistung bezahlen? Wie eigentlich? Nach Beurteilung durch die Vorgesetzten, aber nach welchen Kriterien? Vielleicht nach der Anzahl der gemeldeten Vorfälle oder nach der Zahl der Anzeigen gegen Parksünder?

Man kann sich leicht vorstellen, was die Folge sein würde: Statt im Dienstbezirk gleichmäßig Streife zu laufen, würden sich die Polizisten schwergewichtig auf ertragreiche Jagdgründe stürzen, also auf Straßenabschnitte, wo besonders häufig etwas vorfällt oder falsch geparkt wird. Das ist aber gerade nicht gewollt. Mit anderen Worten: Wo es auf die Unbefangenheit im Dienst, auf die nicht von Eigeninteresse beeinflusste Amtsführung ankommt, darf es eine derartige Form der Leistungsentlohnung nicht geben.

Der Rundblick dürfte gezeigt haben, dass die landläufige Vorstellung von der Wunderwaffe Leistungsentlohnung schlicht unzutreffend ist. Zwar kann man es als erstrebenswert ansehen, nach Möglichkeit gute Leistungen zu belohnen und so einen Leistungsanreiz bieten, aber die dafür geeigneten Möglichkeiten sind im Rechtsstaat deutlich begrenzt.

V. Qualität und Quantität

Die letztgenannten Beispiele machen auf einen Unterschied aufmerksam, der bei der Entlohnung nach Leistung Beachtung verdient, nämlich der zwischen Qualität und Quantität. Mit besserer Leistung ist doch wohl, zumindest in höheren Rängen, eine qualitativ bessere Leistung gemeint und nicht eine größere Leistungsmenge. Auch bei niedrigeren Positionen ist das weithin nicht anders. Die gute Leistung eines Kraftfahrers, der z.B. Behördenleiter zu fahren hat, besteht doch in der zuverlässigen und verkehrssicheren Fahrweise und nicht darin, unter Inkaufnahme von Risiken einige Minuten früher am Ziel anzukommen.

Die Beurteilung der Qualität der Leistung wirft aber das schon angesprochene Problem der Leistungsbewertung auf. Wegen der Schwierigkeit und oft Unmöglichkeit eines akzeptablen Systems der Leistungsbewertung besteht deshalb immer wieder die Neigung, diesem Dilemma durch den Rückgriff auf quantitative Elemente der Leistung auszuweichen, also auf Quantitäten, die leicht messbar und objektiv gut belegbar sind, aber eben oft, wie ich am Beispiel meiner eigenen Berufsgruppe noch belegen werde, am Wesentlichen vorbeigehen. Zunächst aber sollten wir unter diesem Blickwinkel den Versuch einer Einschätzung des vor einigen Jahren vom Gesetzgeber statuierten Systems der Leistungsentlohnung vornehmen.

VI. Das Leistungslohn-System von 1997

Dem Gesetzgeber sind, das sollte man anerkennend vermerken, die aufgezeigten Probleme keineswegs verborgen geblieben, und so hat er den Übergang zu einem durchgängigen Leistungslohn-System für Beamte bisher – wie ich meine mit Recht – nicht unternommen und er plant ihn auch nicht. Es hat aber im Jahre 1997 ein Dienstrechtsreformgesetz gegeben, in dem u.a. eine Vorschrift zur Einführung von Leistungsprämien und Leistungszulagen verankert wurde (§ 42a BBesG)[6], und zwar in Gestalt einer Verordnungsermächtigung, gerichtet an die Bundesregierungen und die Landesregierungen je für ihren Bereich.

Von dieser Ermächtigung hat die Bundesregierung wenige Monate später durch Erlass einer Leistungsprämien- und Zulagenverordnung (LPZV) Gebrauch gemacht, ein drei viertel Jahr danach auch die hiesige Landesregierung durch Schaffung einer im Wesentlichen textgleichen Verordnung.[7]

Diese Vorschriften gehen – wie gesagt – nicht zur allgemeinen Leistungsentlohnung über, sondern sehen für „herausragende Leistungen" eine einmalige Leistungsprämie oder (bei über längerer Zeit erbrachter herausragender Leistung) eine dauernde Leistungszulage vor. Maximal 10% der Beamten einer Behörde dürfen in den Genuss einer solchen Zulage kommen. Über deren Gewährung entscheidet der Behördenleiter, im Rahmen der verfügbaren Mittel natürlich. In der Landesverordnung Baden-Württemberg ist die Anwendung der Verordnung auf Landesbeamte „bis auf weiteres ausgesetzt", wohl wegen finanzieller Engpässe.

Im Bund gibt es einen solchen Aufschub nicht, vielmehr können seit 1997 Leistungsprämien und Leistungszulagen gewährt werden, allerdings nicht in den Ministerien selbst für die Beamten, die bereits die Ministerialzulage erhalten. Über die tatsächliche Handhabung der Prämien- und Zulagengewährung gibt der am 14. Juni diesen Jahres vom Bundesinnenminister vorgelegte „Erfahrungsbericht zur Dienstrechtsreform" Auskunft, allerdings nur in gedrängter Kürze. Zunächst stellt der Bericht (S. 20) mit Bedauern fest, dass es wegen der angespannten Haushaltslage in einigen Ressorts nicht möglich war, alle Leistungselemente einzuführen. Die Gewährung von Leistungsprämien und -zulagen sowie auch das Aufrücken in höhere Leistungsstufen sei zunächst (1997/98) nur möglich gewesen, wenn in gleichwertigem Umfang freie Stellen nicht besetzt wurden. Seitdem gilt diese strikte Restriktion nicht mehr, aber es ist beim

---

[6] Gesetz vom 24.2.1997, BGBl I S. 322.
[7] LPZV des Bundes vom 1.7.1997, BGBl I S. 1598; LPZVO BW vom 30.3.1998 (GBl S. 215).

Grundsatz der Kostenneutralität (die heutzutage für alle Reformen gilt) auch weiter geblieben; jedes Ressort muss die Leistungsprämien usw. aus seinen Mitteln erwirtschaften, also an anderer Stelle einsparen. Wieviele Prämien und Zulagen tatsächlich vergeben wurden, bzw. wie viel Mittel dafür aufgewandt werden, verrät der Bericht nicht; es gibt nicht einmal eine Grobaussage. Man wird deshalb vermuten müssen, dass nur in bescheidenem Umfang Prämien und Zulagen vergeben wurden. Einige wenige Zahlen nennt der Erfahrungsbericht lediglich in Bezug auf die Kommunen. Danach seien in 59 Städten Leistungsprämien und in 63 Städten Leistungszulagen gewährt worden, also in knapp 10% der in Betracht kommenden Städte. Bei den Kreisen ist die Quote noch geringer. Ein Anfang ist also gemacht, aber von einem Durchbruch kann keine Rede sein. Im Widerspruch zu diesem Befund steht allerdings die Aussage des Berichts, die Verwaltungen beklagten sich darüber, dass nur 10% des jeweiligen Personals in den Genuss der Prämien oder Zulagen kommen könnten, so dass viele „Leistungsträger" leer ausgingen.

Die Dienstrechtsreform von 1997 kann durchaus als ein Schritt in die richtige Richtung gewertet werden, aber ich muss in aller Deutlichkeit festhalten: Einen Übergang zur allgemeinen Entlohnung nach Leistung hat sie nicht gebracht. Die 90% oder mehr, die keine Leistungsprämie oder Leistungszulage erhalten, werden auch weiter nach dem Amt und nicht nach der Leistung besoldet. Die Dauerzulage für herausragende (Dauer-) Leistung kann aber immerhin einen gewissen Anreiz bieten, etwas Besonderes zu leisten. In dieser Hinsicht und besonders hinsichtlich der „herausragenden" Einzelleistung fragt man allerdings, ob und wie eine solche Leistung in der laufenden Verwaltung erbracht und gewürdigt werden kann. Wie soll ein Sachbearbeiter in der Baurechtsbehörde, der laufend Baugenehmigungen erteilt, oder der erwähnte Polizist im Streifendienst eine herausragende Leistung erbringen? Letzerem bietet sich vielleicht zufällig die Chance einer Lebensrettung unter riskantem Einsatz, aber er kann durch seine Leistung einen solchen Zufall nicht herbeiführen. Im Grunde werden damit die Beamten besonders belohnt, die das Glück haben, an einer Stelle tätig zu sein, an der die Erbringung einer herausragenden Leistung möglich ist. Und es werden die zurückgesetzt, die an ihrer Stelle Gutes leisten, aber keine Chance haben, eine herausragende Leistung zu erbringen.

Immerhin erfolgt, wie geschildert, das Aufrücken in die Dienstaltersstufen nach Leistung. Aber dieses Aufrücken nach Leistung ordnet sich eher in den Zusammenhang „Karriere nach Leistung", der ohnehin bereits gilt. So wird die Leistungsbezahlung gemäß Aufstieg, gemäß Karriere auch weiterhin den öffentlichen Dienst (wie auch meistens den privaten) prägen. Und, so meine ich, das ist auch gut so.

Kritik zu üben ist allerdings am Grundsatz der Kostenneutralität von Entlohnung nach Leistung. Denn im Zweifel läuft dies darauf hinaus, dass die große Mehrheit der Beamten weniger als bisher verdienen muss, damit einige wenige mehr bekommen können. Dies wird besonders deutlich bei der geplanten Reform des Dienstrechts für Professoren, auf die ich am Schluss noch eingehen möchte.

Zuvor will ich aber noch darauf hinweisen, dass weitere Reformschritte für alle Beamten geplant sind. Das vorgesehene Besoldungsstrukturgesetz bei den Eingangsämtern des höheren und des gehobenen Dienstes sogenannte Bandbreiten, also zwei Besoldungsgruppen vorsehen und damit die konkrete Eingruppierung in die niedrigere oder die höhere Stufe ermöglichen, allerdings nicht nur nach Leistung, sondern auch nach der Bewerber- und der Haushaltslage. Letztere wird wohl meistens den Ausschlag geben; leider werden immer wieder reine Sparmaßnahmen als Reform ausgegeben.

VII. Die geplante Dienstrechtsreform für Professoren

Abschließend möchte ich ein Wort sagen zur geplanten Dienstrechtsreform für Professoren. Auch hier sollen Leistungselemente künftig in die Vergütung einfließen, natürlich kostenneutral, also zu Lasten der Mehrheit der Professoren. Ein Aufrücken nach Dienstaltersstufen soll es nicht mehr geben, stattdessen sind Zulagen teils nach Funktionen, teils nach Leistung vorgesehen. Da man die eigentliche Leistung, die Qualität von Forschung und von Lehre, nicht unmittelbar messen kann, sollen nach Maßgabe von Landesrecht unterschiedliche Indikatoren als Hilfsgrößen zur Anwendung kommen, vor allem quantitative, leicht messbare Elemente, z.B. die Zahl der Diplomanden oder Doktoranden, die Höhe der eingeworbenen Drittmittel usw. Vor allem aber erhält eine Zulage, wer sich in Ämtern engagiert, was auf eine Besserbezahlung der Funktionäre gegenüber den sich auf Lehre und Forschung Konzentrierenden hinausläuft.

Bei alldem muss man wissen, dass es schon bisher eine Bezahlung der Professoren nach Leistung gibt, gekoppelt wie bei anderen Berufen an die Karriere. Der Erstberufene erhält das Eingangsgehalt, jeder weitere Ruf (den man ja nur bei entsprechender Leistung erhält) führt zur Gehaltsaufbesserung. Damit war dem Leistungsprinzip eigentlich in vernünftiger Weise Rechnung getragen. Im Prinzip soll es bei dieser Form der Leistungsbezahlung auch bleiben, aber um die nun geplante Besserbezahlung von Spitzenkönnern und die verschiedenen Zulagen kostenneutral zu finanzieren, sollen die Grundgehälter spürbar abgesenkt werden.

Gegen diese Art der Reform gibt es Proteste sowohl aus den Universitäten als auch aus den Fachhochschulen, weil letztlich die nachrückende Generation der jungen Professoren entscheidend benachteiligt wird. Bekanntlich kann man im Rechtsstaat den schon im Amt befindlichen Professoren ihre Rechte nicht schmälern, also muss der Nachwuchs die Zeche zahlen. Das wäre vielleicht noch akzeptabel, wenn die Nachrückenden nur in den ersten Berufsjahren mit dieser

Absenkung leben müssten und dann durch weitere Rufe ihre Position bessern könnten. Aber wegen den verschlechterten finanziellen Rahmenbedingungen wird es diese weiteren Rufe nur noch viel seltener geben als bisher. Die ganze Reform stellt also letztlich ein Sparprogramm dar, das lediglich als Reform verkauft wird, aber keine ist.

Inzwischen liegt auch ein Gutachten vor, wonach die Reform u.a. wegen Verletzung der im Grundgesetz abgesicherten hergebrachten Grundsätze des Berufsbeamtentums verfassungswidrig und damit nichtig ist. Ob das BVerfG dem Gutachten folgen wird, ist schwer vorherzusagen. So ist ein Niedergang der Universitäten zu befürchten, vor allem in den Fächern, in denen dem Nachwuchs außerhalb der Universitäten eine wesentlich bessere Karriere und Bezahlung winkt (wie schon jetzt bei BWL).

VIII. Ausblick

Es hat sich gezeigt, dass hinsichtlich der Entlohnung nach Leistung im öffentlichen Dienst eine sehr differenzierte Betrachungsweise am Platz ist. Patentlösungen gibt es nicht.

Man sollte deshalb verstärkt über andere Motivationsmöglichkeiten als nur über Leistungsentlohnung nachdenken. Der schlichte Appell an das überkommene Beamten-Ethos hilft wenig (eher der an das sog. Fach-Ethos). Aber z.B. die Einräumung von Privilegien an tüchtige Beamte kann Einiges bewirken. Viele leisten mehr, wenn sie Anerkennung finden und das Gefühl haben, wirklich gebraucht zu werden. Auch im heutigen Staat ist die Bezahlung wichtig, aber nicht Alles.

Das Grundrecht auf Kommunikation

Voraussetzungen und Folgen eines interaktiven Grundrechtsverständnisses

Michael Ronellenfitsch

I. Vorbemerkung

1. Die Beschäftigung mit der Kommunikation kann auf den Erkenntnissen der *Rhetorik* aufbauen. Mit der Rhetorik, mit Praxis und Theorie der auf Wirkung bedachten Rede[1] tun wir uns hierzulande schwer. Nach den Erfahrungen des 3. Reichs dient der Demagogievorwurf als Knock-out-Argument[2]. Bereits den Sophisten warf man vor, geschultes Reden versperre den Blick für das „Eigentliche". Von *Cato* dem Älteren stammt die Maxime „rem tene – verba sequentur"[3]. Wir wissen aber alle, dass im Zustand der Begeisterung oftmals Sprachlosigkeit eintritt. Rhetorik-Kritiker von *Goethe*[4] bis *Rousseau* bedienten sich ebenso rhetorischer Kunstgriffe wie diejenigen, die sich das Pathos der Untertreibung zu Nutze machen. Ich betone das nur, um von vornherein darauf hinzuweisen, dass die meisten Kommunikationsformen sich nicht auf die reine Informationsübermittlung beschränken, sondern auf *Wirkungen* abzielen[5].

2. Wer nicht weiß, wie sich mit Mitteln der Rhetorik Wirkungen erzielen lassen, wird vom Kommunikationsprozess überrollt. Vor allem helfen Rhetorik-Kenntnisse „faule" *Argumentationstricks* abzuwehren. Beliebte Tricks sind die „Übertreibungstechnik" mit der man Gegenmeinungen ins Absurde steigert oder die „Dilemma-Technik", bei der Scheinalternativen konstruiert werden („Sieg oder Tod"). Da jede Generation dazu neigt, sich als Krönung der Evolution zu betrachten, ist die politische Auseinandersetzung mit Übertreibungen nach dem „Niemals-zuvor-Prinzip" durchsetzt. „Niemals zuvor war die Menschheit in der Lage, sich selbst zu vernichten; niemals zuvor war sie in der Lage, sich über die Schöpfung zu erheben", usw. Daraus folgen Schlagworte wie „Risikogesellschaft", oder „Globalisierungsfalle". Bezogen auf die Kommunikation be-

---

[1] *Schlüter,* Grundkurs der Rhetorik, 1974, S. 22.
[2] Vgl. *Burke,* Die Rhetorik in Hitlers „Mein Kampf" und andere Essays zur Strategie der Überredung, 1967; *Grieswelle,* Die Propaganda der Friedlosigkeit. Eine Studie zu Hitlers Rhetorik 1920–1933, 1972.
[3] Darauf hat man dann offenbar in den 50er Jahren die Zigaretten-Werbung aufgebaut: „Greife lieber zur HB, dann geht alles wie von selbst!"
[4] Faust: „Sei er kein schellenlauter Tor: Es trägt Verstand und rechter Sinn mit wenig Kunst sich selber vor."
[5] Vgl. auch *Koppenschmidt,* Rhetorik. Einführung in die persuasive Kommunikation, 1974.

trachten viele das Internet als kulturelle Bedrohung von bisher nie gekanntem Ausmaß.

3. Solche Übertreibungen wären halb so schlimm, wenn sie nur von den Politikern verwendet würden. Aber Politik ist Staatsrecht in Aktion. Das *Verfassungsrecht* stellt den mehr oder weniger geglückten Versuch dar, die Politik zu bändigen. Politische Übertreibungen können leicht die verfassungsrechtliche Ausgestaltung eines Gemeinwesens infizieren. Selten erfolgt der Akt der Verfassungsgebung in einer emotional entspannten Situation. Formale Verfassungen stellten vielmehr in der Regel politische Momentaufnahmen dar, die zwischen reaktivem „Nie wieder?" und ängstlichem „Wehret den Anfängen" hin und her pendeln. Die Grundrechtskataloge haben dann einen mehr oder weniger zufälligen Charakter. Das muss sich auch auf die Grundrechtsinterpretation auswirken.

4. Die *Interpretation der Grundrechte* ist eine heikle Angelegenheit. Die Auslegung der Grundrechtskataloge ist Verfassungsauslegung. Die formale Verfassung ihrerseits ist ein Gesetz, das durch bestimmte Entscheidungen einen bestimmten Zustand politischer Gesamtordnung festlegt[6]. Sie muss zwar als politisches Gesetz erkannt, aber gleichwohl wie ein Gesetz ausgelegt werden[7]. Die Grundrechte sind damit den Prozeduren der juristischen Hermeneutik unterstellt. Da Verfassungen seit der Weimarer Zeit[8], so formuliert werden, dass sie auch für den Hauptschulabgänger verständlich sind (nach der PISA-Studie wird man auf den vergleichbar niedrigen Gymnasialhorizont abstellen können) erscheint die Grundrechtsinterpretation intellektuell weniger fordernd, als etwa die Auslegung von Vorschriften im Dunstkreis des zivilistischen Abstraktionsprinzips[9]. A maiore ad minus halten sich die zivil- und strafrechtlichen Kollegen für professionell befähigt und damit befugt, sich an der Grundrechtsinterpretation zu beteiligen. Die Verfassungsrechtler kontern damit, dass sie die Grundrechte zu einem System hochstilisieren, dem sie zusätzlich die höheren Weihen eines Wertesystems zumessen. Werte drängen auf Verwirklichung. Werteverwirklichung ist Beruf und Aufgabe des Politikers. Verfassungsrechtler geraten leicht in die Versuchung, ihr eigenes politisches Vorverständnis in die Grundrechtinterpretation einfließen zu lassen. Das Grundrechtesystem muss demgegenüber aus sich selbst heraus als entwicklungsoffene Werteordnung stimmig sein. Es darf nicht zur Bewahrung vorgegebener Werte herangezogen

---

[6] Vgl. *Carl Schmitt*, Verfassungslehre, (1928), 4. Aufl., 1965, S. 23f.

[7] *Forsthoff*, Zur Problematik der Verfassungsauslegung, in: Rechtsstaat im Wandel, 2. Aufl., 1965, S. 153ff. (171).

[8] Vgl. Art. 148 Abs. 3 Satz 2 WV. Hierzu Erörterungen im Reichstag am 9.3.1921, StenBer. S. 2773.

[9] *Savigny* sprach den Urhebern des Code civil bekanntlich den „Beruf zur Gesetzgebung" ab, weil ihr wissenschaftliches Wissen gering gewesen sei. Ähnlich snobistisch reagieren manche Zivilrechtler, wenn ihren dogmatisch perfekt durchkonstruierten Rechtsgrundlagen die Verfassungskonformität abgesprochen wird.

werden. Bei der Grundrechtsinterpretation kommt es somit darauf an, *erstens*: juristisch sauber, logisch, grammatikalisch, historisch und teleologisch zu argumentieren; *zweitens*: nicht das eigene Werteverständnis zu verabsolutieren, und *drittens*: die Grundrechte systematisch aufeinander zu beziehen, ohne sie zu einem geschlossenen System erstarren zu lassen. Die Grundrechtskataloge sollen nach dem Verteilungsprinzip – prinzipiell begrenzte staatliche Eingriffsrechte bei prinzipiell unbegrenzter Freiheitssphäre des Einzelnen – Rechtssicherheit schaffen, haben aber nicht die Aufgabe, uns vor allen Zukunftsängsten zu befreien.

II. Kommunikationsprozess

Die Behauptung, dass ein Sozialbereich grundrechtlich geschützt sei, lässt sich nur nachprüfen, wenn zunächst der Sachverhalt präzise beschrieben wird.

1. Menschliches Zusammenleben erfolgt durch wechselseitigen Austausch und Verständigung. Diesen Lebensvorgang nennt man Kommunikation. Der Ausdruck „Kommunikation" stammt vom lateinischen „communis" = gemeinschaftlich, bzw. von „communicare" = gemeinschaftlich machen, teilen, und von „communicatio" = Mit-teilung. Im deutschen Sprachraum bürgerte sich „Kommunikation" als Lehnwort für „sprachliche Verständigung, Unterhaltung und Mitteilung" ein. Seit dem 20. Jahrhundert bezeichnet Kommunikation den „*Informationsaustausch*".

2. Gegenstand der Kommunikation ist die *Information*. Der Ausdruck „Information" wurde ebenfalls aus dem lateinischen „informatio" = Nachricht, Auskunft, Belehrung" bzw. „in-formare" = „bilden, unterrichten" entlehnt. Die Grundbedeutung „eine Gestalt geben, formen," verdeutlicht die Rolle der Information im Kommunikationsprozess: Die Information dient der *Meinungsbildung*. Ihr Gegenstand ist umfassend. Alles, was zur Meinungsbildung beiträgt, was *Wirkungen* erzielt, fremde Willensäußerungen, Meinungen, Gedanken, Behauptungen, Nachrichten, Auskünfte, hat Informationscharakter[10].

3. Kommunikation erfasst alle Prozesse zwischenmenschlicher Übertragung von Informationen. Die Übertragung erfordert Übertragungswege und -mittel. Die Wege, auf denen eine Information von einem Sender auf einen Empfänger übertragen wird, heißen *Medien*[11], – von lat. medius = in der Mitte befindlich. Medien im engeren Sinn sind Hilfsmittel zur Übermittlung von Informationen.

---

[10] Vgl. BVerfGE 67, 157 (171).
[11] Der Ausdruck „Medium" ist keine neue Erfindung unserer Zeit. Schon bei *Haenel*, Deutsches Staatsrecht I, 1892, S. 661 heißt es: „Die Darstellungen, deren wesentliche Bestimmung die Mitteilung und Verbreitung geistiger Vorgänge ist, bilden die *Mittel des geistigen Verkehrs*." *Roesler*, Das soziale Verwaltungsrecht I, 1872, S. 167 bezeichnete die Presse als „geistiges Bin-

4. Zum Kommunikationsprozess gehören also *Sender, Empfänger* und *Medium*. Der Sender wird auch „Kommunikator", der Empfänger „Rezipient" genannt. Nach der herkömmlichen Kommunikationstheorie tritt der Sender immer nur aktiv und der Empfänger immer nur passiv in Erscheinung. Das Medium ist das Bindeglied im Kommunikationsvorgang. Das *Kommunikationsmodell* ist *eindimensional:* eine Information wird von einem Sender mit Hilfe eines Mediums an einen Empfänger übermittelt. Möglicherweise tritt dann ein Rollentausch ein: Der Empfänger reagiert auf die Information und wird seinerseits zum Sender einer Nachricht, die er an den früheren Sender und jetzigen Empfänger übermittelt. Die eindimensionale Sichtweise bildet den individuellen Kommunikationsprozess nicht korrekt ab. Wie sich in der Sprachpsychologie zunehmend das Verständnis des rückbezüglichen „integrierten Hörers/Sprechers" durchsetzt[12] wird insbesondere den neuen Medien nur ein *interaktives Kommunikationsverständnis* gerecht.

5. Die Kommunikation erfordert Medien, an die immer höhere Anforderungen zu stellen sind. Medium ist dabei der Sammelbegriff für Geräte, Anlagen, aber auch Personen, die „Mediendienste" erbringen, damit der Kommunikationsprozess stattfinden kann. Nicht nur Sender und Empfänger dienen als „Akteure" der Interaktion, sondern auch das Medium selbst. Das Medium im engeren Sinn nimmt nicht auch die Rolle des Kommunikators ein. Neben diesem Medienbegriff gibt es den Sprachgebrauch, bei dem das Medium *eigenständige Funktion* im Meinungsbildungsprozess erlangt. Das Medium vermittelt dabei nicht nur die Information, sondern *produziert* sie selbst. Diese Sichtweise beeinflusst auch die rechtliche Beurteilung. Das Bundesverfassungsgericht spricht von „Medien, die Informationen und Meinungen verbreiten und selbst Meinungen äußern"[13]. Kommunikator und Medium fallen zusammen. Die Medien sind Senderorganisationen, die Inhalte von gesellschaftlicher Bedeutung produzieren. So bezeichnet man „den" Rundfunk oder „die" Presse als Medien, womit die *Einrichtungen* gemeint sind, die für die Inhalte der Informationen, Meinungsäußerungen u.dgl. verantwortlich sind.

6. Stellt man auf den *Rezipienten* des Kommunikationsprozesses ab, dann werden Unterscheidungen möglich, die rechtlich derzeit noch von größter Bedeutung sind. Die übermittelte Information kann sich nämlich an ein Individuum oder eine individualisierbare Personengruppe oder an ein unbestimmbares Publikum wenden. Ein Brief wird versendet, ein Buch „publiziert". Daran

---

demittel der Menschen". Auf S. 168f. FN 5 führt *Roesler* dann ausdrücklich aus: „Wegen ihres universellen Charakters, vermöge dessen sie keinen besonderen Zwecken dient, sondern alle Lebensinteressen der Gesellschaft umfasst, muss die Presse, als Medium der öffentlichen Mitteilung ... behandelt werden."

[12] Vgl. *Herrmann,* Allgemeine Sprachpsychologie, 2. Aufl., 1995, S. 6ff.
[13] BVerfG v. 22.2. 1994 – 1 BvL 30/88, BVerfGE 90, 60 (79).

knüpft die Unterscheidung von *Individual- und Massenkommunikation*[14] an. Bislang verlief die Individualkommunikation interaktiv, während die Massenkommunikation einseitig an das Publikum gerichtet war. Die Trennung löst sich aber auf. Das Internet ist ein Hybridmedium, das ein grafisch unterstütztes Telefonieren mit Einzelnen und mit Vielen erlaubt.

7. Kommunikationsprozesse sind schon seit Jahrtausenden in räumlicher Distanz möglich. Jede Kommunikation „in die Ferne" ist begrifflich „*Telekommunikation*" (griechisch „tele" = fern). Als Rechtsbegriff ist der moderne Telekommunikationsbegriff auf die Nutzung bestimmter Telekommunikationsanlagen bezogen und damit enger. Im allgemeinen Sprachgebrauch wird Telekommunikation zunehmend in einem Atemzug mit den Neuen Medien genannt. Die Rede ist dann von „*Multimedia*". Damit werden Medien umschrieben, die eine Vielzahl von Funktionen im Kommunikationsprozess zugleich erfüllen können. Angestrebt wird das zeitbeliebige interaktive Angebot aller möglicher Formen von Nachrichten und Informationen. Der Bereich der modernen Telekommunikation und der neuen Medien heißt abgekürzt IuK-Bereich.

III. Verlauf und aktueller Stand der IuK-Entwicklung

1. Die allgemeine Mediengeschichte zeigt *Konstanten* auf, die hier nur angedeutet werden können. So waren mit der Einführung neuer Medien immer kulturelle Umbrüche verbunden. Während man darüber, wie das „neue Medium" der *Sprache* von den Frühmenschen aufgenommen wurde, nur spekulieren kann, trat das neue Medium der *Schrift* zu Beginn der geschichtlichen Zeit jedenfalls „schlagartig in die Welt"[15]. Die Schrift schuf die Möglichkeit, über große Distanzen hinweg Kommunikation zwischen Menschen herzustellen und Informationen kontrollierbar und unabhängig vom menschlichen Gedächtnis zu speichern. Dies rief bereits Verweigerungshaltungen hervor. Der Übergang von Häuten als Beschreibstoff auf Papyrus bedeutete eine weitere mediale Zäsur. Nun war es möglich *Bücher* herzustellen, die eine ungeheure Wirkung entfalteten. Bis zur Erfindung des Buchdrucks durch *Gutenberg* blieb der Leserkreis freilich noch überschaubar. Der Buchdruck hatte dagegen revolutionäre Bedeutung. Herrschte bis zu diesem Zeitpunkt die körpergebundene Kommunikation vor, so erfolgte jetzt die Kommunikation in räumlicher und zeitlicher Distanz über das Medium der Schrift. Die schriftliche Nachrichtenübermittlung war auch Leitbild der internationalen Politik. Die technischen Möglichkeiten der *Telegrafie* wurden im diplomatischen Verkehr nur zögerlich aufgenommen.

---

[14] Der Ausdruck ist von dem amerikanischen „mass communication" entnommen.; vgl. Schramm (Hrsg.), The Process and Effects of Mass Communication, 1961.
[15] W. Wolf, Das alte Ägypten, 1981, S. 37.

Eine Zäsur bedeutete insoweit die Verlegung des ersten Transatlantikkabels 1866. Die Telegrafie ermöglichte zeitnahe Instruktionen. Dafür stellte sich jetzt das Problem des Abfangens und Entschlüsselns, aber auch der Fehleranfälligkeit der Botschaften. Die Chancen der Technik wurden nur zögerlich genutzt. Die wechselseitige *mündliche Kommunikation über größere Entfernungen* wurde zunächst als befremdlich empfunden. Das *Telefon* entstand als Medium zur Übertragung von Musik. Auch der *Rundfunk* entstand wie der *Film* als reines Unterhaltungsmedium, entwickelte sich dann aber zum Hauptfaktor im Meinungsbildungsprozess. Bei jedem technischen Entwicklungsschub sprach man gleich von einer Revolution.

2. Unser Medienwesen befindet sich wieder einmal in einer *Umbruchphase*, die als „*digitale Revolution*" empfunden wird. Telekommunikation und „Multimedia" allerdings haben in Wirtschaft und in vielen privaten Bereichen bereits zu einer Gewöhnung geführt, mit denen vor wenigen Jahren kaum zu rechnen war. Das Medien- und Telekommunikationsrecht hält mit der Entwicklung Schritt und straft diejenigen Lügen, die behaupten, dass sich die Technik rechtlich nicht bändigen lasse. Dennoch sind die üblichen Vorurteile bei Medienumbrüchen verbreitet. Die Printmedien sahen zunächst mit Schrecken das Internet-Zeitalter auf sich zukommen. Das Internet hat jedoch nach bisherigen Beobachtungen den traditionellen Zeitungen eher mehr Leser zugeführt als entzogen[16]. Die Konkurrenz spielt sich eher im Verhältnis zum Fernsehen ab. Aber auch hier hat das Internet eher das Angebotsspektrum der herkömmlichen Fernsehsender erweitert, als ihnen Zuschauer genommen. Jede Angebotsverbreiterung ist grundsätzlich zu begrüßen. Das Schlagwort „Informationsflut" kaschiert nur den Anspruch, erwünschte und unerwünschte Informationen zu selektieren, der dem Grundrecht auf Kommunikation widerspricht. Das Grundrecht schwächelt allerdings, da es nicht als Einheit gesehen wird.

3. Der Kommunikationsprozess und die Nutzung der Medien spielt sich auf mehreren Ebenen ab, an denen jeweils spezielle rechtliche Regelungen anknüpfen. Ein einheitlicher Ordnungsrahmen fehlt: Zeitunglesen, Kinobesuch, Telefonieren, Radioempfang, Surfen im Internet werden immer noch als verschiedene Vorgänge betrachtet, für die unterschiedliche rechtliche Rahmenbedingungen bestehen. Die technische Entwicklung hat aber dazu geführt, dass mittlerweile die Unterschiede der Medien und ihrer Nutzung verschwinden. Für das Verschmelzen der Medien wurde der Ausdruck „*Konvergenz*" gebräuchlich. Die Konvergenz der Netze ist schon weit vorangeschritten. Die Digitalisierung der Netzplattformen ermöglicht die Übermittlung aller Typen von Inhalten auf allen Übertragungsnetzen. Die Konvergenz der Endgeräte ist noch nicht so weit gediehen. Dies hängt weniger mit dem technischen Fortschritt zusammen als mit dem Nachfrageverhalten. Hörfunk- und Fernsehempfang mit PC oder

---

[16] FAZ 70/23.3.2000, S. 35.

Handy sind schon heute ohne weiteres möglich. Umgekehrt sind moderne Fernsehgeräte vielfach auf Internetzugang ausgelegt. Das Fernsehen wird somit wenigstens partiell interaktiv. Medien- und Kommunikationswesen sind Gegenstand einer Vielzahl spezieller und bis ins Detail differenzierender Regelungen auf den Gebieten des internationalen und nationalen Rechts. Die abweichenden Regelungen in den einzelnen Staaten und für die einzelnen Kommunikationsvorgänge und Medien verlieren an Plausibilität und Legitimität, wenn weltweit einheitlich Lebenssachverhalte zu würdigen sind. Die technische Konvergenz erzwingt eine Angleichung der Rechtsordnungen. Die Angleichung wird erleichtert, wenn den Rechtsordnungen ein einheitliches Kommunikationsgrundrecht zugrunde gelegt werden kann.

IV. Kommunikationsfreiheiten

1. Dem interaktiven Gehalt des Kommunikationsprozesses tragen die meisten Rechtsordnungen kaum Rechnung, obwohl es bereits in Art. 11 der Erklärung der Menschen- und Bürgerrechte von 1789 hieß:

„La libre communication des pensées et des opinions est un des droits les plus précieux de l'homme."

In der Folgezeit wurden jedoch nur einzelne Kommunikationsfreiheiten[17] garantiert. So lautet Art. 19 der allgemeinen Erklärung der Menschenrechte vom 10.12. 1948:

„Jeder hat das Recht der Meinungs- und Äußerungsfreiheit, insbesondere das Recht, wegen seiner Überzeugung nicht beunruhigt zu werden und Nachrichten und Gedanken durch jedes Ausdrucksmittel und unabhängig von Grenzen einzuholen, zu empfangen und zu verbreiten."

Auch Art. 10 Abs. 1 EMRK[18] („free flow of information") trennt die Freiheit der Meinung und die Freiheit zum Empfang und zur Mitteilung von Nachrichten oder Ideen.

„Jede Person hat das Recht auf freie Meinungsäußerung. Dieses Recht schließt die Meinungsfreiheit und die Freiheit ein, Informationen und Ideen ohne behördliche Eingriffe und ohne Rücksicht auf Staatsgrenzen zu empfangen und weiterzugeben."

Die Formulierung ist textgleich mit Art. 11 Abs. 1 der Grundrechte-Charta der EU. Nach Art. 7 der Grundrechtecharta der EU hat jede Person das Recht auf Achtung ihres Privat- und Familienlebens, ihres Wohnens „sowie ihrer Kommu-

---

[17] So auch der Titel der vergleichenden Dissertation im Fach Publizistik von *Breunig*, Kommunikationsfreiheiten, 1994.
[18] *Ragaz*, Die Meinungsfreiheit in der Europäischen Menschenrechtskonvention, Bern 1979. Hierzu EGMR v. 20.5. 1999 – 25390/94, NVwZ 2000, 421.

nikation". Trotz der modern anmutenden Formulierung ist wohl kaum ein umfassendes Kommunikationsspektrum gemeint. Auf dieses erstreckt sich Art. 11 Abs. 1 der Grundrechtecharta, der recht unverbindlich durch Abs. 2 ergänzt wird („die Freiheit der Medien und ihre Pluralität werden geachtet."). Der wechselbezügliche Kommunikationsvorgang *insgesamt* wird nicht ausdrücklich geschützt.

2. Das Grundgesetz schützt den Kommunikationsvorgang ebenfalls nicht als Einheit. Ein *allgemeines interaktives Kommunikationsgrundrecht* kennt das Grundgesetz *nicht*. Es steht aber als Idee hinter den einzelnen Kommunikationsgrundrechten. Die einzelnen Grundrechte mit kommunikativem Einschlag sind auf eine einheitliche umfassende Kommunikationsfreiheit hin ausgerichtet. Die Meinungsäußerungsfreiheit läuft im Wortsinn leer, wenn der Äußernde kein Gehör finden kann, also ins Leere spricht. Die Informationsfreiheit wird ausgehöhlt, wenn es keine Informationen gibt. Presse, Film und Rundfunk werden nicht nur geschützt, weil ihren Trägern Gelegenheit zur Selbstentfaltung gegeben werden soll, sondern im Interesse des Publikums und des Gemeinwesens insgesamt. Rechtsprechung und Lehre tragen der ungeschriebenen einheitlichen interaktiven Kommunikationsfreiheit in Ansätzen Rechung, indem die *Gemeinsamkeit der medienrechtlichen Fragestellungen* heraufbeschworen wird. So hat das Bundesverfassungsgericht die Meinungsäußerungsfreiheit als schlechthin konstituierend für eine freiheitliche demokratische Staatsordnung bezeichnet, „denn es ermöglicht erst die ständige geistige Auseinandersetzung, den Kampf der Meinungen, der ihr Lebenselement ist"[19]. Diese Formel übertrug das Gericht später auf die Informations-[20], Presse-[21], Film-[22] und Rundfunkfreiheit[23]. Diese Ansätze werden aber nicht weitergeführt. Vielmehr *zerfiel* gerade durch die Rechtsprechung des Bundesverfassungsgerichts die einheitlich zu verstehende *Kommunikationsfreiheit* in verschiedene Kommunikations-(grund-)rechte und Kommunikationsaufgaben. Dies ermöglicht es zwar, bestimmten Medien spezifische Aufgaben in der Informations- und Kommunikationsgesellschaft aufzuerlegen. Die Summe der Kommunikations- und Mediengrundrechte ergibt dann aber keine einheitliche Kommunikationsfreiheit, auch wenn diese Bezeichnung gerne als Abbreviatur für Meinungsäußerungs-, Mei-

---

[19] BVerfG v. 15.1. 1958 – 1 BvR 400/51, BVerfGE 7, 198 (208); v. 25.1. 1961 – 1 BvR 9/57, BVerfGE 12, 113 (125); 20, 162 (174) – „Spiegel"; v. 11.5. 1976 – 1 BvR 163/72, BVerfGE 42, 163 (169); v. 15.11. 1982 – 1 BvR 108, 438, 437/80, BVerfGE 62, 230 (247); v. 14.5. 1985 – 1 BvR 233, 341/88, BVerfGE 69, 315 (345); v. 14.7. 1987 – 1BvR 362/79, BVerfGE 76, 196 (208f.); v. 22.2. 1994 – 1 BvL 30/88, BVerfGE 90, 60 (87).
[20] BVerfG v. 3.10. 1969 – 1 BvR 46/55, BVerfGE 27, 71 (81).
[21] BVerfG v. 25.1. 1961 – 1 BvR 9/57, BVerfGE 12, 113 (125); B. 15.11. 1982 – 1 BvR 108, 438, 437/80, BVerfGE 62, 230 (247); B v. 15.11. 1982 – 1 BvR 108, 438, 437/80, BVerfGE 62, 230 (247); B. 14.7. 1987 – 1BvR 362/79, BVerfGE 76, 196 (208f.).
[22] BVerfG v. 19.7. 1966 – 2 BvF 1/65, BVerfGE 20, 56 (57).
[23] BVerfG v. 22.2. 1994 – 1 BvL 30/88, BVerfGE 90, 60 (87).

nungsverbreitung und Informationsfreiheit gebraucht wird[24]. Danach normiert Art. 5 Abs. 1 Satz 1 GG Teilverbürgungen der Kommunikationsfreiheit, die als benannte Grundrechte den einschlägigen Sozialbereich insgesamt abdecken sollen[25]. Das Anliegen, die *Geschlossenheit des Schutzes* der Kommunikationsfreiheit additiv zu sichern, ist zu begrüßen. Es greift aber zu kurz, wenn nur auf die Meinungsäußerungs-, Meinungsverbreitungs- und Informationsfreiheit abgestellt wird. Zur Kommunikationsfreiheit zählt etwa auch die Presse-, Rundfunk- und Filmfreiheit des Art. 5 Abs. 1 Satz 2 GG, die nicht als eigenständige „Medienfreiheit" der Kommunikationsfreiheit entgegengestellt werden darf, sondern deren Bestandteil ist. Wenn das Grundgesetz *verschiedene Kommunikationsfreiheiten* und damit nur Teilaspekte des Kommunikationsprozesses verbürgt, zeichnet es das Bild der Kommunikation nur unscharf. Vergleichbar mit Mosaiksteinen bilden die einzelnen Kommunikationsfreiheiten die zwischenmenschliche Kommunikation ab. Wie sich die Bedeutung eines Mosaiksteins erst durch eine Gesamtbetrachtung erschließt, lassen sich die einzelnen Kommunikationsfreiheiten nur vor dem Hintergrund einer einheitlichen (ggf. interaktiven) Kommunikationsfreiheit zutreffend bewerten. Eine völlige Isolierung von Sender, Empfänger und Medium, verfehlt das Wesen der Kommunikation.

Die *ganzheitliche Betrachtungsweise* des Kommunikationsvorgangs schließt es nicht aus, die Grundrechtspositionen von Sender, Empfänger und ggf. Medium zu trennen. So geht das Grundgesetz vor. Art. 5 Abs. 1 und 2 GG enthält mehrere Einzelverbürgungen von Grundrechten und korrespondierende Beschränkungsmöglichkeiten. Generell geht es um die *Meinungsfreiheit.* Art. 5 Abs. 1 Satz 1 Halbsatz 1 GG unterscheidet zwischen der *Äußerung* und *Verbreitung* einer Meinung und betont auf diese Weise die individuelle und kollektive Komponente des Grundrechts. Die Doppelfunktion der Meinungsfreiheit und der Kontext zur Informationsfreiheit nötigen zu einem weiten Verständnis der Meinungsäußerungsfreiheit. Sie erschöpft sich nicht im Äußern und Verbreiten *eigener* Meinungen, sondern erfasst in ihrer positiven Stoßrichtung jegliche Weitergabe von Informationen[26]. *Meinungsäußerungen* sind Äußerungen beliebigen Inhalts, die geistige Wirkung erzielen wollen. Zu den Meinungsäußerungen zählen *Werturteile* und *Tatsachenbehauptungen*[27]. Diese Verbindung wird nur verständlich, wenn man die Meinungsäußerung interaktiv begreift. *Unrichtige Informationen* dienen nicht der Meinungsbildung[28]. Sie sollten, was die Frage ihrer Überprüfbarkeit und Beschränkbarkeit im Interesse kollidierender Schutzgüter angeht, auch dann aus dem – kontrollfreien – Schutzbereich der

---

[24] *Schmidt-Jortzig*, HStR, § 141 Rdnr. 2.
[25] *Schmidt-Jortzig*, HStR, § 141 Rdnr. 13.
[26] Zutreffend *Herzog*, Maunz / Dürig, GG, Art. 5 Rn. 5.
[27] So ausdrücklich Art. 10 EMRK.
[28] BVerfG v. 3. 6. 1980 – 1 BvR 797/78, BVerfGE 54, 208 (219 – Heinrich Böll); v. 22. 6. 1982 -1 BvR 1376/79, BVerfGE 61, 1 (8); v. 9. 10. 1991 – 1 BvR 1555/88, BVerfGE 85, 1(15).

Meinungs(äußerungs)freiheit eliminiert werden, wenn sie mit einer Wertung verbunden werden[29]. *Jede Form* der Meinungsäußerung ist gewährleistet. Geschützt ist „auch die Wahl des Mediums und des Mittels, seine Meinungen und Beobachtungen zum Ausdruck zu bringen"[30]. Erfasst werden alle Medien der Meinungsäußerung. Das heißt aber nicht, das ein Anspruch bestünde, im Rahmen fremder Medienunternehmen ein Sprachrohr zu finden. Die Möglichkeit, zu kommunizieren ist nichts desto weniger Existenzvoraussetzung menschlichen Zusammenlebens und fällt in den Bereich der Daseinsvorsorge. Obgleich das Recht auf Meinungsäußerung den *Schutz des Empfangs* der Meinung mit zum Inhalt hat, wird der Schutz nur dem Äußernden gewährt. Der Empfänger spielt nach h. M. nur eine passive Rolle, wird also nur durch die positive und negative Informationsfreiheit geschützt[31]. Der Kommunikationsvorgang ist dadurch nur unvollständig abgebildet. Das einheitliche Kommunikationsgrundrecht weist *Lücken* auf.

4. Nach Art. 5 Abs. 1 Satz 1 Halbsatz 2 GG hat jeder das Recht, sich aus allgemein zugänglichen Quellen ungehindert zu informieren[32]. Das Grundrecht ist wie das Grundrecht der Meinungsfreiheit eine der wichtigsten Voraussetzungen der freiheitlichen Demokratie[33]. Auch die Informationsfreiheit ist ein *individuelles Abwehrrecht*. Es richtet sich gegen *Eingriffe in den Kommunikationsprozess auf der Empfängerseite*. Das Informationsrecht erstreckt sich auf *jeden Gegenstand*, für den allgemein zugängliche Informationsträger vorhanden sind. Allgemein zugänglich ist eine Informationsquelle bereits dann, wenn sie „technisch geeignet und bestimmt ist, der Allgemeinheit, d. h. einem individuell nicht bestimmbaren Personenkreis, Informationen zu verschaffen"[34]. Diese Eignung richtet sich ausschließlich nach den tatsächlichen Gegebenheiten. Zeitungen und andere Massenkommunikationsmittel wie das Fernsehen sind von Natur aus allgemein zugängliche Informationsquellen[35]. Zu nennen ist ferner die Mög-

---

[29] Vgl. *Huster*, Das Verbot der „Auschwitzlüge", die Meinungsfreiheit und das Bundesverfassungsgericht, NJW 1996, 487ff.; *Beisel*, Die Strafbarkeit der Auschwitzlüge, NJW 1995, 997ff. § 130 Abs. 3 StGB ist gleichwohl verfassungsrechtlich fraglich. Die „Verharmlosung" der Gaskammermorde ist ersichtlich eine spezifische Meinungsäußerung, die sich nur schwer unter den Schrankenvorbehalt der Meinungsfreiheit bringen lässt. Das „Leugnen" stellt dagegen eine unwahre Tatsachenbehauptung dar, während das „Billigen" gegen höherrangige Rechtsgüter verstößt. Vgl. auch BVerfG v. 9. 6. 1992 – 1 BvR 824/90 –, NJW 1993, 916. Allgemein *Kübler*, Rassenhetze und Meinungsfreiheit, AöR 125 (2000), 109ff. Zu den disziplinarrechtlichen Konsequenzen etwa nach § 10 Abs. 1 SoldG BVerwG v. 20. 10. 1999 –, NJW 2000, 1433.

[30] BVerfG, KammerB v. 19. 7. 1995 – 2 BvR 1439/95.

[31] BVerfG v. 3. 10. 1969 -1 BvR 46/65, BVerfGE 27, 71 (81).

[32] Umfassend *Lerche*, Aktuelle Grundfragen der Informationsfreiheit, Jura 1995, 561ff.

[33] BVerfG v. 15. 1. 1958 – 1 BvR 400/51, BVerfGE 7, 198 (208); v. 3. 10. 1969 – 1 BvR 46/65, BVerfGE 27, 71 (81f.).

[34] BVerfG v. 3. 10. 1969 – 1 BvR 46/65, BVerfGE 27, 71 (83); v. 9. 2. 1994 – 1 BvR 1687/92, BVerfGE 90, 27 (32).

[35] BVerfG v. 3. 10. 1969 -1 BvR 46/65, BVerfGE 27, 71 (83); BVerfG v. 25. 4. 1972 – 1 BvL 13/

lichkeit, Flugblätter, Plakate und Leuchtschriften zur Kenntnis zu nehmen, öffentliche Veranstaltungen, wie Ausstellungen zu besuchen oder an öffentlichen Vorträgen teilzunehmen[36]. Die Feststellung, dass die *Massenkommunikationsmittel* von vornherein zu den allgemein zugänglichen Informationsquellen gehören, ist vor allem wichtig für *ausländische* Druckschriften[37] und Filme[38] sowie Hörfunk- und Fernsehsendungen[39] und die neuen Medien. Die Meinungsfreiheit kann mit anderen Grundrechten oder vom Grundgesetz geschützten Rechtsgütern kollidieren. Für die Regelung solcher Konflikte verweist das Grundgesetz auf die allgemeine Rechtsordnung und greift bestimmte Schutzgüter heraus. Nach Art. 5 Abs. 2 GG finden die in Abs. 1 gewährleisteten Rechte ihre *Schranken* in den Vorschriften der allgemeinen Gesetze, den gesetzlichen Bestimmungen zum Schutz der Jugend und in dem Recht der persönlichen Ehre. Die Verweisung auf die „allgemeinen Gesetze" bedeutet an sich, dass die Meinungsfreiheit durch jedes beliebige Gesetz eingeschränkt werden kann, sofern es keine Meinung als solche verbietet (Sonderrechtslehre[40]). Daneben wird aber eine *Abwägung* vorgenommen, in deren Rahmen die Auswirkungen „allgemeinen Rechts" auf die Meinungsfreiheit bewertet werden können (Schaukeltheorie)[41]: Die Schaukeltheorie ist so flexibel, das es normalerweise unnötig ist, die Meinungsfreiheit schon beim Schutzbereich zurückzunehmen. Werden dennoch bestimmte Meinungen *inhaltlich* verboten und unterdrückt, muss man ehrlicherweise einräumen, dass es um besondere Gesetze geht, die der verfassungsrechtlichen Rechtfertigung bedürfen. Meinungen, die sich gegen höherrangige Schutzgüter richten, darf man nun einmal nicht äußern. Das Verbot der Auschwitzlüge ist daher verfassungskonform[42].

67, BVerfGE 33, 52 (65); 35, 307 (309); EGMR v. 22. 5. 1990 – Nr. 15/1989/175/231 – Autronic-AG / Schweiz – NJW 1991, 620).

[36] *Branahl*, S. 19.

[37] Insoweit war die DDR wie Ausland zu behandeln; vgl. BVerfG v. 3. 10. 1969 – 1 BvR 46/55, BVerfGE 27, 71 (Leipziger Volkszeitung).

[38] BVerfG v. 25. 4. 1972 – 1 BvL 13/67, BVerfGE 32, 52.

[39] EGMR, U v. 22. 5. 1990 – Nr. 15/1989/175/231 – Autronic-AG / Schweiz –, NJW 1991, 620; hierzu *Ricker*, Die Freiheit des Fernseh-Direktempfangs und die rechtliche Zulässigkeit ihrer Beschränkung, NJW 1991, 602ff.; BVerfG v. 9. 2. 1994 – 1 BvR 1687/92, BVerfGE 90, 27(32) – Parabolantenne –. Vgl. auch *Krafczyk*, Ausländische Rundfunksendungen als „allgemein zugängliche Quellen" im Sinne des Art. 5 Abs. 1 GG, 1983.

[40] Vgl. insgesamt *Schwark*, Der Begriff der „Allgemeinen Gesetze" in Artikel 5 Abs. 2 GG, 1970; *Lücke*, Die „allgemeinen" Gesetze (Art. 5 Abs. 2 GG): Versuch einer Neuinterpretation, 1998. Zur Sonderrechtslehre *Rothenbücher*, Das Recht der freien Meinungsäußerung, VVDStRL 4 (1928), 6ff. (16, 12). Hiergegen die Abwägungslehre von *Smend*, ebd., S. 44ff. (51).

[41] BVerfG v. 15. 1. 1958 – 1 BvR 400/51, BVerfGE 7, 198 (208f.) – Veit Harlan –; v. 20. 4. 1982 – 1 BvR 426/80, BVerfGE 60, 234 (240) – Kredithaie –; BVerfG v. 22. 6. 1982 – 1 BvR 1376/79, BVerfGE 61, 1 (11); v. 9. 2. 1994 – 1 BvR 1687/92, BVerfGE 90, 27 (33); BVerfG v. 26. 2. 1997 – 1 BvR 2172/96, BVerfGE 95, 220 (235f.) – Rundfunkaufsicht –. Vgl. auch *Hoppe, B.*, Die „allgemeinen Gesetze" als Schranke der Meinungsfreiheit, JuS 1991, 734ff.

[42] *Starck*, in: von Mangoldt / Klein / Starck, GG, Art. 5 Abs. 1, 2 Rn. 232ff.

Der Jugendschutz befindet sich seit jeher verfassungsrechtlich in Schieflage, weil *sozial-pädagogische Vorstellungen* vorausgesetzt werden, zu welchem Zweck und wovor die Jugend geschützt werden soll. Areligiosität, Sexualität, Egoismus, Gewaltbereitschaft werden von vornherein als negatives Verhalten stigmatisiert, die Fun-Generation wird schlecht gemacht. In einem pluralistischen Staat müssen aber die unterschiedlichsten Erziehungsziele und Entfaltungsmöglichkeiten Jugendlicher möglich sein, beispielsweise auch die zur Selbstbehauptung. Die Medien sind keine Paukanstalten für prosoziales Verhalten. Sie können allenfalls daran gehindert werden, Jugendliche zu sozialschädlichem Verhalten zu verleiten. Das sind aber normative Entscheidungen, die bis auf die Verfassungsebene abgesichert sein müssen. Die explizite Werteordnung des Grundgesetzes gibt hierfür Anhaltspunkte. Aber auch diese Werteordnung darf nicht verabsolutiert werden, da ihr der Wertewandel immanent ist. Ein auf die Werteordnung der pluralistischen und toleranten Verfassung zugeschnittener Jugendschutz ist immerhin noch akzeptabel. Der Jugendschutz, so wie er faktisch betrieben wird, gibt sich ambitionierter. Er dient auch der prosozialen Persönlichkeitsentwicklung der Jugendlichen, wobei die interessierten Kreise die Definitionsmacht des prosozialen Verhaltens beanspruchen. Der Jugendschutz wird dadurch zum Tummelplatz für Betroffenheitsideologen[43], die ihr friedfertiges Weltbild, ihre jeweilige religiöse Weltsicht oder auch nur ihre verklemmten Moralvorstellungen gefährdet sehen. Da die Rechtsordnung mit Verzögerungen den jeweiligen Zeitgeist wiederspiegelt, Jugendliche aber zu Grenzüberschreitungen neigen, hinkt der Jugendschutz zumeist der Entwicklung hinterher. In dieser Situation sucht man nach Sündenböcken. Hierfür bieten sich die Medien an, die für jedes „abweichende" (=unerwünschte) Verhalten von Kindern und Jugendlichen verantwortlich gemacht werden. So entsteht etwa bei den zahllosen Gewalttheorien ein falsches Bild, weil diese die normative Vorfrage unberücksichtigt lassen, unter welchen Voraussetzungen Gewalt sozialschädlich ist oder auch nicht. Selbst das staatliche Gewaltmonopol schließt Selbstschutzmöglichkeiten nicht aus. Nothilfe wird von der Rechtsordnung bisweilen gefordert. Die negative Bewertung von Gewalt[44] hat geradezu neurotische Züge.

Die Rechtsprechung des Bundesverfassungsgerichts in den frühen 90er Jahren räumte der Meinungsäußerungsfreiheit und Medienfreiheit gegenüber dem Ehrenschutz einen hohen Rang ein und wurde dafür im Schrifttum heftig kritisiert[45]. Mittlerweile haben sich die Wogen etwas geglättet, seit erkannt wurde,

---

[43] Vgl. nur den Beitrag von *Hanfeld*, Tötet Mrs. Tingel!, FAZ 264 /12.11.1999, S. 41.
[44] Vgl. etwa BVerfG v. 5.3.2001 – 1 BvR 624/00 (Gewaltspielautomaten).
[45] Vgl. *Tettinger*, Die Ehre – ein ungeschütztes Rechtsgut?, 1995; *Ossenbühl*, JZ 1995, 633ff.; *Starck*, JZ 1996, 1032ff.; *Schmitt Glaeser*, NJW 1996, 873ff.; a.A. *Vesting*, Soziale Geltungsansprüche in fragmentierten Öffentlichkeiten. Zur neueren Diskussion über das Verhältnis von Ehrenschutz und Meinungsfreiheit, AöR 122 (1997), 337f.; rechtvergleichend *Gounalakis* /

dass differenziert werden muss. Im Kommunikationsprozess bedeutet Ehrenschutz den Schutz vor persönlichen Kränkungen und Herabsetzungen zunächst den *Ausgleich im Zweipersonenverhältnis*. Hier sind Einschränkungen der Meinungsäußerungsfreiheit unproblematisch. In der *öffentlichen Auseinandersetzung* geht es dagegen um den sozialen Geltungsanspruch, um die Reputation, die in der Demokratie über den Ausgang von Wahlen entscheiden kann. Der Ehrenschutz läuft hier leicht auf Meinungsunterdrückung zum Zweck des Machterhalts hinaus. Das kann soweit gehen, dass die Ehre zur Bewahrung von absoluten Werten verdinglicht wird („Meine Ehre als Soldat usw.")[46]. Hier gilt es, kritische Äußerungen nicht zu unterdrücken, aber die Möglichkeit zu Gegenäußerungen offen zu halten. Auch macht es einen Unterschied, ob sich Meinungsäußerung auf Personen beziehen, die in der Öffentlichkeit stehen oder „Normalbürger". Es kommt m.a.W. immer darauf an, zu welchem Zweck und in welchen Zusammenhang die Reputation anderer herabgesetzt wird. Die Schranken des Art. 5 Abs. 2 GG gelten auch für die Informationsfreiheit. Durch allgemeine Gesetze kann der Zugang bestimmter Informationen verboten werden bzw. können allgemein zugängliche Quellen für bestimmte Rezipientengruppen versperrt werden. Bei Jugendschutz versteht sich das von selbst. Hier wird die Informationserlangung selbst unterbunden, sofern diese Informationen jugendgefährdenden Charakter haben. Aber auch darüber hinausgehend kann die Erlangung bestimmter allgemein zugänglicher Informationen aus Gründen der Gefahrenabwehr verhindert werden. Versuche, nichtkonforme Meinungen zu überwachen und ihre Verbreitung zu verhindern, sind so alt wie die Kommunikation selbst[47]. Verfassungsrechtliche Schutzvorkehrungen gegen *Zensur* gibt es in Deutschland dagegen noch nicht lange. Auf gesamtstaatlicher Ebene wurde erstmals in Art. 118 Satz 3 WV ein Zensurverbot normiert[48]. Die Übernahme dieser Vorschrift in das Grundgesetz war eine Verlegenheitslösung, weil man sich im Parlamentarischen Rat nicht einigen konnte, ob neben dem Verbot der Vorzensur auch die Nachzensur ausgeschlossen sein sollte. Die verhältnismäßig geringe Bedeutung, die man dem Zensurverbot beimaß, wirkt sich immer noch dahingehend aus, dass das Zensurverbot des Art. 5 Abs. 1 Satz 3 GG immer noch überwiegend nicht als selbständiges Grundrecht verstanden wird, sondern nur als eine für die Grundrechte des Art. 5 Abs. 1 GG geltende Schranken-Schranke[49].

Rösler, Ehre, Meinung und Chancengleichheit im Kommunikationsprozess, 1998; *Nolte*, Beleidigungsschutz in der freiheitlichen Demokratie, 1992.

[46] *Kübler*, Ehrenschutz, Selbstbestimmung und Demokratie, NJW 1999, 1281 ff. (1283).

[47] Zur historischen Entwicklung der Zensur bereits *Hoffmann*, Geschichte der Zensur, 1819; *Wiesner*, Denkwürdigkeiten der österreichischen Zensur vom Zeitalter der Reformation bis auf die Gegenwart, 1847.

[48] „Eine Zensur findet nicht statt, doch können für Lichtspiele durch Gesetz abweichende Bestimmungen getroffen werden."

[49] *Degenhart*, in: BK, Art. 5 Rn. 18.

5. Die allgemeinen Kommunikationsfreiheiten werden ergänzt durch die *besonderen Kommunikationsfreiheiten* des Art. 5 Abs. 1 Satz 2 GG, also durch die Presse-, Rundfunk und Filmfreiheit.

V. Kommunikationsfreiheit

1. Bezogen auf den interaktiven Kommunikationsprozess lässt sich die Meinungsäußerungsfreiheit nicht auf den aktiven, die Informationsfreiheit nicht auf den passiven Teil der Kommunikation beschränken. Ferner sind Meinungsäußerungs- und Informationsfreiheit umfassender als die Nutzung der in Art. 5 Abs. 1 und 2 GG genannten Medien. Sollen Verfassungen nicht zu einer historischen Momentaufnahme verkrusten, müssen sie entwicklungsoffen interpretiert werden. Kommunikationsfreiheit bedeutet dann den Zugriff auf *alle* Medien, die der weltweiten Kommunikation dienen. Als Fortentwicklung der Informationsfreiheit gewährleistet die *passive Kommunikationsfreiheit* das Recht auf ungehinderten Zugang von für die Öffentlichkeit bestimmten Daten. Als Fortentwicklung der Meinungsäußerungsfreiheit umfasst die *aktive Kommunikationsfreiheit* das Recht, auf die Teilhabe an allen Möglichkeiten eigene Daten zu verbreiten. Die Verknüpfung beider Aspekte der Kommunikationsfreiheit ergibt die der Versammlungsfreiheit strukturverwandte *interaktive Kommunikationsfreiheit*. Ausformuliert könnte das allgemeine Grundrecht auf Kommunikation lauten: *„Jeder hat das Recht zur Verbreitung seiner Meinung über alle und auf Empfang fremder Meinungen aus allen allgemein zugänglichen Medien."*

3. Die Schranken der aktiven und passiven Kommunikationsfreiheit orientieren sich grundsätzlich an den Schranken, die zur Nutzung der herkömmlichen Medien entwickelt wurden, wobei allerdings dem interaktiven Verständnis Rechnung zu tragen ist.

VI. Folgerungen

1. Bei der *Pressefreiheit* handelt es sich nach ihrem traditionellen Verständnis zunächst um ein Grundrecht für die im Pressewesen tätigen Personen und Unternehmen, das diesen Freiheit gegenüber staatlichem Zwang gewährleistet (subjektives Abwehrrecht). Im Vordergrund steht die Meinungsfreiheit. Hier zeigt sich wieder die Besonderheit der interaktiven Kommunikation. Es geht nicht nur darum, eine Meinung zu äußern, sondern es kommt vor allem darauf an, dass diese Meinung auch wahrgenommen wird. Schockwerbung fällt noch in der Schutzbereich der Meinungsfreiheit[50]. Daneben bzw. vorrangig soll nach

---

[50] BVerfG v.12.12. 2000 – 1 BvR 1762/95 und 1797/95, NJW 2001, 591.

der Rechtsprechung des BVerfG die Pressefreiheit „mehr als nur ein Unterfall der Meinungsfreiheit"[51] sein und auch eine objektiv-rechtliche Seite haben. Garantiert sei das Institut „Freie Presse"[52]. Begründet wird das mit der „Funktion der freien Presse im demokratischen Staat"[53]. Die *institutionelle Komponente* der Pressefreiheit ist zweischneidig. Sie kann die Meinungsfreiheit gefährden: die Presse wird abgestraft, sofern sie ihre öffentliche Aufgabe nicht erfüllt; das Grundrecht wird im Interesse des Instituts beschnitten (Maßnahmen gegen Konzentrationserscheinungen). Das mahnt zur Vorsicht, wenn die Pressefreiheit als *Funktionsgrundrecht* konstruiert wird[54]. Die institutionelle Komponente der Pressefreiheit kann aber auch der Verstärkung der Meinungsfreiheit dienen. Einrichtungsgarantien sind Schutznormen zur Verteidigung und „Umhegung der Freiheit"[55]. Die institutionelle Verstärkung der Pressefreiheit zeigt sich dann etwa daran, dass *alle* Äußerungen der Presse geschützt werden, auch wenn es sich nicht um Meinungsäußerungen handelt[56]. Die Presse wird in die Lage verletzt, ihre „Kommunikationsaufgabe" zu erfüllen[57]. Im Interesse eines umfassenden individuellen Grundrechtsschutzes ist die institutionelle Sichtweise der Pressefreiheit unverzichtbar. Die Pressefreiheit steht jedermann zu. Die Frage, wer unter den Begriff des „Jedermann" fällt, bereitet Schwierigkeiten, weil bis zur Erzeugung und Verbreitung des fertigen Presseprodukts eine größere Anzahl von Personen zusammenwirken müssen. Beschränkungen einzelner Herstellungs- und Verbreitungsfunktionen wirken sich auf das Gesamtprodukt aus. Art. 5 Abs. 1 Satz 2 GG gewährt daher ein Grundrecht für alle im Pressewesen tätigen Personen[58]. Darüber hinaus kann die Pressefreiheit nicht auf die im Pressewesen Tätigen beschränkt werden, da auch die Gründungsfreiheit von der Pressefreiheit erfasst wird. Auch der zukünftige Herausgeber einer Zeitung und der Autor eines erst als Manuskript vorliegenden Buches können Träger

---

[51] BVerfG v. 6.10.1959 – 1 BvL 118/53, BVerfGE 10, 118 (121).
[52] BVerfG v. 6.10.1959 – 1 BvL 118/53, BVerfGE 10, 118 (121); v. 5.8.1966 – 1 BvR 586/62, 610/63 und 512/64, BVerfGE 20, 162 (175); v.6.2.1979 – 2 BvR 154/78, BVerfGE 50, 234 (240). In BVerfG v. 28.2.1961 – 2 BvG 1, 2/60, BVerfGE 12, 205 (260) ist von der „institutionellen Eigenständigkeit", in BVerfG v. 6.10.1959 – 1 BvL 118/53, BVerfGE 10, 118 (121) von der „institutionellen Sicherung der Presse" die Rede. Vgl. auch BGH v.12.11.1991 – KZR 18/90, BGHZ 116, 47 (54): „Presse als Institution".
[53] BVerfG v. 25.1.1984 – 1 BvR 272/81, BVerfGE 66, 116 (133) – Wallraff –; v. 8.10.1996 – 1 BvR 1183/90, BVerfGE 95, 28 (35) „Funktion des Grundrechts, eine staatlich nicht reglementierte, offene Kommunikation zu gewährleisten."
[54] Zu dieser Sicht *Stock*, Medienfreiheit als Funktionsgrundrecht, 1985. Die Funktionen der Medien werden für ihre Abgrenzung herangezogen, etwa von *H. Bismarck*, Neue Medientechnologien und grundgesetzliche Kommunikationsverfassung, 1981, S. 107ff.
[55] *Carl Schmitt*, Freiheitsrechte und institutionelle Garantien der Reichsverfassung, 1931, in: Verfassungsrechtliche Aufsätze, 1958, S. 140ff. (169).
[56] BVerfG v.11.3.1969 – 1 BvR 665/62 und 152/69, BVerfGE 25, 296 (307).
[57] BVerfG v. 10.5.1983 – 1 BvR 385/82, BVerfGE 64, 108 (114).
[58] BVerfGE v. 5.8.1966 – 1 BvR 586/62, 610/63 und 512/64, BVerfGE 20, 162.

der Pressefreiheit sein[59]. Schließlich meint Pressewesen in diesem Zusammenhang nicht die Presse im institutionellen Sinn, sondern allein das Medium Presse. Nach Art. 5 Abs. 2 GG findet die Pressefreiheit ihre Schranken in den *allgemeinen Gesetzen*[60], zu denen an sich auch Regelungen zur Gefahrenabwehr gehören. Einfachgesetzlich ist die Pressefreiheit gegenüber der allgemeinen Meinungsäußerungsfreiheit privilegiert. Die meisten Landespressegesetze verbieten administrative Sondermaßnahmen jeder Art, die die Freiheit der Presse beeinträchtigen[61] („*Polizeifestigkeit des Presserechts*"[62]).

2. Schutzgut der *Filmfreiheit* ist der Bild- und i.d.R. Tonträger, der für die Vorführung in der Öffentlichkeit bestimmt ist. Der *Inhalt* des Films ist irrelevant. Kommunikation dient nicht nur der öffentlichen Meinungsbildung im demokratischen Staatswesen, sondern generell dem wechselseitigen Dialog. Ein Rückgriff auf die Kunstfreiheit zum Schutz von nicht-meinungsbildenden Filmen würde daher zu kurz greifen, weil die Kunstfreiheit nur in der Abgrenzung von Nicht-Kunst Konturen gewinnt. Ob die filmische Darstellung historischer Ergebnisse, ob Dokumentarfilme oder gar Sex- und Pornofilme unter die Kunstfreiheit fallen, kann dahingestellt bleiben, wenn man die Rolle *aller* Filme im Kommunikationsprozess abstellt. Ein Film, der für die Öffentlichkeit bestimmt war, verliert nicht seinen Charakter als Film, wenn er – wie eine Videokassette oder eine Filmscheibe – privat abgespielt wird. Grundrechtsträger sind *alle Filmschaffenden* und ihr Werk- und Wirkbereich, also z.B. auch die Kartenverkäufer im Kino. Die Zuschauer können sich nach einhelliger Meinung nicht auf die Filmfreiheit berufen[63], obwohl auch sie von der Filmzensur betroffen sind. Die Filmfreiheit wird durch jede staatliche Behinderung der geschützten Tätigkeiten beeinträchtigt. Auch private Dritte versuchen vielfach Einfluss auf die Filmfreiheit zu nehmen. Gerade hier spielt die mittelbare Drittwirkung eine besondere Rolle. Ohne sie würde die freiwillige Selbstkontrolle auf eine unverhüllte faktische Vorzensur hinauslaufen. Wie die Pressefreiheit unterliegt die Filmfreiheit den Vorschriften der allgemeinen Gesetze und den gesetzlichen Bestimmungen zum Schutz der Jugend und findet ihre Schranken in dem Recht der persönlichen Ehre. Das *Zensurverbot* betrifft auch Filme. Die Kontrolle von eingeführten Filmen erstreckt sich nicht nur auf eine Verbreitungsform, son-

---

[59] *Löffler / Ricker*, 8. Kap., Rdnr. 5.
[60] Vgl. *Bettermann,* Die allgemeinen Gesetze als Schranken der Pressefreiheit, JZ 1964, 601 ff.
[61] § 1 Abs. 3 Bad.- Württ. LPrG; § 1 Abs. 3 BayPrG; § 1 Abs. 3 Bln LPrG; § 1 Abs. 2 Satz 2 BbgPG; § 1 Abs. 3 Brem LPrG; § 1 Abs. 3 Hmb LPrG; § 1 Abs. 3 LPrG M-V; § 1 Abs. 3 LPrG NW ; § 1 Abs. 3 LPrG RhPf; § 1 Abs. 2 Satz 2 SPresseG; § 1 Abs. 3 SH LPrG; § 1 Abs. 2 Satz 2 TPG.
[62] Hierzu *Gornig,* Zur Polizeifestigkeit der Pressefreiheit – OVG Frankfurt/Oder, NJW 1997, 1387, JuS 1999, 1167 ff.; *Löffler*, Darf die Verwaltung in das Grundrecht der Pressefreiheit eingreifen?, DÖV 1957, 897 ff.; *W. Schmidt,* Pressefreiheit, allgemeine Gesetze und Polizei, JZ 1967, 151 ff.
[63] *Jarass*, in: Jarass/Pieroth, GG, Art. 5 Rdnr. 52.

dern bezieht sich auf den Inhalt der Filme, ist also Zensur. Die Kontrolle durch die „*Freiwillige Kontrolle der Filmwirtschaft*" wird nicht als Zensur behandelt, da sie erstens freiwillig erfolge und zweitens eine auf Erwachsene beschränkte Freigabe möglich bleibe[64]. Mit einem interaktiven Grundrechtsverständnis ist dies schwer vereinbar.

3. Das Bundesverfassungsgericht betrachtet die *Rundfunkfreiheit* weniger als klassisches Abwehrrecht (Grundrecht, das seinem Träger zum Zweck der Persönlichkeitsentfaltung oder Interessenverfolgung eingeräumt ist), sondern als „*dienende Freiheit*".[65] Die Rundfunkfreiheit diene der freien individuellen und öffentlichen Meinungsbildung[66]. Diese vollziehe sich in einem Kommunikationsprozess, in welchem dem Rundfunk die Aufgabe eines „*Mediums*" und „*Faktors*" zukomme. Einerseits gebe er dem Einzelnen und den gesellschaftlichen Gruppen Gelegenheit zu meinungsbildendem Wirken. Andererseits sei er selbst an der Willensbildung beteiligt. Das geschehe in einem umfassenden Sinn. Meinungsbildung vollziehe sich nicht nur durch Nachrichtensendungen, politische Kommentare oder Sendereihen für Probleme der Vergangenheit, Gegenwart oder Zukunft, sondern auch in Hör- und Fernsehspielen, musikalischen Darbietungen und Unterhaltungssendungen[67]. Der Rundfunk bedürfe daher einer gesetzlichen Ordnung, die sicherstellt, dass er den verfassungsrechtlich vorausgesetzten Dienst leiste[68]. Die *Ausgestaltung der Rundfunkordnung* ist aus dieser Sicht eine Konkretisierung des Schutzbereichs, die dem Gesetzgeber weitgehende Freiheiten überlässt[69]. Diese Konzeption beansprucht in gleicher Weise für den öffentlich-rechtlichen wie für den privaten Rundfunk Geltung. Durch die technische Entwicklung ist die Gleichbehandlung überholt. Beim privaten Rundfunk steht das Verständnis der Rundfunkfreiheit als klassisches Freiheitsrecht im Vordergrund. Für die Meinungsvielfalt hat der durch die Zwangsbeiträge der Rundfunkteilnehmer alimentierte öffentlich-rechtliche Rundfunk zu sorgen. Das allein macht heute noch seine Daseinsberechtigung aus. Der Gestaltungsspielraum des Gesetzgebers reicht nicht (mehr) so weit,

---

[64] BVerfG v. 20.10.1992 – 1 BvR 698/89, BVerfGE 87, 209 (223ff.).

[65] Auf die Bedeutung der Meinungsvielfalt im Rundfunk für die individuelle und öffentliche Meinungsbildung „und damit sowohl für die Entfaltung der Persönlichkeit als auch für die Aufrechterhaltung der demokratischen Ordnung" stellt ab BVerfG v. 28.2.1961 – 2 BvG 1, 2/60, BVerfGE 12, 205 (260ff.); v. 16.6.1981 – 1 BvL 89/78, BVerfGE 57, 295 (323ff.); v. 4.11.1986 – 1 BvF 1/84, BVerfGE 73, 118 (160, 172ff.); v. 5.2.1991 – 1 BvF 1/85, 1/88, BVerfGE 83, 238 (296); v. 18.12.1996 – 1 BvR 748/93, 616, 1228/95, BVerfGE 95, 163 (172).

[66] BVerfG v. 16.6.1981 – 1 BvL 89/78, BVerfGE 57, 295 (319); v. 13.1.1982 – 1 BvR 848,1047/77 u.a., BVerfGE 59, 231(257); v. 24.3.1987 – 1 BvR 147, 478/86, BVerfGE 74, 297 (323); v. 5.2.1991 – 1 BvF 1/85, 1/88, BVerfGE 83, 238 (324); 95, 220 (236).

[67] BVerfG v. 28.2.1961 – 2 BvG 1, 2/60, BVerfGE 12, 250 (260f.); v. 27.7.1971 – 2 BvF 1/68, 2 BvR 702/68, BVerfGE 31, 314 (326); v. 16.6.1981 – 1 BvL 89/78, BVerfGE 57, 295 (319).

[68] BVerfG v. 16.6.1981 – 1 BvL 89/78, BVerfGE 57, 295 (320); v. 5.2.1991 – 1 BvF 1/85, 1/88, BVerfGE 83, 238 (296).

[69] SächsVerfGHU v. 10.7.1997 – Vf-13-II-96, NVwZ-RR 1998, 345 (346).

den privaten Rundfunk zum Spiegelbild des öffentlich-rechtlichen Rundfunks zu deformieren. *Inhaltlich* ist die Rundfunkfreiheit vor allem *Programmfreiheit*. Auf die Programmfreiheit können sich alle natürlichen und juristischen Personen berufen, die Rundfunkprogramme *veranstalten*[70]. Ob auch die Rundfunkteilnehmer die Rundfunkfreiheit geltend machen können, ist zweifelhaft. Die apodiktische Aussage im Kammerbeschluss des Bundesverfassungsgerichts vom 19.12.1998[71], Rundfunkteilnehmer seien nicht Träger des Grundrechts auf Rundfunkfreiheit, greift reichlich kurz[72]. Mehr spricht für ein rundfunkbezogenes Selbstbestimmungsrecht der Rezipienten[73]. Jedenfalls ist der (öffentlich-rechtliche) Rundfunk eine allgemein zugängliche Informationsquelle. Dennoch wird nach h. M. durch staatliche Maßnahmen in das Grundrecht auf Informationsfreiheit nur im Verhältnis zum Programmgestalter eingegriffen. Verzichtet eine öffentlich-rechtliche Rundfunkanstalt auf die Ausstrahlung einer ARD-Sendung, können sich Rundfunkteilnehmer hiergegen nur in Missbrauchsfällen zur Wehr setzen[74]. Die Informationsfreiheit verstärkt sich jedoch zunehmend zur Rundfunkempfangsfreiheit, da es keine Rolle spielt, mit welchen Übertragungsmethoden die Sendung die Empfänger erreicht[75]. Wer den Kommunikationsvorgang interaktiv sieht, muss den Rezipienten generell die Möglichkeit einräumen, das Zensurverbot geltend zu machen, zumal das Dilemma besteht, dass die Zensur gerade darauf abzielt, dass die Rezipienten vom zensierten Inhalt möglichst nichts erfahren. Ein Recht auf eine bestimmte Programmgestaltung steht den Rundfunkteilnehmern dagegen nicht zu. Sie sind nicht Träger der Rundfunkfreiheit.

4. Das *Internet* lässt überkommene Unterscheidungen (z.B. Massen-/Individualkommunikation) entfallen und fördert das interaktive Kommunikationsverständnis. Dies bedeutet nicht den Untergang des Abendlandes und den Zusammenbruch aller Werte, der durch eine restriktive Grundrechtsinterpretation hinausgezögert werden sollte. Vielmehr kann es einen Beitrag zur Befreiung aus der noch immer nicht völlig überwundenen kommunikativen Knechtschaft leisten.

Vor dieser Knechtschaft soll das umfassend angelegte Kommunikationsgrundrecht schützen.

---

[70] BVerfGE 95, 220 (234).
[71] – 1 BvR 315/86 (JZ 1989, 339 m. Anm. *Bethge*).
[72] Vgl. auch *Goerlich / Radeck*, Rundfunk und Empfänger – Zur Mediatisierung subjektiver Rechte, NJW 1990, 302ff.; *Ricker*, Partizipationsmöglichkeiten der Rezipienten am öffentlich-rechtlichen Rundfunk nach der Rechtsprechung des Bundesverfassungsgerichtes, 1991.
[73] Zum Rezipientenbereich ausführlich *Herrmann*, Fernsehen und Hörfunk in der Verfassung der Bundesrepublik Deutschland, 1975, S.158ff.
[74] BayVGH v. 18.7.1991 – 25 B 88.792-, NJW 1992, 929 – „Scheibenwischer"; zweifelhaft; allgemein *Elisabeth Marko*, Subjektive öffentliche Rechte auf Rundfunkveranstaltung und Rundfunkempfang?, 1997 = Diss Jena 1996.
[75] BayVerfGH v.11.6.1991 – Vf. 5-VII-90 –, NVwZ-RR 1992, 142.

Neues strafrechtliches Sanktionensystem

Kristian Kühl

I. Zur Strafrechtsreform der letzten Jahre

Ich muß meine Vorlesung[1] leider mit einem Eingeständnis beginnen: Das im Programm der Ringvorlesung angekündigte neue strafrechtliche Sanktionensystem gibt es – noch – nicht. Die letzte tiefgreifende Reform im materiellen Strafrecht bleibt damit die 1998 noch von der alten Bundesregierung durchgesetzte 6. Strafrechtsreform. Noch vor drei Jahren hätten alle fünf Strafrechtler der Juristischen Fakultät „auftreten" müssen, um über das am 1. 4. 1998 – kein Aprilscherz – in Kraft getretene 6. Strafrechtsreformgesetz zu „lamentieren". Das vom vormaligen Bundesjustizminister *Schmidt-Jortzig* als Jahrhundertwerk gepriesene Reformgesetz wollte die 1975 hinsichtlich des Allgemeinen Teils geglückte Reform auf den Besonderen Teil des Strafgesetzbuches erstrecken und damit für das materielle Recht abschließen. Trotz mancher Fortschritte, die das 6. Strafrechtsreformgesetz auch gebracht hat, überwiegen die Mängel, die etwa bei den Brandstiftungsdelikten bis ins „Handwerkliche" gehen. Der Grund für diese Mängel war die mangelnde Vorbereitung, die bei einem solch anspruchsvollen Reformvorhaben gründlicher hätte sein müssen; – die Strafrechtswissenschaft etwa wurde fast gar nicht beteiligt. Die damalige Oppositionspolitikerin *Däubler-Gmelin* hat deshalb das Gesetzesvorhaben scharf gerügt und dabei besonders hervorgehoben, daß es „nicht erforderlich (sei), hier alles im Schweinsgalopp durchzuziehen", was selbst meinen sonst für solch derbe Ausdrucksweise eher nicht bekannten Mit-Autor *Karl Lackner* zu einer zustimmenden wörtlichen Zitierung im „*Lackner/Kühl*" veranlaßte.[2]

Ich will mich aber nicht zu lange bei dem in weiten Teilen durch Rechtsprechung und Rechtslehre inzwischen bewältigten 6. Strafrechtsreformgesetz aufhalten; einen Kritikpunkt aber möchte ich doch hervorheben, weil er im Hinblick auf mein heutiges Thema von Bedeutung ist. Hatten schon das Gesetz zur Bekämpfung des illegalen Rauschgifthandels und der Organisierten Kriminalität vom 15. Juli 1992, das sog. Verbrechensbekämpfungsgesetz vom 28. Oktober 1994 und das Gesetz zur Bekämpfung von Sexualdelikten und anderen gemeingefährlichen Straftaten vom 26. Januar 1998 im Besonderen Teil des Strafgesetzbuches viele Verschärfungen von Tatbeständen und Strafrahmen gebracht, so war es ein herausgehobenes Ziel des 6. Strafrechtsreformgesetzes, die Harmonisierung der Strafrahmen des Strafgesetzbuches fortzusetzen. Das Ergebnis ist –

---

[1] Der Vortragsstil wurde beibehalten.
[2] *Lackner*, in: Lackner/Kühl, StGB, 24. Aufl. 2001, Vor § 38 Rn. 8.

obwohl es sich um ein Reformgesetz und nicht um ein martialisches Gesetz zur Bekämpfung von allem Möglichen handelt – überwiegend negativ bewertet worden: Die Harmonisierung der Strafdrohungen sei bei den Delikten gegen die Person nahezu durchgängig dadurch erreicht worden, daß die Spannweite der Bestrafungsmöglichkeiten durch Verschärfung der Strafrahmen oder durch Vermehrung von Qualifikationstatbeständen in besonders schweren Fällen zum Teil unverhältnismäßig nach oben erweitert worden sei, obwohl eine Absenkung bei den Eigentums- und Vermögensdelikten nahegelegen hätte.[3] Wir werden bei der Behandlung der gegenwärtigen Reformbestrebungen zum Sanktionssystem sehen, daß sie gleichsam „quer" zu dem eben geschilderten Reformzug der Strafschärfung stehen; außerdem befassen sie sich – anders als das OrgKG und das SexBG – nicht mit rational handelnden und organisierten Tätern oder mit als gefährlich eingestuften Sexual- und Gewalttätern, sondern im wesentlichen mit Erst- und Bagatelltätern.[4]

II. Zum gegenwärtigen Stand des Gesetzgebungsverfahrens

Wendet man sich dem gegenwärtigen Gesetzgebungsverfahren zur Reform des Sanktionensystems zu, so ist zunächst eine Veränderung des Gesetzgebungstempos zu konstatieren. Anders als die 6. Strafrechtsreform, die im „Schweinsgalopp" durchgezogen wurde, ist der Gesetzgeber bei der Reform der strafrechtlichen Sanktionen erheblich langsamer. Dies ist zunächst natürlich erfreulich, weil es eine gründlichere und bessere Gesetzesvorbereitung ermöglicht. So hat die noch von Bundesjustizminister *Schmidt-Jortzig* Anfang 1998 eingesetzte „Kommission zur Reform des strafrechtlichen Sanktionssystems" nach dem Regierungswechsel im Auftrag der neuen Bundesjustizministerin *Däubler-Gmelin* unter Beteiligung auch von Vertretern der Strafrechtswissenschaft weiterarbeiten können und am 20. März 2000 einen „Abschlußbericht" vorgelegt. Auf seiner Grundlage hat das Bundesministerium der Justiz am 8. Dezember 2000 den „Referentenentwurf eines Gesetzes zur Reform des strafrechtlichen Sanktionssystems" zur Diskussion gestellt.

Angesichts dieses Standes der Reform konnte ich mich vor einem Jahr guten Gewissens mit dem Thema „Neues strafrechtliches Sanktionensystem" für die für das Sommersemester 2001 geplante Ringvorlesung „Wandel der Rechtsordnung" anmelden. Ich war dann ganz froh, als die Ringvorlesung auf das Wintersemester 2001/2002 verschoben wurde. Doch es tat sich im gesetzgeberischen

---

[3] *Lackner* (o. Fn. 2) Vor § 38 Rn. 10.
[4] Vgl. *Weßlau*, Reform des strafrechtlichen Sanktionensystems – Darstellung und Kritik, noch unveröffentlichter Vortrag bei der Juristischen Studiengesellschaft Bremen vom 26. 11. 2001, unter I. – Zur Entstehungsgeschichte des hier zu besprechenden Referentenentwurfs vgl. *Wolters*, ZStW 114 (2002) 63.

Raum nichts mehr, so daß ich den Strafrechtskollegen *Vogel* bat, seine Vorlesung vorzuziehen, um dann im Januar 2002 ein wirkliches Reformgesetz besprechen zu können. Aber auch daraus ist nichts geworden. Auf meine Nachfrage erhielt ich am 27. November folgende Antwort aus dem Bundesministerium der Justiz: „Ihrem Schreiben entnehme ich, daß Ihnen der Referentenentwurf zur Reform des Sanktionensystems vom 8. Dezember 2000 bereits bekannt ist. Dieser Referentenentwurf wird zurzeit aufgrund der zwischenzeitlich eingegangenen Stellungnahmen der Länder und Verbände überarbeitet. Eine innerhalb des Bundesministeriums der Justiz abgestimmte aktualisierte Fassung des Entwurfs liegt noch nicht vor. Das Bundesministerium der Justiz strebt zwar eine Verabschiedung des Entwurfs durch den Deutschen Bundestag noch in dieser Legislaturperiode an. Ein konkreter Termin für die Behandlung des Entwurfs im Kabinett steht aber noch nicht fest." Daran hat sich bis zur Abgabe des druckreifen Manuskripts im März 2002 nichts geändert.

Ich erwog daraufhin kurz, meine Beteiligung an der Ringvorlesung abzusagen, doch hätte dies gerade in einer Ringvorlesung zu einer unschönen Lücke geführt. Ich entschloß mich deshalb über den gegenwärtigen Stand der Reform und insbesondere über den in Diskussion befindlichen Referentenentwurf zu referieren, auch auf die nicht auszuschließende Gefahr hin, daß es manchen Gesetzesvorschlägen so geht wie dem von der Bundesjustizministerin propagierten sog. Strafgeld, daß sie sich nämlich als „Flopp" erweisen; – das erwähnte Strafgeld, das von Polizeibeamten verhängt werden sollte, ist schon nicht mehr im Referentenentwurf enthalten. Angesichts dieser wenig schönen Aussicht, über „ungelegte Eier" noch dazu zwischen Weihnachten und Neujahr „brüten" zu müssen, besänftigte mich der Umstand, daß auch dann, wenn der Referentenentwurf rechtzeitig vor meinem Vortrag Gesetz geworden wäre, dieses Gesetz kein besonders reizvolles Vortragsthema geliefert hätte, denn es handelt sich nicht um die große Reform des strafrechtlichen Sanktionssystems, sondern eher um eine weitere Ausdifferenzierung des gegenwärtigen Strafensystems vor allem im Vollstreckungsbereich.

Ausgeklammert ist etwa der ganze Bereich der Maßregeln der Besserung und Sicherung, obwohl gerade in dieser zweiten Spur unseres dualistischen strafrechtlichen Sanktionssystems Brisanz steckt. Wurden noch vor Jahren die Maßregeln als Ersatz für die abzuschaffenden Strafen diskutiert, werden sie heute weltweit zunehmend in Frage gestellt. „In Zweifel geraten sind namentlich die Annahmen, daß die Maßregeln in ihrer jetzigen Gestalt verfassungsrechtlich legitimierbar seien, daß eine erfolgsversprechende Behandlung von Rückfalltätern, namentlich von Hangtätern, überhaupt möglich sei (,Behandlungsideologie') und daß sich die vielfältigen Schwierigkeiten der Diagnose und Prognose empirisch bewältigen ließen."[5] Nicht nur dieser grundsätzliche Streit um Sinn

---

[5] *Lackner* (o. Fn. 2) § 61 Rn. 2.

und Nutzen der Maßregeln hätte ihre Einbeziehung in die Sanktionenreform angezeigt erscheinen lassen. Es gibt auch aktuelle Reformforderungen wie die des baden-württembergischen Justizministers *Goll*, der eine Bundesratsinitiative erwägt, wonach bei besonders gefährlichen Sexualstraftätern bereits nach dem ersten Delikt die Maßregel der Sicherungsverwahrung nach der Haftzeit angeordnet werden kann. Auf meine Nachfrage hin erhielt ich am 29. November 2001 vom Justizministerium Baden-Württemberg die Mitteilung, daß die Überlegungen zum weiteren Vorgehen bei der Sicherungsverwahrung noch nicht abgeschlossen worden sind. Daß noch weitere Überlegungen angestellt werden, scheint mir in diesem Fall angebracht, denn die Kritik an den Lockerungen der Maßregelvoraussetzungen bei Verbrechen und bestimmten Sexual- und Gewaltdelikten durch das SexBG und das 6. StrRG ist noch nicht verstummt und erst recht nicht aufgearbeitet. Dabei wird der im Bundesministerium der Justiz erarbeitete Referentenentwurf eines Gesetzes zur Einführung der vorbehaltenen Sicherungsverwahrung vom Januar 2002 eine verfassungsrechtlich unbedenklichere Diskussionsgrundlage sein.

Das gilt auch für die noch nicht so alten Regelungen, die einen Zugriff auf das Vermögen bestimmter Täter, insbesondere eine Gewinnabschöpfung, ermöglichen. Gemeint sind speziell die Vermögensstrafe nach § 43a StGB und der Erweiterte Verfall nach § 73d StGB. Sie sind gegenwärtig ebenfalls nicht in die geplante Reform des strafrechtlichen Sanktionensystems einbezogen, obwohl *Lackner* sicher die Meinung Vieler trifft, wenn er feststellt: „Die Gesetzgebung zur Gewinnabschöpfung ist unvollendet."[6] Man könnte auch kritischer formulieren: der „Flickenteppich" gewinnabschöpfender Vorschriften muß dringend aufgelöst und neu geknüpft werden.

Denkt man an die ebenfalls noch nicht aufgegriffene Problematik der Verbandshaftung oder Unternehmensstrafbarkeit, so kann man beim Referentenentwurf nur von einem „Reförmchen" sprechen, und zwar schon ganz neutral vom Umfang der aufgegriffenen Themen her gesehen.

Das hat für mich zwei Vorteile. Zum einen kann ich der Vorgabe eines erfahrenen Kollegen wie *Harm-Peter Westermann* – man darf über alles sprechen, nur nicht über 45 Minuten – fast entsprechen. Zum anderen kann ich – was meinem Hang zum Grundsätzlichen entgegenkommt – etwas weiter ausholen, bevor ich die fünf beachtlichen Gesetzesvorschläge des Referentenentwurfs näher betrachte. Ausholen will ich in zwei Schritten. Zunächst greife ich in die „Kiste" der Straftheorien, um danach kurz anzusprechen, wie sich diese Theorien auch schon im gegenwärtigen Sanktionensystem in Gesetzesform durchgesetzt haben. Beides dient der Selbstvergewisserung des eigenen Standortes bei der Diskussion von neuen Sanktionsformen. Außerdem kann ich nicht davon ausgehen, daß alle Hörer unser gegenwärtig bereits weit ausdifferenziertes Sanktio-

---

[6] *Lackner* (o. Fn. 2) Vor § 73 Rn. 2.

nensystem kennen; – soweit sie Jura-Studenten sind, ist mangelnde Kenntnis sogar zu erwarten, denn wir lehren das Sanktionensystem nur stiefmütterlich, was natürlich – wie so oft – mit der fehlenden Examensrelevanz – Wahlfachstudenten ausgenommen – zusammenhängt.

III. Straftheorien

Ich komme zu den Straftheorien, natürlich in der gebotenen Kürze und deshalb nur holzschnittartig. Das Strafrecht verdankt seine Bekanntheit zwar vor allem dem Unterhaltungswert von Kriminalität und deren Verfolgung und Bestrafung, – dies belegen Kriminalitätsseiten zur Frühstückslektüre in Tageszeitungen, zahllose Krimi-Serien im Fernsehen und seit neuestem zunehmend auch nachgespielte Hauptverhandlungen in Strafsachen – Richterin *Barbara Salesch* läßt grüßen. In diesen Darbietungsformen wird häufig schon die soziale Realität von Verbrechen und Strafe nicht getroffen, weil sie einseitig auf Gewaltkriminalität zugeschnitten sind. Hier kann die Juristenausbildung im Strafrecht mit Hilfe der sozialwissenschaftlich arbeitenden Kriminologie zur Aufklärung über die Wirklichkeit des Phänomens Kriminalität und ihrer Sanktionierung beitragen. Das ganze Phänomen Strafrecht ist aber mit empirischen Methoden nicht voll zu erfassen.

Am besten nähert man sich dem Strafrecht, wenn man bei seinem ersten Wortteil – der Strafe – ansetzt. Die Strafe ist die schärfste Sanktion, die der Staat gegenüber seinen Bürgern für den Fall von gravierenden Gesetzesverstößen bereithält. Das liegt nicht nur daran, daß die Strafe – trotz Abschaffung der Todesstrafe durch Art. 102 GG – immer ein spürbares Übel wie Freiheitsentzug oder eine Geldzahlungspflicht enthält, sondern maßgeblich auch daran, daß mit ihr eine im Schuldspruch steckende sozialethische Mißbilligung zum Ausdruck gebracht wird;[7] – es wird „im Namen des Volkes" mißbilligt, daß der Straftäter schuldhaft gegen elementare Regeln des zwischenmenschlichen Zusammenlebens in Form von strafrechtlichen Verboten oder Geboten verstoßen hat. Erst dieses Zusammenspiel von handfestem Übel und sozialethischer Mißbilligung macht die Strafe zu einer besonders scharfen Sanktion.

Das hat Folgen, sowohl für das materielle, als auch für das prozessuale Strafrecht. Das Strafprozeßrecht muß Garantien dafür bereit stellen, daß die Wahrheitssuche nicht mit allen Mitteln und um jeden Preis betrieben wird, sondern in rechtsförmiger Weise abläuft.[8] Das Grundgesetz und die Europäische Men-

---

[7] Vgl. *Ebert*, Strafrecht Allgemeiner Teil, 3. Aufl. 2001, S. 230; *Gallas*, Beiträge zur Verbrechenslehre, 1968, S. 4, 7; *Kühl*, Unschuldsvermutung, Freispruch und Einstellung, 1983, S. 14f. – Das Bundesverfassungsgericht spricht von einem „sozial-ethischen Unwerturteil" (BVerfGE 96, 245, 249).

[8] Vgl. *Beulke*, Strafprozeßrecht, 6. Aufl. 2003, § 1 Rn. 5.

schenrechtskonvention sorgen dafür, daß der Beschuldigte nicht zum Objekt des Verfahrens degradiert wird, sondern als Prozeßsubjekt mit aktiven Verteidigungsrechten, aber auch passivem Schweigerecht, anerkannt wird.[9] Das ganze Ermittlungsinstrumentarium ist daran auszurichten, daß man gegen eine Person vorgeht, die nach der Unschuldsvermutung des Art. 6 Abs. 2 EMRK als unschuldig gilt.[10]

Für das materielle Strafrecht verlangt die Schärfe der Sanktion Strafe, daß ihr Einsatz nur ultima ratio ist und also nur erfolgt, wenn andere Mittel des Zivilrechts, des Verwaltungsrechts oder sozialpolitische Maßnahmen nicht ausreichen.[11] Der Einsatz von Strafrecht ist außerdem an das sog. Rechtsgutskonzept gebunden. Dadurch sind bloße Moralwidrigkeiten oder Verstöße gegen die Sittlichkeit kein zulässiger Gegenstand strafrechtlicher Regelung. Strafrecht ist auf Vorschriften eingeschränkt, die die Verletzung oder Gefährdung von individuellen oder Allgemeinheits-Rechtsgütern verbieten oder deren Schutz gebieten.[12] Schließlich muß der Bereich des Strafbaren nach Art. 103 Abs. 2 GG gesetzlich bestimmt sein, um dem Bürger als potentiellen Straftäter die Orientierung seines Verhaltens zu ermöglichen und um richterlicher Willkür einen Riegel vorzuschieben.[13]

Die Strafe gebietet aber nicht nur ein rechtsstaatliches Straf- und Strafprozeßrecht, sie muß auch selbst legitimierbar sein. Darum bemühen sich die schon mehrfach angesprochenen Straftheorien, die eine Domäne der Rechtsphilosophie sind und neuerdings auch unter dem Namen „Strafphilosophie" firmieren.[14] Moderner scheinen dabei Theorien, die mit der Strafe – ihrer Androhung, Verhängung und Vollstreckung – einen positiven Effekt in der Zukunft herbeiführen wollen. Sie verbinden mit der Strafe unterschiedliche präventive Zwecke. Man erwartet etwa vom Strafvollzug eine Besserung des Straftäters oder von der Strafbewehrung einer Verbotsnorm eine Abschreckungswirkung auf potentielle Straftäter. Rechtsphilosophisch wurden diese präventiven Theorien maßgeblich vom Utilitarismus entwickelt. Utilitaristische Straftheorien sehen in der Strafe „ein Übel, jedoch ein notwendiges Übel, welches durch seine positiven Konsequenzen zu rechtfertigen" ist.[15] Die traditionelle utilitaristische Straftheorie, die man mit *Bentham*, aber auch *Beccaria*, *Feuerbach* und *von Liszt* verbinden kann,[16] versucht die Abschreckungswirkung durch entscheidungstheo-

---

[9] Vgl. *Roxin*, Strafverfahrensrecht, 25. Aufl. 1998, § 18.
[10] Vgl. *Meyer-Goßner*, Strafprozeßordnung, 46. Aufl. 2003, Einleitung Rn. 3.
[11] Vgl. BVerfGE 39, 1, 47; *Jescheck/Weigend*, Lehrbuch des Strafrechts Allgemeiner Teil, 5. Aufl. 1996, S. 2 f.
[12] Vgl. *Roxin*, Strafrecht Allgemeiner Teil, Bd. I, 3. Aufl. 1997, § 2 Rn. 2, 3.
[13] *Stratenwerth*, Strafrecht Allgemeiner Teil, Bd. I, 4. Aufl. 2000, § 2 Rn. 2–5, 14–16 und 28 ff.
[14] Vgl. *Lampe*, Strafphilosophie, 1999.
[15] *Koller*, ZStW 91 (1979) 45, 48.
[16] Vgl. *Kaiser*, Kriminologie – Ein Lehrbuch, 3. Aufl. 1996, § 30 Rn. 4, 5.

retische Erwägungen nachzuweisen.[17] Der von ihr ins Auge gefaßte Täter wägt den durch die Straftat erwarteten Nutzen mit dem Risiko, erwischt oder bestraft zu werden, ab und unterläßt die Tat, wenn die Kosten zu hoch sind. Darin mag ein richtiger Kern stecken, obwohl sicher nicht alle Straftaten so kalkuliert begangen werden. Ein erster Nachteil dieser generalpräventiven Abschreckungstheorie ist aber, daß sie hohe Strafen auch – ungerechterweise – für mittlere Taten ansetzen muß. Wer durch die Strafe andere von der Begehung von Straftaten abhalten will, kann darüber hinaus weder die Verhängung von exemplarischen Einzelstrafen noch die Bestrafung schuldlos Handelnder ausschließen; – ja sogar die Bestrafung von Unschuldigen kommt dann in Betracht, wenn von deren Bestrafung ein besonderer Präventionseffekt erwartet werden könnte.[18]

Nicht weniger bedenklich sind die denkbaren Konsequenzen der spezialpräventiven Besserungstheorie. Nach ihr ist es ebenfalls nicht auszuschließen, daß bestimmte Unschuldige zu bestrafen sind, denn ihr müßte es „vernünftig erscheinen, jene Personen, die aufgrund ihrer erkennbaren Dispositionen Normverletzungen befürchten lassen, zu bestrafen, bevor sie ein Delikt begehen."[19] Des weiteren müßte sie bei voll sozialisierten Tätern auf Strafe verzichten, selbst wenn diese schwere Straftaten begangen haben.[20] Schließlich erscheint schon im Ansatz fraglich, ob man Besserung durch Strafe, die ja immer auch ein Übel mit „Leidzufügung und Statusdegradierung" ist (*Koller*), erreichen kann.

Alle auf bestimmte Zwecke in der Zukunft ausgerichteten Straftheorien müssen die Eignung der Strafe zur Erreichung dieser Zwecke behaupten, und diese Behauptung müßte eigentlich mit empirischen Daten belegt werden.[21] Im letzteren Punkt sieht es freilich schlecht aus, sowohl was die Belege für die Verringerung der Wiederholungsgefahr durch Besserung, als auch was die Belege für die Abschreckungswirkung auf andere oder die Normstabilisierung durch Strafe anbetrifft.[22] Doch soll dies nicht der Ansatzpunkt für eine grundlegende Kritik der Präventionstheorien sein.

Angesetzt werden soll vielmehr bei der bereits von *Kant* und *Hegel* formulierten Kritik, daß diese Theorien den Menschen „sei es zur Konditionierung seiner selbst, sei es zur Motivierung anderer" unter die „Gegenstände des Sachen-

---

[17] Vgl. dazu sowie zu dem im Text Folgenden *Koller* (o. Fn. 15) S. 77.
[18] Vgl. *Koller* (o. Fn. 15) S. 52. – Zur Notwendigkeit der Begrenzung einer rein utilitaristischen Strafbegründung vgl. *Kunz*, ZStW 98 (1986) 823, 828ff.
[19] Vgl. *Koller* (o. Fn. 15) S. 52.
[20] Vgl. *Frisch*, 50 Jahre Bundesgerichtshof, Festgabe aus der Wissenschaft, Bd. IV, 2000, S. 269, 277; *Roxin*, in: Roxin/Arzt/Tiedemann, Einführung in das Strafrecht und Strafprozeßrecht, 3. Aufl. 1994, S. 45; *Zippelius*, Einführung in das Recht, 4. Aufl. 2003, S. 134.
[21] Vgl. *Kerner*, Sanktionsforschung, in: Kaiser/Kerner/Sack/Schellhoss, Kleines kriminologisches Wörterbuch, 3. Aufl. 1993, S. 282.
[22] Vgl. *Kaiser* (o. Fn. 16) § 31 Rn. 32ff. und 51ff.; *Kaiser/Schöch*, Kriminologie, Jugendstrafrecht, Strafvollzug, 5. Aufl. 2001, S. 113–116; *Neumann/Schroth*, Neuere Theorien von Kriminalität und Strafe, 1980, S. 21 und 36ff.

rechts" mengen – so *Kant*²³ – oder „wie einen Hund" behandeln, „gegen den man den Stock erhebt" – so *Hegel*²⁴ –. Es geht um die Rehabilitierung der verpönten Straftheorie *Kants*, die bis heute in der Wirkungsgeschichte nur Bedeutung als „Negativfolie" hat; – so von philosophischer Seite *Otfried Höffe*, an dessen Versuch, *Kants* Position zu „entmythologisieren",²⁵ die folgenden Überlegungen ebenso anknüpfen können, wie an deren Rehabilitierung von strafrechtlich-rechtsphilosophischer Seite durch *Michael Köhler*.²⁶

Nach *Kants* Allgemeiner Anmerkung E in der Rechtslehre der Metaphysik der Sitten ist das Strafrecht „das Recht des Befehlshabers gegen den Unterwürfigen, ihn wegen seines Verbrechens mit Schmerz zu belegen."²⁷ Entscheidend ist dabei, daß die Strafe als Übel vom Staat nur „wegen eines Verbrechens" verhängt werden darf. Strafe wartet also ab, bis das Verbrechen begangen ist, und die „richterliche Strafe" trifft nur denjenigen, der dieses Verbrechen schuldhaft begangen hat. Schon damit entzieht sich die repressive Straftheorie den Einwänden, die gegen die präventiven Straftheorien erhoben wurden. Prävention ist dennoch auch nach *Kant* als sekundärer Strafzweck nicht ausgeschlossen; nur darf die Strafe darauf nicht reduziert werden; – in den Worten *Kants*: sie „kann niemals *bloß* ein Mittel" sein, „ein anderes Gutes zu befördern, für den Verbrecher selbst oder für die bürgerliche Gesellschaft"; der Angeklagte „muß vorher strafbar befunden sein, ehe noch daran gedacht wird, aus dieser Strafe einigen Nutzen für ihn selbst oder seine Mitbürger zu ziehen."²⁸

Daß Strafe sein muß, bezeichnet *Kant* in der Allgemeinen Anmerkung E als kategorischen Imperativ, begründet dies aber an dieser Stelle nicht. Seiner Rechtslehre läßt sich aber entnehmen, daß Recht seine Aufgabe als Freiheitsschutz durch Freiheitsbeschränkung nur erfüllen kann, wenn es mit Zwang verbunden ist. Dieser Zwang wird im Staat zur Strafe, wenn es sich um gravierende Verletzungen elementarer Rechte handelt. Verbrechen fordern Strafe, weil sonst das Recht nur „provisorisch" und die von ihm geschützte Freiheit ungesichert wäre.²⁹

Das ist sicher nicht provozierend; provozierend hingegen sind *Kants* Ausführungen zur speziellen Vergeltung, vor allem, wenn auf die Beispiele mit Todesstrafe und Kastration abgestellt wird. Stellt man aber auf das Prinzip ab, so kann man *Kant* folgen, denn es ist „kein anderes als das Prinzip der Gleichheit", ein

---

²³ *Kant*, Metaphysik der Sitten – Rechtslehre, Akademie-Ausgabe, AA VI 331.
²⁴ *Hegel*, Grundlinien der Philosophie des Rechts, 2. Aufl. 1840, § 99 Zusatz.
²⁵ *Höffe*, in: ders. (Hrsg.), Immanuel Kant – Metaphysische Anfangsgründe der Rechtslehre, 1999, S. 213ff.
²⁶ *Köhler*, Strafrecht Allgemeiner Teil, 1997, S. 45.
²⁷ *Kant* (o. Fn. 23) AA VI 331; vgl. dazu *Höffe* (o. Fn. 25) S. 216.
²⁸ *Kant* (o. Fn. 23) AA VI 331; vgl. dazu *Schild*, in: Festschrift für W. Gitter, 1995, S. 831, 836; *Kahlo*, in: Festschrift für L. Meyer-Goßner, 2001, S. 447, 461 f., und jüngst eingehend *Schmitz*, Zur Legitimität der Kriminalstrafe, 2001, S. 99, 109ff.
²⁹ Vgl. *Kühl*, Die Bedeutung der Rechtsphilosophie für das Strafrecht, 2001, S. 31 f.

Prinzip, das man mit *Höffe* als „unstrittiges Gerechtigkeitsprinzip" ansehen kann, und das sich gegen willkürliches und schuldgelöstes Strafen richtet.[30]

Mehr kann und sollte die Rechtsphilosophie zur Strafzumessung nicht sagen. Wie man auf der von *Kant* ins Spiel gebrachten „Waage der Gerechtigkeit"[31] die Waagschalen belegt, kann die Rechtsphilosophie nur mit den Worten Verbrechen und Strafe festlegen. Bei der Frage, wie man die Schwere des Verbrechens und die zugehörige Strafe bestimmen kann, hilft sie dem Strafgesetzgeber und Strafrichter nur mit dem Prinzip „Gleichheit", weiter nicht.[32]

Wenn ich mir selbst die Notwendigkeit, die Legitimität und das Maß der Strafe klar machen will, so denke ich, daß wenn das Recht nicht nur auf dem Papier stehen soll, eine Rechtsverletzung jedenfalls in dem Sinne festgestellt werden muß, daß dem Rechtsverletzer gesagt wird, daß es „so nicht geht". Dieser sozialethischen Mißbilligung wiederum muß Nachdruck durch die Verhängung eines Übels verliehen werden, denn der Rechtsverletzer hat das Recht ja nicht nur in Frage gestellt, sondern durch sein Verhalten verletzt und damit ein Opfer geschädigt. Das Maß des auferlegten Übels muß im Prinzip der Größe des schuldhaft begangenen Unrechts entsprechen. Vorausgesetzt ist dabei, daß es sich bei der Rechtsverletzung um einen gravierenden Eingriff in die Freiheit anderer handelt. Ein solches Strafrechtssystem muß sich um seine Abschreckungswirkung ebensowenig Sorgen machen wie um die Bestärkung der Rechtstreue der Bevölkerung oder die Normstabilisierung. Es kann auch mit der gerechten Strafe Besserungsziele verfolgen, etwa in der inhaltlichen Ausgestaltung des Strafvollzugs.

IV. Die Umsetzung der Straftheorien im geltenden Strafrecht

Dies geschieht auch im geltenden Strafrecht und seinem Sanktionensystem in einem durchaus differenzierten Gemisch von repressiven und präventiven Elementen. Daß Strafe – anders als die auch hier sonst vernachlässigte zweite Spur des Sanktionensystems: die Maßregeln der Besserung und Sicherung – Schuld voraussetzt, ergibt sich aus § 20 StGB. Daß „die Schuld des Täters ... Grundlage für die Zumessung der Strafe" ist, sagt § 46 Abs. 1 Satz 1 StGB. In der Praxis garantiert die sog. Spielraumtheorie,[33] daß der durch die Schuld des Täters bestimmte Spielraum von der schon schuldangemessenen bis zur noch schuldangemessenen Strafe durch präventive Gesichtspunkte nicht über-, aber auch nicht unterschritten werden darf. Insoweit dominiert also die sog. Schuldaus-

---
[30] *Höffe* (o. Fn. 25) S. 228.
[31] *Kant* (o. Fn. 23) AA VI 232.
[32] Ähnlich schon *Höffe* (o. Fn. 25) S. 228.
[33] Vgl. *Lackner* (o. Fn. 2) § 46 Rn. 24.

gleichstheorie,[34] die nichts mit Vergeltung nach dem Muster von „Auge um Auge und Zahn um Zahn" zu tun hat.

Ein Schattendasein führte lange Zeit die auch repressive Sühnetheorie. Nach dieser Theorie geht es bei der Strafe um die Versöhnung des Schuldigen mit sich selbst, dem Opfer, der Gemeinschaft oder einer personalen Transzendenz.[35] Läßt man den letzten metaphysischen Aspekt beiseite und verweist man die Versöhnung des Täters mit sich selbst in den Bereich der Moral, so erweist sich der Gedanke der Versöhnung mit dem Opfer und der Gesellschaft durchaus als aktuell wirkungsmächtig, wenn man die Berücksichtigung des Täter-Opfer-Ausgleichs bei der Strafzumessung in § 46 Abs. 2 Satz 2 letzter Halbsatz StGB und für die Strafmilderungsmöglichkeit in § 46a StGB sieht; – daß der Täter-Opfer-Ausgleich auch mit Spezialprävention zu tun hat und zusammen mit der Schadenswiedergutmachung sogar als dritte Spur des strafrechtlichen Sanktionensystems ausgebaut werden könnte, soll damit nicht bestritten werden.

Die Spezialprävention im Sinne der Besserung oder Resozialisierung des Täters ist schon in der allgemeinen Strafzumessungsvorschrift des § 46 StGB angesprochen, wenn es in dessen Absatz 1 Satz 2 heißt: „Die Wirkungen, die von der Strafe für das künftige Leben des Täters in der Gesellschaft zu erwarten sind, sind zu berücksichtigen." Daß die kurze Freiheitsstrafe nach § 47 StGB nur in Ausnahmefällen verhängt werden darf, verdankt sich ebenso dem Besserungsgedanken wie die von § 56 StGB eingeräumte Möglichkeit, Freiheitsstrafen bis zu 2 Jahren zur Bewährung auszusetzen; jeweils sollen die negativen Wirkungen des Vollzugs der kurzen Freiheitsstrafe vermieden werden. Das Spektrum erweitert sich noch, wenn man die „Verwarnung mit Strafvorbehalt" nach § 59 StGB als mildeste Sanktion des Strafgesetzbuches einbezieht; – auf eine Feststellung der Schuld des Täters wird freilich auch hier ebensowenig verzichtet wie beim Absehen von Strafe nach § 60 StGB,[36] woran sich wieder einmal zeigt, daß die Strafe eine Mißbilligung enthält, auf die im Gegensatz zu dem mit ihr verbundenem Übel nicht verzichtet werden kann. Dominant wird der Besserungszweck im Jugendgerichtsgesetz und im Strafvollzugsgesetz, in dessen § 2 Satz 1 als Vollzugsziel genannt wird, daß „der Gefangene fähig werden" soll, „künftig in sozialer Verantwortung ein Leben ohne Straftaten zu führen."

Dieselbe Vorschrift berücksichtigt aber auch einen weiteren spezialpräventiven Strafzweck, wenn es in § 2 Satz 2 StVollzG heißt: „Der Vollzug der Freiheitsstrafe dient auch dem Schutz der Allgemeinheit vor weiteren Straftaten." Spezialpräventiv ist dieser Schutz der Allgemeinheit, weil er durch Einwirkung auf den Täter oder genauer: durch dessen Einschließung erreicht werden soll. Der Sicherungszweck taucht auch in § 57 Abs. 1 Nr. 2 StGB auf, der die Aussetzung

---
[34] Vgl. *Ebert* (o. Fn. 7) S. 231.
[35] *Neumann/Schroth* (o. Fn. 22) S. 17.
[36] Vgl. *Lackner* (o. Fn. 2) § 59 Rn. 1 und § 60 Rn. 7.

des Strafrestes bei zeitiger Freiheitsstrafe an die Voraussetzung knüpft, daß „dies unter Berücksichtigung des Sicherheitsinteresses der Allgemeinheit verantwortet werden kann."

Auch der dritte spezialpräventive Zweck der Individual-Abschreckung von Ersttätern, denen mit der Strafe nur ein „Schuß vor den Bug" verpaßt werden soll, findet sich im Strafgesetzbuch: nach § 47 Abs. 1 StGB darf die an sich schädliche kurze Freiheitsstrafe doch verhängt werden, wenn dies „zur Einwirkung auf den Täter ... unerläßlich" ist, und nach § 56 Abs. 1 Satz 1 StGB ist die Strafaussetzung zur Bewährung nur möglich ist, wenn „zu erwarten ist, daß der Verurteilte sich schon die Verurteilung zur Warnung dienen lassen ... wird." In diesen Fällen ist die Strafe und ihr Vollzug als „Denkzettel" unverzichtbar.

Denselben Bremseffekt hinsichtlich einer zu weitgehenden Durchsetzung des Besserungszwecks enthält auch die ebenfalls in §§ 47 Abs. 1, 56 Abs. 3 und § 59 Abs. 1 Nr. 3 StGB angesprochene „Verteidigung der Rechtsordnung". Mit dieser Formulierung verschafft sich der generalpräventive Strafzweck sowohl in seiner negativen, auf Abschreckung abzielenden Form als auch in seiner positiven, auf Bestärkung der Rechtstreuen und Stabilisierung der Strafnorm abzielenden Variante Geltung. Wenn es die Verteidigung der Rechtsordnung verlangt, werden auch kurze Freiheitsstrafen verhängt, Strafaussetzungen zur Bewährung versagt und bloße Verwarnungen für nicht ausreichend erachtet. Dominant freilich ist die Generalprävention bei der Aufstellung von Strafnormen, denn dabei verspricht sich der Gesetzgeber, daß das inkriminierte Verhalten wegen der Strafdrohung zurückgeht und die Verbotsnorm ins Bewußtsein der Bevölkerung quasi „sittenbildend" eingeht.

V. Die geplante Reform des Sanktionensystems im einzelnen

Angesichts dieser Situation scheint eine Grundsatzdebatte über repressive Strafbegründungen und präventive Strafzwecke nicht erforderlich. Sie wird auch in der aktuellen Diskussion um die Reform des Sanktionenrechts nicht geführt. In dieser Diskussion geht es überhaupt nicht um die Begründung und Rechtfertigung der Strafe an sich, sondern nur um mögliche neue Strafformen neben der Freiheits- und Geldstrafe. Auch präventive Strafzwecke werden weniger für die eigentliche Strafzumessung ins Spiel gebracht, sondern für neue Vollzugsalternativen angeführt. Ich möchte damit zum letzten Teil meines Vortrags übergehen und auf die im Referentenentwurf 2000 enthaltenen – wie gesagt: noch nicht umgesetzten – Reformvorschläge zum strafrechtlichen Sanktionensystem eingehen, soweit sie mir beachtlich erscheinen. Konkreter Anlaß für die Reform ist die Überfüllung des Strafvollzugs, von der wegen der damit verbundenen Kosten ein erheblicher Handlungsdruck auf die Kriminalpolitik ausgeht. Daß diese Überfüllung zum Teil „hausgemacht" ist, zeigt sich an der in

Konformität mit der Strafrechtsreform der letzten Jahre erfolgten Verhängung härterer Strafen; das gilt weniger für den Anstieg der kurzen Freiheitsstrafen. Besonders drängend wird die Zunahme der verbüßten Ersatzfreiheitsstrafen empfunden: zwischen 1995 und 1999 ist die Zahl der Zugänge im Strafvollzug wegen Verbüßung von Ersatzfreiheitsstrafen von 51.118 auf 60.267, also um 17,9% angestiegen; die Zurückdrängung der Ersatzfreiheitsstrafe ist dementsprechend ein Hauptziel der angelaufenen, aber ins Stocken geratenen Sanktionenreform.[37]

Insgesamt schlägt der Referentenentwurf des Bundesjustizministeriums vom 8. Dezember 2000 folgende Gesetzesreformen vor:
1. Verbesserungen im Bereich der Geldstrafe;
2. Erweiterung der Verwarnung mit Strafvorbehalt;
3. Erweiterung des Fahrverbots;
4. Abwendung der Vollstreckung der Freiheitsstrafe durch gemeinnützige Arbeit und
5. Erweiterung der Möglichkeiten einer Halbstrafenaussetzung.

Während die Reformvorschläge zu den Punkten 1.–4. den Bereich der kleinen bis mittleren Kriminalität betreffen, betrifft nur Punkt 5. – *die Erweiterung der Möglichkeiten einer Halbstrafenaussetzung* – Straftäter, die wegen der Begehung schwerer Straftaten zu einer vollstreckbaren Freiheitsstrafe verurteilt worden sind. Hier soll bei Erstverbüßern die bisher bestehende zeitliche Begrenzung auf Freiheitsstrafen bis zu zwei Jahren in § 57 Abs. 2 Nr. 1 StGB entfallen. Da von dieser Aussetzung des Strafrestes nach Nr. 2 schon bisher nur Täter betroffen sind, bei denen „die Gesamtwürdigung von Tat, Persönlichkeit des Verurteilten und seiner Entwicklung während des Strafvollzugs ergibt, daß besondere Umstände vorliegen", ist dies ein Beitrag zur Vermeidung eines weiteren Vollzugs bei Tätern, bei denen der Vollzug unnötig lang dauern würde, obwohl die in § 57 Abs. 1 Nr. 2 StGB verlangte „Berücksichtigung des Sicherheitsinteresses der Allgemeinheit" einer Aussetzung des Strafrestes nach Verbüßung der Hälfte einer Freiheitsstrafe nicht entgegensteht. Auffällig ist jedoch, daß hier die strafschärfende Tendenz der Kriminalpolitik der letzten Jahre umgedreht wird, freilich nur für die Gruppe der Erstverbüßer, was diesen Umschwung verständlich erscheinen läßt; – eine entschieden abzulehnende Tendenz zur weiteren Abschwächung und Aufweichung der strafrechtlichen Sanktionen[38] erkenne ich deshalb nicht.

Bevor ich zum zentralen Bereich des Referentenentwurfs mit den Vorschlägen zur Bestrafung der kleinen bis mittleren Kriminalität übergehe, möchte ich auf einen Reformvorschlag hinweisen, der die Bestrafung auch schwerer Krimi-

---

[37] *Meier*, Strafrechtliche Sanktionen, 2001, S. 347 f.; vgl. zur Problematik der Ersatzfreiheitsstrafe auch *Heinz*, ZStW 111 (1999) 461, 500.

[38] *Helgerth*, ZRP 2001, 281, 283; ähnliche Bedenken äußerte in der Diskussion der Leitende Oberstaatsanwalt *Ellinger*, Tübingen; gegen solche Bedenken *Wolters* (o. Fn. 4) S. 76.

nalität betrifft, den *elektronisch überwachten Hausarrest*. Die Sanktionenkommission hat den Arrest zwar nicht zur Aufnahme in das Sanktionssystem empfohlen und auch der Referentenentwurf sieht keine entsprechende Regelung vor, doch gibt es in den Bundesländern Modellprojekte und im Ausland positive Erfahrungen, so daß das letzte Wort über den Hausarrest noch nicht gesprochen sein dürfte. Für ihn spricht vor allem, daß er weniger entsozialisierende Wirkungen als der Strafvollzug zeitigt, der immer mit der Gefahr krimineller Infizierung verbunden ist. Gegen den Arrest spricht, daß er negative „Drittwirkungen" auf Familienmitglieder oder Mitbewohner des Verurteilten haben kann. Diese „Drittwirkungen" könnten freilich dadurch abgemildert werden, daß der Arrest nur bei gut integrierten und psychisch stabilen Verurteilten, die auch ein intaktes Umfeld und einen regelmäßigen Tagesablauf sowie eine feste Wohnung mit Telefon haben, angewendet wird. Gerade diese Zielgruppe aber – so wird es von *Streng*[39] und *Weßlau*[40] befürchtet – steht in Deutschland für den freiheitsbeschränkenden Arrest nicht zur Verfügung, da für sie die Bewährungsstrafe die geeignetere und mildere Sanktion ist; – als Alternative zur Geldstrafe aber würde der Arrest eine nicht gewollte Anhebung des Sanktionsniveaus bedeuten. – Das sind beachtliche Einwände, doch sollten sie nicht dazu führen, vorschnell, d. h. ohne die Ergebnisse der Modellprojekte abzuwarten, auf diese Alternative zum Freiheitsstrafenvollzug zu verzichten, denn der Arrest ist – so *Roxin* – die „humanere Form" der Freiheitsentziehung[41] und dennoch empfindlich spürbar.

Doch jetzt zur weiteren Ausdifferenzierung des strafrechtlichen Sanktionensystems für kleinere und mittlere Kriminalität. Im Bereich der *Geldstrafe* werden *zwei „Verbesserungen"* vorgeschlagen, die Beachtung verdienen. Der neue § 40a RefE regelt die *„Zweckbestimmung* der Geldstrafe" und bestimmt: „Das Gericht weist ein Zehntel der Geldstrafe einer gemeinnützigen Einrichtung zu, deren Zweck die Hilfe für Opfer von Straftaten ist." Dies liegt im Trend der stärkeren Berücksichtigung von Verbrechensopfern im Strafrecht und speziell im Strafensystem. Die Regelung ist aber vor allem deshalb zu begrüßen, weil sie den unhaltbaren Zustand, daß die Staatskasse die Geldstrafen als Einnahmen verbucht, endlich beendet, nachdem dies schon 1992 in dem von *Jürgen Baumann* mit-herausgegebenen Alternativ-Entwurf Wiedergutmachung gefordert wurde. Kritisieren könnte man allenfalls, daß den Verbrechensopfern nicht mehr als 10% zugute kommt; – aber ein Anfang ist immerhin gemacht. Die praktische Umsetzung und insbesondere die Mehrbelastung für die Staatsanwaltschaften – sie beklagte etwa der Leitende Oberstaatsanwalt *Ellinger*, Tübingen, in der Diskussion – müssen freilich noch bedacht und geklärt werden.

---

[39] *Streng*, Entwicklung neuer Sanktionsformen in Deutschland, in: Jehle (Hrsg.) Täterbehandlung und neue Sanktionsformen, 2000, S. 207, 212 ff.
[40] *Weßlau* (o. Fn. 4) unter II.
[41] *Roxin*, in: Gedächtnisschrift für H. Zipf, 1999, S. 135, 146. – Zum gegenwärtigen Forschungsstand hinsichtlich des Hausarrests vgl. *Albrecht*, MschrKrim 85 (2002), 84.

Den zweiten beachtenswerten Vorschlag bringt § 43 RefE mit der sog. *„Ersatzstrafe"*, mit der die gegenwärtige Automatik von uneinbringlicher Geldstrafe und Freiheitsstrafe dadurch aufgelöst wird, daß „mit Zustimmung des Verurteilten *gemeinnützige Arbeit*" an die Stelle der uneinbringlichen Geldstrafe treten soll. Eine große Innovation bringt dieser Vorschlag freilich nicht, denn schon bisher konnten die Landesregierungen aufgrund der Ermächtigung des Art. 293 Einführungsgesetz zum Strafgesetzbuch „durch Rechtsverordnung Regelungen ... treffen, wonach die Vollstreckungsbehörde dem Verurteilten gestatten kann, die Vollstreckung einer Ersatzfreiheitsstrafe ... durch freie Arbeit abzuwenden."

Neu ist allerdings der Umrechnungsmaßstab von einem Tagessatz in 3 Stunden gemeinnütziger Arbeit. Er könnte aber auch den Erfolg der Neuregelung im StGB gefährden, denn das „Absitzen" von einem Tag Ersatzfreiheitsstrafe, die 2 Tagessätze Geldstrafe abdecken, könnte attraktiver sein als 6stündiges gemeinnütziges Arbeiten – so die Befürchtung *Meiers*[42] –; „Sitzen" ist eben für Viele attraktiver als „Schwitzen".[43] Andererseits ist die Erwartung der Entwurfsverfasser offensichtlich, daß, wenn nur 3 und nicht – wie in den meisten landesrechtlichen Vorschriften vorgesehen – 6 Stunden gemeinnützige Arbeit für einen Tag Ersatzfreiheitsstrafe geleistet werden muß, sich „auf einen Schlag die Anzahl der Fälle" verdoppelt, „die mit denselben Kapazitäten abgewickelt werden können." Ausgehend von dieser Diagnose kommt *Weßlau* zu der Bewertung des neuen § 43 als „rein instrumentalen Eingriff in das bisherige Regelungssystem ohne weitergehende sanktionsrechtliche oder aus Gerechtigkeitsgründen abgeleitete Motive."[44]

Man sollte dennoch die Erfahrungen mit den landesrechtlichen Regelungen abwarten, bevor man auf die „Ersatzstrafe" der gemeinnützigen Arbeit verzichtet. Daß den Justizbehörden aufwendige Arbeitsbeschaffungsmaßnahmen für Straftäter aufgebürdet werden, sollte kein Argument gegen die „Ersatzstrafe" sein, denn auch der Zivildienst ist organisierbar,[45] und durch seine Verkürzung bleiben gemeinnützige Arbeiten unerledigt, die von Straftätern übernommen werden könnten, ohne daß sie Arbeitslosen Arbeitsplätze wegnehmen.

Die Verwarnung mit Strafvorbehalt wertet der Referentenentwurf auf. Positiv zu vermerken ist dabei schon die sprachliche Klärung, die durch die Änderung der Überschrift des 5. Titels im 3. AT-Abschnitt von „Verwarnung" in *„Verurteilung mit Strafvorbehalt"* erfolgt; – der Begriff des „Verwarnens" bleibt

---

[42] *Meier* (o. Fn. 37) S. 351.
[43] So laut einer Pressemitteilung der Nürnberger Generalstaatsanwalt *Stöckel*; die Erfahrungen in Baden/Württemberg sind laut Pressemitteilungen des Justizministeriums und des Leitenden Oberstaatsanwalts *Ellinger*, Tübingen, besser.
[44] *Weßlau* (o. Fn. 4) unter IV.
[45] Ebenso *Roxin* (o. Fn. 41) S. 147f.; kritisch aber *Streng*, ZStW 111 (1999) S. 827, 837ff. und *Bittmann*, NJ 2001, 509.

aber in Absatz 1 Satz 1 erhalten. Damit wird deutlicher als bisher, daß auf einen tatbezogenen Schuldspruch und damit eine Mißbilligung nicht verzichtet wird. Die bisherige „Kann"-Regelung in § 59 Abs. 1 StGB soll durch eine „Muß"-Regelung ersetzt werden. Damit würde die „Verurteilung mit Strafvorbehalt" stärker in den Bereich eindringen, in dem bisher mit Geldstrafe reagiert wurde, so daß mit weniger unerwünschten Ersatzfreiheitsstrafen zu rechnen ist. „Gegenüber der zur Bewährung ausgesetzten Freiheitsstrafe weist die Verwarnung/Verurteilung mit Strafvorbehalt ... den zusätzlichen Vorteil auf, daß bei Nichtbefolgung der Anweisungen nicht die – unter spezialpräventiven Gesichtspunkten problematische – Freiheitsstrafe, sondern lediglich die Verhängung der vorbehaltenen Geldstrafe droht."[46]

Hinsichtlich des *Fahrverbots* schlägt der Referentenentwurf in § 44 nur geringe Erweiterungen vor: das Fahrverbot wird von der Nebenstrafe zur Hauptstrafe hochgestuft und in seinem Anwendungsbereich zur Regelsanktion mit einer von 3 auf 6 Monate angehobenen Höchstdauer. Damit bleibt der Entwurf hinter der in der Rechtslehre erhobenen Forderung zurück, die Bindung des Fahrverbots an Verkehrsstraftaten zu lösen und es bei allen Straftaten, etwa auch bei den häufigen Eigentums- und Vermögensstraftaten, verhängen zu können. Gegen dieses Verständnis des Fahrverbots als – so *Schöch*[47] – „Freiheitsbeschränkungsstrafe moderner Art" oder – so *Köhler*[48] – „Fahrfreiheitsstrafe" spricht nicht das Erfordernis, daß jede Sanktion die begangene Straftat „spiegeln" müsse, denn eine solche „Spiegelung" ist auch sonst in unserem Sanktionensystem nicht gegeben. Tötung wird nicht mit der Todesstrafe bestraft, Körperverletzung nicht mit Körperstrafen, und daß der Täter eines Eigentums- und Vermögensdelikts „sitzen" muß, „spiegelt" seine Tat auch nicht. Die Strafe muß nur die Mißbilligung durch ein spürbares Übel unterstreichen, und unter diesem Gesichtspunkt unterscheidet sich die Beschränkung der Fortbewegungsfreiheit durch eine Freiheitsstrafe nicht wesentlich von der durch ein Fahrverbot. Ein „vom Rechtsgefühl akzeptierbarer Tatausgleich" bedarf entgegen *Streng* nicht „einer spezifischen inhaltlichen Anknüpfung in der Rechtssphäre des Täters",[49] sondern nur einer tatangemessenen Sanktion. Für *Roxin* „läge" im Fahrverbot „eine präventiv wirksame Freiheitsbeschränkung, die ... für den Staat kostenneutral, für den Täter weniger schädlich als die Freiheitsstrafe und außerdem umweltfreundlich wäre."[50] Gegen den Einwand, daß beim Fahrverbot „die

---

[46] *Meier* (o. Fn. 37) S. 352; als „unzureichend" empfindet *Wolters* (o. Fn. 4), S. 81, den Vorschlag.
[47] *Schöch*, Gutachten C zum 59. Deutschen Juristentag, 1992, C 120.
[48] *Köhler*, Strafrecht Allgemeiner Teil, 1997, S. 658.
[49] *Streng* (o. Fn. 39) S. 226; vgl. auch schon *Streng* (o. Fn. 45) 852 ff.
[50] *Roxin* (o. Fn. 41) S. 146; kritisch *Franke*, ZRP 2002, 20 und *Wolters* (o. Fn. 4), S. 70; auf einen erheblichen personellen und sachlichen Mehraufwand wies in der Diskussion der Leitende Oberstaatsanwalt *Ellinger*, Tübingen, hin.

Höchstpersönlichkeit des Strafübels nicht gewährleistet" sei, spricht, daß der Verlust an Mobilität nicht nur Täter von Verkehrsstraftaten in ihrem „Freiheitsempfinden" trifft. Eher ist es bedenklich, daß das Fahrverbot nur diejenigen Täter treffen kann, die eine Fahrerlaubnis besitzen, und denjenigen härter trifft, der zu seiner Berufsausübung auf die Benutzung eines Kraftfahrzeugs angewiesen ist.

Besonderes Interesse erweckt das von der Sanktionenkommission neu entwickelte und vom Referentenentwurf aufgegriffene „*Freiheitsstrafen-Ersetzungsmodell*". Nach § 55a Abs. 1 Satz 1 RefE kann das Gericht „dem Verurteilten gestatten, die Vollstreckung einer Freiheitsstrafe von bis zu sechs Monaten durch *gemeinnützige Arbeit* abzuwenden." Der Grundgedanke der Vorschrift ist, die Vollstreckung der als schädlich erkannten kurzen Freiheitsstrafe durch eine weitere ambulante Alternative zu vermeiden. Allerdings ist es in den Regelfällen des § 55a Abs. 1 Satz 2 RefE, also in Fällen der für Ersttäter verhängten und nicht zur Bewährung ausgesetzten Freiheitsstrafe, für das Gericht schwierig zu begründen, warum es dem Verurteilten die Abwendung der Vollstreckung der Freiheitsstrafe gestattet. Denn das Gericht hat sich bei der Entscheidung für die Verhängung einer kurzen Freiheitsstrafe nach § 47 Abs. 1 StGB schon dahingehend festgelegt, daß diese Verhängung „zur Einwirkung auf den Täter „unerläßlich" ist, und daß entgegen § 56 Abs. 1 Satz 1 StGB nicht „zu erwarten ist, daß der Verurteilte ... künftig auch ohne die Einwirkung des Strafvollzugs keine Straftaten mehr begehen wird."

Nach diesen Vorentscheidungen ist es kaum widerspruchsfrei zu begründen, warum die Ableistung gemeinnütziger Arbeit spezialpräventiv vorzugswürdig ist, wenn es sich um Verurteilte handelt, die gerade die Einwirkung des Vollzugs brauchen.[51] Man muß wohl so argumentieren, daß es Straftäter gibt, bei denen die Wahl zwischen der Vollstreckung der kurzen Freiheitsstrafe und deren Aussetzung zur Bewährung (Abschreckungs- und Besserungs-) Gründe gibt, die für die Einwirkung durch den Vollzug der Freiheitsstrafe sprechen, daß diese spezialpräventiven Zwecksetzungen aber ebenso oder noch besser durch eine sinnvolle und konstruktive gemeinnützige Arbeit erreicht werden können. Einfacher ist die Begründung der Arbeitsalternative in Fällen des § 55a Abs. 2 Satz 1 RefE, in denen die Freiheitsstrafe zur Bewährung ausgesetzt ist: Bedarf der Verurteilte der Überwachung und der Hilfen durch Weisungen für ein zukünftiges Leben ohne Straftaten, so ist nach den §§ 56b–e StGB zu verfahren, ansonsten kann er die zur Bewährung ausgesetzte Strafe durch gemeinnützige Arbeit abwenden, weil dann auch durch diese die spezialpräventive Zwecksetzung der Besserung erreicht werden kann.[52] Ob die gemeinnützige Arbeit allerdings für denjenigen, der die Bewährungszeit unbeanstandet durchstehen will, über-

---

[51] Vgl. *Meier* (o. Fn. 37) S. 355; *Helgerth/Krauß*, ZRP 2001, 281 f.; *Wolters* (o. Fn. 4), S. 73.
[52] Vgl. *Meier* (o. Fn. 37) S. 355.

haupt einen Anreiz bietet, wird man bezweifeln müssen; diejenigen aber, die den Widerruf der Aussetzung zu befürchten haben, sind wohl kaum die richtige Zielgruppe für die gemeinnützige Arbeit.[53]

Die gemeinnützige Arbeit wird von vielen allgemein als spezialpräventiv vorzugswürdige Sanktionsalternative angesehen; nach *Roxin* dient sie „der Resozialisierung mehr als die herkömmlichen Strafen."[54] Das wird u.a. damit begründet, daß konstruktive Arbeit mehr Persönlichkeitseinsatz erfordert als Freiheits- und Geldstrafen, die der Verurteilte nur über sich ergehen lassen müsse; – das kann auch ich bis zu einem gewissen Grad nachvollziehen, obwohl ich eher ein körperliche Arbeit scheuender, genug Sitzfleisch aufweisender, Hockertyp bin. Zwar ist die Rückfallquote nach gemeinnütziger Arbeit nicht geringer als nach Verbüßung von Freiheitsstrafen, doch – so zeigen es nach *Ursula Schneider* neuere Untersuchungen – stellt gemeinnützige Arbeit gegenüber dem Vollzug der kurzen Freiheitsstrafe auch kein größeres Risiko für die Gesellschaft dar.[55]

Klar muß sein, daß das Verbot der Zwangsarbeit (Art. 12 Abs. 2 GG; Art. 4 Abs. 2 EMRK) zu beachten ist, auch wenn man nicht in jedem Zwang zur Arbeit gleich einen Verstoß gegen die Menschenwürde sieht. Außerdem kann der positive Einfluß auf das künftige Leben von einer Arbeitsleistung wohl nur dann ausgehen, wenn der Täter sie freiwillig ausführt und dadurch das Gefühl bekommt, „etwas Nützliches getan zu haben". Daß die Entscheidung des Verurteilten, das vom Richter gestattete Abwendungsangebot anzunehmen, nicht völlig frei von Zwang erfolgt, ist klar, wenn man die Alternative Strafvollzug als Damoklesschwert im Raume schweben sieht. Da der Täter aber durch seine Straftat ein Strafübel verdient hat, ist die Wahl zwischen zwei Übeln eben doch eine Wahl, die ihm Vor- und Nachteile bringen kann – und was für ihn das vorteilhaftere Übel ist, kann er sehr wohl im Rahmen dieses „Freiheitsstrafen-Ersetzungsmodells" durch Erbringung und Nachweis der Arbeit oder ihre Verweigerung selbst entscheiden. Mit diesem Modell wird „die Wahl zwischen verschiedenen Tilgungsmöglichkeiten wenigstens ein Stück weit dem Verurteilten" überlassen.[56]

Die angeblich hohe Akzeptanz der gemeinnützigen Arbeit in der Bevölkerung zeigt außerdem, daß sie als symbolische Wiedergutmachung für das begangene Unrecht angenommen wird; sie kann deshalb auch einen Beitrag zur Wiederherstellung des durch die Straftat gestörten Rechtsfriedens leisten.[57] Wer Geld- und Freiheitsstrafen als tat- oder schuldausgleichende Sanktionen aner-

---

[53] So der Leitende Oberstaatsanwalt *Ellinger*, Tübingen, in der Diskussion.
[54] *Roxin* (o. Fn. 40) S. 147. – Im Grundgesetz positiv auch *Streng*, Strafrechtliche Sanktionen, 2. Aufl. 2002, Rn. 793–799.
[55] *Schneider*, MschrKrim 84 (2001), 273.
[56] *Weßlau* (o. Fn. 3) unter VI.
[57] Vgl. *Schneider* (o. Fn. 54) S. 273.

kennt, wird auch der strafähnlichen freiwilligkeitsorientierten gemeinnützigen Arbeit die Eignung zum Schuldausgleich nicht absprechen können. Sie bietet eine weitere, positiv zu beurteilende Alternative in unserem ohnehin schon ausdifferenzierten strafrechtlichen Sanktionensystem. Auch wenn man aus Gründen der Klarheit und Vorhersehbarkeit der Strafe eine zu weitgehende Ausdifferenzierung und Verkomplizierung des Sanktionssystems vermeiden sollte,[58] erscheinen die vom Referentenentwurf vorgeschlagenen Vollzugsalternativen doch noch „verkraftbar".

Ich komme zum Schluß: Der Gesetzgeber „backt" bei der Strafrechtsreform wieder „kleinere Brötchen" und das ist immerhin solide und noch besser als vollmundige Ankündigungen, denen – wie beim 6. StRG – nur „heiße Luft" folgt. Speziell das strafrechtliche Sanktionensystem würde durch die Umsetzung des Referentenentwurfs stückweise verbessert, doch darf dies nicht darüber hinweg täuschen, daß in diesem System noch schwere „Brocken" zu bewältigen sind, bevor man von einem optimalen System sprechen kann.

VI. Nachtrag

Die Druckfassung meines Vortrages befindet sich auf dem Stand März 2002. Danach ist der vorliegend besprochene Referentenentwurf vom 8.12. 2000 als „Entwurf eines *Gesetzes* zur Reform des Sanktionenrechts" von den Regierungsfraktionen SPD und Bündis90/Die Grünen in den Bundestag eingebracht worden[59], fiel dann aber dem Ende der 14. Legislaturperiode zum Opfer. Zumindest für die Fraktionen von SPD, Bündnis90/Die Grünen und FDP steht nach den Aussagen ihrer rechtspolitischen Sprecher die Reform des strafrechtlichen Sanktionensystems aber weiter auf der Agenda rechtspolitischer Vorhaben für die 15. Legislaturperiode[60]. – Noch in der 14. Legislaturperiode wurde dagegen mit § 66a StGB (in Kraft getreten am 28.8. 2002) die Möglichkeit einer im Strafurteil *vorbehaltenen Sicherungsverwahrung* geschaffen[61] und damit die oben (S. 144) geforderte Diskussion zu einem (vorläufigen) Ende geführt[62]. Schließlich hat das Bundesverfassungsgericht am 20.3. 2002, gemäß § 31 BVerfGG mit Gesetzeskraft, § 43a StGB für mit Art. 103 Abs. 2 GG unvereinbar und nichtig erklärt[63]; damit ist die oben (S. 144) kritisierte *Vermögensstrafe* kein Bestandteil des geltenden strafrechtlichen Sanktinensystems mehr.

---

[58] So etwa der Diskussionseinwand des Leitenden Oberstaatsanwalts *Ellinger*, Tübingen.
[59] BT-Drs. 14/9358 vom 11.6. 2002.
[60] Vgl. *Stünker*, ZRP 2003, 17, 18; *Montag*, ZRP 2003, 18, 20; *Funke*, ZRP 2003, 22.
[61] BGBl. 2002 I S. 3344.
[62] Zum neuen Gesetz vgl. *Kinzig*, NJW 2002, 3204.
[63] BGBl. 2002 I S. 1340 = *BVerfGE* 105, 135.

Die ZPO-Reform im europäischen Umfeld
Bilanz und Ausblick[1]

Burkhard Heß/Wolfgang Münzberg

I. Einleitung

Zum Jahreswechsel 2002 ist nicht nur die Schuldrechtsmodernisierung, sondern auch die ZPO-Reform in Kraft getreten[2]. Dies hat die Öffentlichkeit kaum mehr registriert, obwohl eine erregte politische Diskussion um die ZPO-Reform bis ins Frühjahr 2001 die Schlagzeilen beherrschte[3]. Mit der Schuldrechtsmodernisierung hat sich jedoch das rechtspolitische Interesse anderen Themen zugewandt. Dennoch sind die Änderungen im Prozessrecht ganz erheblich.

Der Beitrag will nicht nur die wesentlichen Inhalte der Reform untersuchen. Es geht auch um Bilanz und Ausblick: Bilanz insoweit, als zu fragen ist, ob das von der Bundesregierung ursprünglich verfolgte Reformziel erreicht wurde. Ausblick, weil auch die Frage untersucht werden soll, ob und inwieweit sich die Europäisierung des Prozessrechts bzw. der Konkurrenzdruck der Zivilprozessordnungen im europäischen Justizraum auf die Reform ausgewirkt haben und welche weiteren Reformschritte zu erwarten sind.

II. Die wesentlichen Reformziele

1. Der Regierungsentwurf zur ZPO-Reform

Die Koalitionsvereinbarung zwischen SPD und Grünen vom 20.10.1998 enthielt folgende Passage: „Die neue Bundesregierung wird eine umfassende Justizreform (Dreistufigkeit, Aufwertung der einheitlichen Eingangsgerichte, Reform der Gerichte und der Instanzen, Vereinfachung und Angleichung der Verfahrensordnungen) durchsetzen"[4]. Dieses Programm war nicht aus dem „Nichts" entstanden. Vielmehr wird seit den achtziger Jahren eine Reform der

---

[1] Die Abschnitte I., II., III., V. und VI. hat *B. Heß*, Abschnitt IV. hat *W. Münzberg* verfasst.
[2] BGBl. 2002 I 1887.
[3] Vgl. insbesondere die Diskussion auf dem 63. Deutschen Juristentag in Leipzig (2000), Vhdlgen DJT 63 II, P 85ff.; sowie *Prütting*, Rechtsmittelreform 2000 oder: Der Staat spart und der Rechtsstaat leidet, Schriften der Kölner Juristischen Gesellschaft 24 (2000); *Musielak*, NJW 2000, 2769ff.; ausführliche Dokumentation bei *Hannich/Meyer-Seitz/Engers*, ZPO-Reform, S. 37–119.
[4] Koalitionsvereinbarung der neuen Bundesregierung vom 20.10.1998, IX, 12.

Gerichtsorganisation und des Rechtsmittelsystems diskutiert[5], insbesondere im Zusammenhang mit den Überlegungen zum „schlanken Staat"[6]. Eine hierzu im Jahre 1997 konstituierte Bund-Länder-Arbeitsgruppe hatte eine rechtstatsächliche Untersuchung zur Berufung in Auftrag gegeben[7] und im Sommer 1999 die Bundesjustizministerin aufgefordert, auf der Grundlage dieser Untersuchung einen Gesetzesentwurf zu erarbeiten. Ein Referentenentwurf wurde noch im Dezember 1999 veröffentlicht. Dort wurde das Ziel formuliert, die „Ziviljustiz effizienter, transparenter und bürgerfreundlicher zu machen"[8]. Folgende Änderungsschwerpunkte waren vorgesehen:

(1) Eine Strukturreform des Rechtsmittelrechts, insbesondere der Berufung: Ihre Ausgestaltung als zweite Tatsacheninstanz (§ 525 ZPO a.F.) sollte aufgegeben, die Funktion auf eine Fehlerkontrolle erstinstanzlicher Urteile konzentriert und damit das Verfahren gestrafft werden.

(2) Zugleich sollte die 1. Instanz gestärkt werden: Die Aufklärungsmöglichkeiten des Gerichts bei der Tatsachenfeststellung und die gesetzlichen Regelungen zur Streitschlichtung (Mediation) sollten verbessert werden.

(3) Schließlich wurden einschneidende gerichtsorganisatorische Maßnahmen vorgeschlagen: ein verstärkter Einsatz des Einzelrichters, sowie die umfassende Zuweisung der Berufungen an die Oberlandesgerichte. Dies war als Einstieg in einen dreistufigen Gerichtsaufbau gedacht. Allerdings hielt der Entwurf an den Amts- und Landgerichten als gleichberechtigten Eingangsinstanzen fest, formulierte jedoch zugleich das Ziel einer nachhaltigen Entlastung der Amtsgerichte.

2. Der Verlauf des Gesetzgebungsverfahrens

Der Entwurf wurde vor allem von der Anwalt-[9] und der Richterschaft[10] scharf kritisiert. Hier sah man im Grunde keinen Handlungsbedarf, vielmehr eine Reform unter dem „Diktat der leeren Kassen". Die meisten Stellungnahmen aus

---

[5] Vgl. *Gilles* u.a. (Hrg.), Rechtsmittel im Zivilprozessrecht (1985), mit rechtstatsächlichen und -vergleichenden Beiträgen.

[6] Aus jüngster Zeit insbesondere *Gottwald*, Empfehlen sich im Interesse eines effektiven Rechtsschutzes Maßnahmen zur Vereinfachung, Vereinheitlichung und Beschränkung der Rechtsmittel und des Zivilverfahrensrechts?, Verhandlungen des 61. DJT 1996 I, S. A 1ff.; *Rimmelspacher*, ZZP 107 (1997), 453ff.; *ders.*, Berufungsinstanz zwischen Rechtskontrolle und Tatsachenkorrektur, in: Justizministerium Baden-Württemberg (Hrsg.), Rechtsstaat – Rechtsmittelstaat (1999), S. 47ff.

[7] *Rimmelspacher*, Funktion und Ausgestaltung des Berufungsverfahrens im Zivilprozess, Eine rechtstatsächliche Untersuchung (2000).

[8] Vgl. *Hannich/Meyer-Seitz/Engers*, ZPO-Reform (2001), S. 57f.

[9] Vgl. den Bericht von *Freundling*, NJW 2000, 782ff.; *Busse*, NJW 2000, 785ff.

[10] Stellungnahme des *Deutschen Richterbundes* vom 1.3. 2000, DRiZ 2000, 88, weitere Nachweise bei *Musielak*, NJW 2000, 2769, Fn. 1ff.; vgl. auch den Bericht über die Anhörung im Rechtsausschuss des Bundestages, *Renk*, DRiZ 2001, 45ff.

der Wissenschaft waren hingegen positiver[11]. Im Zentrum der Kritik standen die Umstrukturierung der Gerichtsorganisation und die in der Gesetzesbegründung forsch behauptete Kostenneutralität. Diese Kritik ging vor allem in die Gegenäußerung des Bundesrats ein[12], sie bewirkte eine deutliche Überarbeitung des Entwurfs[13].

Die endgültige Gesetzesfassung sieht von einer einheitlichen Zuweisung aller Berufungen an die Oberlandesgerichte ab. Statt dessen enthält § 119 III, VII GVG nunmehr eine Experimentierklausel, die es den Bundesländern ermöglicht, bis zum Jahre 2008 probeweise den Oberlandesgerichten ganz oder teilweise Berufungen gegen amtsgerichtliche Urteile zuzuweisen[14]. Mit dieser Modifikation wurde das ZPO-Reformgesetz im Mai 2001 vom Bundestag verabschiedet, der Bundesrat ließ es im Juni 2001 passieren. Inzwischen ist die Experimentierklausel gescheitert. Denn kein Bundesland will von ihr Gebrauch machen[15]. Die übrigen Teile des Gesetzgebungsvorhabens wurden hingegen weitgehend unverändert in die ZPO übernommen. Auf sie soll sich die folgende Darstellung konzentrieren.

III. Die Änderungen in der Ersten Instanz

Die Umgestaltung der Berufung zu einer „Kontrollinstanz" erfordert die Stärkung des erstinstanzlichen Verfahrens. Anliegen des Gesetzgebers ist es, dort eine vollumfängliche Ermittlung des rechtserheblichen Tatsachenstoffs zu sichern. Aus diesem Grund wird die richterliche Prozessleitung (§§ 139ff. ZPO) verstärkt (2). Weitere Änderungen ergeben sich aus der Aufwertung „mediativer Elemente" im Zivilverfahrensrecht (1). Auf deutliche Kritik stieß schließlich die Einführung des obligatorischen Einzelrichters (§§ 348f. ZPO) (3).

---

[11] *Greger*, JZ 2000, 843ff.; *Stürner*, NJW 2000, Beil. zu Heft 25, 31ff. Stellungnahme *Gottwald* bei der Sachverständigenanhörung im Bundestag (2000); kritisch *Prütting*, Rechtsmittelreform 2000, S. 19ff.; *Musielak*, NJW 2000, 2769ff.

[12] Stellungnahme des Bundesrats, BT-Drs. 14/4722, Anl. 2.

[13] Der Referentenentwurf wurde im Frühjahr 2000 in einer Verfahrenssimulation des JM Nordrhein-Westfalen auf seine Tauglichkeit untersucht. Die Ergebnisse dieser Simulation führten vor allem zur Neufassung des § 529 ZPO, vgl. *Dieckmann*, JZ 2000, 760ff.

[14] Nach § 119 I GVG entscheiden die Oberlandesgerichte nunmehr über sämtliche Verfahren mit Auslandsberührung (Anwendung ausländischen Rechts, Partei mit allgemeinem Wohnsitz im Ausland). Die (beispielsweise im Fall der Streitgenossenschaft) problematische Regelung soll der „Internationalisierung des Rechts" Rechnung tragen, BT-Drs. 14/6036, S. 118f.

[15] *G. Vollkommer*, Mitt. Dt. Patentanwälte 2002, 125, 142.

1. Stärkung mediativer Elemente

„Alternativen zur Justiz", „Mediation", „Selbstregulierung von Konflikten", „Alternative Dispute Resolution" gehören zu den wirkmächtigen Schlagworten der Justizpolitik der achtziger und neunziger Jahre[16]. Mit dem sog. vollstreckungsfähigen Anwaltsvergleich (§§ 794 I Nr. 4b, 796b, 796c ZPO), der Neuregelung des Schiedsverfahrens (1998)[17], der Einführung obligatorischer Güteverfahren im Landesrecht aufgrund der Ermächtigung nach § 15a EGZPO, sind diese Diskussionen unmittelbar in die Prozessordnung eingegangen[18]. Über die praktische Wirksamkeit – insbesondere den Entlastungseffekt durch zwingende Schlichtungsverfahren – gibt es allerdings nur wenige, überwiegend ernüchternde Berichte[19]. Die landesrechtliche Öffnungsklausel hat die vor 4 Generationen (mit den Reichsjustizgesetzen) überwundene partikulare Rechtszersplitterung im Prozessrecht wieder aufleben lassen[20].

Seit dem 1. Januar 2002 beginnt jedes Zivilverfahren mit einer obligatorischen Güteverhandlung, regelmäßig bei persönlicher Anwesenheit der Parteien (§§ 278 III, 141 I, 2, II ZPO)[21]. Der zwingende Termin entspricht der Regelung im arbeitsgerichtlichen Verfahren (§ 54 ArbGG)[22]. Der Schlichtungstermin ist nicht Bestandteil der mündlichen Verhandlung, sondern ihr vorgeschaltet. Daher ist der Erlass eines Versäumnisurteils unzulässig[23]. Er kann entfallen, wenn ein vorprozessuales Güteverfahren nach § 15a EGZPO fehlgeschlagen ist oder wenn seine Durchführung erkennbar aussichtslos erscheint[24]. An die Gü-

---

[16] Dazu (allerdings überzeichnend) *Ritter*, NJW 2001, 3440ff.; lesenswert *Hoffmann-Riem*, Modernisierung von Recht und Justiz (2001), S. 63ff., 82ff.; *Katzenmeier*, ZZP 115 (2002), 51ff.

[17] Dazu *Voit*, JZ 1997, 120ff.; *Schlosser*, in: Gottwald (Hrg.), Revision des EuGVÜ – Neues Schiedsverfahrensrecht (2000), S. 163ff.

[18] Zu erwähnen ist auch der Ausbau mediativer Elemente im Verfahren der freiwilligen Gerichtsbarkeit (§§ 52, 52a FGG).

[19] Bezeichnend *Ritter*, NJW 2001, 3440, 3448 (Fn. 89); *Schoser*, DRiZ 2001, 72, 78. *Leipold* hat die „Geschichte des Schlichtungsgedankens in Deutschland im großen und ganzen als die Geschichte seines Scheiterns" bezeichnet, unveröffentlichter Vortrag in Freiburg am 6. 7. 1991, zit. nach *Prütting*, Verh. 62. DJT 1998 II/1, O 15.

[20] Dazu *Wagner*, JZ 1998, 843ff. Eine Zusammenstellung der bedenklichen (und unnötigen) Rechtszersplitterung durch die unterschiedlichen landesrechtlichen Regelungen enthält NJW 2001, Beil. zu Heft 51. Treffende Kritik bei *Münch*, DStR 2002, 85, 87.

[21] Es bietet sich an, die obligatorische Schlichtung mit einer sofortigen Terminierung für einen frühen ersten Termin zu verbinden (§ 279 I ZPO), um gegebenenfalls gegen die nichterschienene Partei ein Versäumnisurteil zu erlassen, dazu auch *Greger*, JZ 2000, 842, 843f.

[22] BT-Drs. 14/4722, S. 62. Ob allerdings die tatsächlichen Verhältnisse in der ordentlichen Gerichtsbarkeit denen in der Arbeitsgerichtsbarkeit entsprechen, erscheint fraglich: In Kündigungsstreitigkeiten geht es häufig der Sache nach um die Höhe einer Abfindung, dementsprechend ist die Vergleichsbereitschaft der Parteien grundsätzlich gegeben.

[23] So zutreffend *Gehrlein*, ZPO nach der Reform (2001), S. 12f.; *Thomas/Putzo*, § 278 ZPO, Rdn. 14.

[24] Dabei soll aber der übereinstimmende Vortrag der Parteien das Gericht nicht binden, BT-Drs. 14/4722, S. 83.

teverhandlung soll sich die mündliche Verhandlung (früher erster Termin oder Hauptverhandlung) unmittelbar anschließen, § 279 I ZPO n.F.

Das erscheint insofern bedenklich, als das Gericht zwischen erstem frühen Termin und schriftlichem Vorverfahren wählen soll, § 272 ZPO. Die Kombination des Schlichtungsverfahrens mit dem frühen ersten Termin erscheint aus der Perspektive des auf Prozessbeschleunigung bedachten Gerichts sicherlich sachadäquater als die gesonderte Anberaumung eines Schlichtungstermins. Damit erscheint aber die Intention des Gesetzgebers fraglich, die vor allem in Norddeutschland (aber auch beispielsweise vom AG München) praktizierte Verfahrensweise, den frühen ersten Termin als „Durchlauftermin" zu bestimmen, zu beenden. Denn die Gerichte werden vielmehr Schlichtungstermin und frühen ersten Termin als kombinierte Durchlauftermine terminieren, um möglichst rasch entscheiden zu können, ob überhaupt streitig zu verhandeln ist oder nicht.

Die Neuregelung erscheint ungeschickt: Bereits nach bisherigem Recht war das Gericht verpflichtet, in allen Phasen der Verhandlung auf eine gütliche Einigung der Parteien hinzuwirken (§ 279 I ZPO a.F.). Zwingende Schlichtungsverfahren hatten in Deutschland bislang wenig Erfolg: Die sog. Emminger-Novelle hatte die Güteverhandlung im Jahre 1924 vor den Amtsgerichten zwingend vorgeschrieben, sie wurde im Jahre 1950 wegen praktischer Wirkungslosigkeit wieder abgeschafft[25]. Auch widerspricht die Formalisierung des Vergleichsverfahrens dem informellen Charakter einer Schlichtung[26]. Schließlich ist die Durchführung eines Gütetermins zu Verfahrensbeginn nicht immer sinnvoll: Oft ist zu diesem Zeitpunkt der Prozessstoff noch nicht hinreichend geklärt, so dass das Gericht kaum einen vernünftigen Vergleichsvorschlag machen kann[27]. Kommt kein Vergleich zustande, verlängert die Durchführung des zwingenden Schlichtungstermins die Verfahrensdauer[28]. Es ist daher bedauerlich, dass die Bundesregierung trotz der zutreffenden Kritik des Bundesrats[29] an der Neuregelung festgehalten hat. Die Regelung widerspricht auch dem Trend im europäischen Ausland: Neuere Gesetzesänderungen haben dort obligatorische Güteverfahren durch flexible Regelungen zur richterlichen Schlichtung ersetzt oder ermöglichen eine Prozessaussetzung, um parallele Mediationsverfahren durchzuführen[30].

---

[25] Dazu *Jauernig*, Zivilprozessrecht (26. Auflage 2001), S. 107; *Schellhammer*, MDR 2001, 1081, 1082; *Engers*, in: Hannich/Meyer-Seitz (Hrg.), ZPO-Reform 2002, S. 57 ff.

[26] *Musielak*, NJW 2000, 2769, 2771.

[27] Zudem stellt sich die Frage, ob die im Schlichtungstermin vorgetragenen Tatsachen im anschließenden Prozess verwertet werden können, dazu G. *Vollkommer*, Mitt. Dt. Patentanwälte 2002, 125, 133.

[28] Natürlich nur dann, wenn der Schlichtungsversuch fehlschlägt. Die Gerichte sollten den Gütetermin auch zur Begrenzung und Konkretisierung des Streitstoffs nutzen, Zöller/*Greger*, § 278 ZPO (23. Aufl. 2002), Rdn. 9.

[29] BT-Drs. 14/4722, S. 147 f.

[30] Eine rechtsvergleichende Umschau hätte hier Einsichten vermitteln können: Frankreich hat das obligatorische Sühneverfahren im Nouveau Code de Procédure Civile abgeschafft und das Verfahren flexibilisiert, vgl. Art. 821 NCPC. Im Jahre 1995 wurde hingegen eine ausdifferenzierte Regelung zur Verfahrensaussetzung und Überweisung an einen *médiateur* mit Zu-

Sinnvoll ist hingegen die Regelung des § 278 VI ZPO: Danach können die Parteien einem schriftlichen Vergleichsvorschlag des Gerichts ohne mündliche Verhandlung zustimmen; das Gericht stellt den Inhalt des Vergleichs durch Beschluss fest[31]. Das Zustandekommen des Vergleichs erfolgt nach den §§ 145ff. BGB unter Vermittlung des Gerichts. Erst nach der materiellrechtlichen Einigung erfolgt die gebräuchliche Bestätigung[32]. Entgegen in der Literatur geäußerten Zweifeln erfüllt der schriftliche Vergleich die Erfordernisse des § 127a BGB: Die Vorschrift setzt keine mündliche Belehrung der Parteien voraus[33].

2. Die Verbesserung der materiellen Prozessleitung

a) Die Neufassung des § 139 ZPO

Die Rechtsentwicklung in Deutschland ist seit dem Inkrafttreten der ZPO von einer Verstärkung der richterlichen Verantwortung für die materielle Prozessleitung gekennzeichnet[34]. Das bedeutet keine Abkehr vom Beibringungsgrundsatz oder der Parteiherrschaft[35], sondern eine geteilte Verantwortung zwischen Parteien und Gericht bei der Stoffsammlung[36]. § 139 ZPO verpflichtet das Gericht zur umfassenden Vorbereitung des Termins, es muss – auch mit der anwaltlich vertretenen Partei – den Sach- und Streitstand „nach der tatsächlichen und rechtlichen Seite erörtern und Fragen stellen". Insbesondere hat es darauf hinzuwirken, dass sich die Parteien rechtzeitig und vollständig erklären, ungenügende Angaben ergänzen und sachdienliche Anträge stellen[37].

---

stimmung der Parteien geschaffen, Art. 21–26 Loi n° 95–125, dazu *Férrand*, ZZPInt. 2 (1997), 43, 49ff. Auch das neue englische Prozessrecht setzt auf flexible Schlichtungsverfahren, vgl. *Andrews*, ZZPInt. 4 (1999), 3ff.

[31] Der Vergleich soll damit ein Vollstreckungstitel im Sinne des § 794 I Nr. 1 ZPO sein, Regierungsbegründung BT-Drs. 14/4722, S. 82 – allerdings passt die Feststellung per Beschluss nicht zu dieser Vorschrift, die auf eine Protokollierung abstellt. Die Regelung ähnelt § 1054 II ZPO (Schiedsspruch mit vereinbartem Wortlaut) – dort ordnet jedoch das Gesetz die Gleichbehandlung mit dem Schiedsspruch (also gerade nicht Schiedsvergleich) an, zum Problem nunmehr *Schlosser*, FS Schumann (2002), S. 389, 390ff.

[32] Dies entspricht der Doppelnatur des Vergleichs, Musielak/*Förste* (3. Aufl. 2002), § 278 ZPO, Rdn. 16.

[33] A.A. Musielak/*Förste*, § 278 ZPO (3. Aufl. 2002), Rdn. 18; *Engers*, in: Hannich/Meyer-Seitz, ZPO-Reform, S. 71, Rdn. 57.

[34] Zur Rechtsentwicklung *Peters*, Richterliche Hinweispflicht im Zivilprozess (1993); vgl. auch *Heß*, Rechtsvergleichende Bemerkungen zur Rechtsstellung des Richters, in: Oberhammer (Hrg.), Richterbild und Rechtsreform in Mitteleuropa (2001), 1, 11ff.

[35] So aber die missverständlichen Äußerungen auf der DAV-Veranstaltung „Justizreform", berichtet von *Freundling*, NJW 2000, 792, 793.

[36] Zutreffend MünchKomm/*Peters*, § 139 ZPO (2. Auflage 1999), Rdn. 8ff.; Zöller/*Greger*, ZPO, § 139, Rdn. 1.

[37] Zur Rechtsentwicklung in England und in Deutschland *Weber*, ZZPInt 5 (2000), S. 59, 64ff.

Diese Verpflichtung, die sich bisher aus einer Zusammenschau der §§ 273, 278, 139 ZPO a.F. ergab, fasst nunmehr § 139 ZPO sprachlich deutlicher zusammen. Die Neufassung soll der Gefahr entgegenwirken, dass die Parteien die erste Instanz mit tatsächlichem Vorbringen überfrachten, weil in der Berufungsinstanz neuer Tatsachenvortrag grundsätzlich ausgeschlossen ist (§ 529, 531 ZPO)[38]. Der Gesetzgeber hat zudem die Verpflichtung des Gerichts verstärkt, auf Gesichtspunkte hinzuweisen, die eine Partei übersehen hat[39]. Auch muss das Gericht die Parteien auf eine beabsichtigte, abweichende rechtliche Beurteilung hinweisen[40]. Die Vorschrift konkretisiert die Rechtsprechung von BGH und BVerfG zum rechtlichen Gehör (Art. 103 I GG)[41]. Praktische Auswirkungen hat hingegen die in § 139 IV ZPO enthaltene Verpflichtung, die Hinweise nach § 139 ZPO frühzeitig und vollständig zu dokumentieren[42]. Diese Dokumentationspflicht, die durch Aktenvermerke, im Protokoll, notfalls auch im Tatbestand des Urteils erfolgen kann, soll die Anfechtung des Urteils wegen der Verletzung des § 139 ZPO erleichtern[43]. In der Richterschaft ist diese Neuregelung keineswegs auf Begeisterung gestoßen – man befürchtet eine unnötige Verkomplizierung des Verfahrens aufgrund der umfassenden Dokumentationspflicht[44]. In der Tat erscheint die Dokumentation wenig praktikabel. Sie bedeutet zeitlichen Mehraufwand und kann – unnötige – Rechtsmittel provozieren[45].

b) Erweiterte Vorlageanordnungen, §§ 142, 144 ZPO

Eine Verbesserung bringt die Neufassung der §§ 142, 144 ZPO. Das Gericht ist nunmehr befugt, die Vorlage von Urkunden, die Einnahme eines Augenscheins sowie die Begutachtung durch Sachverständige anzuordnen, sofern die Parteien sich auf diese Beweismittel bezogen haben. Diese prozessualen Vorlageanordnungen können nicht nur gegen die Parteien (unabhängig davon, welche Partei

---

[38] So deutlich BT-Drs. 14/4722, S. 62; *Rensen*, AnwBl. 2002, 633, 639.
[39] Zöller/*Greger*, § 139 ZPO, Rdn. 5.
[40] Zum Umfang der Hinweispflicht *Thomas/Putzo*, ZPO, § 139, Rdn. 15ff.; Zöller/*Greger*, ZPO, § 139, Rdn. 5ff. Den Vorschlag des Referentenentwurfs, die Mitteilungspflicht auf jede abweichende Einschätzung von Sachvortrag auch nur einer Partei zu erstrecken, hat die Gesetzesfassung mit Recht nicht weiterverfolgt.
[41] MünchKomm/*Peters*, § 139 ZPO, Rdn. 55f.
[42] Eine entsprechende Dokumentation wurde auch nach bisherigem Recht empfohlen, Musielak/*Stadler*, § 139 ZPO (3. Auflage 2002), Rdn. 26ff.
[43] Hier zeigt sich die neue Konzeption des Berufungsrechts, das auf eine Fehlerkontrolle abzielt und dementsprechend die Nachprüfung des Berufungsgerichts von der Tatsachenfeststellung hin zur Kontrolle von Verfahrensfehlern der 1. Instanz verlagert.
[44] *Schellhammer*, MDR 2001, 1081, 1084. Der Nachweis eines fehlenden Hinweises wird in der Berufung mit der fehlenden Protokollierung (zwingend) nachgewiesen, *G. Vollkommer*, Mitt. Dt. Patentanwälte 2002, 125, 134.
[45] Zutreffend Musielak/*Stadler*, § 139 ZPO, Rdn. 26 a.E.

sich auf das Beweismittel bezogen hat) ergehen[46], sondern auch gegen Dritte, soweit sie diesen zumutbar sind, und wenn keine Zeugnisverweigerungsrechte bestehen[47]. Damit ist die Mitwirkungspflicht ähnlich wie die Zeugnispflicht strukturiert – sie wird freilich zusätzlich – durch das Kriterium der „Zumutbarkeit" begrenzt[48]. Die erweiterten Vorlagepflichten befreien die Parteien nicht von ihrer jeweiligen Darlegungs- und Substantiierungslast. Jedoch kann das Gericht unabhängig vom Beweisantritt der Parteien die Beibringung der Beweismittel verlangen, auf materielle Vorlage- bzw. Duldungspflichten kommt es nicht an. Die Mitwirkungspflicht der Parteien und der Dritten ergibt sich unmittelbar aus dem Prozessrecht[49]. Ihre Verletzung wird (bei den Parteien) mit Beweisnachteilen sanktioniert (§§ 371 III, 427, 444 ZPO); gegen Dritte kann das Gericht Ordnungsgeld (bis 1.000 €) und -haft verhängen (§§ 142 II 2, 386ff. ZPO).

Die Verstärkung prozessualer Auskunfts- und Informationspflichten fordert die Literatur seit langem[50]. Allerdings hat sich der Gesetzgeber auch im ZPO-ReformG nicht dazu durchringen können, umfassende prozessuale Aufklärungspflichten der Parteien untereinander zu schaffen[51] – oder die sanktionierten Informationslasten wie im Unterhaltsprozess (§ 645 ZPO) allgemein zu erweitern[52]. Im Ergebnis verstärkt die Neuregelung die ohnehin bereits stark ausgeprägte richterliche Fürsorge im deutschen Verfahrensrecht[53]. Dennoch erscheint die Neuregelung sachgerecht. Es ist zu erwarten, dass in der Praxis die

---

[46] Insofern entspricht die Neuregelung der bisherigen Fassung von § 273 I Nr. 1 ZPO; *Pukall/Kießling*, WM Beil. 1/2002, S. 12f.

[47] *Zekoll/Bolt*, NJW 2002, 3129, 3131.

[48] Entscheidend ist das Verhältnis zwischen der Belastung des Dritten zum Interesse der Partei an der Beweisgewinnung, *Gehrlein*, ZPO nach der Reform, § 10, Rdn. 35; eine Konkretisierung dieses Tatbestandsmerkmals durch den Gesetzgeber wäre hilfreich gewesen, kritisch *Schellhammer*, MDR 2001, 1081, 1084.

[49] *Musielak/Stadler*, § 142 ZPO, Rdn. 1; § 144 ZPO, Rdn. 9; *G. Vollkommer*, Mitt. Dt. Patentanwälte 2002, 125, 128.

[50] Dazu grundlegend *Stürner*, Die Aufklärungspflicht der Parteien des Zivilprozesses (1976); *Schlosser*, JZ 1991, 599ff.; *Gottwald*, Gutachten 61. DJT 1996, S. 15ff.; *Greger*, JZ 1997, 1077, 1080; zuletzt instruktiv *Hartwieg*, ZZPInt. 5 (2000), 19, 26ff.

[51] Ein Beispiel für die unzureichende Gesetzeslage findet sich im Arzneimittelgesetz, das in der zweiten Schadenrechtsnovelle neu gefasst wurde, BGBl. 2002. Der Gesetzgeber sah sich vor dem Hintergrund rein materiellrechtlicher Auskunftspflichten veranlasst, hier eine Sonderregelung zu schaffen, wonach Pharmaunternehmen potentiellen Anspruchstellern zur Auskunft verpflichtet sind. Damit soll die bisherige Rechtslage beendet werden, dass der schärfste Haftungstatbestand des deutschen Privatrechts (§ 84 AMG) – mangels Informationsmöglichkeiten der Geschädigten – völlig leer lief.

[52] Die Gesetzesbegründung enthält den Hinweis, dass die Neuregelung keine „discovery of documents" beinhalte und eine „Ausforschung" der Partei unzulässig bleibe, BT-Drs. 14/4722, S. 78f., dazu *Zekoll/Bolt*, NJW 2002, 3129, 3130 und 3133ff.; *Trittmann/Leitzen*, IPRax 2003, 7, 11ff.

[53] Zutreffend *Stürner*, Beil. Heft 25 NJW 2000, S. 25, 33.

umständlichen Vorlageregelungen des Urkunden- und Augenscheinsbeweises von den neuen Vorlagebefugnissen weitgehend verdrängt werden[54].

3. Einzelrichtereinsatz, §§ 348, 348a ZPO

Der Referentenentwurf wollte den Einzelrichter sowohl für die erste als auch für die zweite Instanz zwingend einführen[55]. Der Gesetzgeber ist – nach massiver Kritik der Richterschaft – für die Berufung[56] hiervon abgerückt[57].

Bei den Eingangsgerichten ist die Situation nunmehr anders: Nach § 348 I 1 ZPO entscheidet regelmäßig der „originäre" Einzelrichter. Ausnahmsweise wird der Rechtsstreit der Kammer zugewiesen: Hierzu listet § 348 I 2 Nr. 2 ZPO heterogene Fallgruppen auf, die der Kammergeschäftsverteilungsplan (§ 23g GVG) dem Kollegium übertragen kann. Auch in diesen Fallgruppen ist der Rechtsstreit dem Einzelrichter zuzuweisen, wenn er keine grundsätzliche Bedeutung hat oder keine rechtlichen oder tatsächlichen Schwierigkeiten bestehen[58]. Hinter dem verstärkten Einsatz des Einzelrichters stehen Sparzwänge[59]. Die Gesetzesbegründung verweist hingegen auf rechtstatsächliche Untersuchungen, nach denen die Qualität von Kollegialentscheidungen nicht signifikant höher sei als diejenige von Urteilen des Einzelrichters[60]. Tatsächlich sollen jedoch die Amtsgerichte durch „Umschichtungen" von Richterstellen von den Land- zu den Amtsgerichten gestärkt werden. Die Diskussion um den Einzelrichter ist nicht neu: Die Forderung nach seiner Einführung findet sich bereits im Kommissionsbericht zur Reform der Zivilgerichtsbarkeit von 1961[61], erwogen wurde er bereits im ZPO-Entwurf von 1931[62]. Ob allerdings der verstärkte Einsatz des Einzelrichters ca. 2/3 der Arbeitskraft aller Richter in Zivilkam-

---

[54] Angesichts der komplizierten Regelung der §§ 428f. ZPO ist dies kein Nachteil. *Prütting*, FS Schumann (2002), S. 309, 322, beklagt die mangelhafte Abstimmung der Normen und hält § 142 ZPO für „systemfremd". Wie hier *G. Vollkommer*, Mitt. Dt. Patentanwälte 2002, 125, 129f.

[55] Allerdings sollte der Einsatz von Einzelrichtern nur bis zu einem Streitwert von 30.000,– € zwingend vorgeschrieben werden, dazu *Musielak*, NJW 2000, 2769, 2772.

[56] Nach § 30 S. 2 FGG n.F. gilt die Neuregelung des § 526f. ZPO auch im fG-Verfahren.

[57] Siehe dazu unten IV.2.a).

[58] MünchKomm/*Deubner*, § 348 ZPO, Rdn. 5 m.w.N. Nach § 348 III ZPO kann der Einzelrichter den Rechtsstreit der Zivilkammer bei grundsätzlicher Bedeutung zurückübertragen oder wenn die Sache besondere Schwierigkeiten aufweist oder wenn die Parteien dies übereinstimmend beantragen.

[59] *Stürner*, Beil. zu Heft 25 NJW 2000, S. 25, 32.

[60] BT-Drs. 14/14722, S. 63. Dabei wird nicht hinreichend nach dem Gegenstand der Entscheidung differenziert: Nach bisherigem Recht waren dem Einzelrichter lediglich rechtlich einfach gelagerte Sachen zu übertragen, bei denen naturgemäß die Anfechtungshäufigkeit geringer ist, zutreffend *Musielak*, NJW 2000, 2772f.

[61] Kommissionsbericht zur Reform der Zivilgerichtsbarkeit von 1961, S. 89–92.

[62] Bericht des Reichsjustizministeriums (1931), S. 246f. – man wollte aber damals am Kollegialprinzip zumindest bei Sachen von größerer Bedeutung festhalten.

mern und -senaten freisetzen wird, erscheint fraglich[63]. In der Richterschaft wird nicht zu Unrecht eine Ökonomisierung der Justiz beklagt[64], die einen Verlust an Rechtskultur bewirkt[65]. Dies wird jedem einleuchten, der in Kollegialgerichten engagierte Diskussionen über bevorstehende Rechtsstreitigkeiten miterlebt hat[66]. Allerdings war der bisherige Rechtszustand gleichfalls wenig zufriedenstellend: Trotz wiederholter Versuche des Gesetzgebers, den Einzelrichter zu stärken, betrug in manchen Bundesländern die Einzelrichterquote lediglich 8%, in anderen hingegen 64%[67]. Nach rechtstatsächlichen Erhebungen hat sich hier die unterschiedliche Stärke der entscheidenden Spruchkörper nicht auf die Anfechtungsquote ausgewirkt[68]. Der Einsatz von Einzelrichtern in der Eingangsinstanz entspricht der Rechtslage in den meisten europäischen Nachbarländern – er führt sicherlich nicht zur Verbesserung der Rechtsprechungsqualität, erscheint aber vor dem Hintergrund der Überlastung der Justiz grundsätzlich hinnehmbar[69].

IV. Die Anfechtung von Entscheidungen seit der Zivilprozessreform

Der Umfang des Beitrags erlaubt es nicht, alle Neuigkeiten bei der Anfechtung von Entscheidungen zu referieren. Daher beschränke ich mich auf einige Schwerpunkte und greife auch Aspekte heraus, die noch nicht in den bereits publizierten Beiträgen diskutiert wurden[70].

1. Rüge der Verletzung des rechtlichen Gehörs, § 321a ZPO

Bisher ging es im Zivilprozess um Berufung, Revision, Beschwerde und Erinnerung. § 321a ZPO bringt einen neuen Rechtsbehelf ins Spiel[71]. Er ist zu begrü-

---

[63] *Musielak*, NJW 2000, 2769, 2773; *Prütting*, FS Schumann (2002), 309, 320.
[64] Zur Diskussion um das „neue Steuerungsmodell" und „Benchmarking", vgl. *Kramer*, ZZP 114 (2001), 267 ff.; *Hoffmann-Riem*, Modernisierung von Recht und Justiz (2001), 228 ff.
[65] Bekanntlich hat die Diskussion um einen verstärkten Einzelrichtereinsatz in Tübingen im Frühjahr 2000 zu scharfen Auseinandersetzungen zwischen der Bundesjustizministerin und dem Präsidenten des Landgerichts geführt, dazu *Kraushaar*, ZRP 2000, 463 ff.
[66] Deutlich *Schellhammer*, MDR 2001, 1081, 1083 f.
[67] So *Däubler-Gmelin*, ZRP 2000, 33, 36; vgl. auch *Münch*, DStR 2002, 85, 89 f.
[68] Für einen verstärkten Einsatz von Einzelrichtern pointiert MünchKomm/*Deubner*, § 348 ZPO (2. Auflage 1998), Rdn. 5.
[69] *Stürner*, Beil. zu Heft 25 NJW 2000, S. 25, 33; *Prütting*, FS Schumann (2002), S. 309, 319 f.
[70] Z.B. für Berufung *Schellhammer*, MDR 2001, 1141 ff.; *Stackmann*, NJW 2002, 781 ff.; *Ebel*, ZRP 2001, 309 ff.; zu Teilaspekten *Grunsky*, NJW 2002, 800 ff.; *v. Olshausen*, NJW 2002, 802; für Revision *Büttner*, MDR 2001, 1201 ff., zu Scheidungsverfahren *Bergerfurth*, FamRZ 2001, 1493 ff.
[71] Ausführlich *M. Vollkommer*, FS Schumann (2002), S. 507 ff.; *Müller*, NJW 2002, 2743 ff.

ßen, da er Anrufungen des BVerfG ersparen kann[72]. § 321a ZPO erlaubt bei Verletzung rechtlichen Gehörs trotz § 318 ZPO eine Urteilskorrektur durch denselben Richter, falls Berufungen nach § 511 Abs. 2 ZPO mangels Berufungssumme oder Zulassung ausscheiden. So werden bisherige Unsicherheiten vermieden. Zuweilen wusste man nicht sicher, in welchen Fällen die Subsidiarität der Verfassungsbeschwerde es erfordert, dass man zuvor zu Gegenvorstellungen oder sogenannten außerordentlichen Rechtsmitteln greifen müsse[73]. Jetzt weiß man, dass zuerst der Antrag nach § 321a ZPO zu stellen ist[74]. Nach der neuesten Rechtsprechung des BGH ist jedenfalls die Rechtsbeschwerde wegen „greifbarer Gesetzeswidrigkeit" nicht mehr statthaft, vielmehr hat die Fehlerkorrektur innerhalb des Instanzenzugs (gegebenenfalls analog § 321a ZPO) Vorrang[75].

Die Rüge ist innerhalb einer Notfrist von zwei Wochen zu erheben. Diese Frist ist also kürzer als bei Berufungen. Legt man die schon seither h.M. zugrunde, dass Urteile stets erst mit Ablauf der Fristen für Rechtsmittel rechtskräftig werden, auch wenn diese unzulässig sind[76], so wäre es unnötig gewesen, in § 705 ZPO eine zusätzliche Rechtskrafthemmung durch § 321a ZPO einzufügen. Das war durchaus gesehen worden; der Rechtsausschuss setzte sich dennoch durch[77]. Daraus könnte man schließen, nunmehr trete die Rechtskraft schon nach Ablauf von zwei Wochen ein, wenn eine Berufung unzulässig sei[78]. Das wäre aber unangebracht, weil nicht einzusehen ist, warum solche erstinstanzlichen Urteile früher rechtskräftig werden sollten als nach h.M. Berufungsurteile in entsprechender Situation.

2. Neuregelung des Berufungsrechts

a) Einzelrichter

Dass es sich auch bei der Neuregelung der Berufung um eine „Spar-Reform" handelt, merkt man an der verstärkten Tendenz zum Einzelrichtereinsatz. Das

---

[72] Zum Anteil der „Gehörsrügen" bei den jährlich ca. 5000 Eingängen des BVerfG, vgl. BMJ (Hrg.), Bericht der Kommission zur Entlastung des BVerfG (1998), S. 63 ff.

[73] Vgl. z.B. OLG Schleswig, NJW 1988, 67, das eine Berufung trotz Nichterreichen der Berufungssumme zugelassen hat. Siehe auch *Thomas/Putzo*, ZPO (22. Aufl.), Einl. I, Rn. 27.

[74] Unbefriedigend ist die Begrenzung des § 321a ZPO auf Gehörsverletzungen (Art. 103 GG). Bei erweiterter (ggf. analoger) Auslegung der Vorschrift ist auch die Verletzung anderer Grundrechte (willkürfreies Verfahren, gesetzlicher Richter) im Abhilfeverfahren zu rügen, *G. Vollkommer*, Mitt. Dt. Patentanwälte 2002, 125, 135; *Müller*, NJW 2002, 2743, 2747; a.A. *Hinz*, WM 2002, 3, 7.

[75] BGH NJW 2002, 1577, zust. *Lipp*, NJW 2002, 1700; *Greger*, NJW 2002, 3049, 3053.

[76] Siehe dazu Stein/Jonas-*Münzberg*, § 705 ZPO, Rdn. 3 ff.

[77] BT-Drs. 14/6036, S. 121. Die gesetzliche Ausgestaltung des Verfahrens spricht für eine Einordnung als Rechtsbehelf, vergleichbar dem Einspruch nach dem Versäumnisurteil (§§ 338 ff. ZPO).

[78] So anscheinend BT-Drs. 14/4722, S. 121 („nunmehr").

mag finanziell unabwendbar sein[79]. Aber man sollte dann – auch bei sog. einfachen Sachen – nicht von „mindestens gleicher Qualität" wie bei Entscheidungen in voller Besetzung sprechen, wie die Begründung zum Entwurf es tut[80]. Schon als Referendare am LG und OLG erfuhren wir, dass juristische Problemlösungen innerhalb der Beratungsdiskussion gewinnen, und das Kammerprinzip entstand aus Jahrhunderte alten Erfahrungen. Erst recht gilt das für Beweiswürdigungen, ja sogar schon für die Beweisaufnahme selbst, z.B. wenn es darum geht, welche Fragen man einem Zeugen noch stellt. Qualitätsunterschiede lassen sich trotz Auslese in keinem Beruf vermeiden[81]. Sogar schon vier Augen sehen da mehr als zwei, und der Unterschied wirkt sich stärker aus, falls auch noch in zweiter Instanz nur ein einziger Richter entscheidet. Die ursprünglich noch stärkere Tendenz des Entwurfs wurde zwar aufgrund heftiger Kritik etwas zurückgenommen: Wenigstens für Berufungen gibt es keine „obligatorischen" Einzelrichter[82]. Problematisch genug bleibt aber die Auflistung in § 527 Abs. 3 ZPO, so beispielsweise, dass die oft schwerwiegenden Entscheidungen nach § 91a ZPO vom Einzelrichter entschieden werden müssen, auch wenn ihm die Sache nur zur Vorbereitung übertragen war.

b) Statthaftigkeit

Zu begrüßen ist wohl die Zulassungsberufung nach § 511 Abs. 2 Nr. 2 ZPO für Sachen mit zu geringer Berufungssumme. Nicht viel ändern wird dies freilich an den – als Argument von der damaligen Bundesjustizministerin erwähnten – Klagen zahlreicher Bürger, sie könnten nicht verstehen, dass sogar offensichtlich unrichtige Urteile nicht anfechtbar seien[83]. Denn diese Bürger werden genau wie früher darunter leiden, falls ihr Prozess keine Bedeutung hat, die über ihr individuelles Interesse hinausgeht. Dann gibt es nämlich keine Zulassung wegen § 511 Abs. 4 ZPO.

c) Berufungsbegründung

Für die Begründung der Berufung hat man zwar jetzt zwei Wochen Zeit. Aber die Frist beginnt schon mit der Urteilsverkündung; ihre Verlängerung ist freilich möglich, § 520 Abs. 1 ZPO.

---

[79] So *Däubler-Gmelin*, FS für Karlmann Geiß (2000), S. 72.
[80] Entwurf BR-Drs. 536/00, S. 157, ebenso *Däubler-Gmelin*, FS für Karlmann Geiß (2000), S. 73.
[81] *E. Schneider*, NJW 2001, 3757.
[82] Nachfragen bei Berufungsgerichten zeigen die Tendenz, dass an der Entscheidung durch die Kammer weitestgehend festgehalten werden soll.
[83] *Däubler-Gmelin*, FS für Karlmann Geiß (2000), S. 50.

d) Zurückweisung der Berufung, § 522 Abs. 2 ZPO

Gesehen wurde wenigstens, dass die in § 522 Abs. 2 ZPO erlaubte Zurückweisung sachlich aussichtsloser Berufungen in voller Besetzung einstimmig erfolgen muss. Dennoch überkommt mich leichtes Schaudern über diese Neuerung. Denn gemeint ist hier nicht die Unzulässigkeit wie in § 522 Abs. 1 ZPO, der dem § 519b ZPO a.F. nachgebildet ist. Sie lässt sich überwiegend rasch und sicher feststellen, und zudem ist das Ergebnis immerhin noch mit der Rechtsbeschwerde anfechtbar. Gemeint ist vielmehr fehlende Begründetheit, also wie in der KriegsVO vom 16.05.1942[84]. Die Formel „keine Aussicht auf Erfolg" passt gut zu vorläufigen Entscheidungen, auch zum Prozesskostenhilfeverfahren, aber schlecht zu endgültigen Ergebnissen. Vor allem „beißt sich das" mit dem Ausdruck, das Gericht müsse „überzeugt" sein. Im Beweisrecht versteht man darunter, dass voller Beweis erbracht ist. Überträgt man diesen Maßstab auf Rechtsansichten, so müssen zumindest Zweifel ausgeschlossen sein. Aber Zweifel worüber? Eine „Aussicht" ist doch schon begrifflich nicht über jeden Zweifel erhaben. Wir haben es also bei dem Begriff „überzeugt" mit einer Art Mogelpackung zu tun[85]. Umso schlimmer ist, dass solche Beschlüsse unanfechtbar sind nach Abs. 3, während für ein – sicherlich mehr Richtigkeitsgewähr versprechendes – Urteil aufgrund mündlicher Verhandlung noch u.U. die Revision im Wege der Nichtzulassungsbeschwerde nach § 544 ZPO erkämpft werden könnte[86].

Die Parteien müssen freilich vor Erlass des Beschlusses nach § 522 Abs. 2 ZPO entsprechende Hinweise erhalten (§ 139 ZPO) und dürfen dagegen schriftsätzlich Stellung nehmen; insbesondere können sie auch vortragen, wegen grundsätzlicher Bedeutung oder mit Rücksicht auf Rechtsvereinheitlichung sei ein solcher Beschluss unzulässig nach § 522 Abs. 2 Nr. 2 und 3 ZPO[87]. Hoffentlich wird das von den Gerichten ernst genommen. In anderen Beschlussverfahren, insbesondere auf dem Gebiet der Zwangsvollstreckung, zeigt die Erfahrung, dass es Richter gibt, die – einmal von einer Lösung überzeugt – ihre Route beibehalten, mögen Parteien vortragen was sie wollen. Vor allem müssen Berufungsrichter bedenken, dass sich in einer mündlichen Verhandlung und nach etwaigen richterlichen Hinweisen zwecks Ergänzung des Sachvor-

---

[84] RGBl I 333 ff.
[85] Nach Ansicht des OLG Celle, NJW 2002, 2400; NJW 2002, 2800, erfordert die Beurteilung eine Schlüssigkeitsprüfung mit abschließender Beratung.
[86] Vorsichtige Anwälte sollten ihre Mandanten auf diese Gefahr hinweisen, denn in etwaigen Regressprozessen könnte dies eine Rolle spielen. Dazu auch *Hirtz*, MDR 2001, 1268; *G. Vollkommer*, Mitt. Dt. Patentanwälte 2002, 125, 141.
[87] Rechtsgrundsätzlichkeit ist bei der Verletzung wesentlicher Verfahrensgrundsätze regelmäßig zu bejahen, *G. Vollkommer*, Mitt. Dt. Patentanwälte 2002, 125, 139f.; a.A. *Piekenbrock/Schulze*, JZ 2002, 911, 912f., 919f.; zurückhaltend auch BGH NJW 2002, 2473, 2474 – nur wenn über die Einzelentscheidung hinaus ein Allgemeininteresse besteht (etwa eine ständige Nichtbeachtung höchstrichterlicher Rechtsprechung).

trags, soweit er nach § 529 ZPO in zweiter Instanz zulässig ist, entgegen ursprünglich negativer Prognose doch noch Anhaltspunkte zumindest für Teilerfolge ergeben könnten.

Mehr Trost verspricht die Vermutung, dass so manche Gerichte lieber mündlich verhandeln, um dabei eine Zurücknahme der Berufung zu erreichen. Denn bei Anwendung des § 522 Abs. 2 S. 2 ZPO befürchten sie einen Wust zusätzlicher Schriftsätze, der bedeutend mehr Arbeit machen kann als eine mündliche Verhandlung nebst Urteil. So sagten es mir jedenfalls zwei kürzlich pensionierte Senatsvorsitzende am OLG Frankfurt[88]. Sie würden von § 522 Abs. 2 ZPO keinen Gebrauch machen. Der ehemalige Senatspräsident *E. Schneider*[89] warnt allerdings, die Vorschrift sei für Berufungsgerichte geradezu verführerisch.

e) Die Ausgestaltung der Kontrollinstanz

Was den Umfang der Prüfung in der zweiten Instanz anlangt, hat man dem § 529 ZPO des ersten Entwurfs die am meisten kritisierte Schärfe genommen. Es wäre katastrophal gewesen, hätte man neue Tatsachenermittlung nur erlaubt, wenn jene der ersten Instanz „rechtsfehlerhaft" war. Zwar wäre das gewiss ein durchschlagendes Instrument zur erstrebten Gewichtsverlagerung auf die erste Instanz gewesen. Aber man hätte damit die schon für Revisionsrichter und -anwälte schwierige Unterscheidung zwischen Tat- und Rechtsfragen[90] und den damit verbundenen Zeitaufwand auch noch allen Beteiligten des Berufungsverfahrens zugemutet.

Übrig geblieben ist aber doch die Tendenz „Urteilskontrolle statt Neuverhandlung". Kernpunkt ist die grundsätzliche Übernahme der schon festgestellten Tatsachen. Nur „durch konkrete Anhaltspunkte begründete Zweifel" sollen erneute Feststellungen erlauben, und das muss schon in der Berufungsbegründung dargelegt werden, § 520 Abs. 3 Nr. 3 ZPO[91].

Auf subjektive Zweifel des Richters dürfte es kaum ankommen, das wäre injustiziabel. Begreift man sie aber objektiv, so könnte der Streit darüber manche erhofften Zeitersparnisse zunichte machen[92]. Geht ein Berufungsrichter elegant – oder soll ich sagen „autoritär"? – über solchen Vortrag hinweg, so dürfte das wohl noch häufiger als bisher[93] – BGH-Urteile hervorlocken, die sich nur

---

[88] Ähnlich *Hirtz*, MDR 2001, 1265, 1267, vgl. auch *Schnauder*, JuS 2002, 164.
[89] *E. Schneider*, NJW 2001, 3757, hält § 522 ZPO für die gefährlichste Neuerung (Einstimmigkeit schütze nicht, sie sei ohnehin die Regel).
[90] Siehe *Thomas/Putzo*, ZPO, § 550, Rn. 3 ff.
[91] Dazu ausführlich *Stackmann*, NJW 2003, 169, 171 ff.
[92] *Zuck*, NZM 2001, 356.
[93] Vgl. etwa für erneute Sachverständigengutachten BGH, NJW 2001, 3269f. In BT-Drs. 14/6036, S. 123 werden beispielsweise Verkennung der Beweislast, Beweiswürdigung ohne feste Tatsachengrundlage, Verstoß gegen Denk- oder allgemeine Erfahrungsgesetze sowie Feststellungen entgegen gerichtsbekannter Tatsachen als taugliche Gründe für neue Beweisaufnahmen genannt.

damit beschäftigen, ob das Berufungsgericht Tatsachen hätte erneut feststellen müssen. Noch gefährlicher für Parteien wird diese Lage, soweit Revision im Einzelfall unzulässig ist. Die Begründung des Entwurfs nimmt Prozessordnungen etlicher EU-Länder zum Vorbild. Leider erfährt man aber dabei wenig über etwaige Kritik, die solche Regelungen im dortigen Recht schon hervorriefen[94].

Die Zulassung neuer Angriffs- und Verteidigungsmittel ist erschwert worden[95]. Sie hängt nicht mehr von drohender Verzögerung ab, sondern nur davon, dass die versäumte Geltendmachung in erster Instanz entweder auf dem Verhalten des Gerichts oder auf einer Nachlässigkeit der Partei beruht, was auf Verlangen des Gerichts glaubhaft zu machen ist, § 531 Abs. 2, 3 ZPO. Einfache Fahrlässigkeit genügt. Was noch übrig bleibt an zulässigem Tatsachenstoff, muss neuerdings auch für Klageänderung, Aufrechnung und Widerklage in der Berufungsinstanz ausreichen; denn Einwilligung oder Sachdienlichkeit allein genügen nicht mehr nach § 533 ZPO.

Die Verletzung von Verfahrensnormen, auf deren Befolgung verzichtet werden kann, musste nach § 295 ZPO schon immer tunlichst spätestens im nächsten Verhandlungstermin gerügt werden. Andernfalls war die Rüge auch in zweiter Instanz ausgeschlossen nach § 531 a.F., und so lautet auch jetzt § 534 ZPO. Soweit aber hiernach Verfahrensmängel noch rügbar bleiben, muss dies nach § 529 Abs. 2 ZPO schon in der Berufungsbegründung geschehen. Hier kommen von vornherein Aufgaben auf die Anwaltschaft zu, die bisher, wenn überhaupt, oft erst während des Berufungsverfahrens erledigt wurden. Nicht selten kam man nämlich Verfahrensmängeln erst auf die Spur, wenn sachliche Rügen beim Berufungsgericht nicht gut anzukommen schienen.

Schlampig gefasst sind §§ 513 Abs. 2 und 571 Abs. 2 S. 2 ZPO. Gewollt war wohl nur eine Zusammenfassung der §§ 10 und 512a ZPO a.F., d.h. sachliche und örtliche Unzuständigkeit sollen in zweiter Instanz nicht mehr gerügt werden können. Das pauschale Wort „Zuständigkeit" könnte aber nun suggerieren, auch die internationale falle darunter, was bisher unstreitig nicht der Fall war[96] und was auch nicht sein darf, weil sonst so manche deutschen Urteile nicht mehr international vollstreckbar wären[97].

---

[94] Dazu noch unten V.1.
[95] Ausführlich *G. Vollkommer*, Mitt. Dt. Patentanwälte 2002, 125, 136f.
[96] *Thomas/Putzo*, ZPO (22. Aufl.), § 512a, Rdn. 4.
[97] Indessen meint *Schellhammer*, MDR 2001, 1141, 1146, gegen den Wortlaut könne man nicht ankommen. Anders hingegen *G. Vollkommer*, Mitt. Dt. Patentanwälte 2002, 125, 131; *Heß/Müller*, JZ 2002, 605, 609; *Piekenbrock/Schulze*, IPRax 2003, 1, 4.

3. Die Neuregelung der Beschwerde, §§ 567ff. ZPO

a) Statthaftigkeit der Beschwerde

Beschwerden sind nur noch gegen erstinstanzliche Entscheidungen zulässig, § 567 Abs. 1 ZPO. Das entspricht zwar dem Grundsatz des § 567 Abs. 3 ZPO a.F. Jedoch enthielt dieser Ausnahmen, insbesondere zugunsten von Zeugen und Sachverständigen, denen Kosten oder Ordnungsmittel auferlegt wurden durch Berufungs- oder Beschwerdegerichte. Hiergegen steht ihnen jetzt nur noch die Rechtsbeschwerde beim BGH (§ 574 ZPO i.V.m. § 133 GVG) zu, für die sie einen dort zugelassenen Anwalt beauftragen müssten, § 78 Abs. 1 ZPO. Solchem Aufwand werden sie wohl eher das Erdulden der Ungerechtigkeit vorziehen[98]. Zu rügen ist ferner, dass in § 141 Abs. 3 ZPO nicht die sofortige Beschwerde gegen Ordnungsgeldbeschlüsse in erster Instanz ausdrücklich zugelassen wurde. Das zwingt wie bisher zur analogen Anwendung der §§ 381 und 380 Abs. 3[99]. Denn hier geht es nicht um „Gesuche", deren Zurückweisung schon nach § 567 Abs. 1 ZPO eine Beschwerde ermöglichen würde.

Akzeptabel ist der Ausschluss mancher Beschwerden, wenn deren Wert unter dem Berufungswert liegt, was bisher in manchen Fällen umstritten war. So z.B. für Kostenentscheidungen nach Erledigung der Hauptsache, § 91a Abs. 2 ZPO, u.U. auch bei der Prozesskostenhilfe, § 127 Abs. 2 S. 2 ZPO[100]. Gerade unter diesen Umständen vermisse ich aber im Gesetz eine entsprechende Anwendung des § 321a ZPO auf Beschlüsse, die unanfechtbar sind und nicht der Erinnerung nach § 11 Abs. 2 RPflG unterliegen, weil schon der Richter entschieden hat. In Betracht kommt z.B. ein zu geringer Beschwerdewert, § 567 Abs. 2 ZPO. In Beschlussverfahren kommen erfahrungsgemäß mehr Verletzungen des rechtlichen Gehörs vor als in Urteilsverfahren, im Zwangsvollstreckungsbereich leider sogar noch innerhalb der Beschwerdeinstanz.

Möglicherweise hat man hier eine Gegenvorstellung für ausreichend gehalten. Sie könnte man in der Tat schon deshalb für zulässig halten, weil jetzt sogar bei beschwerdefähigen Beschlüssen stets Abhilfe erlaubt ist. Aber ein Reformgesetzgeber sollte sich nicht auf außergesetzliche Rechtsbehelfe verlassen. Vielleicht hat man auch gemeint, das BVerfG nehme ohnehin solche Sachen als Bagatellen nicht zur Entscheidung an. Das wäre zynisch. Denn Versagung rechtlichen Gehörs ist immer ein ernster, zudem auch das Ansehen der Rechtsprechung mindernder Verstoß, auch wenn es nur um wenige Euro geht. Daher ist in diesen Fällen § 321a ZPO analog anzuwenden[101].

---

[98] Krit. *E. Schneider*, NJW 2001, 3757.
[99] KG, JR 1983, 156, OLG Frankfurt, FamRZ 1992, 72.
[100] Siehe für § 91a ZPO: *Thomas/Putzo*, ZPO, § 91a, Rdn. 52.
[101] Ebenso *M. Vollkommer*, FS Schumann, S. 506, 520ff.; *Müller*, NJW 2002, 2743, 2745, will § 321a ZPO analog auch in der Berufungs- und Revisionsinstanz anwenden.

b) Beschwerdefrist

Starke Bedenken bestehen gegen die Zweiwochenfrist für alle Beschwerden, §§ 567, 569 ZPO. Nach meinen Erfahrungen zu § 793 ZPO ist diese Frist fast immer zu kurz für eine schriftliche Kommunikation zwischen einer mitdenkenden Partei und ihrem Anwalt, und am Telefon kommt man oft nicht zum gewünschten Ziel, abgesehen vom drohenden Beweisnotstand im Hinblick auf etwaige Anwaltshaftung.

Hätte man diese Frist verlängert, so erschiene die Neuerung eher in einem positiven Licht, bringt sie doch Vereinfachungen, ebenso die Regel, dass die Frist grundsätzlich erst mit Zustellung beginnen soll, § 569 Abs. 1 S. 2 ZPO. Solche Vereinfachungen sind durchaus akzeptabel, zumal bisher sämtliche Anläufe für eine Rechtsmittelbelehrung auch im Zivilprozess fehlgeschlagen sind.

Eher positiv sehe ich auch die Streichung des § 577 Abs. 3 ZPO a. F. zugunsten stets möglicher Abhilfeentscheidungen, § 572 Abs. 1 ZPO, obwohl man zugeben muss, dass das auch in wirklich eiligen Fällen, für die bisher die sofortige Beschwerde vorgesehen war, zu Verzögerungen führen kann, falls die Beschwerde beim OLG eingelegt wird.

Ob aber wirklich alle Beschwerden und sogar auch Erinnerungen gegen Entscheidungen des Urkundsbeamten hätten befristet werden sollen (§ 573 ZPO), ist zudem zweifelhaft. Das besonders im Hinblick auf die dafür gegebene Begründung[102], man bliebe andernfalls bezüglich der Rechtslage im Ungewissen und die Justiz werde durch späte Rügen auch unangemessen belastet. Umgekehrt kann nämlich die Befristung unnötig Justizressourcen belasten. Wird etwa eine Vollstreckungsklausel entgegen dem Antrag des Gläubigers nur teilweise erteilt und ist der Schuldner ohnehin vermögenslos oder unbekannt verzogen (leider recht häufige Fälle), so müsste der Gläubiger wegen drohender Rechtskraft einer Entscheidung des Urkundsbeamten unverzüglich Erinnerung bzw. Beschwerde einlegen, obwohl keine der Parteien an einer *sofortigen* Klärung der Rechtslage interessiert ist und das Problem sich später vielleicht auf ganz andere Art gelöst hätte.

c) Einzelrichter

Dass über Beschwerden ausnahmslos ein Einzelrichter entscheiden soll, wenn der Beschluss eines Einzelrichters oder Rechtspflegers gerügt wird (§ 568 S. 1 ZPO), begründen die Gesetzesverfasser damit, dass es sich in aller Regel um Nebenentscheidungen von geringer Bedeutung handele[103]. Man hätte aber erst einmal Parteien fragen sollen, ob sie einer Vollstreckung, vielleicht sogar einer

---

[102] Begründung des Entwurfs BR-Drs. 536/00, S. 174.
[103] Begründung des Entwurfs BR-Drs. 536/00, S. 173.

Wohnungsräumung oder Unterlassungsvollstreckung nach Wettbewerbsrecht, geringere Bedeutung beimessen als dem Urteil im Erkenntnisverfahren.

d) Beschwerdeverfahren

Neu ist auch die Präklusion verspäteten Vorbringens, § 571 Abs. 3 ZPO, nach dem Vorbild des § 296 ZPO, dessen analoge Anwendung das BVerfG bekanntlich verneint hatte[104].

e) Rechtsbeschwerde

Die weitere Beschwerde ist völlig verdrängt worden durch die Rechtsbeschwerde an den BGH, §§ 574 ZPO, 133 GVG. Sie ist mit wenigen Ausnahmen zulassungsbedürftig, aber dafür gegen alle Beschwerdeentscheidungen möglich, um die Rechtseinheit zu fördern. Jedoch hege ich ernste Bedenken gegen solche Beschränkung der Gründe auf Rechtsverletzungen, § 576 ZPO. Mit der weiteren Beschwerde konnte man zwar grundsätzlich nur bis zum OLG gelangen, aber den Sachverhalt neu aufrollen, wenn divergierende Vorentscheidungen ergangen waren. Das war nach meiner Erfahrung nicht selten bitter nötig. Jetzt geht das nur noch, wenn man wegen eines Rechtsfehlers erstens die Zulassung oder zweitens eine Zurückverweisung an die Vorinstanz erreicht. Ich vermute übrigens, dass die Praxis neue Arten der Rechtsverletzung erfinden wird, um die gröbsten Ungerechtigkeiten zu lindern. Wie das geht, zeigt die ungute Entwicklung der sog. außerordentlichen Beschwerde[105].

Für Rechtsbeschwerden gibt es keine Nichtzulassungsbeschwerde, weil es sich „in der Regel um weniger bedeutsame Nebenentscheidungen" handeln soll[106]. Dagegen habe ich schon beim Thema Einzelrichter das Nötige gesagt; warum wohl hatte § 793 II ZPO gerade in Vollstreckungssachen die weitere Beschwerde ausdrücklich zugelassen? Anwälte könnten höchstens versuchen, den Beschwerdegerichten vorsorglich jene Grundsätze ins Gewissen zu reden, die entweder der BGH bei der Nichtzulassungsbeschwerde für die Revision entwickeln wird oder, soweit man noch nicht darauf zurückgreifen kann, solche, die z.B. das BAG bisher schon zugrunde gelegt hatte. Immerhin ist bereits beim BGH eine Rechtsbeschwerde in Kostensachen eingegangen, obwohl der Beschwerdewert nur 200 DM beträgt[107].

---

[104] BVerfG, NJW 1982, 1635.
[105] Diese ist nunmehr im Anwendungsbereich des § 321a ZPO entfallen, BGH NJW 2002, 1577, vielmehr sind Verfahrensverstöße auf Gegenvorstellung vom Prozessgericht selbst zu korrigieren, *Greger*, NJW 2002, 3049, 3053.
[106] BT-Drs. 14/4722, S. 116, restriktiv BGH NJW 2002, 2473 ff.
[107] Pressemitteilung in NJW 2002 Heft 6, Umschlagseite XVI. Die Überlastung des BGH mit Rechtsbeschwerden hat inzwischen die Schaffung eines IXa Hilfssenats erforderlich gemacht.

4. Neuer Zugang zur Revision

Die frühere Wertrevision hat der Zulassungsrevision Platz gemacht. Künftig ist es also möglich, dass ein existenzgefährdender Prozess um Millionen Euro in zwei Instanzen von Einzelrichtern endgültig entschieden wird[108], während umgekehrt ein Streit um 1000 Euro die Revision eröffnen könnte. Andererseits ermöglicht § 542 Abs. 1 ZPO jetzt auch die Revision gegen Berufungsurteile des LG, und die Sprungrevision kann nach § 566 ZPO sogar gegen berufungsfähige Urteile des AG zugelassen werden.

Die Zulassung geschieht entweder im Berufungsurteil oder aufgrund Nichtzulassungsbeschwerde, die wie die Revision innerhalb eines Monats einzulegen ist. Allerdings hat man eine Experimentierphase eingebaut: Bis Ende 2006 gibt es diese Beschwerde in Familiensachen überhaupt nicht, im übrigen nur bei einer Beschwer von mehr als 20.000 Euro, § 26 Nr. 8 und 9 EGZPO. Dennoch macht man sich schon jetzt Gedanken um die künftige Mehrbelastung des Bundesgerichtshofs[109].

Die Zulassung ist auszusprechen nach § 543 Abs. 2 Nr. 1 ZPO, wenn die Sache grundsätzliche Bedeutung hat; dieser Grund ist uns schon aus § 72 ArbGG a.F. und den früheren Nichtannahmebeschlüssen nach § 554b ZPO a.F. bekannt. Der Rechtsfrage muss eine über den konkreten Einzelfall hinausgehende Bedeutung zukommen und damit das Allgemeininteresse an der einheitlichen Handhabung und Fortbildung des Rechts berühren[110]. Weitere Zulassungsgründe erscheinen in Nr. 2 unter den Rubriken Fortbildung des Rechts und Einheit der Rechtsprechung. Da sie sich überschneiden können, sind sie systematisch zutreffend zusammengefasst.

Die Einheit der Rechtsprechung war schon immer mit der Divergenzrevision des § 72 ArbGG a.F. gemeint; jedoch soll die jetzige Formulierung erweitertes Ermessen erlauben. Besonders interessiert natürlich, ob und wo offensichtlich unrichtige Urteile subsumierbar sind: Auch sie stören ja die Einheit der Rechtsprechung und waren jedenfalls nach früherem Revisionsrecht laut BVerfG „Grundsatzfälle": Schon bei Erfolgsaussicht durfte nämlich die Revision nicht abgelehnt werden[111]. Insofern liest man in den Motiven sybillinische Bemerkungen. Die Zulassungsgründe des § 543 Abs. 2 Nr. 2 ZPO – Rechtsfortbildung und Einheitlichkeit der Rechtsprechung – sollen eine Anfechtung offensichtlich unrichtiger Berufungsurteile erlauben, auch wenn sie keine grundsätzliche Bedeutung haben. Andererseits soll dies nur bei Abweichung von höchstrichterlicher

---

[108] Krit. *E. Schneider*, NJW 2001, 3757.
[109] Vizepräsident *Jähn* in der o. g. Pressemitteilung.
[110] *Wenzel*, NJW 2002, 3353, 3354.
[111] BVerfGE 54, 277 = NJW 1981, 41 f.; dazu *G. Vollkommer*, Mitt. Dt. Patentanwälte 2002, 125, 135.

Rechtsprechung gelten[112]; warum dann nicht gleich Divergenzrevision? Dann käme es auf Offensichtlichkeit auch nicht mehr an[113]. Jedenfalls wird es oft schwierig sein für Berufungsanwälte, ihren Mandanten einigermaßen zutreffende Prognosen zu liefern. Ob das noch den vom BVerfG für unabdingbar gehaltenen Grundsätzen der Erkennbarkeit und Bestimmtheit für den Rechtsmittelzugang[114] entspricht, dürfte wohl Stoff für künftige Verfassungsbeschwerden sein. Die neuere Praxis des BGH zeigt deutlich restriktive Tendenzen[115].

V. Die ZPO-Reform in europäischer Perspektive

1. Rechtsvergleichende Bemerkung zum Berufungsrecht

Die Regierungsbegründung zum Berufungsrecht schließt mit einer „rechtsvergleichenden Betrachtung"[116]. Dort wird die Neuregelung als eine „Angleichung an die Prozessrechtssysteme europäischer Nachbarländer" bezeichnet. Es folgt ein kursorischer Überblick zum Einzelrichtereinsatz und zum Umfang der Tatsachenprüfung in der Berufungsinstanz in England, Frankreich, Italien, Österreich und in der Schweiz (Zürich)[117]. Diese Länderübersicht ist – bezogen auf die Europäische Gemeinschaft – unvollständig, auch sind nicht alle Angaben inhaltlich richtig[118]. Ausweislich der Gesetzesbegründung reiht sich jedoch das deutsche Reformvorhaben in eine (europäische) Reformbewegung ein, die die „Abkehr von einer vollumfänglichen zweiten Tatsacheninstanz zum Inhalt habe". Diese Begründung ist durchaus bemerkenswert. Denn mit länderübergreifendem Handlungsbedarf wurden bisher in Deutschland Prozessrechtsreformen nur selten begründet[119].

---

[112] BR-Drs. 536/00, S.265; BT-Drs.14/4722, S.67 linke Spalte unten, S.104 rechte Spalte oben.

[113] Gegen die „Offensichtlichkeit" als ungeschriebenes Tatbestandsmerkmal des § 543 ZPO insbesondere *Wenzel*, NJW 2002, 3353, 3355.

[114] BVerfGE 54, 277.

[115] *Wenzel*, NJW 2002, 3353, 3354ff.; BGH NJW 2002, 2473ff.; NJW 2002, 2957.

[116] BT-Drs. 14/4722, abgedruckt bei *Hannich/Meyer-Seitz/Engers*, ZPO-Reform, S.76f. Der Referentenentwurf enthielt diesen Ausblick noch nicht.

[117] Der Überblick geht wohl auf einen Beitrag von *Leipold* zurück, vgl. *Leipold*, Die Rechtsmittel des Zivilprozesses im europäischen Vergleich, Triberger Symposium 1998, S.66ff.

[118] Entgegen der Regierungsbegründung kennt Frankreich keinen Einzelrichtereinsatz in der Berufungsinstanz, vgl. *Putman*, Cour d'Appel in: Répertoire de procédure civile (réfonte 2002), Rdn. 132ff., der 1997 veröffentlichte Rapport *Coulon* (zur Reform des französischen Prozessrechts) befürwortet sogar eine Verstärkung des Kollegialprinzips in der Berufung, vgl. *Ferrand*, ZZPInt. 1998, 35, 42 m.w.N. Einen streitwertunabhängigen Zugang zur Rechtsmittelinstanz kennt das österreichische Recht – entgegen der Gesetzesbegründung gleichfalls nicht, vgl. § 501 öZPO, vgl. *Klicka*, ZZPInt. 1998, 127, 134 (zur erweiterten Wertgrenzennovelle 1997).

[119] Dies gilt freilich nicht für die Begründung der CPO selbst, die durchaus auf einem Ver-

Profunde, oder gar funktionale Rechtsvergleichung leistet die Gesetzesbegründung nicht[120]. Aber auch im Vorfeld der Justizreform hat das BMJ keine Untersuchungen zu den jüngsten Rechtsmittelreformen im europäischen Ausland eingeholt[121], auch keine rechtstatsächlichen Erhebungen zum Erfolg dieser Reformen[122]. Dennoch wäre die Annahme falsch, dass die deutsche Rechtsmittelreform von ausländischen Modellen unbeeinflusst wäre. Denn für das Berufungsrecht hat das österreichische Novenverbot Modell gestanden[123]. Dabei ist das österreichische Berufungsrecht wesentlich strenger als das neue deutsche: Nach § 482 öZPO sind neuer Tatsachenvortrag, aber auch die Geltendmachung weiterer Ansprüche, Einreden, Verteidigungsmittel (sog. Noven) generell ausgeschlossen. Die Berufung kann nur auf Verfahrens- und Sachrügen gestützt werden[124]. In der Rechtspraxis hat dies zur Folge, dass die Berufungsgerichte – obwohl sie an sich dazu befugt sind – regelmäßig nicht mündlich verhandeln[125]. Vielmehr werden Berufungen innerhalb kurzer Frist (2–3 Monate) entschieden, im Fall der Stattgabe kommt es regelmäßig zu Kassation und Rückverweisung[126]. Die hoch gelobte, kurze Dauer österreichischer Berufungsverfahren ist allerdings vor dem Hintergrund weithin fehlender Präklusionsmöglichkeiten in der ersten Instanz zu sehen. Hier werden regelmäßig mehrere Termine (Tagsatzungen) angesetzt. Auf das Ganze gesehen kann ein Prozess durchaus lange dauern, wenn mehrmals die Berufungsinstanz wegen einzelner Verfahrensrügen aufhebt und wiederholt zurückverweist[127].

Das deutsche Modell zieht hieraus jedoch die Konsequenz und erhält dem Berufungsgericht die Möglichkeit, selbst ergänzende Beweise zu erheben (§§ 529, 531 ZPO) und verpflichtet es, regelmäßig selbst in der Sache zu ent-

---

gleich des rheinisch-französischen und der partikularen Prozessordnungen aufbaute, vgl. *Hahn*, Materialien zum Civilprozeß, Bd. 1 (1878), S. 8 ff.

[120] Siehe oben IV.2.d).

[121] Allerdings werden in regelmäßigen Abständen rechtsvergleichende Studien eingeholt, vgl. beispielsweise *Leipold/Zuckerman*, Beschleunigung des Rechtsschutzes durch summarische Verfahren in England und Deutschland (1998).

[122] *Gilles*, Zivilrechtspflege und Rechtsmittelproblematik (1992), S. 42, konstatiert mit Recht einen erheblichen Nachholbedarf bei der von ihm so bezeichneten „Rechtsmitteltatsachenvergleichung". In den achtziger Jahren hat sich das BMJ jedoch um entsprechende rechtsvergleichende Untersuchungen bemüht – sie sind freilich aufgrund der zwischenzeitlichen Reformen im europäischen Ausland nicht mehr aktuell, vgl. insbesondere *Gilles*, u.a., Rechtsmittel im Zivilprozess (1985).

[123] Rechtsvergleichende Hinweise bei *Rimmelspacher*, ZZP 107 (1994), 421, 427 ff.; *Konecny*, ZZP 107 (1994), 481, 491 ff., der eine Bewährung des Novenverbots (§ 482 öZPO) konstatiert.

[124] *Böhm*, FS 100 Jahre öZPO (1998), S. 239 ff.; *Rechberger/Kodek*, § 482 ZPO, Rdn. 3.

[125] An sich lassen §§ 473 II, 488 öZPO eine mündliche Verhandlung zu, *Rechberger/Kodek*, § 473 öZPO (2. Aufl. 2000), Rdn. 2.

[126] § 496 öZPO, zur Verpflichtung des Berufungsgerichts, selbst zu entscheiden, vgl. *Rechberger/Kodek*, § 496 öZPO, Rdn. 6.

[127] Wichtige Hinweise zur tatsächlichen Situation in Österreich verdanke ich meinem Kollegen *Prof. P. Oberhammer*, Halle; vgl. auch *Prütting*, FS Schumann (2002), S. 309, 319.

scheiden (§ 538 I, II Nr. 1 ZPO)[128]. Der deutsch-österreichische Prozessrechtsvergleich hat im Ergebnis ein Umsteuern des deutschen Gesetzgebers bewirkt – auch wenn die Gesetzesbegründung dies nicht hinreichend herausstellt. Die ZPO-Reform zieht die Konsequenz aus einer jahrzehntelangen Diskussion zwischen deutschen und österreichischen Prozessrechtslehrern über das „bessere Berufungsmodell"[129]. Daher ist es nicht verwunderlich, dass die überwiegende Prozessrechtswissenschaft – im Gegensatz zur Anwaltschaft – die Änderungen im Berufungsrecht durchaus begrüßt hat[130].

Dagegen hält die in der Gesetzesbegründung behauptete, sog. gesamteuropäische Entwicklung zur Abkehr von einer zweiten Tatsacheninstanz näherer Nachschau nur begrenzt stand: Zwar wurde in Italien 1990 die Berufungsinstanz auf eine reine Kontrollfunktion (art. 345 Abs. 3 c.p.c.) verkürzt – eine nachhaltige Entlastung bei der Verfahrensdauer war damit jedoch nicht verbunden[131]. Auch das neue spanische Prozessrecht, das im letzten Jahr in Kraft gesetzt wurde, lässt in der Berufungsinstanz keine Noven zu[132]. Das englische Berufungsrecht erlaubt gleichfalls keinen Tatsachenvortrag – es ist allerdings wegen der grundsätzlichen Unterteilung in die pretrial und trial-Phase und wegen der weitreichenden Ermessensfreiräume des Gerichts anders strukturiert als die kontinentalen Prozessrechte[133]. Dagegen halten das französische und die von ihm beeinflussten romanischen Prozessordnungen (einschließlich Griechenland) an der zweiten Tatsacheninstanz fest[134]. Als genereller Reformtrend in den Mitgliedstaaten der europäischen Gemeinschaft ist eine inhaltliche Beschränkung der Rechtsmittel nicht ohne weiteres festzumachen[135]. Allerdings haben die meisten Staaten in den letzten Jahren Reformen umgesetzt – jedoch aus unterschiedlichen Motiven: Zumeist ergingen Maßnahmen zur Verfahrensbeschleunigung, als genereller Trend ist eine Verdrängung der Hauptsacheverfahren durch den einstweiligen Rechtschutz oder summarische Verfahren auszuma-

---

[128] Damit trägt der Gesetzgeber den Bedenken von *Leipold*, in: Gilles u.a. (Hrg.), Rechtsmittel (1985), S. 285, 291, im Hinblick auf die Beweisunmittelbarkeit Rechnung.

[129] Dazu *Gottwald*, Die österreichische Zivilprozessordnung aus deutscher Sicht, in Mayr (Hrg.), 100 Jahre österreichische Zivilprozessgesetze (1998), S. 179ff.

[130] *Stürner*, Beil. zu Heft 25 NJW 2000, 25, 34; anders freilich *Prütting*, FS Schumann (2002), S. 309, 319.

[131] *Piekenbrock*, Der italienische Zivilprozess im europäischen Umfeld, S. 320ff.; *Trocker*, ZZPInt. 1996, 3, 22f. Von fehlender Effizienz zeugen die wiederholten Verurteilungen Italiens durch den Europäischen Gerichtshof für Menschenrechte wegen überlanger Verfahrensdauer.

[132] 456, 459, 460 LEC 2000, dazu *Diéz-Picasso Giménez*, in: Zuckerman, Civil Justice in Crisis (1999), S. 385, 391ff.

[133] Wichtiger ist hier die Kontrolle durch eine ausdrückliche Zulassung der Rechtsmittel, ausführlich *Andrews*, ZZPInt. 4 (1999), 3ff.

[134] Knapper Überblick bei *Leipold*, Die Rechtsmittel des Zivilprozesses im europäischen Vergleich, Triberger Symposium 1998, S. 66ff.; ausführlich zum französischen Prozess *Férrand*, ZZPInt. 3 (1998), 54ff.

[135] Anders *Stürner*, Beil. 25 NJW 2000, 25, 35.

chen[136] – ein deutliches Indiz für die strukturelle Überlastung der Justiz in allen Mitgliedsstaaten der Gemeinschaft.

2. Rechtsvergleichende Argumente in der deutschen Reformdiskussion

Trotz der grundsätzlichen Übernahme des österreichischen Modells war der Stellenwert rechtsvergleichender Argumente in der politischen Reformdiskussion gering. Auf diesen Aspekt und auf andere ausländische Entwicklungen haben lediglich wenige Hochschullehrer verwiesen[137], sie fehlen hingegen in Stellungnahmen der Rechtspraxis (Richter- und Anwaltschaft). Auch die Debatte auf dem 63. Juristentag in Leipzig (2000) war von der deutschen „Binnenperspektive" geprägt. Hier zeigt sich ein deutlicher Kontrast zur Schuldrechtsmodernisierung, die durchaus mit rechtsvergleichenden Argumenten debattiert wurde[138].

Über die Ursachen muss man nicht lange spekulieren: Die Rechtspraxis wird mit ausländischem Prozessrecht sehr viel seltener konfrontiert als mit materiellem, ausländischen Recht. Denn aufgrund des sog. „lex fori"-Prinzips wenden die Gerichte das jeweils eigene Verfahrensrecht auch bei grenzüberschreitenden Sachverhalten an[139]. So bleibt die Rechtspraxis von der Anwendung (und Kenntnis) ausländischer Prozessordnungen weitestgehend abgeschirmt[140]. Der zunehmende Konkurrenzdruck zwischen den europäischen Gerichtsplätzen und Verfahrensrechten bei grenzüberschreitenden Streitigkeiten im Binnenmarkt (forum shopping) hat die Reformdiskussion im Inland ersichtlich noch nicht erreicht[141]. Für die rechtspolitische Diskussion im europäischen Ausland gilt nicht anderes: Auch hier überwiegt die aus der eigenen Erfahrung geprägte „Binnenperspektive"[142].

---

[136] *Hartwieg*, Prozessreform und Summary Judgment, ZZPInt. 5 (2000), 3, 26ff.

[137] Insbesondere *Stürner*, Beil. 25 NJW 2000, 25ff. (passim); *Gottwald*, Stellungnahme im Rechtsausschuss des Deutschen Bundestages; *Leipold*, Triberger Symposium 1998, S. 66ff. Rechtsvergleichende Erwägungen fehlen hingegen in den Stellungnahme von *Musielak*, NJW 2000, 2769ff.; *Greger*, JZ 2000, 1077ff.

[138] Vgl. insbesondere die Beiträge bei *Schulte-Nölke/Schulze* (Hrg.), Die Schuldrechtsmodernisierung im europäischen Kontext (2001).

[139] „Forum regit processum", BGH WM 1977, 793, 794; *Heß*, JZ 1998, 1021, 1022; *Schack*, IZVR (3. Aufl. 2002), Rdn. 40ff.; *Nagel/Gottwald*, IZVR (5. Aufl. 2002), § 1, Rdn. 41ff.

[140] Warnend *Hartwieg*, ZZPInt. 5 (2000), 19, 57; auch die Anwendung ausländischer Verfahrensrechts in der internationalen Schiedsgerichtsbarkeit wird nur von einer kleinen Gruppe überwiegend nicht forensisch tätiger Anwälte wahrgenommen, vgl. dazu *Wagner*, ZEuP 2001, 441, 456f.

[141] Zur Konkurrenz zwischen den europäischen Justizplätzen, die zunehmend durch einheitliches Zuständigkeits- und Rechtshilferecht verzahnt werden, vgl. *Heß*, Der Binnenmarktprozeß, JZ 1998, 1021ff. Anders nunmehr auch *Greger*, JZ 2002, 1020ff. (mit Hinweisen zur Rechtstatsachenforschung über die englische Prozessrechtsreform).

[142] Insbesondere die Reform des englischen Zivilprozessrechts (Woolf-Report) war nicht von rechtsvergleichenden Erwägungen beherrscht, *Andrews*, A New Procedural Code for

Auch die Europäisierung des Prozessrechts hat bisher keinen Bewusstseinswandel bewirkt. Das liegt nicht zuletzt an der zurückhaltenden Rechtsprechung des EuGH zum sog. „dezentralen Vollzug von Gemeinschaftsrecht" durch die Zivilgerichte der Mitgliedstaaten[143]. Der Gerichtshof hält sich bei Eingriffen in die Verfahrensrechte der Mitgliedsstaaten auffällig zurück[144]. Das führt zur Perspektivenverengung: Urteile des Gerichtshofs zu ausländischen Prozessordnungen werden in Deutschland ebenso wenig registriert wie die parallele Rechtsprechung des Straßburger Gerichtshofs zur Anwendung des Art. 6 EMRK im Zivilprozessrecht[145]. Auffallend ist schließlich, dass die 1994 vorgestellten Vorschläge der Storme-Kommission zur Harmonisierung der europäischen Prozessrechte in der Reformdiskussion keine Rolle gespielt haben[146].

Dennoch ist es absehbar, dass die Fixierung auf das inländische Prozessrecht in naher Zukunft abnehmen wird. Denn die Bedeutung der Rechtsprechung des EuGH für das Privat- und Prozessrecht nimmt ebenso kontinuierlich zu wie die Rechtsetzungstätigkeit der europäischen Gemeinschaft unter den erweiterten Kompetenzen des Amsterdamer Vertrages[147]. Das Verfahren des EuGH selbst ist von der französischen Rechtstradition, die Rechtsetzungstätigkeit der Gemeinschaft im (internationalen) Verfahrensrecht keineswegs von der deutschen Rechtskultur geprägt. Hierauf müssen sich deutsche Prozessrechtswissenschaft und Rechtspraxis gleichermaßen einstellen. Der Gesetzgeber reagiert im ZPO-ReformG auf die „europäische Herausforderung" durch die Zuweisung von Rechtsstreitigkeiten mit Auslandsbezug an die Oberlandesgerichte (§ 119 I Nr. 2 GVG). Dadurch soll eine Entscheidung schwieriger Rechtsstreitigkeiten durch spezialisierte Senate erleichtert, mithin der Justizstandort Deutschland durch eine qualitativ hochwertige Rechtsprechung attraktiv gemacht werden[148]. Auch die Rechtsmittelsmittelreform beinhaltet so gesehen strategische Gesetz-

---

England: Party-Control Going, Going, Gone, CJQ 19 (2000), 19ff.; *Sobich*, Die Civil Procedure Rules – Zivilprozeßrecht in England, JZ 1999, 775ff.; *M. Stürner*, What so exhausts finances, patience, courage, hope – zur Reform des englischen Zivilprozeßrechts, ZVglRWiss 99 (2000), 310ff.

[143] Der EuGH betont dabei die Verfahrensautonomie der Mitgliedstaaten, EuGH, Rs. 33/76 (*Rewe*), Slg. 1976, 1989, 1998; verb. Rs. C-430/93, 431/93 (*van Schijndel und van Veen/Stichting Pensioenfonds voor Fysiotherapeuten*), Slg. 1995 I 4705, Tz. 17ff.; Rs. C-312/93 (*Peterbroeck/Belgien*), Slg. 1995 I 4599; Rs. C-126/97 (*Eco Swiss/Benetton International NV*), Slg. 1999 I 3055, Tz. 44–48.

[144] Vgl. zuletzt EuGH, Rs. C-472/99 (*Clean Car Autoservice/Wien*), Urteil vom 6.12.2001, dazu *Heß*, RabelsZ 66 (2002), 470, 476.

[145] Anders hingegen (bei unterschiedlicher verfassungsrechtlicher Ausgangslage) die Situation in Österreich, vgl. *Fasching*, öZPO (2. Aufl. 2000), Einl., Rdn. 142ff.

[146] Dazu *Kerameus*, in: Arbeitsdokument EP Juri 103 DE (1999), S. 85, 92.

[147] Überblick bei *Heß*, JZ 2001, 573ff.

[148] Vgl. jedoch den treffenden Hinweis von *Gilles* zum „Klischee, höhere Richter = besseres Recht", in: ders. u.a. (Hrg.), Rechtsmittel im Zivilprozess (1985), S. 9, 13.

gebung, nicht zuletzt vor dem Hintergrund einer wachsenden Letztentscheidungskompetenz des EuGH für das auf sekundärem Gemeinschaftsrecht beruhende Privatrecht[149]. Schon heute besteht in der Sache ein vierstufiger Gerichtsaufbau, nämlich eine quasi übergeordnete Kompetenz des EuGH gegenüber dem Bundesgerichtshof im Vorabentscheidungsverfahren nach Art. 68, 234 EG[150]. Eine Verschlankung des innerstaatlichen Rechtsmittelsystems macht aus dieser Perspektive durchaus Sinn.

VI. Abschließende Bemerkung

Betrachtet man den Verlauf der Reformdiskussion, so ist eine teilweise Zurücknahme des ursprünglichen Entwurfs nicht in Abrede zu stellen. Nicht durchgesetzt wurden die ehrgeizigen Änderungen der Gerichtsorganisation. Davon abgesehen enthält das Reformgesetz jedoch die einschneidendste Änderung der ZPO seit der Vereinfachungsnovelle von 1977[151]. Ob die Rechtspraxis die Neuregelung annehmen wird, ist freilich offen. Die Erfahrungen der Vereinfachungsnovelle 1977 sprechen dagegen: Obwohl das der damaligen Reform zugrunde liegende „Stuttgarter Modell" sich in der Praxis bewährt hatte, haben viele Gerichte weder die in § 272 ZPO a. F. eröffnete Befugnis zur elastischen Verfahrensgestaltung (früher erster Termin oder schriftliches Vorverfahren) noch die Präklusion nach §§ 296, 528 ZPO a. F. zur Verfahrensbeschleunigung genutzt[152], sie mit Billigung des BVerfG sogar teilweise offen unterlaufen[153]. Ein ähnliches Schicksal könnte auch der Umgestaltung der Berufung zur Kontrollinstanz widerfahren, wenn die Berufungsgerichte die Filterfunktion des § 529 ZPO durch eine großzügige Zulassung neuer Tatsachen umgehen. Das Gelingen der Reform hängt mithin nachhaltig von der Bereitschaft der Richter- und Anwaltschaft ab, das neue Verfahrensrecht anzunehmen[154]. Die Rechtspraxis sollte die Neuerungen nicht als Kritik an ihrer bisherigen Verfahrenshandha-

---

[149] Die Schuldrechtsmodernisierung ist hierfür ein beredtes Beispiel, vgl. auch *W. H. Roth*, in: *Ernst/Zimmermann*, Schuldrechtsmodernisierung (2000), S. 225, 230f.

[150] Dazu *Heß*, Rechtsfragen des Vorabentscheidungsverfahrens, RabelsZ 2002, 470ff.; vgl. auch *Wenzel*, NJW 2002, 3353, 3355, der im Zusammenhang mit Art. 68 EG von einer „Integrationsfunktion des BGH im europäischen Rechtsleben" spricht.

[151] Ebenso *Münch*, DStR 2002, 141.

[152] Die Verschärfung der Präklusion im neu gefassten § 531 ZPO ist auch eine Reaktion des Gesetzgebers auf die faktische Weigerung der Zivilrechtsjustiz, die Präklusionsregelung des § 528 ZPO a. F. anzuwenden. *Rimmelspacher*, Triberger Symposium 1998 (1999), S. 47, 57f.

[153] Dazu *Franski*, in: Diederichsen (Hrg.), Das missglückte Gesetz (1995), S. 43, 49ff.; vgl. auch *Rimmelspacher*, ZZP 107 (1994), 421, 427f.

[154] Zutreffend *Rimmelspacher*, ZPO-Reform (2002), S. XXXI; ähnlich *Prütting*, FS Schumann (2002), S. 309, 325.

bung ablehnen, sondern als Chance zur Verbesserung des bewährten Zivilprozessrechts nutzen[155].

---

[155] Ausländische Beobachter bezweifeln, dass eine durchgreifende Reform des deutschen Prozessrechts angesichts der konservativen Rechtskultur überhaupt möglich ist, *Zuckerman*, in: ders., Civil Justice in Crisis (1999), S. 32.

Die Schuldrechtsreform

Harm Peter Westermann

I. Fragestellung

Um Interesse an dem genannten Thema zu wecken, muß man sich vor Augen führen, dass zwar „die Schuldrechtsreform" wegen der ungeheuren praktischen Bedeutung des Rechts der Schuldverhältnisse aktuell und für alle Juristen interessant ist, dass aber auf der anderen Seite viele Praktiker und auch manche Wissenschaftler gegenüber Reformwünschen und Reformen skeptisch sind, die tief in die Systematik und Dogmatik des tradierten Rechts eingreifen. So gesehen wäre der andere, sich anbietende Titel, der zudem noch mit der offiziellen Gesetzesbezeichnung übereinstimmt, vielleicht etwas besser gewesen: „Die Schuldrechtsmodernisierung". Das hätte allerdings gezwungen, darzulegen, in welcher Hinsicht das bisherige BGB unmodern war und was am neuen Recht modern ist. Dies wäre vor den Mitgliedern einer Fakultät, die ihrerseits sicher alle „modern" sein wollen oder sogar sind, kaum angezeigt gewesen. Ich möchte es daher anders angehen, möchte aber andererseits weder so genügsam noch so vermessen sein, hier erneut ein Referat über den wesentlichen Inhalt des neuen Rechts abzuliefern, der sicherlich inzwischen allenthalben bekannt ist. Daher habe ich eine Zeitlang überlegt, ob ich in den Mittelpunkt mein Wissen und meine Beobachtungen zur Entstehungsgeschichte des neuen Rechts stellen sollte, wozu ich natürlich einiges sagen könnte. Ich könnte dabei wohl auch das eine oder andere zur sogenannten subjektiven Gesetzesauslegung beitragen, die z.T. auf den Vorstellungen und Gestaltungsabsichten der sogenannten Väter des Gesetzes – heute müsste man zeitgemäß von Müttern und Vätern sprechen – beruht, und in der Tat ist es für die Entstehungsgeschichte der jüngsten Gesetzesreform von einem gewissen Interesse, dass im wichtigsten Teilbereich des allgemeinen Leistungsstörungsrechts die ziemlich grundlegende Überarbeitung eines Teiles des Diskussionsentwurfs des BMJ durch die Kommission, der ich angehört habe, mit der Maßgabe stattgefunden hat, dass das Ministerium am Beginn unserer Arbeit erklärte, es werde sich an unseren Diskussionen beteiligen, aber nicht mitstimmen, und es werde die hier mit Mehrheit akzeptierten Lösungen übernehmen – was denn auch tatsächlich geschehen ist. Dies war wohl ein Novum in der deutschen Gesetzgebungsgeschichte, obwohl es – um dies deutlich zu sagen – nur einen verhältnismäßig kleinen, wenn auch wichtigen, Abschnitt des neuen Gesetzes betraf, nämlich das Recht der Leistungsstörungen. Viele der wichtigen und schwierigen Teile des Reformwerks – zu erwähnen sind die Rücktrittsregeln, die sehr subtilen Änderungen und Modifikationen des

Verbraucherkredit- und Darlehensrechts, erst recht das intertemporale Recht – sind m.W. in keiner Kommission und auch nicht im Rechtsausschuß oder im Plenum des Bundestages besonders ernsthaft diskutiert worden. Ich glaube daher am Ende nicht, aus meiner beschränkten Einsicht in die Entstehung des Gesetzes viel Weiterführendes sagen zu können und möchte mein Thema noch anders angehen.

Das Reformgesetz hat bekanntlich eine seiner hauptsächlichen Ursachen und Triebkräfte in der Verbrauchsgüterkaufrechtsrichtlinie der EU[1], die freilich keine umfassenden, wenn man so will – systematischen – Vereinheitlichungsziele verfolgt. In diesem Sinne wurde sie allerdings nicht selten in Deutschland verstanden; jedenfalls wurde – und das m.E. durchaus mit Recht – ihre Umsetzung in Deutschland von vornherein nicht als bloß rechtstechnisches Problem betrachtet, was es natürlich in hohem Maße war, sondern die Aufgabe war mit recht hoch gegriffenen rechts- und gesellschaftspolitischen Zielen verbunden, die zwar in der Tagesarbeit der genannten Kommissionen eine eher ungeordnete Rolle gegenüber dem gespielt haben, was die hier eingesetzten und befragten Fachleute als sachgerecht empfanden, die aber im Ministerium und in der politischen Präsentation und Durchsetzung naturgemäß wichtiger waren. Diesen Reformzielen, ihrer Realitätsnähe und dem Grad ihrer Verwirklichung im schließlich vorliegenden Gesetz möchte ich ein wenig nachgehen. Dafür muss ich sie namhaft machen, woraus sich dann zugleich die Gliederung des folgenden Beitrages ergibt. Nach mehr als einem Jahr intensiver Diskussion um das neue Recht kann man vielleicht außerdem schon das eine oder andere zum Stellenwert und zur Lösung einiger der inzwischen aufgetretenen Rechtsanwendungsprobleme sagen.

Als erstes geht es um das Schlagwort des Verbraucherschutzes, das schon deshalb eine solche Tragweite hatte und hat, weil es in einer hier nicht näher zu erörternden und besonders nicht im EGV positiv nachzuweisenden Eingriffsintensität der EU das Recht zu geben scheint, sich mit ihren Bestimmungen in die subtilsten Verästelungen der Privatrechtsordnungen der Mitgliedstaaten zu begeben;[2] man denke an die kürzlich in den Heininger-Urteilen des EuGH und des BGH[3] erörterten, zwar „an der Haustür" angebahnten, dann aber notariell geschlossenen „Verbraucherkreditverträge" und die dadurch u.a. aufgeworfe-

---

[1] RL 1999/44/EG des Europäischen Parlaments und des Rates vom 25.5.1999 zu bestimmten Aspekten des Verbrauchsgüterkaufs und den Garantien für Verbrauchsgüter, AblEG L 171 v. 7.7.1999, abgedruckt NJW 1999, 2421; dazu *Medicus* ZIP 1996, 1925; *Ehmann/Rust* JZ 1999, 853; *Honsell* JZ 2001, 278; *H.P. Westermann* in: Grundmann/Medicus/Rolland (Hrsg.), Europäisches KaufgewährleistungsR, 2000, S. 251ff.

[2] Ob die Kompetenz der EU zur Harmonisierung des Schuldrechts wirklich aus Art. 95 EGV abgeleitet werden kann (*Basedow* AcP 2000, 445, 474ff.; a.M. *Armbrüster* RabelsZ 60, – 1996 – S. 72, 79ff.), muß hier dahinstehen.

[3] EuGH v. 13.12.2001, ZIP 2002, 31 m. Bespr. *Hoffmann*; BGH ZIP 2002, 1075 mit Anm. *Ulmer*.

ne Frage, wie viele Widerrufsbelehrungen wir demnächst brauchen werden. Es wird also zu untersuchen sein, inwieweit das neue Recht seine Legitimation – und vielleicht auch die eine oder andere Angriffsfläche – aus dem Streben nach Verbesserung der Rechtsposition des Letztverbrauchers von beweglichen Sachen und Krediten – also nicht Grundstücken oder Rechten – nimmt, und wo es diesen Schutzgedanken unter Hintansetzung berechtigter, auch gesamtwirtschaftlich notwendiger Interessen der Verkäuferseite, ein wenig pauschal gesagt: der Wirtschaft, durchgesetzt und vielleicht überzogen hat. Diesen Teil meiner Überlegungen kann man unter Bezugnahme auf eine von Ulmer kürzlich verfasste Kolumne[4] charakterisieren und in Anlehnung an eine berühmte Kritik Otto von Gierkes am BGB die Frage stellen, wie viele Tropfen sozialistischen (wohlgemerkt nicht: soziales) Öls das BGB verträgt.[5]

Ein weiteres Ziel der Reform oder Modernisierung war die Beseitigung von Lücken, Widersprüchen und Fehlbewertungen des bisherigen Rechts.[6] Dieser Aspekt des Reformvorhabens stieß auf die schwersten Vorbehalte, z. T. Widerstände. Ein großer Teil der deutschen Juristen, gerade auch Hochschullehrer, hat nämlich zum „alten" BGB eine Einstellung wie eine Ehefrau, die sich beständig über ihren Mann beschwert, die aber, wenn ihre Mutter in diese Kritik einstimmt, ihr heftig über den Mund fährt und ihren Mann verteidigt. Nur durch diesen Vergleich lässt es sich erklären, dass so viele Fachleute in Wort und Schrift wichtige Entscheidungen und Abschnitte des früheren BGB vielfältig angegriffen haben – im Schuldrecht etwa die §§ 327, 462, 465, möglicherweise die ganze kaufrechtliche Gewährleistung, die Lücken beim anfänglichen Unvermögen, die gänzliche Auslassung von positiver Vertragsverletzung, die man im früheren § 276 BGB beim besten Willen nicht finden konnte, und der culpa in contrahendo, die Darstellung des Darlehens als Realvertrag, das Chaos bei der Verjährung u.a.m. –, und dass nun fast dieselben Leute in der im Jahr 2001 gelaufenen Diskussion mit ebensolcher Deutlichkeit den Gesetzgeber davor warnten, sich am „Kulturgut BGB" zu vergreifen. Es ist offenbar nicht dasselbe, ob man das BGB kritisiert und Rechtsfortbildung anmahnt und betreibt, oder ob man sich an eine Überarbeitung oder Neufassung des Gesetzes macht, wobei es in einigen Punkten Neulösungen alter Probleme gegeben hat (etwa die Haftung für ursprüngliches Unvermögen, die Möglichkeit einer Kumulation von Rücktritt und Schadensersatzforderung in § 325, das Entfallen des Erfordernisses einer Ablehnungsandrohung beim Übergang von Verzug zur Schadensersatzforderung oder zum Rücktritt, die Nacherfüllungspflicht auch bei der Stückschuld, die Modifikation der Rücktrittsfolgen).

---

[4] „Die erste Seite", BB 2001, Heft 46.
[5] Die soziale Aufgabe des Privatrechts, zitiert nach: Quellenbuch zur Geschichte der deutschen Rechtswissenschaft, herausg. von Erich Wolf (1949) S. 478, 486.
[6] Allgem. Begründung zum RegE, zusammen mit allen anderen Materialien abgedr. bei *Canaris*, Schuldrechtsreform 2002, S. 569 ff.; die folgenden Zitate sind diesem Werk entnommen.

Dies berührt den dritten Aspekt der Betrachtung, nämlich die vom Gesetzgeber angestrebte Erhöhung des Stellenwerts unseren zentralen Kodifikation. Die Frau Bundesministerin der Justiz hat im Rahmen unserer Ringvorlesung[7] gemeint, es sei ihr nicht um die Kodifikationsidee als solche gegangen, dies wohl auch deshalb, weil der mit einem Gesetzbuch wie dem BGB verbundene Anspruch an die Tragfähigkeit rechtssystematischer Konzeptionen und Argumente sowie an die Ausdifferenzierung grundlegender Dogmen und Prinzipien – z.B. Privatautonomie, bloß obligatorische Wirkung von Schuldverhältnissen, Schadensersatzhaftung nicht ohne Verschulden – Hindernisse bei der Umsetzung so tief ins besondere wie in das allgemeine Schuldrecht eingreifender Vereinheitlichungsbestrebungen begründen kann. In der Tat ist das Zutrauen zur systembildenden Tragfähigkeit der Kodifikation schon seit längerem nicht mehr ungebrochen;[8] politisch wirksamer war aber jedenfalls bei der hier darzustellenden „Modernisierung" die Vorstellung, im BGB wenigstens ansatzweise die praktisch wichtigsten Rechtsinstitute anzusprechen, damit der mit dem Stand von Rechtsprechung und Wissenschaft nicht sehr vertraute Benutzer, namentlich auch ausländische Juristen, die in zunehmendem Maße das deutsche materielle Recht heranziehen müssen, sich bei seinen Forschungen im Kodex nicht ganz im Stich gelassen fühlt. Die Mühe, die man sich nach meiner Einsicht im gesamten Gesetzgebungsverfahren gegeben hat, um das neue Recht in den bestehenden und in seiner systematischen Aussagekraft tunlichst zu erhaltenden Kodex einzufügen, legt von dieser Einstellung Zeugnis ab, und für die Zukunft scheint es trotz aller „Modernisierung" der Kodifikation im Ministerium doch auch darum zu gehen, das deutsche Gesetz zumindest nicht ohne Not tiefgreifenden Änderungsbestrebungen der Brüsseler Bürokratie auszusetzen. Das wird aber natürlich ein Thema bleiben, schon im Hinblick auf die bekannten und auch in unserem Zusammenhang zu erwartenden Fragen zur Richtlinienkonformität des neuen Rechts.

II. Verbraucherschutz im Sinne der Kaufrechtsrichtlinie und darüber hinaus

1. Der Umfang des Neuansatzes

Das deutsche Recht enthielt bereits eine Reihe von Gesetzen. die ausgesprochene Verbraucherschutzgesetze waren, die also in einer z.T. stark formalisierenden, d.h. von der einzelnen Person abstrahierenden Weise den Schutz eines Teilnehmers am Rechtsverkehr in den Vordergrund stellten, der in seiner Pri-

---

[7] Zu den Gründen für die vom Ministerium angestrebte „große Lösung", s. *Däubler-Gmelin*, NJW 2001, 2281.
[8] Näher dazu *Kübler* JZ 1969, 645.

vatsphäre angeblich dem unternehmerisch oder freiberuflich handelnden Vertragspartner unterlegen ist, wobei der Anknüpfungspunkt keineswegs immer die Zugehörigkeit eines Teilnehmers am Rechtsverkehr zu einer bestimmten Personengruppe oder einer sozialen Rolle (etwa „des Verbrauchers") war, sondern u.U. auch nur die tatsächliche Situation, in der ein Rechtsgeschäft zustandegekommen ist.[9] Immerhin stellt der aus §§ 13, 14 BGB ersichtliche Anwendungsbereich des Verbraucherschutzes jetzt deutlich auf subjektive Elemente wie die Verankerung eines Rechtsgeschäfts in der beruflichen oder privaten Sphäre eines der Handelnden ab, der Bezug dieser Normen auf die Privilegierung oder Belastung des Trägers einer bestimmten sozialen Rolle ist z.T. deutlich. Das Vorstandsmitglied einer AG, der morgens für seine Gesellschaft einen neuen Dienstwagen probegefahren und gekauft hat, auf dem Heimweg aber an einem Großmarkt angehalten hat, um Hundefutter zu kaufen, ist in der zweiten Funktion Verbraucher, fällt also jetzt unter die Sonderregelung über den Verbrauchsgüterkauf. Das deutsche Recht hat darauf verzichtet, die Richtlinie im Sinne eines Sondergesetzes umzusetzen, sondern hat die Richtlinien-Regeln als Modell für den Kauf auch unter Privaten und unter Unternehmern genommen, musste also das allgemeine und an sich für alle geltende BGB-Kaufrecht stark modifizieren, wobei die Käuferrechte, wenn man in der herkömmlichen Denkweise des Verbraucherschutzrechts verharrte, gegenüber einem unternehmerischen Verkäufer verstärkt werden mussten.

Z.T. ist dies auch geschehen, doch ist es nicht das eigentliche Charakteristikum des neuen Rechts; immerhin ist darauf hinzuweisen, dass der Sonderabschnitt des BGB über den Verbrauchsgüterkauf (§§ 474ff.) als wichtigstes die Anordnung enthält, dass der größte Teil der Regeln des Kaufrechts für den Verbrauchsgüterkauf zwingend ist. Praktisch bedeutet dies etwa, dass gegenüber einem Verbraucher der Unternehmer nicht mehr, was etwa beim Gebrauchtwagenkauf üblich war, die Gewährleistung ganz abbedingen darf, was der Neuwagenkäufer, wenn er einen gebrauchten Wagen frei verkauft oder in Zahlung gibt, gegenüber seinem Abkäufer, u.U. also sogar gegenüber dem Neuwagenhändler als Unternehmer, je nach den Gegebenheiten des Markts durchsetzen kann. Das kann seltsame Blüten treiben, wenn man sich die Verhältnisse beim Gebrauchtwagenhandel vorstellt,[10] zeigt aber auch, dass nicht alles Kaufrecht künftig als Verbraucherschutzrecht anzusehen ist, und der Gedanke der Privatautonomie nicht ganz durch paternalistische Zwänge ersetzt wird.[11] Die Stärkung der Käuferrechte dient also nicht nur dem intellektuell oder wirtschaftlich weniger durchsetzungsfähigen Vertragspartner. Wir gehen in dieser Hinsicht in

---

[9] Zur Beurteilung der Verbraucherschutzgesetze unter diesem Aspekt *H.P. Westermann* in: Gutachten und Vorschläge zur Überarbeitung des Schuldrechts, herausgegeben vom Bundesminister der Justiz, Band III (1983) S. 1ff.
[10] Näher dazu *H.P. Westermann*, JZ 2001, 530, 541f.
[11] Vertiefend dazu die Studie von *Repgen*, Kein Abschied von der Privatautonomie, 2001.

etwa den Weg des bisherigen AGBG weiter, das ja auch – entgegen verbreitetem Missverständnis – kein Verbraucherschutzgesetz war.[12] Man muss aber natürlich auch sehen, dass wir hiermit von einem einheitlichen Verbraucherschutzrecht noch weit entfernt sind; dafür sind die vielschichtigen und weit gefassten Begriffe des Verbrauchers und des Unternehmers noch zu abstrakt. Der Weg geht allerdings in diese Richtung, schon und auch durch das Richtlinienrecht.

2. Beispiele

Nun sollte man den Umfang des mit der neuen Gesetzgebung erreichten Verbraucherschutzes konkret an einzelnen Normenkomplexen erörtern, um die unter diesem Gesichtspunkt auch gestritten worden ist.

a) Betrachtet man etwa die Definition der Sachmangelfreiheit in § 434, so steht eindeutig eine subjektive Fehlerbestimmung im Vordergrund (Beschaffenheitsvereinbarung, Tauglichkeit zu dem nach Vertrag vorausgesetzten Gebrauch), die auf den Vertrag, also nicht auf einseitige Erwartungen aus Verbrauchersicht, abstellt.[13] Möglicherweise gibt es hier einen Konflikt mit der Richtlinie, die auf einseitige Beschreibungen von Verkäuferseite abstellt,[14] obwohl es auch dabei um die „Vertragsgemäßheit" der Ware geht, was wieder für die deutsche Sichtweise spricht. Wichtiger ist in diesem Zusammenhang die Ausdehnung der Verantwortlichkeit des Verkäufers auf Werbungsäußerungen des Herstellers, eines Produzenten eines Grundstoffs, eines Teilprodukts oder auch eines Importeurs, die § 434 Abs. 1 Satz 3 vorschreibt und die deswegen eine erhebliche Belastung des Verkäufers darstellt, weil er für solche Angaben, die auch von einem „Gehilfen" des Herstellers stammen können, dem Verbraucher gegenüber haftet, auch wenn er selber in seinen Verhandlungen mit dem Käufer auf die Werbung mit keinem Wort Bezug genommen hat. Namentlich die Haftung für Angaben eines ausländischen Urproduzenten eines angeblich ökologisch angebauten Grundstoffs oder des Herstellers eines Teilprodukts, aber auch für Äußerungen eines „Gehilfen" des Herstellers, also etwa des Chirurgen, der auf Bitten des Herstellers eines neuartigen Operationsbestecks hiermit Show-Operationen durchführt und darüber in seiner Fachzeitschrift berichtet hat, stellt einen sehr weitgehenden Käuferschutz dar, von dem sich der Verkäufer – wohlgemerkt nicht der Hersteller – auch durch die Behauptung nicht wird entlasten können, er habe von diesen Äußerungen nichts gewusst. Denn die Rechtsprechung, die schon früher Ansätze in diese Richtung erkennen ließ,

---

[12] *Ulmer* JZ 2001, 491 ff.
[13] *H.P. Westermann*, NJW 2002, 241, 243 f.
[14] *Schlechtriem* in: Ernst/Zimmermann (Hrsg.), Zivilrechtswissenschaft und Schuldrechtsreform, 2001, 205, 214.

worauf sich die Begründung des RegE auch beruft,[15] wird zumindest den sogenannten Fachhandel vermutlich häufig über die gesetzliche Regel stolpern lassen, dass er von einer werbenden Äußerung hätte Kenntnis haben müssen.

Immerhin sollte in diesem Zusammenhang auch darauf hingewiesen werden, dass der Käufer nach dem neuen Kaufrecht im Gegensatz zum bisherigen nach einer mangelhaften Lieferung nicht sofort vom Kaufvertrag loskommen kann, sondern den Verkäufer zunächst und vorrangig auf Nacherfüllung, also Nachlieferung einer einwandfreien Sache oder Nachbesserung der gelieferten mangelhaften Sache, in Anspruch nehmen muss (§§ 437 Nr. 1, 439, 440), von wo aus er zum Rücktritt vom Kauf in vielen Fällen erst übergehen kann, wenn der Verkäufer nicht nur ein –, sondern zweimal vergeblich versucht hat, den Fehler auszubessern. Das ist das auch im UN-Kaufrecht (Art. 37 CISG) bereits gegebene, für das neue deutsche Recht rechtspolitisch umstrittene[16] Recht des Verkäufers „zur zweiten Andienung", das sich ja, wie § 440 Satz 2 zeigt, bis zu einem Recht zur „dritten Andienung" auswachsen kann. Wie sich aus § 323 Abs. 1 ergibt, ist zwar die Pflicht des Verkäufers zur Nacherfüllung vorrangig, d.h. der Käufer kann erst zurücktreten oder Schadensersatz wegen des Mangels verlangen, wenn er versucht hat, seinen Nacherfüllungsanspruch durchzusetzen. Aber auf der anderen Seite kommt es für das Recht des Käufers, sich vom Vertrag zu lösen, nur darauf an, dass die Leistung des Verkäufers fehlerhaft ist, unabhängig davon, ob ihm hierfür ein Verschuldensvorwurf gemacht werden kann. Damit rückt man vom bisherigen deutschen Recht etwas in Richtung auf die Lösung des UN-Kaufrechts ab, aber der Verkäufer behält trotz des Mangels die Chance, das Umsatzgeschäft doch noch zum Erfolg zu bringen. Im Werkvertragsrecht ist dies besonders deshalb auffallend, weil auch derjenige Unternehmer ein Recht zur zweiten Andienung hat, der den Mangel zu vertreten hat. Rein verbraucherrechtlich ist dies alles nicht gedacht.

Nun spielen in der öffentlichen Diskussion naturgemäß die Schadenersatzforderungen des Käufers bei Sachmängeln eine große Rolle. Hierzu ist als erstes auf die Abschaffung des § 463 BGB a.F. als selbständige Anspruchsgrundlage hinzuweisen, wonach der Verkäufer verschuldensunabhängig für Angaben über Eigenschaften der Kaufsache haftete, die man als Gegenstand einer Zusicherung im Sinne der genannten Norm ansehen konnte, also (z.B. beim Gebrauchtwagenkauf): von Meisterhand geprüft, unfallfrei und dergleichen.[17] Künftig kommt es nach § 276 darauf an, ob der Verkäufer eine „Garantie" übernommen hat, was sich von der Zusicherung dadurch unterscheidet, dass nicht mehr entscheidend ist, ob der Gegenstand der Äußerung des Verkäufers eine

---
[15] So die Begr. des RegE aaO. S. 815 unter Hinweis auf BGHZ 132, 55; BGH NJW 1997, 2590.
[16] Zu den Intentionen siehe die Begr. des RegE aaO. S. 845.
[17] Dazu MünchKomm/*H. P. Westermann* § 459 Rdz. 461 ff.; Erman/*Grunewald* § 459 Rdz 53.

Eigenschaft der Kaufsache war.[18] Aber natürlich muss der Verkäufer bei seiner Aussage deutlich gemacht haben, dass sie ernst gemeint ist und auch Rechtsfolgen auslösen kann, für die er dann einstehen will, also nicht: „Haribo macht Kinder froh". Man muß also die Streichung des § 463 BGB a.F. im Zusammenhang mit der jetzt für alle Schadensersatzansprüche maßgebenden Regelung des neuen § 276 sehen, die eine Schadensersatzhaftung des Schuldners und damit auch des Verkäufers zwar grundsätzlich von seinem Verschulden abhängig macht, aber auch die Übernahme eines Beschaffungsrisikos oder einer Garantie als Grundlage für eine – dann: verschuldensunabhängige – Haftung des Verkäufers gelten lässt. Darunter könnten also Äußerungen über die Eigenschaften eines angebotenen Gebrauchtwagens durchaus fallen. Das bedeutet aber weiter, dass der Verkäufer in eine „Garantie", die seine Haftung gegenüber dem Käufer verschärft, nicht ohne besonderen Rechtsfolgewillen von seiner Seite hineinläuft, was besonders im Hinblick auf den Unternehmenskauf mit den bekanntlich üblichen umfangreichen und zahlreichen „guarantees" nach US-amerikanischen Gewohnheiten von praktischer Bedeutung ist.

b) Hier ertönte allerdings aufgrund der Fassung des neuen § 444 ein Aufschrei aus den Juristenkreisen, die sich mit Unternehmenskauf und -verkauf befassen,[19] weil die Vorschrift den Eindruck erweckt, dass auch im Individualvertrag bei Vorliegen einer Garantie jegliche Beschränkung der Haftung des Verkäufers unmöglich ist, damit auch die beim Unternehmenskauf übliche Begrenzung der Gewährleistung des Verkäufers auf eine summenmäßig bestimmte Obergrenze. Das hieße aber den Verbraucherschutz, der ja in diesem Bereich eigentlich nicht passt, zu weit treiben. Nach meiner Meinung sind §§ 276, 444 vielmehr so zu lesen, dass die Garantie eine verschuldensunabhängige und nicht abdingbare Haftung in dem Maße begründet, wie es sich aus dem „Inhalt des Schuldverhältnisses" ergibt, so dass etwa die Beschränkung der Garantiehaftung des Unternehmensverkäufers auf einen im Vertrag auch angegebenen Höchstbetrag sich aus dem Schuldverhältnis ergibt und mithin gültig ist.[20]

Wie schon dieses Beispiel zeigt, sind wir gewohnt, Verbraucherschutzvorschriften daran zu erkennen, dass sie zum Nachteil des Verbrauchers unabdingbar sind. In dieses Vorstellungsbild passt, dass die von der Richtlinie beeinflussten neuen Regeln des Kaufrechts nach § 475 für Geschäfte mit Verbrauchern zwingend sind, abgesehen davon, dass in diesem Bereich die Verjährung für den Verkauf gebrauchter Güter gem. § 475 Abs. 2 auf ein Jahr abgekürzt werden kann. Das ist für den Verlust an Privatautonomie ein eher schwacher Trost, aber

---

[18] *H.P. Westermann* NJW 2002, 241, 247; *Medicus* in: Das neue Schuldrecht, 2002, Kap. 3 Rdz 151.
[19] Exemplarisch *v. Westphalen* ZIP 2001, 2007; zum Problem weiter *Gronstedt/Jörgens* ZIP 2002, 52; *Dauner-Lieb/Thiessen* ZIP 2002, 108.
[20] In diese Richtung auch *Lieb*, in: Unternehmenskauf und Schuldrechtsmodernisierung, Schriftenreihe der Bayer-Stiftung, 2003, S. 57, 63 ff.; s. auch *meinen* Diskussionsbeitrag S. 81 ff.

man muss wohl berücksichtigen, dass Regelungen in Geschäften zwischen Unternehmern, wenn es sich nicht um außerhalb des Alltagsgeschäfts liegende Vorgänge handelt, praktisch immer unter Verwendung von AGB stattfinden müssen, wobei schon immer der favor iudicis zum Nachteil des Verwenders gewirkt hat. Außerdem stehen alle Abdingungsmöglichkeiten im Hinblick auf das Nicht-Verbrauchergeschäft, also dasjenige unter Privatleuten und unter Unternehmern, stets unter dem Vorbehalt, daß AGB von den wesentlichen Grundprinzipien des – durch das neue Gesetz gerade gewandelten – Rechts nicht allzu weit abweichen dürfen, wie man dem neuen § 307 BGB entnehmen kann.

c) Eine starke Belastung des unternehmerisch tätigen Verkäufers gegenüber einem Verbraucher enthält der neue § 476, der für den Käufer die Vermutung begründet, dass jeder Sachmangel, der sich innerhalb von sechs Monaten nach Ablieferung der Kaufsache zeigt, so angesehen wird, dass er schon zu diesem Zeitpunkt gegeben war. Eine solche Beweiserleichterung für den Käufer war nach früherem Recht nicht selten Gegenstand einer vertraglichen „Garantieübernahme", die sich mit der jetzt in § 443 geregelten Haltbarkeitsgarantie überschnitt und besonders im Kfz-Handel von Bedeutung war. Dies hängt zwar davon ab, dass diese Vermutung mit der Art des Mangels vereinbar ist, was beim Kauf gebrauchter Sachen häufig nicht wird angenommen werden können.[21] Ein weiteres Beispiel ist der Viehkauf, soweit es sich um Krankheiten handelt, in denen der Ausbruch nach veterinärmedizinischer Erkenntnis in kurzer Zeit nach der Infektion erfolgt.[22] Aber um ein selbsterfundenes Beispiel zur Diskussion zu stellen, kann ein Ausschluß dieser Vermutung auch beim Kauf neuwertiger Waren nicht bloß theoretisch bleiben, so dass man einem Autoverkäufer, dessen Kunde nach fast sechs Monaten mit der Beschwerde kommt, er habe erst jetzt gemerkt, dass das Fahrzeug bei jedem Bremsversuch stark nach links zieht, vielleicht eine Chance einräumen kann, zu behaupten, dass dieser Mangel nun doch bei Gefahrübergang nicht vorhanden gewesen sein könne, während der Käufer auf der anderen Seite sich wohl mit guten Erfolgsaussichten darauf wird berufen können, der Aschenbecher, den weder er noch seine Frau benutzten, habe sich nach fünf Monaten als unbrauchbar herausgestellt. Mir scheint auch dies, wenn die Rechtsprechung von der Vermutung keinen allzu forschen Gebrauch macht, insgesamt so unpassend nicht zu sein, denn es bleibt ja dem Käufer stets unbenommen, zu beweisen, dass der Mangel schon bei Gefahrübergang vorhanden war, im genannten Beispiel des Autokaufs etwa durch den Nachweis, dass er – der Käufer – sich sogleich nach der Lieferung des Fahrzeugs einer Operation unterziehen musste und erst kurz vor Ablauf der 6-Monats-Frist das Steuer zum ersten Mal in die Hand genommen hat. Insgesamt dürfte hier trotz der

---

[21] *H.P. Westermann* NJW 2002, 241, 244; Anwaltkommentar-*Büdenbender* § 476 Rdz. 14; Palandt/*Putzo* § 476 Rdz. 10; so auch schon die Reg.-Begr. zu § 476 aaO. Fn. 6 S. 871 f.
[22] So auch die RegBegr ebenda.

3. Insbesondere: die Frage der Verjährung

Das wurde im Zuge der Diskussionen um die Umsetzung der Richtlinie im Hinblick auf die Verjährung von Gewährleistungsansprüchen z.T. anders gesehen. Insoweit ist klar, dass die Ausdehnung von sechs Monaten auf i.d.R. zwei Jahre natürlich eine erhebliche Verstärkung der Käuferrechte darstellt, die gesteigert wird durch die soeben erwähnte, in die Form einer Beweisvermutung gekleidete Regelung des § 476, zumal beide Normen beim Verbrauchsgüterkauf vertraglich nur so weit modifiziert werden können, dass für gebrauchte Güter – also den immer wieder angeführten Gebrauchtwagen – die Verjährungsfrist auf ein Jahr abgekürzt werden kann, dies übrigens auch durch AGB, § 309 Nr. 8 Buchst b-ff. Nun bleibt es nicht bei dieser zweijährigen Verjährung, sondern schon bei Lieferung etwa von Baumaterialien gilt für Gewährleistungsansprüche eine fünfjährige Verjährung, die der Wirtschaftspraxis schwer zu schaffen machen wird, wie sich mit Blick auf mögliche Ersatzansprüche wegen eines durch mangelhaftes Baumaterial verursachten Mangelfolgeschadens leicht vorstellen lässt. Es ist auch noch keineswegs klar, ob nicht für solche Ansprüche sogar die Regelverjährung nach § 194ff. gilt,[23] was bedeuten würde, dass eine dreijährige Verjährung vom Ende des Jahres an greift, in dem der Verbraucher vom Schaden und der Person des Schädigers Kenntnis erlangt hat oder hätte erlangen müssen. Schließlich ist hier auch noch an die Geltung der Regelverjährung aus dem Gesichtspunkt der Anwendung deliktsrechtlicher Regeln zu denken, wenn nämlich der Mangel eine Zeitlang „vor sich hin frisst", um nach längerer Zeit endlich bei der Verursachung eines mit dem Mangel nicht stoffgleichen Schadens aufzufallen.[24]

Auf die hier auftauchenden Abgrenzungsschwierigkeiten ist im Abschnitt über die Beseitigung von Mängeln des bisherigen Rechts noch zurückzukommen. Für die zunächst interessierende Frage nach einem überzogenen Verbraucherschutz steht in der Tat zu befürchten, dass die Verjährungsvorschriften zusammen mit der Beweislastumkehr gem. § 476 eine erhebliche Belastung der Verkäuferseite darstellen werden, die dazu führen könnte, dass im Bereich des Nicht-Verbrauchergeschäfts noch mehr als bisher Versuche zur Gestaltung durch Formularverträge unternommen werden, die dann als Reaktion Überle-

---

[23] Vorschlag von *Canaris* ZRP 2001, 329, 335.; anders *Haas* in: Das neue Schuldrecht Kap. 5 Rdnr. 350, 352; Anwaltkommentar-*Büdenbender* § 438 Rdnr. 10; Palandt/*Putzo* § 438 Rdnr. 3.

[24] *H.P. Westermann* NJW 2002, 241, 250; Hk-BGB-*Saenger* § 438 Rdnr. 3; Palandt/*Putzo* § 438 Rdnr. 3; Bedenken bei *Buck* in: H.P. Westermann, Das Schuldrecht 2002, S. 162. Gegen anderweitige Lösungsversuche *Leenen* JZ 2001, 552, 555; zum Problemkreis krit. *Egermann* ZRP 2001, 1ff.

gungen der Rechtsprechung auslösen, ob man nicht die an sich dispositiven neuen Bestimmungen des „allgemeinen" Kaufrechts oder gar die zwingenden des Verbrauchsgüterkaufs über die Generalklausel des § 307 auch für den unternehmerischen Verkehr wirken lässt. Dass wäre so vom Gesetzgeber sicher nicht gewollt, diese Gefahr eines Verbraucherschutzes aus Richterhand ist aber durch die Unterlassung heraufbeschworen, in der Generalklausel zur Inhaltskontrolle wenigstens anzudeuten – und sei es nur in der Begründung –, welche Bestimmungen des neuen Rechts künftig als Leitbild oder, wie es im Gesetz heißt, wesentliche Grundgedanken des neuen Rechts anzusehen sind. Dass dies nicht leicht wäre und vielleicht auch nicht in einer Weise erfüllt werden könnte, die mit dem jetzt ausdrücklich in § 307 verankerten Transparenzgebot in Einklang steht, ist allerdings zuzugeben. Auf das Nachspiel, das die Schaffung des neuen Rechts haben könnte, wenn viele z.B. als Verkäufer oder Bauunternehmer betroffene Unternehmer in ihren Bilanzen per 31.12.2002 deutlich höhere Rückstellungen für mögliche Gewährleistungsansprüche bilden, darf man im übrigen gespannt sein.

4. Die Lage im allgemeinen Leistungsstörungsrecht

Das Stichwort „Verbraucherschutz" musste die Aufmerksamkeit natürlich zunächst auf das Verhältnis von Verkäufer und Käufer lenken. Im allgemeinen Leistungsstörungsrecht ist die Rollenverteilung zwischen schutzbedürftigem „Verbraucher" und stärker belastbarem „Unternehmer" nicht so deutlich, da bei Leistungsverzögerungen oder gänzlichem Ausbleiben der Leistung ein Verbraucher gleichermaßen Gläubiger und Schuldner sein kann. Deshalb wird hier die Rechtspolitik, die auf einen Schutz des in der sozialen Rolle eines Verbrauchers handelnden Subjekts bedacht ist, einmal Gläubiger-, ein anderes Mal Schuldnerschutz betreiben wollen.[25] Betrachten wir unter diesem Gesichtspunkt einige Neuregelungen, so fallen die folgenden Punkte auf.

Die Effektivität der Reaktionsmöglichkeiten des Gläubigers bei Leistungsstörungen ist verstärkt worden. So kommt es, wenn der Gläubiger bei Nichtleistung des Schuldners vom Vertrag los will, als Voraussetzung für den Rücktritt nicht auf das Verschulden des Schuldners an, der Gläubiger braucht also insoweit einen Entlastungsbeweis nicht zu befürchten (wohl für die Geltendmachung des Verzögerungsschadens, da hierfür nach §§ 280 Abs. 2, 286 die vollen Verzugsvoraussetzungen vorliegen müssen). Um zurücktreten zu können, muss er häufig keine Nachfrist setzen, insbesondere überall dort nicht, wo Nachlieferung oder Nachbesserung unmöglich sind oder der Schuldner aus sonstigen Gründen nach § 275 Abs. 1 von der Leistungspflicht frei ist. Von dem Problem,

---

[25] Dazu schon *meine* Bemerkungen in der Diskussion meines in JZ 2001, 530ff. abgedruckten Vortrages, s. ebenda S. 543.

das der Praxis die Anwendung des alten § 326 bereitet hat, nämlich die Notwendigkeit einer Nachfristsetzung und Ablehnungsandrohung mit der Gefahr, nach Fristablauf den Erfüllungsanspruch zu verlieren, befreit den Gläubiger der neue § 325 i.V. mit § 281 Abs. 4, wonach also der Erfüllungsanspruch erst erlischt, wenn der Gläubiger Schadensersatz statt der Leistung gefordert hat. Wenn man der Regierungsbegründung darin folgt, dass in einer Fristsetzung zugleich die zur Herbeiführung des Verzuges nötige Mahnung liegt,[26] wird der Gläubiger mit *einer* an den Schuldner gerichteten Erklärung häufig die Voraussetzungen für den Anspruch auf Verzögerungsschaden und auf Schadensersatz statt der Leistung schaffen können, wenn nicht ohnehin einer der ziemlich zahlreichen Tatbestände der Entbehrlichkeit einer Nachfristsetzung vorliegt.

Nun wird bei Sachleistungsschulden häufig der Gläubiger ein Verbraucher, der Schuldner ein Unternehmer sein. Bei Geldschulden braucht der Gläubiger, um seinen Zahlungsanspruch durchzusetzen, nicht nach § 281 vorzugehen, der hierfür unanwendbar ist,[27] so dass der dem Gläubiger durch das Ausbleiben der Leistung entstehende Schaden einschließlich der Folgeschäden über §§ 280 Abs. 2, 286 zu ersetzen ist.[28] Für das Vertretenmüssen gilt nach wie vor der alte, vielfach als brutal-frühkapitalistisch empfundene Satz: Geld hat man zu haben im BGB, dessen ausdrückliche oder ein wenig nobler formulierte Aufnahme ins Gesetz mehr aus Gründen der Optik unterblieben ist.[29] Ein wenig erleichtert gegenüber dem früheren Recht ist die Möglichkeit des Gläubigers, einen Schuldner, der nicht an dem von einem bestimmten Ereignis (etwa der Lieferung der Ware) an kalendermäßig berechenbaren Termin leistet, auch ohne Mahnung auf Verzugschaden in Anspruch zu nehmen, so dass etwa eine notarielle Fälligkeitsmitteilung oder die Angabe der Zahlungsfrist bei der Lieferung der Ware ausreicht.[30] Noch wichtiger ist die Rechtsrückbildung durch Beseitigung des Missgriffs des Gesetzes zur Beschleunigung fälliger Zahlungen, wonach jeder Schuldner nach Fälligkeit zunächst einmal 30 Tage Zahlungsziel in Anspruch nehmen konnte, ehe er in Verzug geraten konnte. Allerdings bleibt hier ein kleiner Rest des verstärkten Verbraucherschutzes erhalten, indem die Möglichkeit, einen Verbraucher vor Ablauf der 30 Tage durch einfache Mahnung in Verzug zu setzen, nur gegeben ist, wenn der Schuldner hierauf in der Rechnung ausdrücklich hingewiesen worden ist.[31] Wahrscheinlich wird man dies der Einfach-

---

[26] RegBegr. zu § 286 Abs. 1 Satz 2, bei *Canaris* aaO. S. 690; a.M. *Gsell* JbJZivRWiss, 2001, 110.
[27] Palandt-*Heinrichs* § 281 Rdnr. 5.
[28] Palandt-*Heinrichs* ebenda; Anwaltkommentar-*Dauner-Lieb* § 286 Rdnr. 18; ähnlich Hk-BGB-*Schulze* § 286 Rdnr. 30; zweifelnd noch *Schultz* in: H.P. Westermann (Hrsg.), Das Schuldrecht 2002, S. 17, 34.
[29] Dazu schon *Canaris* JZ 2001, 499, 519.
[30] Dazu wiederum die Regierungsbegründung aaO. Fn. 26.
[31] Dass es sich hierbei nicht um europarechtlichen Verbraucherschutz handelt, ist bei *Schultz* aaO. S. 31 näher dargelegt.

heit halber in Zukunft gegenüber allen Schuldnern so handhaben, wenn man ihnen nicht wegen des von ihnen getätigten Umsatzgeschäfts so dankbar ist, dass man sie überhaupt nur mit Samthandschuhen anfassen möchte. Ein letzter Punkt in diesem Zusammenhang ist der Vorrang der Nacherfüllung vor Rücktritt und Schadensersatz bei Lieferung einer mangelbehafteten Sache beim Kauf. Dieses vorhin schon besprochene Recht des Verkäufers zur zweiten, bisweilen sogar dritten Andienung ist aus Käufer- – und das heißt natürlich öfter – Verbrauchersicht nicht allzu schwer hinzunehmen, weil bei unbehebbaren Mängeln und Unzumutbarkeit des Wartens auf den säumigen Sachleistungsschuldner wiederum zahlreiche Möglichkeiten mindestens zum Rücktritt ohne Nachfristsetzung gegeben sind.

5. Ein heikler Punkt: Rückgriff des Letztverkäufers

Eine erste kurze Zwischenbilanz kann die Aussage wagen, dass das neue Recht einseitigen oder überzogenen Verbraucher-, speziell Käuferschutz nicht gebracht hat, das Bemühen um eine gewisse Ausgewogenheit zwischen Verbraucher- und Unternehmerbelangen ist erkennbar. Im Hinblick auf die Verjährung wird mancher davon eine Ausnahme machen, wobei die Probleme aber weniger in den Verjährungsfrist als in der Regelung des Anlaufens der Verjährungszeit liegen dürften.

Mit der Feststellung, ein Regelwerk sei um Ausgewogenheit in der Interessenbewertung bemüht und lasse sich nicht einseitig von bestimmten politischen Sentenzen leiten, ist noch keine Aussage getan, die dem hohen Anspruch einer Ringvorlesung einer Juristischen Fakultät genügen könnte. Ich will daher den Faden noch etwas weiter spinnen und auf eine Regelung zu sprechen kommen, die gewissermaßen als Konsequenz aus dem verstärkten Schutz des Letztverbrauchers anzusehen ist, nämlich den Rückgriff des Letztverkäufers gegen seine Vormänner in der Lieferkette einschließlich des Herstellers. Eine solche Rückgriffsregelung, nicht unbedingt gerade die in §§ 478, 479 vorgesehene Lösung, ist nach Ansicht der RL[32] nötig, um insbesondere die verstärkte Haftung des Letztverkäufers gegenüber einem Verbraucher für Herstellerangaben ein wenig abzufedern. Die Richtlinie hat allerdings kein eigenes rechtspolitisches Konzept entwickelt, wie der Rückgriff auszusehen hat. In diesem Punkt waren also – fast möchte man sagen: erstaunlicherweise – die Rechtsordnungen der Mitgliedsländer frei. Das deutsche Recht hat davon abgesehen, einen direkten Rückgriff des Letztverkäufers gegen den Hersteller (action directe) vorzusehen, den man hätte eigens schaffen müssen, da unser Deliktsrecht dafür nicht

---

[32] Art. 4 der Richtlinie, aaO. Fn. 1; zu den anderen möglichen Modellen eines Regresses etwa Anwaltkommentar/*Büdenbender* § 478 Rdnr. 4 ff.; s. auch *Prinz v. Sachsen-Gessaphe* RIW 2001, 721 ff.

geeignet ist und der unternehmerische Käufer auch nicht von der Produkthaftung profitiert. Versucht wird somit die Regelung des Rückgriffs von einem Glied der Kette zum vorhergehenden jeweils auf Vertragsgrundlage. Um dies zu bewerkstelligen, mussten Vorkehrungen getroffen werden, dem Letztverkäufer, der ja von seinem Abkäufer möglicherweise erst nach Jahren in Anspruch genommen worden ist, die verjährungsrechtliche „Regressfalle" zu ersparen. Dies wird in etwa dadurch bewirkt, dass nach § 479 Abs. 2 die Verjährung seiner eigenen Ansprüche gegen seine Vormänner einer Ablaufhemmung bis zu dem Zeitpunkt unterliegt, an dem er den Letztverbraucher befriedigt hat. Auch kommen dem Letztverkäufer im Verhältnis zu seinem Vormann in der Kette (und diesem wiederum gegenüber seinem Vormann) bei seinem Anspruch auf Ersatz seiner gegenüber dem Verbraucher nötig gewordenen Aufwendungen (§ 478 Abs. 2) und auch beim Rücklauf nach Rücktritt des Verbrauchers (§ 478 Abs. 1) Beweiserleichterungen ähnlich der aus § 476 zugute, also aus einer an sich den Verbraucher schützenden Regelung. Das ist alles gut gedacht, wenn man davon absieht, dass die zur Vermeidung der Regressfalle nötige Regelung der Ablaufhemmung durch eine unglückliche Lösung des Übergangsrechts nicht zum Zuge kommt, wenn der Letztverkäufer, der ab Januar 2002 an den Verbraucher verkauft hat, sich bei seinem Lieferanten noch unter der Geltung des alten Rechts eingedeckt hat.[33] Dieses Problem wird naturgemäß vorübergehen, schwieriger sind einige Lücken in der Regelung.

Gravierend wird sich möglicherweise die Tatsache auswirken, dass in zunehmendem Maße in einer „Lieferkette" auch ausländische Unternehmer vertreten sein werden, gegen die Rückgriffsansprüche naturgemäß nicht ohne Berücksichtigung der Regeln des UN-Kaufrechts und bei dessen Unanwendbarkeit des internationalen Privatrechts geltend gemacht werden können. Hier kann es also gut geschehen, dass die Rückgriffskette „abbricht". Hinzu kommt der Umstand, dass der Rückgriff des Letztverkäufers, der von seinem Abkäufer (dem Verbraucher) die Ware zurückerhalten hat oder eine Minderung hinnehmen mußte, und der dann seinen Vormann ohne Fristsetzung in Anspruch nehmen kann, nicht für den wahrscheinlich auf längere Sicht viel schwerwiegenderen Fall zu bestehen scheint, dass der Letztverkäufer wegen eines Mangels der von ihm verkauften Sachen, etwa von Baumaterial, noch nach Jahren wegen der Verursachung schwerwiegender Mangelfolgeschäden in Anspruch genommen worden ist, möglicherweise auch wegen eines „weiterfressenden" Mangels. Hier zeichnet sich die Notwendigkeit ab, auf diese Fälle die gesetzliche Regelung, die sie ausdrücklich nicht umfasst, analog anzuwenden,[34] wobei im Einzelfall die Interessenlage durchaus differenziert sein kann. Ähnlich schwierig ist

---
[33] Dazu *Heß* NJW 2002, 253, 259.
[34] Nach Anwaltkommentar-*Büdenbender* § 478 Rdnr. 29 besteht eine Regelungslücke nur für den „kleinen" Schadensersatz; zu den Überlegungen des Textes aber *Ernst/Gsell* ZIP 2001, 1389.

die Frage zu beurteilen, ob es dabei bleiben kann, dass die Rückgriffsregelung nur für den Verkauf neu hergestellter Sachen gilt, was schon unter europarechtlichen Aspekten nicht unzweifelhaft ist,[35] ganz abgesehen davon, dass sich nicht immer leicht wird feststellen lassen, ob eine vom Hersteller in den Markt gegebene Sache „neu hergestellt" war.

Es würde zu weit führen, dies hier in den Einzelheiten auszubreiten. Wichtiger ist, dass hier die Verstärkung des Verbraucherschutzes Konsequenzen in den Rechtsbeziehungen unter Unternehmern auslöst, die nach vertraglicher Regelung rufen, welche aber durch die ziemlich unklare Vorschrift in § 478 Abs. 4 erschwert ist, wonach die Rückgriffsrechte des Letztverbrauchers nur abbedungen werden können, wenn ihm ein „gleichwertiger Ausgleich" geboten wird. Hier zeigt sich, wenn man so will, ein Opfer, das die nationalen Rechtsordnungen für den von Brüssel vorangetriebenen Verbraucherschutz entrichten müssen, indem sie die komplementären Rechtsinstitute, die dazu dienen, die Rückwirkungen der Verbraucherpolitik der Richtlinie aufzufangen, nicht ohne weiteres bereitstellen konnten, sondern erfinden mußten, was ihre Wertigkeit vor den Grundsätzen der AGB-Inhaltskontrolle in ein gewisses Dunkel hüllt. Diese Schwierigkeiten waren schon zur Zeit des Erlasses des Gesetzes bekannt, man musste aber Unvollständigkeiten des Interessenausgleichs unter den Unternehmern, die in irgendeiner Weise das Risiko der Belieferung eines Verbrauchers unter sich aufteilen müssen, hinnehmen. Das wird noch zu viel Arbeit Anlass geben, etwa dann, wenn es darum geht, die Einwände eines Unternehmers, der von seinem Nachmann in der Lieferkette in Anspruch genommen wird, aus seinem Rechtsverhältnis zu diesem Abkäufer in das System einzufügen. Man kann nur hoffen, dass dies ohne allzu große Widersprüche gelingen kann; damit ist das Stichwort für die Überleitung zum nächsten Abschnitt meines Referats gegeben.

III. Beseitigung von Mängeln und Widersprüchen im bisherigen Recht

1. Ausgangspunkt

Ich beginne mit einer These: Tatsächlich glaube ich, dass das Schuldrecht im bisherigen BGB einige Mängel aufwies, gegen die der Gesetzgeber irgendwann einmal angehen musste. Indessen ist das, was jetzt im Gesetz steht, gerade im Hinblick auf einige Schwachstellen des früheren BGB-Systems, nicht eigentlich als fortschrittlich, sondern eher als konservativ zu bezeichnen.

Hier ist als erstes daran zu erinnern, dass es der erklärte Wille der schon vor nahezu 20 Jahren eingesetzten Schuldrechtskommission gewesen war, die ver-

---

[35] *Ernst/Gsell* ZIP 2001, 1389, 1402; *Canaris* Einführung „Schuldrechtsmodernisierung 2002" S. XXXII.

schiedenen und untereinander nicht leicht abgrenzbaren Formen der Leistungsstörung durch den einheitlichen Begriff der „Pflichtverletzung" zu ersetzen.[36] Dem war der Diskussionsentwurf der Bundesregierung gefolgt, und viele Autoren, die jetzt das neue Leistungsstörungsrecht beschreiben, haben nicht recht gemerkt, dass das neue Recht sich in dieser Beziehung doch wieder etwas anders entschieden hat. Trotz der allgemeinen Formulierung des § 280 Abs. 1 ist es nämlich nicht so, dass die „Pflichtverletzung" jetzt als Oberbegriff des neuen Rechts der Leistungsstörung angesehen werden könnte; vielmehr sind Unmöglichkeit, Verzug, Verletzung von Schutz- und Obhutspflichten, Schlechterfüllung von Hauptpflichten und von leistungsbezogenen Nebenpflichten, schließlich – neben dem Verzug – die einfache Nichterfüllung bei Fälligkeit bestehengeblieben und haben differenzierte Folgen.[37] Das hat dazu geführt, dass die Gewährleistungsansprüche des Käufers, dem eine mangelhafte Sache geliefert worden ist, über § 437 in das System des Leistungsstörungsrecht eingefügt sind, das etwa Rücktritt und Schadensersatz jeweils bei Unmöglichkeit, Nichterfüllung, Schlechterfüllung und Verzug gesetzestechnisch parallel behandelt, mit dem bekannten Unterschied, dass es für einen Schadensersatzanspruch des Verschuldens des Schuldners/Verkäufers bedarf. Insgesamt ist dies m.E. stimmiger als das frühere Recht, das für den Sachmangel beim Kauf ein anderes System anwenden musste als beim Werkvertrag, und das sogar beim Kauf in dieser Beziehung zwischen Sach- und Rechtsmängeln einen scharfen Unterschied zog, und das schließlich bei Nichterfüllung sogar den Rücktritt des Gläubigers vom Vertretenmüssen des Schuldners abhängig machte. Demgegenüber hat das neue System eine Reihe von Widersprüchen beseitigen können, so etwa die Auseinandersetzung zwischen der Erfüllungs- und der Gewährleistungstheorie bei der Sachmängelhaftung beim Kauf, desgleichen die Frage, ob es sich bei der Wandlung gem. §§ 462, 465 des alten BGB um einen Anspruch oder um ein Gestaltungsrecht handelte (Unterschied zwischen dem Anspruch „auf" und demjenigen „aus" Wandlung). Man sollte natürlich nicht übersehen, dass viele dieser Differenzierungen – und damit die viel gescholtenen BGB-Regeln – auf sachgerechten Wertungen beruhten, die man vielleicht im Ergebnis anders beurteilen konnte, die aber deswegen nicht beseitigt werden mußten; dies ist – nebenbei bemerkt – einer der Gründe, weshalb ich ungern von Schuldrechtsmodernisierung spreche. Die Gleichschaltung von Sachmängel- und Nichterfüllungshaftung ist auch insofern nicht unproblematisch, als etwa beim Schadens-

---

[36] Abschlußbericht der Kommission zur Überarbeitung des Schuldrechts, herausgegebenen vom Bundesminister der Justiz, S. 130ff.; s. auch *Diederichsen* AcP 182, 101, 117ff.; *Anders* ZIP 2000, 184ff.; *Huber* ZIP 2000, 2073.

[37] Dazu im einzelnen *Canaris* ZRP 2001, 329ff.; *v. Wilmowsky* JuS 2002, Beil. 2 S. 3; *Medicus*, Das neue Schuldrecht, Kap. 3 Rdnr. 5; abweichend *Schultz* in: H.P. Westermann (Hrsg.) Das Schuldrecht 2002, S. 20f. Die ausdrückliche Aufnahme des Begriffs der „Störung des Schuldverhältnisses" schlug *Schapp* JZ 2001, 583, 584 vor.

ersatz wegen Mangelhaftigkeit der Bezugspunkt der Pflichtverletzung – Verantwortlichkeit für den Mangel oder für seine Nichtbeseitigung – nicht immer deutlich ist.[38]

Der hierbei aufkommende Argwohn, es sei mit der Unterscheidung nach verschiedenen Störungsformen am Ende das alte System im Kern wieder hergestellt worden,[39] wäre wohl ein wenig überzeichnet, spricht aber den m. E. entscheidenden Punkt an: Die Unterscheidung zwischen verschiedenen Formen der Leistungsstörung und ihren Rechtsfolgen, auch wenn diese, was in Gestalt des Rücktritts bei Gewährleistung und Leistungsstörung deutlich ist, praktisch auf dasselbe hinauslaufen können, ist um der theoretischen Bewältigung des Stoffs willen notwendig und war beizubehalten. Blickt man etwa auf die verschiedenen Gestaltungen eines unbehebbaren Mangels bei einem Stückkauf, so mag man lange streiten, ob es sich hierbei um einen Sachmangel oder von Anfang an um Unmöglichkeit gehandelt hat; die über § 437 oder unmittelbar über das Leistungsstörungsrecht erzielten Folgen werden auf durchaus vergleichbaren systematischen Schritten erreicht und laufen auch im Ergebnis weitgehend auf dasselbe hinaus, was sachlich seine Richtigkeit hat.

Daraus folgt dann weiter, dass man das neue Schuldrecht nicht allzu ernsthaft auf die Erfüllung des von seinen Befürwortern oder Verteidigern manchmal erhobenen Anspruchs hin untersuchen darf, klüger sein zu wollen als das „alte" BGB. Insbesondere im Leistungsstörungsrecht sah man sich Problemen gegenüber, die von jeher bestanden, und die jetzt von einem Gesamtsystem aus bewältigt werden mussten, das durch die starke Annäherung von Gewährleistung und Leistungsstörungsrecht durch die Richtlinie und die internationalen Entwicklungen stark beeinflusst ist.

2. Einige Einzelfragen

Die Zahl der Fragenkomplexe, an deren gesetzlicher Lösung diese vorsichtige und im Grunde konservative Vorgehensweise abzulesen ist, ließe sich vermehren und weiter entfalten; dazu hier nur einige exemplarische Punkte.

Hinzuweisen ist etwa auf die Gleichschaltung von Sach- und Rechtsmängeln sowie auf diejenige von Fehler und aliud, wobei, wenn man die Regierungsbegründung zu § 434 Abs. 3[40] liest, auch deutlich wird, dass hier das BMJ gewissermaßen Angst vor der eigenen Courage bekommen hat, indem es nämlich heißt, dass bei Lieferung eines sogenannten Identitäts-aliud der Erfüllungsanspruch weiterhin bestehe. Ganz sicher ist auch nicht, ob in diesem Zusammenhang nicht alte und als Anzeichen für Fehler des damaligen Gesetzes gewertete Un-

---

[38] Siehe dazu *Lorenz/Riehm* Lehrbuch zum neuen Schuldrecht, 2002, Rdnr. 534 ff.; Lorenz, NJW 2002, 2497, 2498 f.
[39] Genaue Zusammenstellung aller Änderungen bei *Medicus* Kap. 3 Rdnr. 6 ff.
[40] Abgedruckt bei *Canaris* aaO. S. 818.

terscheidungen wie diejenige zwischen Fehler und aliud sowie zwischen Sachmangel und Minderlieferung doch noch ihre Bedeutung behalten werden[41]. Ein ähnliches Problem könnte entstehen, wenn die Praxis in Erinnerung an die frühere und wohl vielfach als gerechtfertigt angesehene Überbürdung des Risikos der Verität eines verkauften Rechts auf den Verkäufer, also die jetzt nicht mehr geltende Vorschrift des § 437 BGB a.F., auf den Gedanken käme, in diesen Fällen stets eine Garantie des Verkäufers oder die Übernahme des Beschaffungsrisikos i.S. des neuen § 276 zu unterstellen. Hier kämen dann Beharrungstendenzen zum Ausdruck, die durch die sehr häufigen Bemerkungen in der Regierungsbegründung des neuen Rechts, es habe im Grunde nichts geändert werden sollen – das ist generell ein bemerkenswerter Zug des neuen Rechts –, wohl auch gefördert werden.

Für einen echten Fortschritt halte ich trotz einiger aufkommender Zweifel die Art, wie jetzt Neben- und Hauptpflichten aus Schuldverträgen und die Folgen ihrer Verletzung im Gesetz behandelt werden. Folge ist jeweils Schadensersatz, wobei klar ist, dass die aus einem Vertrag abgeleitete Pflicht zur Erbringung der Hauptleistung und zur sach- und rechtsmängelfreien Lieferung unter den Voraussetzungen des § 281 Abs. 1 zum Schadensersatz statt der Leistung führt, ebenso die schuldhafte Herbeiführung der Unmöglichkeit zur Leistung (§ 283), während bei Schlechterfüllung der Hauptleistungspflicht und der Nicht- oder Schlechterfüllung von Schutz- und Obhutspflichten aus Vertrag oder vorvertraglichem Vertrauensverhältnis (§§ 241 Abs. 2, 311 Abs. 2) ein Ersatzanspruch wegen des gerade hierdurch verursachten Schadens aus § 280 Abs. 1 in Betracht kommt, u. U. (§ 282) sogar ein Anspruch auf Ersatz statt der ganzen Leistung. Die Rücktrittsmöglichkeiten des Gläubigers wegen derartiger Leistungsstörungen sind genau parallel konstruiert; inzwischen hört man nicht allzu selten von Juristen – auch Hochschullehrern –, die ursprünglich der Reform skeptisch gegenüberstanden, damit könne man durchaus arbeiten, und dies prognostizieren auch die Richter. Es lässt sich allerdings nicht auszuschließen, dass bei einigen der jetzt unter § 280 Abs. 1 fallenden Schadensersatzansprüche Fragen zur Abgrenzung zwischen dem aus einer Pflichtverletzung entstandenen Schaden und dem „Schadensersatz statt der Leistung" auftreten werden. Nicht allzu glücklich erscheint gerade vor diesem Hintergrund die in § 434 Abs. 3 geschaffene Gleichstellung von Fehler und aliud sowie Mengenabweichung, weil man Verständnis für die – auch in der Regierungsbegründung anklingende – Meinung haben muss, dass durch Lieferung eines Identitäts-aliud der Erfüllungsanspruch nicht gut untergehen kann. Er muss also weiter bestehen, und zwar nicht nur unter den Voraussetzungen und mit den Begrenzungen des Nacherfüllungsanspruchs nach § 439, und vor allem kann er nicht gut der immer noch verhältnismäßig kürzeren Verjährung gem. § 438 unterworfen werden.

---

[41] Zum Problemkreis *Lorenz* JuS 2003, 36; *Musielack* NJW 2003, 89ff.

Man wird sich also insoweit mit dem Fortschritt begnügen müssen, der darin liegt, dass ein Qualifikations-aliud nach Sachmängelrecht behandelt wird und § 378 HGB gestrichen ist. Bei einer Minus-Lieferung schließlich dürfte es durchaus Sinn machen, die Gewährleistungsansprüche einschließlich der Verjährungsregelung anzuwenden.

Es soll hier nicht der Eindruck erweckt werden, ich wollte und könnte dem Auditorium, also sowohl den Studenten als auch meinen Professoren-Kollegen, die in den künftigen BGB-Klausuren gestellten oder versteckten Probleme vorsetzen. Immerhin ist es m.E. ein Fortschritt, dass das leidige Problem des anfänglichen Unvermögens, das die früher h. M. zu Unrecht mit einer Garantiehaftung des Schuldners mit §§ 440, 325 ff. löste, jetzt in § 311 a Abs. 2 einer m. E. sachgerechten Behandlung zugeführt ist, die man allerdings nicht, was z. T. überlegt wird, über eine Irrtumsanfechtung seitens des Schuldners unterlaufen darf.[42] Über andere Fragen mag man anders denken, etwa über die Behandlung von Ansprüchen wegen Verursachung eines Mangelfolgeschadens im Rahmen des Rückgriffs des Letztverkäufers gegen seine Vormänner in der Lieferkette, über die Gefahr, dass eine „Garantie", die den Verkäufer in einen verschuldensunabhängigen Schadensersatzanspruch verstrickt, schon immer dann angenommen wird, wenn das Fehlen des betreffenden Mangels auch Gegenstand einer Herstellergarantie i.S. des § 434 ist, oder auch über das Fehlen einer Regelung der mangelhaften Bedienungsanleitung[43].

3. Zu den Fragen um die Verjährung

Dies alles sind wahrscheinlich lässliche Sünden im Vergleich zu der Lage, die eintritt, wenn sich herausstellen sollte, dass die oben schon beschriebene Regelung der Verjährung von Käuferansprüchen Lücken aufweist oder zu inneren Widersprüchen führt. Die Sensibilität der juristischen Öffentlichkeit für diesen Problemkreis ist groß,[44] vermutlich auch deshalb, weil das durch die Regelungen des früheren Rechts zur Verjährung aufgeworfene oder zumindest verschärfte Abgrenzungsproblem zwischen Mangelschäden auf der einen Seite und näheren oder entfernteren Mangelfolgeschäden sowie Verletzung von Beratungs- und Informationspflichten auf der anderen Seite zu den hauptsächlichen und ziemlich unstreitigen Kritikpunkten am bisherigen Recht gehörte.

---

[42] Zur Anfechtung in Fällen, in denen der Schuldner seine Unkenntnis von der Unmöglichkeit nicht zu vertreten hat, s. *Canaris* DB 2001, 1815, 1819; *Grunewald* JZ 2001, 432, 434; *H. P. Westermann* JZ 2001, 530, 540; scharf krit. *Knütel* NJW 2001, 2519f.; *Wilhelm* JZ 2001, 861, 864; gute Abwägung bei *Dauner-Lieb/Arnold/Dötsch/Kitz*, Fälle zum neuen Schuldrecht, 2001, S. 36ff.

[43] Zum letzteren Problem bereits *Dauner-Lieb* in: Ernst/Zimmermann aaO. S. 305, 314; *H. P. Westermann* in: Schultze/Schulte-Nölke, Die Schuldrechtsreform vor dem Hintergrund des Gemeinschaftsrechts, 2001, 109, 118.

[44] S. etwa *Eidenmüller* JZ 2001, 2001, 289; *Foerste* ZRP 2001, 32.

Dem steht nämlich gegenüber, daß in einigen Verlautbarungen zur Reform im politischen Raum der Anspruch angedeutet wurde, diesem Missstand abhelfen zu können. Der gegenwärtige Diskussionsstand, also vor dem Bekanntwerden erster Gerichtsentscheidungen zu diesen Fragen, ist von Zweifeln darüber bestimmt, ob die bekannten Mängel beseitigt sind. Denn nach wie vor ist nicht daran vorbeizukommen, dass die schuldhafte Verursachung eines Mangelschadens der verhältnismäßig kurzen Verjährung unterliegt, und § 438 Abs. 1 erwähnt durch die Verweisung auf § 437 Nr. 1 und 3 unter den nach dieser Bestimmung verjährenden Ansprüchen, wenn man sich auf die Schadensersatzansprüche beschränkt, diejenigen aus §§ 283 und 281 – das ist wohl klar –, aber auch diejenigen aus § 280, so dass man sich auf den Standpunkt stellen könnte, dass dies für die Schutz- und Obhutspflichten zumindest aus § 241 Abs. 2, also die positive Vertragsverletzung, ebenso zu gelten hat. Dieses Wortlautargument ist allerdings nicht allzu stark, und sicher fällt unter den Anspruch aus § 280 Abs. 1 auch die Verletzung nicht leistungsbezogener Nebenpflichten, die mit der Beschaffenheit der Sache nichts zu tun haben. Daher ist wahrscheinlich, dass für solche Ansprüche die Regelverjährung[45] gilt, die – wie vorhin dargelegt – ganz anderen Gesetzen folgt und im Einzelfall bedeutend länger laufen kann als die Verjährung von Gewährleistungsansprüchen. Dies wird dann dazu zwingen, zwischen auf Sachmängel bezogenen und anderen Pflichtverletzungen zu unterscheiden, was bei deliktischen Ansprüchen durchaus nötig, aber eben auch durch die Unterschiede zwischen den Anspruchsvoraussetzungen gerechtfertigt ist. Ganz unstimmig ist dieses System auch nicht.

Ich ziehe hier einen etwas grausamen Fall heran, den mir einer meiner Fachkollegen kürzlich vorgetragen hat. Der Lieferant von Hundefutter für einen kleinen, sehr niedlichen und freundlichen Hund hat verdorbenes Futter geliefert, an dem der Hund eingeht – Mangelschaden, Verjährung gem. § 438. Abwandlung: Der Lieferant kommt mit einer sehr schweren Kiste mit 50 Dosen Hundefutter, der kleine Hund springt an ihm hoch, um ihn zu begrüßen, der Lieferant lässt die Kiste versehentlich auf den Hund fallen, welcher stirbt. Dies ist ein Deliktsanspruch, und es erscheint nicht ungereimt, dass er anders verjährt als der Gewährleistungsanspruch, weil es seine Richtigkeit hat, dass die Verjährung mit der Handlung und mit der Kenntnis der geschädigten Hundeeigentümerin von der Person des Schädigers beginnt. Insofern gilt anderes als beim Gewährleistungsanspruch, bei dem es auf den Gefahrübergang ankommt, und bei dem dem Käufer die Beweislastumkehr gem. § 476 zugutekommt. Aber zwischen diesen beiden Fällen sind Zwischenstationen denkbar, bei denen man zweifeln kann, wie sie verjährungsrechtlich zu behandeln sind, etwa die mangel-

---

[45] Palandt/*Putzo* § 438 Rdnr. 3; *Haas* aaO. Kap. 5 Rdnr. 307; HK-BGB-*Saenger* § 438 Rdnr. 3; Anwaltkommentar/*Büdenbender* § 438 Rdnr. 10.

hafte Beratung durch den Verkäufer bezüglich der Eignung dieses Hundefutters für den außerordentlich empfindlichen Hund, obwohl man diesen Anspruch natürlich immer in die Nähe der Mängelhaftung bringen und dann wieder der verhältnismäßig kurzen Verjährung unterwerfen kann.

4. Zwischenbilanz

Ein Versuch zur Formulierung eines weiteren Zwischenergebnisses läuft auf die – anders wohl auch kaum zu erwartende – Feststellung hinaus, dass manche Lücken und Widersprüche behoben sind, andere etwas besser zu bewältigen sind als vorher; in wieder anderen Punkten kostet der Fortschritt seinen Preis, indem an die Stelle der gelösten Fragen neue treten, die uns in Atem halten werden, die aber, wie etwa diejenigen um den Rückgriff des Letztverkäufers, auch deshalb aufgetreten sein können, weil der nationale Gesetzgeber durch Richtliniengebote gezwungen war, ein weithin als terra incognita zu bezeichnendes Gebiet zu betreten. Vieles wird durch die immer weiter voranschreitende Inhaltskontrolle von Verträgen auch unter Unternehmern erschwert, weil sie es praktisch verbietet, Lösungen komplexer Rechtsbeziehungen der Gestaltungspraxis zu überlassen. Nicht alle Probleme kann man, obwohl das z.T. als „Heldennotausgang" durchaus willkommen sein mag, der Lösung durch Rechtsprechung und Wissenschaft überlassen, wie man es z.B. mit der vorübergehenden[46] oder der beiderseits zu vertretenden Unmöglichkeit[47] getan hat. Unter solchen Umständen ist das Bekenntnis zur Möglichkeit eigener Fehler der gesetzgebenden Gremien wahrscheinlich die einzige einigermaßen tragfähige Erklärung.

IV. Erhöhung des Stellenwerts der zentralen Kodifikation

Ich kann diesen Abschnitt kurz halten, weil meine diesbezüglichen Aussagen sich weitgehend aus dem vorigen ergeben.

Das BGB als systematische Regelung großer Teile des Bürgerlichen Rechts – mehr kann der Kodex heute nicht mehr sein – hat durch die deutlichere Behandlung von Rechtsfiguren wie culpa in contrahendo, Nebenpflichtverletzung, wohl auch positiver Vertragsverletzung, gewonnen. Die sonstigen bisher rein richterrechtlichen, jetzt im Gesetz niedergelegten Institute wie der Wegfall der Geschäftsgrundlage stören und schaden nicht; wer – etwa als Ausländer – im BGB dazu etwas sucht, wird künftig wenigstens etwas finden, was so gefasst ist, dass es den bisherigen Rechtszustand im wesentlichen wiedergibt und der Praxis bei für nötig gehaltenen Rechtsfortbildungen nicht im Wege steht. Natürlich

---

[46] Dazu *Canaris* ZRP 2001, 329, 334; *ders.* JZ 2001, 429, 508, 510; *Arnold*, JZ 2002, 866.
[47] Auch dazu *Canaris* JZ 2001, 499, 511.

ist einzuräumen, dass derartiges als Zweck einer groß angelegten Gesetzgebung bisher nicht selbstverständlich war, wenn man es nicht überhaupt als überholt ansehen will,[48] aber bei einer über ein Jahrhundert alten Kodifikation einer in starker Bewegung befindlichen Rechtsmaterie auch wieder nicht zu sehr verwundern darf. Ohnehin ändert die Integration im BGB nichts an der Notwendigkeit, außer – bürgerlich-rechtliche Entwicklungen zu berücksichtigen; so schreibt die mit großen Vorbehalten aufgenommene Ausweitung der AGB-Inhaltskontrolle auf Arbeitsverträge (§ 310 Abs. 4) ausdrücklich vor, dass dies nur unter Berücksichtigung „der im Arbeitsrecht geltenden Besonderheiten" zu geschehen habe – als ob das nicht ohnehin jedermann so halten würde. Ein Auseinanderfallen des Kaufrechts in mehrere unterschiedliche Blöcke, den „normalen" Kauf und den Verbrauchsgüterkauf, ist weitgehend vermieden worden, vielleicht um den Preis einer verhältnismäßig starken Ausrichtung des „normalen" Kaufs am Verbraucherrecht, die aber, wie ich im ersten Teil dargelegt habe, in Grenzen gehalten worden ist. Die Einfügung des AGBG ins BGB wirft systematische Probleme kaum auf; der hier vorherrschende Fragenkreis um das veränderte Leitbild für die Inhaltskontrolle wäre bei unveränderter Geltung des § 9 AGBG genauso aufgetreten. Im Darlehensrecht, auf das ich heute gar nicht eingehen konnte, haben sich durch die Einfügung des VerbrKrG und des HausTWG ins BGB die Gewichte rein vom Umfang der Normierung her stark zum Verbraucherdarlehen verschoben, aber immerhin sind in Gestalt einer ausführlichen Behandlung der Kündigung durch den Kreditnehmer und den Kreditgeber (§§ 489, 490) Fragen aufgegriffen worden, die bisher höchst rudimentär erfasst waren und nur in sehr umstrittenen AGB-Klauseln standen. Es ist also schon etwas daran, wenn im Gesetzgebungsverfahren gelegentlich der Wunsch nach einer Erhöhung der Aussagekraft des BGB als Motiv genannt wurde.

Wichtiger erscheint mir, dass durch die hinter uns liegende Reform der Zusammenhang der Kodifikation, namentlich die Bedeutung und argumentatorische Tragkraft des Gangs vom Allgemeinen zum Besonderen und damit des Allgemeinen Teils und des Allgemeinen Schuldrechts, nicht in Frage gestellt worden ist. Die enge Verzahnung von Leistungsstörungsrecht und Kauf und Werkvertrag stellt im Gegenteil insoweit sogar einen Vorteil dar. Ob es so bleibt, wenn wir demnächst mit einem europäischen Vertragsrecht konfrontiert werden[49], scheint mir dagegen nicht so sicher zu sein.

---

[48] Zu den Problemen einer Kodifizierung in der heutigen Zeit *Safferling*, Jb.JZiv.RWiss 2001, 133ff.
[49] Zum Stand *v. Bar*, ZEuP 2002, 629.

V. Schlussbetrachtung

Das eignet sich schon als Schlusswort, denn tatsächlich ist gegenüber den Einflüssen des Europarechts auf das Zivilrecht Vorsicht und langfristige Vorsorge geboten. Andererseits können wir diesen Zug nicht aufhalten, was den Betrachter des jetzt vorliegenden Gesetzeswerks auch ein wenig beruhigt: Man mußte an ein Jahrhundertwerk in wenigen Monaten herangehen, und das heißt, dass das neue Gesetz gewiss kein Jahrhundertwerk sein wird, sondern ein Zwischenstadium, aus dessen Entstehungsgeschichte und rechtstechnischer Problematik wir Warnungen gegenüber forschen und kurzfristig verordneten Vereinheitlichungsbestrebungen aus Europa ableiten sollten.

Aktuelle Reformen im Steuerrecht

Ferdinand Kirchhof

I. Die exemplarische Darstellung neuer Tendenzen des deutschen Steuersystems

Reformen verheißen Aufbruch zu Neuem, das Abschneiden alter Zöpfe und die Verbesserung des status quo. Im Steuerrecht jagt mittlerweile eine Reform die andere: Steuerentlastungsgesetz, Steuersenkungsgesetz, Unternehmenssteuerreform, 630-DM-Gesetz, Gesetze zum Einstieg und zur Fortführung der ökologischen Steuerreform. Allein im Dezember 2001 enthält das Bundesgesetzblatt sieben Steuergesetze. Der Begriff der Reform wird damit entwertet. Er zeigt allenfalls die Hektik in der Gesetzgebung und die Flut der Normen, die auf den Steuerpflichtigen zubranden. Die Änderungen im Steuerrecht sind mittlerweile unübersehbar geworden. Es ist unmöglich, sie als geschlossenes System vorzustellen. Ich müsste alle einzelnen Bäume beschreiben, so dass der Wald nicht mehr zu sehen wäre. Deshalb konzentriere ich meinen Bericht auf die Änderung der Tendenzen im deutschen Steuersystem. Ich werde sie an drei aktuellen Beispielen darstellen. Daran lässt sich beurteilen, wohin sich das Steuersystem zur Zeit bewegt, wo es besser wird und wo es Risse aufweist. Die neue, einkommensteuerrechtliche Bauabzugsteuer nach dem Gesetz zur Eindämmung illegaler Betätigung im Baugewerbe zeigt exemplarisch die Verschiebung von Verantwortung und Risiken im Steuerrecht vom Staat auf den Steuerbürger. Die „Riester"-Rente nach dem Gesetz zur Reform der gesetzlichen Rentenversicherung und zur Förderung eines kapitalgedeckten Altersvorsorgevermögens verknüpft direkte Zulagen mit Steuerermäßigungen, versucht ein gerechtes und langfristiges Steuerrecht zwischen den Generationen am Modell der nachgelagerten Konsumbesteuerung herauszubilden. Die ökologische Strom-, Erdgas- und Mineralölbesteuerung nach den Gesetzen zum Einstieg und zur Fortführung der ökologischen Steuerreform will Lenkungsziele in ein der Staatsfinanzierung dienendes Abgabensystem einbringen und verheddert sich dabei in den Regeln des europäischen Binnenmarkts. Diese drei Beispiele zeigen die neuen Tendenzen im deutschen Steuersystem auf.

II. Der einkommensteuerrechtliche Abzug bei Bauleistungen

Mit dem Gesetz zur Eindämmung illegaler Betätigung im Baugewerbe vom 30. August 2001[1] ist die Bauabzugsbesteuerung in das Einkommensteuerrecht eingeführt worden. Ausländische Bauunternehmen bieten ihre Leistungen oft billiger an, weil sie die auf inländischen Baustellen entstehenden Steuern nicht korrekt entrichten. Nach den Doppelbesteuerungsabkommen des Internationalen Steuerrechts wird ein ausländischer Unternehmer meist den inländischen Steuern auf das Einkommen unterworfen, wenn er eine Baustelle länger als ein Jahr im Inland betreibt[2]. Seine ausländischen Arbeitnehmer werden in der Regel bei einem Aufenthalt von über einem halben Jahr im Inland lohnsteuerpflichtig[3]. Stammen Unternehmer und Mitarbeiter aus einem Niedrigsteuerland, so verschafft ihnen die Steuerhinterziehung im Inland einen ungerechtfertigten Wettbewerbsvorteil und verursacht beim deutschen Fiskus Steuerausfälle[4]. Bereits 1999[5] hatte der Bundesgesetzgeber in § 50a Abs. 7 EStG a.F. den Versuch unternommen, alle inländischen Auftraggeber zu verpflichten, von den Preisen, die ausländische Dienstleister ihnen in Rechnung stellten, einen Pauschalbetrag an vermutlich geschuldeter Einkommensteuer abzuziehen. Der Versuch ist misslungen, weil das Gesetz bei privaten Auftraggebern praktisch nicht durchzusetzen war und überdies Anbieter aus den Mitgliedstaaten der EG rechtswidrig diskriminierte[6]. Der untaugliche Versuch wurde rasch wieder aufgegeben. Mit Wirkung vom 1.1.2002 hat der Bundesgesetzgeber in den §§ 48 ff. EStG einen neuen Versuch zur Behebung dieser steuerlichen Schwachstelle gewagt. Nach § 48 Abs. 1 EStG muss jeder Unternehmer und jede Juristische Person des Öffentlichen Rechts 15 % vom Bruttoentgelt für inländische Bauleistungen einbehalten, beim Finanzamt anmelden und an den Fiskus abführen. Der leistende Bauunternehmer erhält vom Auftraggeber eine Abrechnung, die den abgezogenen Steuerbetrag ausweist. Zur Vermeidung europarechtlicher Schwierigkeiten ist die Bauabzugsteuer nunmehr vom Bruttoentgelt für jegliche inländische Bauleistung einzubehalten. Der ausländische Unternehmer wird nicht mehr diskriminiert, der inländische Bauunternehmer dafür aber ebenfalls mit dem Abzug belastet. Unter Bauleistungen fällt nach § 48 Abs. 1 S. 2 EStG jede Leistung, die der Herstellung, Instandsetzung, Instandhaltung, Änderung oder Beseitigung von Bauwerken dient. Das greift über das alltägliche Verständnis von Bauleistungen weit hinaus. Zur Instandhaltung von Bauwerken kann zum Bei-

---

[1] BGBl. I 2001, S. 2267.
[2] Vgl. Art. 5 Abs. 3 OECD-MA.
[3] Vgl. Art. 15 Abs. 2 OECD-MA.
[4] Vgl. den Gesetzentwurf, BT-Drucks. 14/4658, S. 8.
[5] Steuerentlastungsgesetz 1999/2000/2002 vom 24.3.1999, BGBl. I S. 402.
[6] Vgl. *Michael Schwenke*, BB 2001, S. 1553.

spiel auch eine Fassadenreinigung gehören[7]. Der Gesetzgeber versucht, die Fehler des früheren § 50a Abs. 7 EStG zu vermeiden, indem er die Abzugspflicht nur bei Auftraggebern anordnet, die Unternehmer oder Juristische Personen des Öffentlichen Rechts sind. Von ihnen wird erwartet, dass sie sich steuerlicher Fachkunde zur Erfüllung ihrer Pflichten bedienen. Privatleute werden also ausgespart. Nach dem Wortlaut des § 48 Abs. 1 EStG müsste allerdings ein unternehmerischer Auftraggeber auch für Aufträge im Privatbereich, also z.B. für die Reparatur seines privaten Wohnhauses, die Bauabzugsteuer berechnen[8]. Ein Verwaltungsschreiben des Bundesfinanzministeriums war hier erforderlich, um den zu weiten Normtext auf den unternehmerischen Bereich zu reduzieren[9]. Der 15%-Tarif der Bauabzugsteuer kommt nach der Gesetzesbegründung dadurch zustande, dass man 3,75% als Steuer auf den Unternehmergewinn und 11,25% als Lohnsteuer für dessen Mitarbeiter ansetzt[10].

Der Steuerabzug von 15% raubt dem Bauunternehmer vorzeitig erhebliche Liquidität. Deshalb haben §§ 48 Abs. 2 und 48b EStG die Möglichkeit einer Freistellungsbescheinigung durch das Finanzamt eingeführt. In der Praxis erhält ein Bauunternehmer eine projektbezogene oder auf drei Jahre befristete Bescheinigung, wenn der spätere Steueranspruch nicht gefährdet erscheint oder später aus anderen Gründen kein Steueranspruch besteht[11]. Die Vorlage dieser Bescheinigung beim Auftraggeber befreit von der Abzugspflicht[12]. Ferner sind generell jährliche Bruttoentgelte bis zu 5000,– Euro an einen Bauunternehmer von der Abzugspflicht befreit[13]. Damit werden Bagatellfälle ausgeschieden. Der Auftraggeber trägt aber nach den Vorschriften des Gesetzes das steuerliche Risiko des Überschreitens der Freigrenze, auch bei einem unvorhersehbaren Überschreiten der Freigrenze, wenn z.B. nach einem ersten Auftrag über 4.500,– Euro ohne Steuerabzug zu Ende des Jahres überraschend eine dringende Reparatur ansteht, die weitere 4.000,– Euro kostet[14] [15]. Nach § 48c EStG wird der 15%-ige Abzug später auf die vom leistenden Bauunternehmer zu zahlenden Lohn-, Einkommen- und Körperschaftsteuern und auf eventuell einbehaltene, eigene Bauabzugsteuern desselben Jahres angerechnet. Wenn das

---

[7] BMF-Schreiben vom 1.11.2001, BStBl. I 2001, 804, Tz. 8.
[8] Vgl. *Edgar Stickan/Christoph Martin*, DB 2001, 1441 (1444).
[9] BMF-Schreiben vom 1.11.2001, BStBl. I 2001, 804, Tz. 13.
[10] BT-Drucks. 14/4658, S. 11.
[11] BMF-Schreiben vom 1.11.2001, BStBl. I 2001, 804, Tz. 30.
[12] § 48 Abs. 2, 1. Hs. EStG.
[13] § 48 Abs. 2, 2. Hs. EStG.
[14] Vgl. *Edgar Stickan/Christoph Martin*, DB 2001, 1441 (1445); *Klaus Ebling*, DStR 2001, Beihefter zu DStR 51–52, S. 17.
[15] Es bedurfte eines BMF-Schreibens, um dieses Risiko auszuschließen. BMF-Schreiben vom 1.11.2001, BStBl. I 2001, 804, Tz. 40: „Reicht der Betrag der Gegenleistung, die im Laufe des Jahres nachträglich zum Überschreiten der Freigrenze führt, für die Erfüllung der Abzugsverpflichtung nicht aus, so entfällt die Abzugsverpflichtung in der Höhe, in der sie die Gegenleistung übersteigt."

nicht ausreicht, wird die Abzugsteuer auf Antrag erstattet. § 48d EStG sieht eine rechtlich allgemein für zulässig gehaltene, aber sehr harte Regelung für Leistungsbeziehungen mit dem Ausland vor: Verbietet ein Doppelbesteuerungsabkommen eine derartige Bauabzugsteuer, so wird sie entgegen dem Abkommen im Wege des „treaty override"[16] dennoch abgezogen, aber später auf Antrag erstattet.

Die neue Bauabzugsteuer sorgt gewiss für mehr Wettbewerbsgerechtigkeit zwischen ausländischen und inländischen Bauunternehmern. Sie vermeidet partiell Steuerverkürzungen und sichert dem Staat sein Steueraufkommen. Die Abzugsteuer verlagert aber den Verwaltungsaufwand, die monetären Risiken und die Kosten der Steuerbeitreibung auf private Unternehmer. Der erhebliche Verwaltungsaufwand für den Steuerabzug und für das Besorgen von Freistellungsbescheinigungen hemmt die Bauwirtschaft. Die nicht-monetären Lasten im Einkommensteuerrecht werden auf Private verschoben, obwohl in erster Linie der Staat an der Steuer interessiert ist. Die Bauabzugsteuer reiht sich in die zunehmende Übertragung von Verwaltungs-, Dokumentations-, Anzeige- und Statistikführungspflichten vom Staat auf Private ein. Obwohl deren Erfüllung allein den staatlichen Interessen dient, werden Privatleute und Wirtschaft mit ihnen belastet. So errichtet der deutsche Steuerstaat vermehrt nichttarifäre Wirtschaftsbarrieren, weil er für die Steuererhebung kein eigenes Personal einsetzen will. Abzugsteuern sind im gesamten deutschen Steuersystem im Vordringen begriffen. Es begann mit der Lohnsteuer, die der Arbeitgeber nach §§ 38 ff. EStG für seine Arbeitnehmer abzuführen hat. Es setzte sich fort mit der Kapitalertragsteuer, die Banken auf Zinsen, Dividenden und andere Kapitalerträge ihrer Kundschaft abzuführen haben. Es findet sich in der sogenannten Aufsichtsratsteuer nach § 50 a EStG, die mittlerweile auf die Tantiemen ausländischer Künstler, Sportler und ähnlicher, beschränkt steuerpflichtiger Personen ausgedehnt ist. Die Rechtstechnik der den Staat entlastenden, die Wirtschaft belastenden Abzugsteuer wird jetzt erneut in der Bauabzugsteuer der §§ 48 ff. EStG eingesetzt. Mittlerweile zeigt sie sich als typische Tendenz der Steuerverwaltung zur eigenen Entlastung durch Belastung Privater. Der Staat vergisst, dass das gesamte Besteuerungsgeschehen eine staatliche Veranstaltung zu eigenen Finanzierungszwecken ist. Der Griff zu dieser Rechtstechnik ist beklagenswert[17]. Er sollte keine Schule machen, sondern zugunsten staatlicher Veranlagungs- und Überwachungsverfahren aufgegeben werden. Nach eigenen Berechnungen[18] hat der Anteil der Abzugsteuern am Aufkommen der gesamten

---

[16] Vgl. *Joachim Lang*, in: Tipke/Lang, Steuerrecht[16], § 5 Rn. 14; *Andreas Musil*, Deutsches Treaty Overriding und seine Vereinbarkeit mit europäischem Gemeinschaftsrecht, 2000.

[17] So auch *Christoph Trzaskalik*, in: Karl Heinrich Friauf (Hrsg.), Steuerrecht und Verfassungsrecht, DStJG 12, 1989, S. 157 ff.

[18] Quelle der Zahlen zum Steueraufkommen: Finanzbericht 2001, hrsg. vom BMF, S. 250–261.

Steuern von 11% im Jahre 1960 auf 30% im Jahre 1999 zugenommen. Die Abzugstechnik ist vor allem bei der Einkommensteuer im Vordringen begriffen. Im Jahre 1960 betrug ihr Anteil bereits 45%; er ist im Jahr 1999 auf 86% angewachsen. Man kann bereits von einem Paradigmenwechsel im Recht der Einkommensteuer sprechen, denn der Staat lässt den Löwenanteil dieser Steuern sogleich an der Quelle durch Private beitreiben.

III. Die finanzielle Förderung privater, kapitalgedeckter Altersvorsorge

Mit der „Riester"-Rente will der Staat den Bürgern durch Subvention und Steuerermäßigung zu einer gesicherten Finanzquelle im Alter verhelfen. Gleichzeitig macht er einen bemerkenswerten, positiven Ansatz zur ökonomisch gerechteren, nachgelagerten Konsumbesteuerung. Das Problem, das die „Riester-Rente" lösen soll, entstand nicht im Steuerrecht, sondern in der gesetzlichen und in der betrieblichen Altersvorsorge. Die gesetzliche Rentenversicherung hängt wegen ihrer Finanzierung durch Umlagen entscheidend vom aktuellen Beitragsaufkommen ab, das aus den laufenden Arbeitsentgelten gezahlt wird. Die betriebliche Altersversorgung setzt einen finanzkräftigen Arbeitgeber voraus, der sich auch in der Auszahlungsphase der betrieblichen Renten noch am Markt betätigt. Bevölkerungsschwund und Insolvenzwelle, stagnierende Löhne und Einbrüche der Unternehmensgewinne gefährden jedoch die Renten künftiger Dekaden. Deshalb soll die „Riester"-Rente in einem Verbund von versicherungs- und steuerrechtlichen Änderungen eine dritte Säule zusätzlicher, freiwilliger, kapitalgedeckter Altersversorgung neben den beiden anderen Säulen der gesetzlichen Rentenversicherung und der betrieblichen Altersvorsorge errichten[19]. Das dazu erlassene Altersvermögensgesetz[20] sieht für private Zahlungen in die Altersvorsorge eine direkte Subvention und die Abzugsfähigkeit der Prämien bei der Einkommensteuer vor; es gestattet den steuerlichen Zugriff erst bei der Auszahlung der Renten.

Es wird getragen von der allgemeinen Gerechtigkeitsidee der nachgelagerten Besteuerung. Sie setzt bei der Ausgangsfrage an: Wann soll Einkommen besteuert werden? Die bisherige, klassische Antwort lautet: Es wird besteuert, wenn Einkünfte zufließen oder ein Zuwachs im Vermögen stattfindet, salopp gesprochen: sobald jemand reicher geworden ist. Diese steuerrechtliche Lösung ist nicht unbestritten[21]. Wenn ein Unternehmer in einem Jahr 5 Mio. Euro Gewinn

---

[19] Vgl. den Gesetzentwurf zum Altersvermögensgesetz, BT-Drucks. 14/4595, S. 1.
[20] Gesetz zur Reform der gesetzlichen Rentenversicherung und zur Förderung eines kapitalgedeckten Altersvorsorgevermögens (Altersvermögensgesetz) vom 26.6.2001, BGBl. I 2001, S. 1310.
[21] Vgl. *Christian Smekal u.a.* (Hrsg.), Einkommen versus Konsum, 1999.

erzielt und ihn wieder vollständig in den Betrieb investiert, ist sein Vermögen zwar gewachsen. Wegen der Investition fand der Zuwachs aber nur im Betriebsvermögen statt, das rechtlich und tatsächlich eng gebunden ist. Im privaten Bereich ist er nicht vermögender geworden. Hinzu kommt, dass er bei sofortiger Besteuerung des Gewinns von 5 Mio. Euro wahrscheinlich nur 3 Mio. Euro investieren kann. Weil ihm die Steuer sogleich etwas nimmt, fehlt dem Unternehmen Liquidität. Aus der Perspektive der Altersvorsorge bietet sich das gleiche Bild. Wenn ein Arbeitnehmer von seinem Lohn monatlich 500 Euro in eine private Rentenversicherung einzahlt, würde er nach der klassischen Lösung seine Prämie aus bereits versteuertem Einkommen zahlen, obwohl er letztlich nur Geld als künftige Einkommensquelle zur Altersversorgung „parkt". Die Besteuerung schon beim Zufluss von Einkünften oder beim Vermögenszuwachs ist also nicht stets befriedigend.

Das deutsche Steuerrecht hat hier seit jeher in § 10 EStG begrenzte Abzugsmöglichkeiten für Beiträge vorgesehen, d.h. die klassische Lösung schon früher partiell verlassen. Als neue, weitere und sinnvolle Lösung bietet sich die nachgelagerte Einkommensteuer an[22]. Investitionen und Sparbeiträge können von der Bemessungsgrundlage abgezogen werden, obwohl dem Steuerschuldner Einkommen zugeflossen ist, weil er sein Geld nicht zum Konsum verwendet, sondern zum Aufbau einer künftigen Finanzquelle in ein besonderes, unternehmens- oder rentengebundenes Sondervermögen einbringt. Spätere Auszahlungen aus diesem neuen Vermögen in Form der Rente werden dann mit dem Rückfluss – also nachgelagert – besteuert. Die neue Antwort auf die Frage: Wann ist das Einkommen zu besteuern? lautet also: Einkommensteuer fällt an, wenn ein Zufluss für private Zwecke vereinnahmt wird. Im Fall des Unternehmers wird also der investierte Gewinn noch nicht versteuert, sondern erst die spätere Entnahme aus dem Betriebsvermögen. Beim Arbeitnehmer unterliegt nicht der aus dem Lohn gezahlte Rentenbeitrag der Steuer, sondern erst die spätere Rückzahlung als Rente.

Diesem Gedanken folgt die „Riester-Rente", indem sie die bisherigen Abzugsmöglichkeiten erweitert. Die konkrete Lösung im Altersvermögensgesetz sieht wie folgt aus: Von den drei Säulen der Altersvorsorge, nämlich der gesetzlichen, der betrieblichen und der freiwilligen, privaten Rentenversicherung, werden die Beiträge für die zweite und die dritte Säule nach § 10a EStG von der Steuer befreit, falls sie der Arbeitnehmer freiwillig und zusätzlich zur gesetzlichen Versicherungspflicht leistet. Der Abzug als Sonderausgabe führt zu einer weiteren, nach festen Prämienbeträgen limitierten Steuerbefreiung. Konsequenz ist aber eine nachgelagerte Besteuerung nach § 22 Nr. 5 EStG auf die Rentenzahlungen in späteren Zeiten. Sie sind allerdings bei der Auszahlung von

---

[22] Vgl. *Joachim Lang*, in: Tipke/Lang, Steuerrecht[16], § 4 Rn. 117; *Christoph Gröpl*, FR 2001, 568.

Lebensversicherungen auf den Ertragsanteil begrenzt zu besteuern, soweit sie auf versteuerten Beträgen beruhen.

Diese nachgelagerte, volle Besteuerung ist als Einstieg in die nachgelagerte Besteuerung lobenswert. Sie bildet trotz ihrer betragsmäßigen Limitierung und anderer zahlreicher Einschränkungen in ihrer Grundstruktur ein Modell für eine Zukunft der Konsumbesteuerung im Einkommensteuerrecht. Der Wandel des Systems in diese Richtung ist gerecht und angezeigt.

Die gesetzliche Durchführung dieser nachgelagerten Einkommensteuer gießt allerdings auch etwas Wasser in den Wein. Teilnehmen an der nachgelagerten Besteuerung können grundsätzlich nur die in der gesetzlichen Rentenversicherung Pflichtversicherten, in Grenzen auch deren Ehegatten und Personen einiger besonders definierter Berufszweige, wie etwa Beschäftigte in der Landwirtschaft[23]. Beamte, Angestellte im Öffentlichen Dienst mit Zusatzversorgung und ähnliche Personen wurden anfangs nicht begünstigt, obwohl auch dort Kürzungen der Altersversorgung vorgenommen worden sind; diese Lücke hat § 10a Abs. 1 2. HS. EStG noch nachträglich beseitigen müssen. Auch hatte der Gesetzgeber Bedenken, alle Formen der Altersversorgung, vor allem die Bildung von Immobilienkapital, in die Förderung einzubeziehen. Das ist inkonsequent, wenn andere Formen in gleicher Weise rechtlich gesichert einer späteren Altersversorgung dienen. Gefördert werden letztlich nur Anlagen in private Lebensversicherungen, in thesaurierende Bankguthaben oder Investmentfonds[24] sowie in die private, betriebliche Altersversorgung, soweit sie auf selbst versteuerten Beiträgen des Arbeitnehmers beruhen[25]. Andere Anlagen gleicher Zweckbestimmung und identischer Sicherheit werden vom Gesetz nicht in die Förderung einbezogen. Der Gesetzgeber hat sich nicht einmal dazu durchringen können, gleichwertige Versorgungsvorhaben durch den Aufbau von Immobilienvermögen zu fördern. Im politischen Streit um den Umfang der Förderung hat er sich für ein halbherziges „Zwischenentnahmemodell" beim Immobilienkauf entschieden. Ein Versicherter darf zwischen zehn- und fünfzigtausend Euro aus bestehenden Vertragsguthaben der Alterssicherung für selbstgenutztes inländisches Wohnungseigentum entnehmen; er muss sie aber später wieder zurückzahlen[26].

Private Altersvorsorgeverträge der dritten Säule werden nur begünstigt, wenn ihnen zuvor ausdrücklich die Übereinstimmung mit den Prämissen der steuerlichen Förderung durch feststellenden Verwaltungsakt bescheinigt wurde[27]. Voraussetzungen für eine Zertifizierung sind vor allem, dass laufende, freiwillige Beiträge von Pflichtversicherten gezahlt werden, dass das daraus angesparte Vermögen einer lebenslangen Auszahlung gleichmäßiger oder steigen-

---

[23] §§ 10a Abs. 1, 79 EStG.
[24] § 1 Abs. 2 Ziffer 7 Altersvorsorgeverträge-Zertifizierungsgesetz (AltZertG).
[25] § 82 Abs. 2 EStG.
[26] § 92a EStG.
[27] § 82 Abs. 1 S. 1 EStG i. V. m. § 5 AltZertG.

der Rentenbeiträge ab 60 oder ab Bezug einer Altersrente dient und dass am Anfang der Auszahlungen der vollständige Nominalwert der eingezahlten Beträge für die Rückzahlung bereit steht. Das angesammelte Vermögen muss gegen den Zugriff Dritter gesichert sein; seine Abtretung ist verboten. Eine Übertragung des gesamten Vertrages auf einen anderen Anbieter und dessen Fortführung bleiben aber möglich. Ferner muss sich der Anbieter zu sehr weiten, eingehenden, jährlichen und schriftlichen Informationen gegenüber dem Zahler über das Versicherungsgeschehen verpflichten[28]. Die gesetzliche Sicherung der Beiträge für spätere Rentenzahlungen ist konsequent, denn die nachgelagerte Besteuerung verzichtet bei Einzahlung auf die Steuer, weil sie erst bei Auszahlung belasten will. In der Zwischenzeit muss das Vermögen gegen unversteuerten Abfluss gesichert sein. Wegen des Zwecks der Altersversorgung muss überdies gewährleistet werden, dass das Vermögen später tatsächlich für laufende Rentenzahlungen im Alter verwendet wird.

Das Verwaltungsverfahren der Zertifizierung ist aber extrem aufwendig geraten; die Durchführungsnormen des Gesetzes gefährden sein begrüßenswertes Grundanliegen. Eine Zertifizierung ist nur für die dritte Säule privater, freiwilliger Altersvorsorgeverträge vorgesehen, für die betriebliche Altersversorgung nicht. Trotz des aufwendigen Verfahrens hat der Gesetzgeber der Behörde nur die Prüfung des Vorliegens der gesetzlichen Voraussetzungen für die Förderung der „Riester"-Rente aufgegeben. Nach § 2 Abs. 3 AltZertG untersucht sie nicht die rechtliche Wirksamkeit des Vertrags, die wirtschaftliche Tragfähigkeit der Versicherung und die Wahrscheinlichkeit der Erfüllung späterer Rentenzahlungspflichten. Diese Risiken bleiben beim Versicherten und bei der Versicherung. Mit dem Hinweis auf eine private Altersvorsorge ist das noch zu rechtfertigen, obwohl es wegen der Komplexität von Versicherungsverträgen und Allgemeinen Versicherungsbedingungen nahe gelegen hätte, die Aufsicht darauf zu erstrecken und den Versicherten vor unvorteilhaften Rentenverträgen zu schützen. Kaum begründbar ist aber, dass § 2 Abs. 4 AltZertG zugleich eine Haftung für ein fehlerhaftes Zertifikat gegenüber Dritten ausdrücklich ausschließt. Wenn der Staat die steuerlichen Voraussetzungen der Förderung schon in einem besonderen Verwaltungsverfahren für jeden Vertrag durch Verwaltungsakt feststellt, muss er sich haftungsrechtlich an seinem hoheitlichen Prädikat festhalten lassen. Hier hat sich das Eigeninteresse des Staats leider zu Lasten seiner Gemeinwohlverpflichtung durchgesetzt. Völlig ungeklärt bleibt, welche Wirkung ein bestandskräftiger Verwaltungsakt aufweisen wird, wenn die Behörde später zur Auffassung gelangt, das Zertifikat hätte nicht erteilt werden dürfen. Hier kommt einige Arbeit auf die Rechtsprechung zu, denn es ist kaum zu rechtfertigen oder durchzusetzen, einem über Jahrzehnte ordnungsgemäß vom Versicherten finanzierten und vom Staat zertifizierten Vertrag

---

[28] Vgl. zu den Voraussetzungen § 1 Abs. 2 AltZertG.

nachträglich ohne Zutun des Versicherten wegen eines Behördenfehlers die Fördergrundlage zu entziehen.

Bei der Auszahlung werden private und betriebliche Renten als sonstige Einkünfte nach § 22 Nr. 5 EStG grundsätzlich vollständig nachgelagert besteuert. Die Auszahlung für die private Verwendung lässt die Konsumsteuer eingreifen, denn jetzt wird das Vorsorgevermögen wieder „entspart". Grundsätzlich werden die Rentenzahlungen voll besteuert; soweit Renten aus Lebensversicherungen und der betrieblichen Altersversorgung auf individuell vom Arbeitnehmer versteuerten Beiträgen beruhen, wird – wie bei den Zahlungen aus der gesetzlichen Rentenversicherung – nur der Ertragsanteil, nicht aber die Kapitalrückzahlung besteuert[29]. Diese Lösung ist konsequent, wenn diese Beiträge bereits vorgelagert besteuert wurden, eine nachgelagerte Besteuerung wäre dann eine Doppelbelastung. Systemwidrig ist es allerdings, Zahlungen aus anderen, bereits versteuerten Kapitalanlagen zur Alterssicherung voll zu besteuern, denn hier wird vor- und nachgelagert belastet.

Die steuerliche Förderung durch Steuerbefreiung der Beiträge, die in die Versicherung eingezahlt werden, und durch Belastung der Rentenzahlungen im Wege der nachgelagerten Konsumsteuer wird mit einem komplizierten System unmittelbar subventionierender Zulagen in den §§ 79 bis 93 EStG verknüpft. Hier folgt der Gesetzgeber dem allgemeinen Trend, Steuerabzüge durch direkte Zulagen zu ergänzen. Steuerabzüge von der Bemessungsgrundlage bieten wegen des progressiven Einkommensteuertarifs den Höherverdienenden eine größere Ersparnis als Geringerverdienenden mit niedrigerem Steuertarif. Zulagen kommen hingegen als direkte Auszahlung jedem in gleicher Höhe unabhängig von seiner individuellen Bemessungsgrundlage zugute. Das Gesetz sieht die Zulage durch eine spätere Günstigerprüfung des Finanzamts nach § 10a Abs. 2 EStG als garantierte Mindestförderung vor, behält im Einzelfall günstigere Steuerfreibeträge als notwendige Elemente einer konsequenten, nachgelagerten Besteuerung aber bei. Die Zulage ist also die sozial motivierte Wohltat des Staates zur Sicherung der Rentenhöhen für jedermann, der Abzug als Sonderausgabe die Voraussetzung nachgelagerter Besteuerung. Der Steuerabzug muss beibehalten werden, damit das Steuersystem nicht doppelt belastet und damit es gerecht bleibt. Dem Steuerpflichtigen wird in der sogenannten Günstigerprüfung vom Finanzamt jeweils die beste Lösung zugerechnet. Die Günstigerprüfung wird in der Weise durchgeführt, dass nach § 10a Abs. 2 EStG das Finanzamt entweder die günstigere Zulage bestehen lässt oder den individuell günstigeren Abzug als Sonderausgabe berücksichtigt. Die Zulage wird dabei nicht per Bescheid zurückgefordert, sondern durch Hinzurechnung als zusätzliches Einkommen in die steuerliche Bemessungsgrundlage rechnerisch zurückgenommen.

Zulagen erhält der Arbeitnehmer für von ihm versteuerte Zahlungen in betriebliche Altersversicherungen und für freiwillige Leistungen in private, zertifizierte Vorsorgeverträge. Dafür gibt es nach §§ 84 f. EStG zur Zeit eine Grundzulage von 38,– Euro und eine Kinderzulage von 46,– Euro. Damit verspricht die „Riester"-Rente den größten Ertrag für Geringverdiener mit vielen Kindern bei langer Vertragslaufzeit.

---

[29] § 22 Nr. 5 S. 2 EStG.

Die Änderung des Einkommensteuergesetzes zur Einführung der „Riester"-Rente führt die nachgelagerte Konsumbesteuerung im sensiblen Bereich aktueller Beitragszahlungen und später nachfolgender Rentenauszahlungen durch. Mit der Zulage will sie ein gleichmäßiges Renteneinkommen durch gleiche Subventionssummen garantieren. Erfreulich ist auch, dass die Förderung sowohl für die dritte Säule privater, freiwilliger, zusätzlicher Versicherung als auch für betriebliche Altersversorgungssysteme gilt[30], denn beide ergänzen die unsicher gewordene gesetzliche Rentenversicherung.

Den strukturellen Vorzügen für Renten- und Steuersystem stehen aber etliche Nachteile gegenüber. Zum einen ist die gesetzliche Regelung – typisch für die heutige Zeit – extrem kompliziert ausgefallen. Um auf keinen Fall irgendwelche Risiken einzugehen, keine Steuersparmodelle zu begünstigen und alle anderen, eventuellen Fallgestaltungen im Griff zu behalten, hat der Gesetzgeber zahllose Versicherungsvarianten tatbestandlich ausgeformt und Sonderregelungen unterworfen statt eine durchdachte Grundregel in wenigen, knappen Worten zu normieren. Entstanden ist ein fast unlesbarer Gesetzestext, der eher an eine Verwaltungsvorschrift als an eine Parlamentsnorm erinnert. Begleitet wird jeder einzelne Versicherungsvertrag von einem aufwendigen Verwaltungsverfahren[31]. Dem Versicherten stehen gleich drei Ansprechpartner gegenüber, nämlich seine Versicherung, die BfA und die Finanzkasse. Das Zertifizierungsverfahren ist kaum praktikabel. Fast dreißig Paragraphen wurden im Einkommensteuerrecht verändert oder neu geschaffen, um Abzugsteuer und Zuschlag einzuführen. Das Bemühen des Gesetzgebers, durch detaillierte Ausformung zahlloser Einzelheiten alles im Griff zu behalten, wird mit Sicherheit enttäuscht werden. Der Teufel steckt bekanntermaßen im Detail. Die Rechtsprechung wird sich der Aufgabe zur Vereinheitlichung des Systems und zur Behebung von Widersprüchen des Gesetzes nicht entziehen können. Die schlecht gelungene Norm führt zu Rechtsunsicherheit und verlagert die Entscheidungen von der Ersten auf die Dritte Gewalt. Wenig überzeugend ist ferner, dass die private Altersversorgung einer Zertifizierung bedarf, die betriebliche aber nicht. Auch stört es, dass sich der Gesetzgeber wohl vom Klischee des reichen Wohnungseigentümers beeindrucken ließ, indem er Kapitalanlagen in Immobilien zur Alterssicherung nur mit dem halbherzigen „Zwischenentnahmemodell" geringen und unzulänglichen Umfangs förderte[32], das letztlich allein Zinsvorteile bringen kann.

Zur systemgerechten Nachlagerung der Besteuerung ist wesentlich, das steuerfrei angesammelte Vermögen buchhaltungstechnisch zu erfassen. Zur Sicherung der Altersversorgung ist es unerlässlich, dessen Verwendung für spätere Rentenzahlungen rechtlich zu fixieren. Das Gesetz schreibt deswegen die Be-

---

[30] § 82 Abs. 2 EStG.
[31] So auch *Helmut Pasch/Ulrike Höretz/Susanne Renn*, DStZ 2001, 573 (579).
[32] A.A. wohl *Christian Dorenkamp*, StuW 2001, 253 (267).

dingungen und die Durchführung des Versicherungsvertrags eingehend vor. Die Zertifizierung verlangt vom Versicherungsvertrag zu Beginn des Versicherungsverhältnisses die Einhaltung von elf ausführlichst formulierten Vertragsvoraussetzungen[33]. Anbieter und Versicherter unterliegen während der gesamten Laufzeit eines Vertrags ausgedehnten Darlegungs- und Belegpflichten nach §§ 89 ff. EStG, wenn sie in den Genuss der finanziellen Förderung kommen wollen. Den kritischen Punkt in der gesamten Förderung bildet die spätere Auszahlung des Vermögens. Das Gesetz will eine permanente Rentenzahlung zur Alterssicherung; der Vertrag muss diese ebenfalls vorsehen. Zivilrechtliche Verträge können aber im Einvernehmen der Kontrahenten geändert und beendet werden; vor allem ist es möglich, nachträglich statt kontinuierlicher Monatszahlungen eine einmalige, vollständige Rückzahlung von Kapital, Zinsen und Förderungsbeträgen zu vereinbaren. Das Gesetz begegnet dieser Gefahr mit dem Tatbestand der „schädlichen Verwendung" der §§ 93 ff. EStG. Wird den rentensichernden Bestimmungen des Vertrags zuwider gehandelt, sind Zulagen und Steuerersparnisse aus dem Sonderausgabenabzug nach § 10a EStG zurückzuzahlen. Hinzu tritt die Versteuerung des Auszahlungsbetrags nach § 22 Nr. 5 S. 1 und 4 EStG. Damit hat der Gesetzgeber eine harte Lösung bei schädlicher Verwendung getroffen. In Fällen fehlerhafter, vertragswidriger Auszahlungen, z.B. bei vorzeitiger Auszahlung oder bei Rückzahlung des gesamten Kapitals in einem Betrag, ist sie korrekt, denn der Vertrag wurde gefördert, um eine laufende, gleichmäßige oder steigende Rente anzusparen, der Versicherte hat diesen Zweck aber aufgegeben. Das Gesetz fasst aber noch andere Sachverhalte unter den Begriff der „schädlichen Verwendung": Tritt bei der Rückzahlung einer Zwischenentnahme für ein Immobilienkauf ein Zahlungsrückstand von über einem Jahr ein, so ist nach § 92a Abs. 3 EStG ebenfalls wegen schädlicher Verwendung zurückzuzahlen und zu versteuern. Das Ziel der Sicherung der zwischenentnommenen Beträge für die spätere Rente wird zwar damit auch verfolgt. Ob man einem in Zahlungsschwierigkeiten geratenen, steuerpflichtigen Schuldner jedoch hilft, wenn man ihn in einer Notlage noch mit der Zurückzahlung von Fördersummen belastet, wage ich zu bezweifeln. Völlig misslungen ist die gesetzliche Anordnung in § 95 Abs. 1 EStG, dass eine schädliche Verwendung auch vorliege, wenn die unbeschränkte Steuerpflicht des Versicherten durch Aufgabe des inländischen Wohnsitzes endet, ohne dass er einen Antrag auf erweiterte, unbeschränkte Steuerpflicht nach § 1 Abs. 3 EStG stellt[34]. Hiermit möchte der Gesetzgeber vermeiden, dass die nachgelagerte Besteuerung ausfällt, wenn sich der Steuerpflichtige auf Dauer ins Ausland begibt und sich dadurch dem steuerlichen Zugriff des deutschen Fiskus entzieht. Bei Wegzug ins Ausland werden Auszahlungen nicht mehr in Deutschland besteuert, weil der Besteuerungsfall

---

[33] § 1 Abs. 2 AltZertG.
[34] So auch *Christian Dorenkamp*, StuW 2001, 253 (268).

des § 22 Nr. 5 EStG nicht in den Katalog der Steuertatbestände des § 49 EStG für beschränkt Steuerpflichtige aufgenommen wurde. Dessen Aufnahme in § 49 EStG wäre an sich die richtige Lösung für das Problem gewesen. Der geltende § 95 Abs. 1 EStG führt aber je nach dem Steuerrecht des Auslands zu entgegengesetzten Ergebnissen. Der Wegzugstatbestand der schädlichen Verwendung ist in seinen Folgen völlig konturenlos und ungerecht. Besteuert der fremde Staat, in den der Rentner zieht, seine Rente nicht, kann der Steuerpflichtige Rentenerträge unversteuert beziehen. Besteuert der ausländische Staat hingegen sein Rente, so wird er mehrfach, nämlich mit ausländischer und mit deutscher Steuer sowie obendrein mit Rückzahlungsverpflichtungen belastet. Auch erweckt die unterschiedliche Behandlung von Verlegungen des Wohnsitzes im Inland zu Verlegungen vom Inland in Mitgliedstaaten der EG europarechtliche Bedenken hinsichtlich der Freizügigkeit nach Art. 18 Abs. 1 EG.

Zu kritisieren ist ferner, dass das Gesetz dem privaten Anbieter geförderter Versicherungen weitgehende Haftungsrisiken in § 96 Abs. 2 EStG aufbürdet, ihn mit umfangreichen, jährlichen Pflichten zur schriftlichen Information nach § 1 Abs. 1 Nr. 9 AltZertG belastet, ihm häufig die Durchführung von Verwaltungs- und Rückzahlungsverfahren auferlegt, zugleich aber in § 96 Abs. 5 EStG jeglichen Kostenersatz dafür ausschließt. Laut Zeitungsmeldungen werden bis zu 20% der eingezahlten Beiträge von solchen Kosten verschlungen.

Die spannendste Frage in der Förderung der privaten, zusätzlichen Altersvorsorge wird es aber sein, ob der Fiskus auf Dauer die nachgelagerte Konsumbesteuerung akzeptieren wird. Es werden sich riesige Kapitalmengen bei Versicherungen, in Investmentfonds, auf Bankguthaben oder in Pensionskassen ansammeln. Nach der Idee der nachgelagerten Besteuerung müssten sie in der Ansparphase jeglichem Zugriff des Fiskus entzogen sein und dürften lediglich in der Auszahlungsphase nach den individuellen Steuerverhältnissen des Rentenbeziehers belastet werden. Man kann aufgrund bisheriger Erfahrungen zweifeln, ob der stets geldhungrige Fiskus über Dekaden stillhalten wird. Es gibt durchaus einige technische Ansatzpunkte, mit denen man stillschweigend die nachgelagerte Konsumsteuer zurücknehmen könnte, ohne ihre Regeln im EStG selbst zu ändern. Es würde sich dafür eine Erhöhung der Versicherungsteuer anbieten. Man könnte für die Fonds unter Hinweis auf ihre gigantische Kapitalmasse eine betriebliche Vermögensteuer einführen. Die Unternehmensgewinne der Versicherungen und Kapitalsammelstellen ließen sich über die Körperschaftsteuer belasten, auch wenn sie zum Aufbau des Rentenkapitals dienen. Das Vertrauen, dass der Gesetzgeber zu seinem einmal geäußerten Wort steht, ist gerade im Steuerrecht schon längst geschwunden. Denn er hat es durch Dezembergesetze mit Rückwirkung für das gesamte Veranlagungsjahr schon häufig enttäuscht[35], gesetzte steuerliche Anreize später oft zurückgenom-

---

[35] Vgl. *Klaus Offerhaus*, DB 2001, 556.

men, z.B. Steuervergünstigungen nach dem Fördergebietsgesetz durch die Mindestbesteuerung nach §2 Abs. 3 EStG unter dem pejorativen, politischen Etikett des „Steuerschlupflochs" kräftig gekürzt[36].

Ein erster Verstoß gegen die Idee der nachgelagerten Konsumbesteuerung ist bereits jetzt festzustellen. Die geförderte Altersversorgung ist zwingend mit der Einschaltung einer Kapitalsammelstelle verbunden. Wenn sie für die Erträge des Kapitals Körperschaftsteuer abführen muss[37], werden die Erträge nämlich doppelt belastet. Die Ertragsteuerbelastung für deren Gewinne wird mittlerweile zwischen Körperschaft und Anteilseigner nach dem Halbeinkünfteverfahren aufgeteilt, indem Körperschaft- und Einkommensteuer jeweils zur Hälfte belasten. § 3 Nr. 40 EStG sieht zur Aufteilung vor, dass nur die Hälfte der ausgezahlten Gewinne einer Körperschaft einkommensteuerpflichtig sind. Die Vorschrift erfasst dabei aber nur Einkünfte aus Kapitalvermögen nach § 20 EStG. Für den Regelfall der Zahlung von Dividenden oder sonstiger Gewinnanteile einer Körperschaft stellt das die zutreffende Anknüpfung für das Halbeinkünfteverfahren dar. Die Rentenzahlungen werden aber vom neuen Tatbestand des § 22 Nr. 5 EStG erfasst. Der Versicherte versteuert dann zuviel, denn die Rentenerträge werden vollständig statt nur zur Hälfte erfasst. Es ist systemgerecht und notwendig, den Tatbestand des § 22 Nr. 5 EStG in den Tatbestand des § 3 Nr. 40 EStG einzufügen, um diese Doppelbelastung zu vermeiden[38].

IV. Die Gesetze zur ökologischen Steuerreform

Die Gesetze zum Einstieg und zur Fortführung der ökologischen Steuerreform[39] heben Mineralöl- und Erdgassteuer an und führen eine Stromsteuer ein. Verbrauchsteuern auf Energieträger sind an sich keine neue Idee. 1917 gab es bereits Vorschläge, eine Luxussteuer auf Gas und Strom zu erheben. Tatsächlich eingeführt wurde allerdings eine allgemeine Steuer auf Kohle; sie wurde erst 1965 wieder abgeschafft[40]. Die Mineralölsteuer hat in der Bundesrepublik Deutschland schon Tradition; mittlerweile wird auch Erdgas und seit 1999 Strom besteuert. Die neuen Steuergesetze beruhen auf der Idee der Ökosteuer. Sie sind unter dem Beifall der EG zustande gekommen, die umfassende Steuern

---

[36] Vgl. *Britta Holdorf*, BB 2001, 2085.
[37] Oft können die Kapitalsammelstellen Rückstellungen bilden, die Verbindlichkeiten gegenüber den Altervorsorgesparern passiviere, oder sie sind von der Körperschaftsteuer befreit, vgl. *Christian Dorenkamp*, StuW 2001, 253 (262f.).
[38] Vgl. *Christian Dorenkamp*, StuW 2001, 253 (261f.).
[39] Gesetz zum Einstieg in die ökologische Steuerreform vom 24.3.1999, BGBl. I 1999, S. 378; Gesetz zur Fortführung der ökologischen Steuerreform vom 16.12.1999, BGBl. I 1999, S. 2433.
[40] Vgl. *Harald Jatzke*, DStZ 1999, 520 (521).

auf alle Energieträger einführen will[41]. Ziel der ökologischen Steuerreform ist zum einen die teilweise Abgeltung der Wegekosten durch die Mineralölsteuer; ansonsten folgen die Steuern auf Energieträger seit jeher dem allgemeinen Fiskalzweck der Staatsfinanzierung. Als Ökosteuern sollen sie aber seit 1999 einen zweiten, lenkenden Zweck entfalten. Durch periodische Mehrbelastung von Mineralöl, Strom und Erdgas sollen die Ressourcen an fossilen Energieträgern geschont und gegen Treibhausatmosphäre und Luftverschmutzung vorgegangen werden[42]. Die Technik der lenkenden Steuern beruht darauf, dass dem monetären Finanzbefehl zur Geldzahlung ein weiterer, ökonomischer Verhaltensbefehl beigegeben wird, den der Belastete befolgen kann, aber nicht muss. Ein Verstoß gegen den ökonomischen Verhaltensbefehl ist kein Rechtsbruch. Die Nichtbefolgung wird allerdings teuer, weil dann die Steuerschuld entsteht, und führt zu einem „Schaden" im eigenen Geldbeutel. So bleibt der Solarstrom von der Stromsteuer unbelastet[43], der Strom aus Gas- oder Kohlekraftwerken wird teurer[44]. Die monetäre Technik vermeidet so die Umweltbelastung. Diesen Schutz vor Treibhausatmosphäre und CO_2-Ausstoß durch die Verwendung fossiler Energie bezeichnet man als die „grüne Dividende" der Ökosteuer[45].

Der Ansatz zum Umweltschutz ist tauglich, wird aber in den beiden Ökosteuergesetzen inkonsequent durchgeführt. Kohle, Holz und Torf zum Heizen werden von der Mineralölsteuer nicht erfasst[46], sondern allenfalls durch die Stromsteuer mittelbar belastet, obwohl fossile Energieträger verwendet werden. Auf der anderen Seite wird die Stromerzeugung aus Kernkraftwerken[47] und aus Wasserkraftwerken mit einer Leistung über 10 Megawatt verteuert[48], obwohl dies mit dem Schutz von Treibhausgasen oder zur Schonung von Ressourcen gewiss nicht zu rechtfertigen ist. Ebenfalls nicht systemgerecht, aber wohl mit dem Zusatzargument einer Verwertung biologischer Abfälle zu rechtfertigen ist es, dass Strom aus Deponie- und Klärgas oder aus Biomasse nach § 9 Abs. 1 Nr. 1 StromStG trotz seiner fossilen Herkunft unbesteuert bleibt[49]. Konsequent ist

---

[41] Vgl. *Ferdinand Kirchhof*, in: Hans Werner Rengeling (Hrsg.), Handbuch zum europäischen und deutschen Umweltrecht, Band I, 2. Aufl. 2002, § 38 Rn. 79.

[42] Vgl. Gesetzentwurf der Fraktionen SPD und Bündnis 90/Die Grünen vom 17.11.1998, BT-Drucks. 14/40.

[43] § 9 Abs. 1 Nr. 1 StromStG i.V.m. § 2 Nr. 7 StromStG.

[44] § 1 StromStG.

[45] Vgl. *Dieter Ewringmann*, in: Hans Nutzinger/Angelika Zahrnt (Hrsg.), Für eine ökologische Steuerreform – Energiesteuern als Instrumente der Umweltpolitik, 1990, S. 57 (60 f.).

[46] § 1 MinöStG i.V.m. der Kombinierten Nomenklatur nach Art. 1 VO (EWG) v. 23.7.1987 – Nr. 2658/87 – des Rates, ABl. L 241/1 in der Fassung des Anhangs zur VO (EWG) v. 10.8.1993 – Nr. 2551/93 – der Kommission, ABl. L 241/1.

[47] § 1 StromStG i.V.m. der Kombinierten Nomenklatur nach Art. 1 VO (EWG) v. 23.7.1987 – Nr. 2658/87 – des Rates, ABl. L 241/1 in der Fassung des Anhangs zur VO (EWG) v. 10.8.1993 – Nr. 2551/93 – der Kommission, ABl. L 241/1.

[48] §§ 1, 9 Abs. 1, Nr. 1 StromStG i.V.m. § 2 Nr. 7 StromStG.

[49] § 9 Abs. 1 Nr. 1 StromStG i.V.m. § 2 Nr. 7 StromStG.

hingegen die Steuerfreiheit der Stromerzeugung aus Wasserkraft (bei Kraftwerken unter 10 Megawatt Leistung), Windkraft, Sonnenenergie und Erdwärme[50]. Der Gesetzgeber ist hier allerdings auf das praktische Problem gestoßen, dass sich Strom in Leitungsnetzen nicht nach seiner Erzeugungsart unterscheiden lässt und deshalb eine wirksame Kontrolle nur eingeschränkt möglich ist. Deshalb wird nach § 9 Abs. 1 Nr. 1 StromStG auf diese Weise erzeugter Strom lediglich steuerbefreit, wenn er aus ausschließlich von diesen Quellen gespeisten, „sauberen" Netzen stammt. Der an sich taugliche Ansatz der „grünen Dividende" wird also im Gesetz ziemlich verwässert.

Der Gesetzgeber wollte aber noch eine zweite, „blaue Dividende" einbringen[51]. Die Verwendung des Mehraufkommens aus den Ökosteuern wird zur Senkung der Arbeitgeberbeiträge zur Rentenversicherung eingesetzt[52]. Das entlastet den Faktor Arbeit durch Verminderung der Lohnnebenkosten und entlastet allgemein die Unternehmen, weil die Rentenversicherung zum Teil aus Steuermitteln finanziert wird. Wegen dieser Idee einer lenkenden Steuer, die eine „grüne" und eine „blaue" Dividende erbringt, zahlen wir heute auf eine Megawattstunde Strom 17,90, ab 2002 20,50 Euro; auf dieselbe Menge Erdgas heute 30,30, im nächsten Jahr 31,80 Euro und auf 1000 Liter unverbleites Benzin ca. 640,– bis 624,– Euro, der Betrag wird im Jahr 2003 auf 670,– bis 655,– Euro steigen. Hinzu kommt jeweils 16% Umsatzsteuer. Wer heute mit seinem Auto zum Tanken fährt, versorgt sich letztlich nicht mehr bei einer privaten Firma allein mit Benzin, sondern fährt zugleich in eine Außenstelle des Finanzamts. Für einen Liter Benzin der geschilderten Beschaffenheit sind bei einem angenommenen Preis von einem Euro im Jahr 2003 ca. 67 Cent Mineralölsteuer und etwa 14 Cent Umsatzsteuer zu entrichten. Der Tankkunde zahlt also 19 Cent an die Erdölfirma und 81 Cent an das Finanzamt. Trotz dieser erstaunlichen Belastung begrüßt das deutsche Publikum die Ökosteuer wegen ihres edlen Motivs zum Umweltschutz. Wer möchte nicht aus einem Gesetz gleich zwei Dividenden erhalten? Der Belastungserfolg versteckt sich im Preis, der an den privaten Unternehmer gezahlt wird. Erst in letzter Zeit ist die öffentliche Meinung zu den Ökosteuern ins Schwanken geraten; ihre Zweifel erregte vor allem der messbare Inflationsschub, den die Steuern hervorriefen.

Tatbestand und Charakteristik von Ökosteuern sind leicht zu beschreiben. Sie bilden typische Verbrauchsteuern[53]. Der Unternehmer, der mit Strom, Mineralöl oder Erdgas handelt oder derartige Produkte herstellt, zahlt für den

---

[50] § 9 Abs. 1 Nr. 1 StromStG i.V.m. § 2 Nr. 7 StromStG.
[51] Zur „grünen" und „blauen Dividende" vgl. *Dieter Ewringmann*, in: Hans Nutzinger/Angelika Zahrnt (Hrsg.), Für eine ökologische Steuerreform – Energiesteuern als Instrumente der Umweltpolitik, 1990, S. 57 (60f.).
[52] Vgl. Gesetzentwurf der Fraktionen SPD und Bündnis 90/Die Grünen vom 17.11.1998, BT-Drucks. 14/40.
[53] Vgl. zur Stromsteuer *Harald Jatzke*, DStZ 1999, 520 (521).

Endverbraucher oder für seine Eigenversorgung mit Energie. Der Unternehmer schuldet die Ökosteuer dem Fiskus. Er überwälzt sie aber im Energiepreis an den Endverbraucher. Mit dieser einfachen Steuertechnik wird die Erhebung der Abgaben leicht, weil der Endverbraucher ohnedies den Energiepreis zahlen muss. Der unternehmerische Steuerschuldner hat wenig Interesse an Steuerverkürzungen, weil er letzten Endes mit der Steuer nicht belastet wird. Die Zollverwaltung hat es leicht, denn sie stößt auf weniger, aber zahlungswillige Steuerpflichtige.

Allgemein wirft die Einführung einer neuen Stromsteuer und die Ausdehnung von Mineralöl- und Erdgassteuer die Frage auf, ob der Umstieg von den direkten Einkommensteuern zu den indirekten Verbrauchsteuern gerecht ist[54]. Tragendes Belastungsprinzip für Steuern ist in den europäischen Steuersystemen grundsätzlich die finanzielle Leistungsfähigkeit des Steuerpflichtigen[55]. Jeder soll nach seinem Vermögen zur Staatsfinanzierung beitragen – der Reiche mehr, der Arme weniger, fast Mittellose gar nichts. Die direkte Einkommensteuer bewirkt dies durch einen progressiven Tarif. Auf ein Jahreseinkommen von 9.251,– Euro werden z.B. im letzten Schritt 23% Steuer erhoben[56]; klettert das Einkommen auf 55.008 Euro, beträgt der Tarif bereits 48,5%[57]. Direkte Steuern können das Leistungsfähigkeitsprinzip hervorragend durchsetzen, weil sie das Gesamteinkommen einer Person in der Jahresveranlagung feststellen. Verbrauchsteuern gelingt das nicht, denn sie bemessen sich nach dem jeweiligen Nettopreis der Ware oder Dienstleistung. Beim Kauf ist aber nicht erkennbar, wer in welchen Einkommens- und Vermögensverhältnissen konsumiert, sondern nur, dass ein Verbrauchsakt zu einem bestimmten Preis stattgefunden hat. Folglich arbeiten Verbrauchsteuern mit festen Tarifen. Sie können die Leistungsfähigkeit im Konsumakt und seinem Preis nur unterstellen. Wenn für 5.000,– Euro Waren gekauft werden, sind darauf 16% Umsatzsteuer zu erheben. Dabei wird aber nicht berücksichtigt, ob ein kinderreicher Familienvater geringen Einkommens mit dieser Summe die notwendigen Kleider für seine Familie kauft oder ob der unverheiratete, kinderlose Millionär dafür eine Reise bucht. Dieses Klischee von arm und reich zeigt, dass Verbrauchsteuern das Leistungsfähigkeitsprinzip nur unvollkommen durchsetzen[58]. Ein Umstieg des deutschen Steuersystems auf Verbrauchsteuern geht somit stets mit einem Verlust an Steuergerechtigkeit einher.

Auch ist zu fragen, ob die Einführung von Lenkungssteuern sich in das deutsche Steuersystem einfügt. Hierzu stellen sich mehrere Probleme[59]:

---

[54] Vgl. zur Gerechtigkeit der Umsatzsteuer *Klaus Tipke*, StuW 1992, 102ff.
[55] *Joachim Lang*, in: Tipke/Lang, Steuerrecht[16], § 4 Rn. 81ff.
[56] § 32a Abs. 1 S. 2 Nr. 2 EStG.
[57] § 32a Abs. 1 S. 2 Nr. 4 EStG.
[58] *Ferdinand Kirchhof*, Grundriß des Steuer- und Abgabenrechts 2, Rn. 81.
[59] Vgl. *Ferdinand Kirchhof*, DÖV 1992, 233ff.; *ders.*, in: Hans Werner Rengeling (Hrsg.),

Ökologisch motivierte Belastungen fossiler Brennstoffe senken wohl deren Einsatz im Inland. Ein nationaler Alleingang kann aber zur Auswanderung der Produktion führen. Dann schwinden Arbeitsplätze und leidet der Wirtschaftsstandort Deutschland; der globale Ökoschaden tritt jedoch weiterhin im Nachbarland auf. Ökosteuern sind deshalb mit Erfolg nur im internationalen Steuerverbund einzusetzen.

Lenkende Ökosteuern geben ein edles Motiv zur Belastung an. Dahinter steht aber meist der Fiskalhunger des Staates. Er benötigt Geld für seine politischen Programme und hat das Steueraufkommen intern bereits im Haushalt festgelegt. Er will nicht Verhalten lenken, sondern sich finanzieren. Für ein solches Verhalten kursiert bereits die zynische Formel „In the red? Than just say green!". Insbesondere die „blaue Dividende" aus den neuen Ökosteuern zeigt dieses Dilemma. Die „grüne Dividende" verspricht umweltschützende Lenkung, die „blaue Dividende" verwandelt die Abgabe in eine Zwecksteuer bestimmter Verwendung. Wenn Energiesteuern Zuschüsse für die Rentenversicherung finanzieren, liegt die Gefahr nahe, dass die Steuerhöhe nicht nach dem notwendigen Umweltschutz, sondern nach den finanziellen Bedürfnissen der staatlichen Versicherung bestimmt wird. Die beiden Zwecke vertragen sich nicht miteinander.

Generell misslingt die Lenkung ohnedies, wenn ein Steuergesetz mehrere Ziele oder ganze Zielbündel enthält. Der Steuerpflichtige kann ein monetär deutlich ausgeworfenes Verhaltensziel im Steuergesetz wohl erkennen und danach handeln. Wenn er jedoch mehreren Zwecksetzungen ausgesetzt wird, sieht er nur noch eine insgesamt hohe Abgabenlast, ohne den Mechanismus der zielgerichteten Belastung zu verstehen und entsprechend reagieren zu können. Der Adressat der Steuergesetze ist meistens wenig informiert über den Willen des Gesetzgebers, sondern spürt nur den Belastungseffekt. Er bewegt sich nicht als der ideale homo oeconomicus im Alltagsleben, wie es die Modelle der Finanzwissenschaft suggerieren. Die Mineralölsteuer differenziert mittlerweile zwischen verbleitem und unverbleitem Kraftstoff, zwischen Diesel und Benzin und hat obendrein noch eine Differenzierung nach dem Schwefelgehalt eingeführt. Der Normalverbraucher kann darauf nicht mehr reagieren, weil er die Auswirkungen der drei unterschiedlichen Ziele nicht mehr erkennt.

Steuersystematisch wird es zum Ärgernis, wenn Finanz- und Lenkungszweck im selben Gesetz agieren, denn sie können sich konterkarieren. Wird der Verhaltensbefehl der Mineralölsteuer von Autofahrern und Wohnungsbesitzern angenommen, indem sie Mineralöl und Erdgas einsparen, ist ihr Lenkungsziel erreicht. Ihr Finanzzweck leidet aber Schaden, weil das Aufkommen der len-

---

Handbuch zum europäischen und deutschen Umweltrecht, Band I, 2. Aufl. 2002, § 38 Rn. 37 ff.; ders., DVBl. 2000, 1166 ff.

kenden Steuer gegen Null tendiert[60]. Innerhalb desselben Steuergesetzes führen Finanz- und Lenkungszwecke oft zu erstaunlichen Systembrüchen. Die deutsche Kfz-Steuer belastet Kraftfahrzeuge gemäß § 8 KfzStG nach den Schadstoff- und Geräuschemissionen, entfaltet also ein ökologisches Ziel. Die Befreiungen des § 3 KfzStG folgen aber dem allgemeinen Finanzierungszweck jeder Steuer. Sie entlasten Fahrzeuge, die vom Staat, von Kommunen oder von humanitären Organisationen eingesetzt werden, von der Kfz-Steuer. Unter Finanzierungsaspekten ist diese Befreiung konsequent, weil alle drei Organisationen öffentliche Aufgaben durchführen und der Staat obendrein die Steuer nur an sich selber zahlen und damit einen sinnlosen Geldkreislauf in Bewegung setzen würde. Das hinzutretende ökologische Ziel wird aber von der Steuerbefreiung verfälscht, denn Kraftfahrzeuge emittieren Schadstoffe und Geräusche ohne Rücksicht auf ihren Halter. Finanz- und Lenkungszweck der Steuer sind hier nicht in Einklang zu bringen.

Die Lenkung der Steuern misslingt ferner, wenn ein Unternehmer ausnahmsweise Endverbraucher ist, die Verbrauchsteuer aber dennoch auf seine Kunden abwälzt. Den Unternehmer trifft dann der Verhaltensbefehl, der Kunde trägt aber mittelbar die daraus entstehende Finanzlast. So ist es dem havarierten Autofahrer, der ungeduldig am Standstreifen der Autobahn auf den Abschleppwagen wartet, gleichgültig, ob dieser kostengünstigen Dieseltreibstoff oder teures Benzin für seine Fahrten einsetzt; der Unternehmer ist sich bewusst, dass er auch den höheren Benzinpreis für seine Fahrt erhält und spürt deshalb keinen Lenkungsanreiz.

Weitere Schwierigkeiten verursacht die verfassungsrechtlich geforderte Freistellung des Existenzminimums von der Besteuerung. Auch lenkende Finanzlasten dürfen nicht das gesundheitlich notwendige Heizen von Wohnhäusern oder die zur Ausbildung unvermeidbare Autofahrt eines Studenten von seinem ländlichen Wohnort ohne Öffentlichen Personennahverkehr zur Universität unterbinden. Die ökologische Verbrauchsteuer greift aber in jedem Konsumakt zu, ohne den unbedingt notwendigen und vermeidbaren auszusparen.

Die Belastung des Verbrauchsguts beschränkt überdies die Ausübung von Grundrechten nach Maßgabe individuell verfügbarer Geldmittel. Würde der Liter Benzin mit den politisch angeregten 5,– DM besteuert, so wären die Straßen frei für den finanzkräftigen Autofahrer; die Mobilität des monetär schwächer Ausgestatteten bliebe allerdings auf der Strecke. Grundrechte dürfen jedoch nicht nach finanziellen Gesichtspunkten zugeteilt werden.

Im Ergebnis ist zu konstatieren, dass lenkende Steuern durchaus Anreize setzen können, wenn man sie auf wenige, in der Belastung deutlich erkennbare Ziele beschränkt. In jedem Fall wird eine lenkende Steuer aber im Finanzierungssystem Verwerfungen hervorrufen. Ein völliger Umbau der deutschen

---

[60] A.A. *Ute Sacksofsky*, NJW 2000, 2619 (2620f.).

Steuerrechtsordnung, also in ein Ökosteuersystem wirkt schädlich; lediglich einzelne, kräftige Akzente durch wenige Steuern sind angebracht.

Die ökologische Steuerreform bietet nicht nur ein Beispiel für den verfehlten Einsatz von Lenkungssteuern und Verbrauchsteuern statt ausschließlich finanzierender Steuern auf das Einkommen, sondern zeigt auch die Bindungen auf, denen der nationale Steuergesetzgeber im Europäischen Recht zunehmend unterliegt. Die neuen Mineralöl-, Erdgas- und Stromsteuern haben – vom Publikum unbemerkt – zu großen Problemen mit dem EG- Recht und deswegen zu einer ständigen Rechtsunsicherheit geführt. Da Ökosteuern die energieintensive Produktion der deutschen Wirtschaft erheblich verteuern würden – die deutsche Stahlindustrie hätte z.B. eine Mehrbelastung von ca. 1 Mrd. DM pro Jahr zu tragen[61] –, erwies sich eine Entlastung bestimmter Branchen als unerlässlich. Der Gesetzgeber ging ursprünglich davon aus, dass die Rückgabe der Steuer durch Entlastung bei den Rentenversicherungsbeiträgen ausreichen würde. Sie ist jedoch branchenspezifisch sehr unterschiedlich ausgefallen: Kapitalintensive Industrien wurden wenig entlastet, die personalintensiven Wirtschaftszweige haben kräftig davon profitiert. Ein Stahlunternehmen arbeitet z.B. mit viel Energie und Kapital, aber mit wenig Personal. Es zahlt eine hohe Ökosteuer, erhält aber wenig durch die Rentenentlastung zurück. Eine Bank arbeitet hingegen personal-, aber nicht energieintensiv. Sie profitiert von der Rentenentlastung, obwohl sie nur geringe Ökosteuerlasten trägt. Diese Asymmetrie zwischen Steuerlast und Beitragsentlastung schuf besonders in den Baustoff-, Montan-, Papier-, Chemie- und Transportbranchen Probleme. Die Politik hatte die Zwangslage erkannt und wollte ursprünglich alle energieintensiven Unternehmen von der Ökosteuer verschonen. Sie hat sich letztlich aber nur zu einer Entlastung der Unternehmen des Produzierenden Gewerbes entschließen können und damit die Transportbranche ausgeschlossen. Die Ermäßigung erfolgt jetzt dadurch, dass der Regelsteuersatz der Mineral-, Erdgas- und Stromsteuer auf 20% gesenkt und die Gesamtbelastung jedes Unternehmens durch Ökosteuern auf 120% der Ersparnis beim Rentenversicherungsarbeitgeberbeitrag gekappt wird[62]. Die deutsche Stahlindustrie trägt nach Ermäßigung und Kappung statt 1 Mrd. DM nur noch 30–40 Mio. DM an Ökosteuer[63]. Die Wettbewerbsfähigkeit bleibt damit erhalten.

Aber Kappung und Ermäßigung für Produzierendes Gewerbe stellen sofort die Frage, ob nicht ein System gleichheitswidriger Belastung geschaffen wurde, wenn gerade die energieintensiven Unternehmen von der Ökosteuerlast erleichtert werden, obwohl sie doch die Umwelt stärker belasten als andere[64]. Dagegen kann man aber mit Recht einwenden, dass ein System gleichheitsgerecht

---

[61] *Ferdinand Kirchhof*, Stahl und Eisen 1/2002, 15 (16).
[62] §§ 25 Abs. 1 S. 1 Nr. 5, Abs. 3a, 25a MinöStG, §§ 9 Abs. 3, 10 StromStG.
[63] *Ferdinand Kirchhof*, Stahl und Eisen 1/2002, 15 (16).
[64] Vgl. *Heinrich List*, BB 2000, 1216 (1218f.).

ausgestaltet ist, sobald es jeden effektiv lenkt. Weil energieintensive Unternehmen der an sich geringe Tarif von 20% wegen ihres erhöhten Energieverbrauchs mit gleicher Intensität trifft wie sonstige Unternehmen mit geringem Stromverbrauch der hohe Steuertarif, erreicht jeden die angemessene Belastung, die den Anreiz zum Umwelt- und Ressourcenschutz aufrechterhält.

Europarechtlich sind zwei andere Rechtsfragen von Bedeutung. Zum einen ist das Verbrauchsteuerrecht durch Richtlinien im Gegensatz zum Recht der direkten Einkommensteuern weitgehend harmonisiert. Der nationale Gesetzgeber hat seine politische Freiheit zur Steuerbelastung weitgehend verloren. Die deutsche Steuerreform findet längst unter EG-Bedingungen statt. Hier ist die Bundesregierung mit ihrem schnellen Ökosteuerprogramm 1999 in Schwierigkeiten geraten. Will man die CO_2-Belastung der Atmosphäre durch Verbrennen fossiler Energieträger vermeiden, sind Mineralöl, Erdgas und Strom steuerlich zu belasten. Das EG-Recht hat bereits die Mineralölsteuer, nicht aber die Belastung von Erdgas und Strom harmonisiert. Damit stand der deutsche Gesetzgeber zwei Rechtsregimen gegenüber: Beim Mineralöl hatte er die vorhandenen Harmonisierungsvorschriften zu beachten; bei den beiden anderen Verbrauchsgütern musste er die allgemeinen Regeln des EG-Rechts für den nationalen Gesetzgeber einhalten. Obendrein wollte er alles zu einem stimmigen, deutschen Ökosteuersystem zusammenfügen; im Mineralölsteuergesetz hat er sogar in einem einzigen Regelwerk die harmonisierte Mineralölsteuer mit der nicht harmonisierten Erdgasbelastung zusammengefasst. Das schafft erhebliche legislative Probleme.

Es steht allerdings außer Zweifel, dass es europarechtlich zulässig war, neben Mineralöl auch Erdgas und Strom zu belasten. Art. 33 der 6. Mehrwertsteuerrichtlinie[65] und Art. 3 Abs. 3 der Verbrauchsteuer-Systemrichtlinie[66] lassen Abgaben auf Waren zu, wenn sie weder den Charakter von Umsatzsteuern aufweisen noch Formalitäten beim Grenzübergang hervorrufen. Diese Voraussetzung ist erfüllt, denn eine umsatzsteuerrechtliche Allphasenbelastung sowie eine Bemessung nach dem Warenpreis wurden vermieden. Formalitäten im Grenzverkehr werden bei Öl und Gas durch das Verfahren der Steueraussetzung, bei der Stromsteuer durch einen steuerlichen Endverbrauchertatbestand beim Bezug von ausländischem Strom beseitigt.

Zum anderen bereitete die Steuerermäßigung bei allen drei Ökosteuern Schwierigkeiten, ohne dass die Frage der Harmonisierung dabei eine Rolle gespielt hätte. Zur Wahrung der Wettbewerbsgleichheit im Binnenmarkt sieht Art. 87 Abs. 1 EG ein Beihilfeverbot vor. Staatliche Beihilfen, die bestimmte Branchen oder Unternehmen begünstigen und den Wettbewerb und den Handel zwischen den Mitgliedstaaten verfälschen oder beeinträchtigen, sind unter-

---

[65] vom 17.5.1977 – 77/388/EWG –, ABl. L 145/1, mehrfach geändert.
[66] vom 25.2.1992 – 92/12/EWG –, ABl. L 76/1, mehrfach geändert.

sagt. Der EuGH legt den Beihilfebegriff weit aus. Darunter fallen alle Maßnahmen, die einem Unternehmer Kosten ersparen und den Staat finanziell belasten, also zweifelsfrei auch Steuerermäßigungen[67].

Eine Beihilfe liegt erst vor, wenn sie bestimmte Unternehmen und Branchen begünstigt. Die Bundesregierung hat dies gegenüber „Brüssel" verneint, weil nicht einzelne Firmen oder Wirtschaftszweige, sondern ein allgemeiner, großer Ausschnitt aus der gesamten Volkswirtschaft, der energieintensiv betrieben wird, von der Steuer entlastet werden. In „Luxemburg" hatte man aber unterdessen in einem österreichischen Parallelfall entschieden, dass Ökosteuerermäßigungen dieser Art branchenbegünstigende Wirkung entfalten[68]. Zwar kann man mit Recht Zweifel anmelden, ob die Ermäßigung einer nur national ausgeworfenen Ökosteuerlast für einige inländische Steuerpflichtige den Wettbewerb zwischen den Mitgliedstaaten verfälschen kann, denn es wird lediglich eine nationale Last ermäßigt, die in anderen Mitgliedsstaaten nicht besteht. Im konkreten Fall bleibt auch den Unternehmen des Produzierenden Gewerbes in Deutschland eine 20%-ige Tarifbelastung; sie werden nur entlastet, soweit die Gesamtlast 120% der Beitragsersparnis in der Rentenversicherung übersteigt. Im Ergebnis tragen also auch die begünstigten Unternehmen in Deutschland noch eine Teillast, die anderen Orts nicht besteht. Der EuGH nimmt aber in einer sehr anfechtbaren, ständigen Rechtsprechung an, dass es nicht darauf ankomme, ob sich die Situation des „Begünstigten" durch die Maßnahme im Vergleich zur vorherigen Rechtslage verbessert oder verschlechtert[69]. Sogar Ermäßigungen von nationalen Steuern bei Unternehmen mit nur inländischer Marktbetätigung errichteten eine Zugangssperre für Unternehmen aus anderen Mitgliedstaaten und verfälschten deshalb den Wettbewerb[70]. Im Ergebnis ist nach der Rechtsprechung ein Beihilfecharakter anzunehmen, obwohl Wortlaut und Zweck des Vertrages es letztlich nicht fordern.

Jegliche Steuerermäßigung muss, selbst wenn ihr Beihilfecharakter streitig ist, nach Art. 88 EG bei der Kommission notifiziert und gegebenenfalls von ihr genehmigt werden. Die Genehmigung steht im politischen Ermessen der Kommission[71]. Ihre Unterrichtung hatte der deutsche Gesetzgeber im Wunsch schneller, politischer Reformeffekte 1999 unterlassen. Um die Ökosteuerreform vor ihrem Zugriff zu retten, hat der deutsche Gesetzgeber ein fragwürdiges Verfahren gewählt. Er hat im Wortlaut des Gesetzes die dort vorgesehenen Ermäßigungen unter die ausdrückliche Bedingung einer Kommissionsgenehmi-

---

[67] EuGHE 1974, 709, Rs. 173/73, st. Rspr.
[68] EuGH Rs. C-143/99, DVBl. 2002, 186.
[69] EuGH Rs. C-143/99, DVBl. 2002, 186, Rn. 41; EuGHE 1988, 2855, Rs. 57/86, Rn. 10.
[70] EuGHE 1999, I-3671, Rs. C-75/97.
[71] EuGHE 1991, I-1433, Rs. C-303/88, st. Rspr.; *Thomas Oppermann,* Europarecht, 2. Aufl. 1999, Rn. 1120.

gung gestellt[72]. Damit hat der deutsche Gesetzgeber die Geltung seines eigenen Gesetzes durch die Genehmigung der Kommission, also durch den politischen Ermessensakt eines nichtdeutschen Exekutivorgans, bedingt und schon vor einer gerichtlichen Klärung den Beihilfecharakter der Steuerermäßigungen bestätigt. Mit dem Notifizierungsschreiben an die Kommission vom Juni 2001 ist die Bundesregierung zwar „zurückgerudert", indem sie den Genehmigungsantrag nunmehr bloß noch hilfsweise stellt. Das Gesetz selbst erschwert aber weiterhin die rechtliche Auseinandersetzung über den Beihilfecharakter erheblich.

Im Ergebnis hängt die Geltung des deutschen Verbrauchsteuerrechts von der Genehmigung der Kommission nach Art. 87 f. EG ab. Bei der Erteilung von Genehmigungen für Steuerermäßigungen hat sich die Kommission in einem sogenannten Umweltbeihilferahmen selbst gebunden[73]. Sie genehmigt in der Praxis grundsätzlich nur für zwei bis zehn Jahre; die Genehmigung wird im Einzelfall erteilt. Der Umweltbeihilferahmen verlangt für eine Genehmigung eine Klimaschutzvereinbarung zwischen Staat und begünstigten Steuerpflichtigen, die zu Umweltschutzvorkehrungen der Steuerschuldner verpflichtet und als staatliche Gegenleistung die Steuerermäßigung einräumt. Die Einhaltung der vereinbarten Umweltschutzvorkehrungen muss strikt und regelmäßig kontrolliert werden. Für einen eventuellen Verstoß gegen Vertragsregeln müssen Sanktionen vorgesehen sein. In Deutschland ist eine derartige Klimaschutzvereinbarung zwischen der deutschen Wirtschaft und der Bundesregierung geschlossen worden. Die Sanktionen bei Verstößen sind darin aber nur schwach angedeutet, so dass die Genehmigungsfähigkeit offen bleibt.

Im Dezember 2001 haben Zeitungsberichten zufolge[74] Kommission und Bundesregierung einen Teilfrieden geschlossen. Die Kommission wird den Ermäßigungstarif von 20% für 10 Jahre genehmigen, die 120-%-Kappung bleibt aber noch streitig. Hier besteht EG-Kommissar Monti auf einer gesetzlichen Regelung der Sanktion bei Vertragsverstößen. Die Kreise um das Umweltbundesministerium sind bereit, sie einzufügen; das Bundesfinanzministerium steht dagegen. Wir beobachten also zur Zeit eine „Hängepartie", in der die EG bei der deutschen Steuerrechtsetzung mitwirkt. Wegen dieser Genehmigungskompetenz der Kommission wird in jedem einzelnen Fall dauerhafte Rechtsunsicherheit bleiben, weil notwendige Genehmigungen nur punktuell und befristet erteilt werden. Der deutsche Steuergesetzgeber kann im Verbrauchsteuerrecht nicht mehr frei und ungebunden agieren; das EG-Recht schafft wegen seines Anwendungsvorrangs neue Kräfteverhältnisse in der nationalen Gesetzgebung und bezieht EG-Organe in das deutsche Rechtsetzungsverfahren ein.

---

[72] Z.B. § 13 Abs. 2 StromStG.
[73] Gemeinschaftsrahmen für staatliche Umweltschutzbeihilfen, ABl. 2001 C 37/3.
[74] Handelsblatt vom 17. 12. 2001.

V. Die neuen Tendenzen im deutschen Steuerrecht

Die Beispiele der Bauabzugsteuer, der „Riester"-Rente und der ökologischen Steuerreform zeigen, dass das deutsche Steuerrecht zur Zeit seine Tendenzen ändert. Es beschäftigt sich nicht nur mit der Senkung von Steuerlasten und der Reform von Verfahrensregeln. Die deutsche Steuerrechtsordnung wandert vielmehr von den Einkommen- zu den Verbrauchsteuern; sie gerät unter das Regime des EG-Rechts; der deutsche Fiskus verlagert Risiken und Steuerverwaltung auf Private; er fügt lenkende Zwecke in das Finanzierungssystem der Abgaben ein und begünstigt den Bürger im Instrumentenmix von direkter Zulage und indirekter Steuersubvention durch Abzugsbeträge. Zur dringend erforderlichen Einfachheit, Klarheit und Verständlichkeit der Steuergesetze für den Bürger hat sich aber noch nicht einmal die Steuerreform durchringen können.

Sachverzeichnis

Abgaben, öffentliche 36
Abhilfeentscheidungen 175
Ablehnungsandrohung 187, 196
Abschreckung, individual 150
Abschreckung 92
Abschreckungswirkung 91, 146
Absonderungsrecht 40
Abzugsteuern 212
Änderungsanspruch des Arbeitnehmers 77
Alimentationsprinzip 116
aliud 201
Alleingang, nationaler 225
Altersvermögensgesetz 213
Altersversorgungssysteme, betriebliche 218
Altersvorsorgeverträge 215
Altersvorsorge, drei Säulen der 214
Altersvorsorge 213
Anwaltshaftung 175
Arbeit, gemeinnützige 154, 156, 157
Arbeitgeberverbände 68
Arbeitnehmerrecht 38
Arbeitsgesellschaft 65, 81
Arbeitsorganisation, Modernisierung der 75
Arbeitsvertrag, unbefristeter 76
Arbeitsverträge 206
Arbeitszeitpolitik 78
Armeeeinheiten, Polizei- oder 17
Arzneimittelhaftung 109
Arzthaftung 108
Aufklärungspflichten, prozessuale 166
Aufsichtsratsteuer 212
Aufwendungen, Ersatz frustrierter 97
Aufwendungen, frustrierte 107
Aufwendungsersatz 107
Ausland, Wegzug ins 219
Auslieferung 52
Außen- und Sicherheitspolitik, gemeinsame 3
Auszahlung 217

Bagatellklausel 108
Bauabzugsbesteuerung 210
Bauleistungen 210
Beamte 113

Beamten, Besoldung der 114
Beamten-Ethos 122
Bedeutung, grundsätzliche 177
Bedienungsanleitung 203
Beförderungsentscheidung 115
Beibringungsgrundsatz 164
Beihilfecharakter 229
Beihilfeverbot 228
Belastung, gleichheitswidrige 227
Berufsfreiheit, Art. 12 GG 71
Berufshaftung 99
Berufung 161
Berufung, Zurückweisung der 171
Berufungsbegründung 172
Berufungsrecht 179
Beschaffungsrisiko 192, 202
Beschäftigungsförderungsgesetz 65
Beschwerde 174
Beschwerde, sofortige 174
Beschwerdefrist 175
Besoldungsgruppen 114, 121
Besoldungsstrukturgesetz 116
Besserungstheorie, spezialpräventive 147
Besteuerung, nachgelagerte 214
Betriebsrat, politische Funktion des 80
Betriebsrat 68, 79, 80
Betriebsräte, Europäische 73
Betriebsverfassung 78
Betriebsverfassungsgesetz 79
Beweiserleichterung 193, 198
Beweislastumkehr 204
Beweisvermutung 194
Bezahlung, leistungsorientierte 115, 117
Bindungen, vertikale 86
Bürger 8
Bürgerschaft, europäische 14
Bürgerschaftsrechtsprechung 105
Bürokratie 113

Caroline, Prinzessin 105
comfort letters 87, 90
corporate governance 71

Darlehensrecht 206
Deliktsfähigkeit 101, 109
Demokratie, betriebliche 80
Demokratiedefizit 4

Demokratieprinzip 24, 32
Deregulierung 69, 81
Deutschland, Arbeitskreis der Insolvenzverwalter 35
Dezembergesetze 220
Dienstaltersstufe 115, 120
Dienstrechtsreformgesetz 119
Diskriminierung, Verbot geschlechtsspezifischer 106
Dispositionsfreiheit 103, 108
Dividenden, zwei 223
Doppelbelastung 221
Durchlauftermin 163

Ehrenschutz 135
Einzelrichter, obligatorischer 170
Einzelrichter 161, 168, 169, 175, 177
Einzelrichtereinsatz 167, 178
Entscheidungsprozeß 22
Entstehungsgeschichte 185
Entwicklung, gesamteuropäische 180
Ereignis, unabwendbares 109
Erfüllungstheorie 200
Eröffnungsverfahren 37, 38
Ersatzabsonderung 36
Ersatzaussonderung 36
Ersatzfreiheitsstrafe 15
Ersatzstrafe 154
Erscheinung, staatsähnliche 3
EU, Grundordnung der 1
EU, Primärrecht der 27
EU-Recht, Grundsatz der einheitlichen Wirksamkeit des 4
EU-Recht, Vorrang des 4
Eurojust 49
Europa, Demokratie in 33
Europa, Theorie der Verfassung 33
Europäische Gemeinschaft 11
Europäische Union, Charta der Grundrechte 5
Europäische Union 11
Europol 49
Existenzminimum 226

Fahrverbot 155
Filmfreiheit 138
Finalität 15
Finanzzwecke 226
Fiskalgewalt 17
Flexibilisierung 65, 69, 81

Föderalismus, bundesstaatlicher 31
Föderation 30
Föderation, konsoziative 27, 31
Förderung, steuerliche 217
Fortschritt 202, 203, 205
Freigrenze 211
Freiheitsbeschränkung, Freiheitschutz durch 148
Freiheitsstrafen-Ersetzungsmodell 156
Freistellungsbescheinigung 211
Funktionsgrundrecht 137
Fusionskontrolle 86, 87
Fusionsthese 10

Garantie 192, 201
Gebrauchtwagenhandel 189
Gefährdungshaftung, Schmerzensgeld für die 111
Gefährdungshaftungen, Erweiterung des Schmerzensgeldes auf 106
Gefährdungshaftungsgesetze 98
Gehör, rechtliches 165, 168, 174
Geldkondemnation 100
Geldschulden 196
Geldstrafe, Zweckbestimmung der 153
Gemeinwesen 26
Gemeinwesen, Grundordnung des 25
Gemeinwesen, staatliches 19
Gerichtsorganisation 160
Gesellschaftsverfassung 25
Gesetzesauslegung, subjektive 185
Gesetzgebungsvorschläge 35, 36, 42
Gesetzwidrigkeit, greifbare 169
Gewährleistungstheorie 200
Gewerkschaften 67, 80
Gläubiger, absonderungsberechtigte 39
Gläubigerausschuss 38, 39, 40, 41
Gläubigerautonomie 39
Gläubigerversammlung 38, 39, 40, 41
Gleichheit, Prinzip der 148
Globalisierung 66, 68, 79
Großgläubiger 41
Grunddokument 18
Grundgesetz, Wertordnung des 25
Grundordnung 21, 27
Grundordnung, demokratische 18
Grundrechte 22, 24, 226
Gründungsverträge 12
Grundzulage 217
Günstigerprüfung 217

Güteverhandlung 162, 163
Haftbefehl, Europäischer 45
Haftpflichtversicherung 101
Haftung 39, 41
Haftung, Asymetrie zwischen Herrschaft und 41
Haftung, Herrschaft ohne 39
Haftung, Inkongruenz von Herrschaft und 40
Haftung, persönliche 37
Haftungsrisiko 37, 40
Halbstrafenaussetzung 152
Harmonisierung 228
Hausarrest, elektronisch überwachter 153
Herrschaft, staatliche 19
Herrschaftsausübung, Legitimität europäischer 2
Herrschaftsgewalt, Einsetzung von 21
Herrschaftsgewalt, supranationale 20
Herrschaftsgewalt, Träger der 21
Hinweise, richterliche 171

Identitätsbildung 26
Immobilienvermögen, Aufbau von 215
implied powers 7
Industriegesellschaft 66
Informationsfreiheit 132
Informationspflichten, prozessuale Auskunfts- und 166
Insider, Betriebsveräußerung an 41
InsO, arbeitsrechtliche Vorschriften 38
Insolvenzarbeitsrecht 38
Insolvenzgeld 38
Insolvenzgeldzeitraum 38
Insolvenzrecht, Bund-Länder-Arbeitsgruppe 36, 40
Insolvenzrecht 35
Insolvenzverwalter, vorläufiger 36, 37
Institutionen 22
Integration, europäische 15
Integrationsprozess, Finalität des 11
Internet 124, 140

Jugendschutz 134
Justiz, Ökonomisierung der 168
Justiz, Überlastung der 181
Justizreform 159

Kaiserreich, Rechtsstaat im 67

Kant, Straftheorie 148
Kapitalertragsteuer 212
Kapitalsammelstelle 221
Kartelle, hard core 93
Kartellverordnung 86
Kausalität 110
Kausalität, Vermutung 111
Kinderzulage 217
Kodifikation 188, 205, 206
Kodifikationsidee 188
Kommissionsgenehmigung, Bedingung einer 229
Kommunikation 123
Kommunikationsfreiheit, aktive 136
Kommunikationsfreiheit, passive 136
Kommunikationsfreiheiten 129
Kommunikationsgrundrecht 130
Kommunikationsprozess 125
Kommunikationsverständnis, interaktives 126
Kompetenz, mitgliedstaatliche Kompetenz 13
Kompetenzgewinn 3
Kompetenzordnung 22
Konstitutionalismus, liberaler 5
Konsumbesteuerung, nachgelagerte 213
Kontrahierungszwang 78
Kontrollinstanz 161
Konvent, Brüsseler 6
Konvergenz 128
Kooperation 29
Kopfmehrheit 40
Kostenneutralität 119
Konsumbesteuerung, nachgelagerte 220
Konsum, kompensatorischer 111
Kreditsicherheit 35, 42
Kreditsicherheiten, gewerbliche Schutzrechte als 41
Kriminalität, Unterhaltungswert von 145
Kriminologie 145
Kronzeugenregelung 89

Lebensbereiche, nicht-staatliche 25
Legalausnahme 87, 94
Legalzessionen 98, 100
Legitimation, demokratische 23
Legitimationsmängel 4
Legitimationsproblematik 22
Legitimität 33
Legitimitätskriterien 23

Leistung, Entlohnung nach 120
Leistung, Qualität der 118
Leistung, Schadensersatz statt der 202
Leistungsbewertung 118
Leistungsbezahlung 121
Leistungsfähigkeit 224
Leistungsprämien 120
Leistungsstörungsrecht 195, 200
Leistungszulage 119
Lenkungssteuern 224
Lenkungszwecke 226
Lieferkette 197–199
Lohsteuer 212

Maastricht-Urteil des BVerfG 13, 32
Mangelfolgeschaden 194, 203
Mängelschäden 203
Marke 42
MarkenG 41, 42
Massenkommunikation, Individual- und 127
Maßregeln der Sicherung und Besserung 143
Mediation 160, 161, 162
Medien 125
Medienfreiheit 131
Mehrebenenverbund 29
Mehrwertsteuerrichtlinie 228
Meinungsäußerungen 131
Meinungsfreiheit 131
Minderjähriger, finanzielle Überforderung 110
Mineral- und Erdgassteuer 221
Mißbilligung, sozialethische 145
Missbrauch marktbeherrschender Stellungen 86
Missbrauchsverbot 87
Mitbestimmungsgesetze 71
Mitgliedstaaten, Letztverantwortung der 12
Mitgliedstaaten, Souveränität 14
Mobiliarsicherheiten 42
Modernisierung 187, 188

Nachbesserung 191
Nacherfüllung 191, 197
Nacherfüllungsanspruch 202
Nacherfüllungspflicht 187
Nachfrist 195
Nachfristsetzung 196

Nachlieferung 191
Naturalrestitution 100
Nichtzulassungsbeschwerde 176, 177
Novenverbot, österreichisches 179
Nutzungsausfall, abstrakter 103

Ökosteuer 221
Ökosteuersystem 227
Organisation, internationale 1, 12, 16
Organisationsstatut 23
Parlamentarisierung 5

Partner, Entschädigung des haushaltsführenden 105
Personenschäden 102
Persönlichkeitsentfaltung 72
Persönlichkeitsrechtsverletzungen 105, 110
Pfändung 42
Pflichtverletzung 200
Pflichtversicherung 101
PJZS, polizeiliche und justizielle Zusammenarbeit in Strafsachen 45
Präklusion 176
Präventionstheorie 147
Pressefreiheit 136
Prioritätsprinzip 42
Privatautonomie 68, 192
Produkthaftung 97, 197
Professoren, Dienstrechtsreform für 121
Prognosefehler 104
Programmfreiheit 140
Prozessleitung, materielle 164
Prozessleitung, richterliche 161
Prozessrecht, Europäisierung 159, 182

Rangrückstufung 38
Raum der Freiheit, der Sicherheit und des Rechts 49
Rechnungsbasis 103
Recht, europäisches 227
Recht, intertemporales 186
Recht, unmittelbar anwendbares 8
Rechtsausschuss 37
Rechtsbeschwerde 171, 174, 176
Rechtschutz, einstweiliger 180
Rechtseinheit 176
Rechtsfortbildungen 205
Rechtsgutskonzept 146
Rechtskraft 169

Rechtskrafthemmung 169
Rechtsmittelbelehrung 175
Rechtsmittelzugang 178
Rechtsnormen 9
Rechtsordnung, EU 28
Rechtsordnung, Verteidigung der 151
Rechtsordung, nationale 28
Rechtsphilosophie 149
Rechtssicherheit 89
Rechtssubjektivität 10
Rechtsvergleichung 179
Reformbedarf 35
Reformen 209
Regeln, prozedurale 72
Regelverjährung 204
Regierungsentwurf, InsO 36
Regressfalle 198
Rentabilitätsvermutung 107
Rentenversicherung, Senkung der Arbeitgeberbeiträge zur 223
Reparaturkosten, fiktive 102, 103, 104
Reparaturkosten, Umsatzsteuer für fiktive 111
Restwert 104
Revolution, digitale 128
Rhetorik 123
Riester-Rente 213
Risikogesellschaft 65
Rückgriff 197, 198
Rücktritt 201
Rückwirkung 220
Rundfunkfreiheit 139

Sachmangel 193
Sachmangelfreiheit 190
Sachschäden 102
Sachverständigenhaftung 109
Sanktionssystem, Referentenentwurf eines Gesetzes zur Reform des strafrechtlichen 142
Sanktionensystems, Verkomplizierung des 158
Schadensersatz, immaterieller 99
Schadensrechts, Grundlagen des 97
Schadensrechts, Rechtseinheit des 104
Schadensrechtsänderungsgesetze 99
Schadensregress 100
Schätzungsermessen 99
Schlechterfüllung 200
Schlichtungsverfahren 162, 163

Schmerzensgeld 100
Schmerzensgeldes, Reform des 107
Schockwerbung 136
Schuldausgleichstheorie 149
Schuldnerunternehmen, Abspaltung der Marke von dem das Markenprodukt herstellende 42
Schuldrechtskommission 199
Schuldrechtsmodernisierung 181, 185, 200
Schutzrechte, sonstige gewerbliche 42
Schwarzarbeit, Kampf gegen die 108
Selbstverwaltung, soziale 73
Selbstzähmung 21
Senate, spezialisierte 182

Sicherungsverwahrung 144
Sicherungszweck 150
Socialpolitik, Verein für 67
Sonderrechtslehre 133
Souveränität 12, 17
Sozialprivatrecht 83
Sozialstaat, korporatistischer 67
Sozialversicherungsrecht, Privat- und 98
Sperrwirkung 7
Spezialprävention 150
Spielraumtheorie 149
Sprungrevision 177
Staat 1, 9, 16
Staat, integrierter 33
Staat, werdender 14, 16
Staaten, Föderation von 31
Staatenverbund 13
Staates, Fiskalhunger des 225
Staatlichkeit 19
Staatsqualität 15
Staatsziele 24
Steuerabzug 211
Steuerausfälle 210
Steuerbefreiung 217
Steuerermäßigung 229
Steuergerechtigkeit, Verlust an 224
Steuergesetze, Einfachheit, Klarheit und Verständlichkeit der 231
Steuern, lenkende 222
Steuerrecht 9
Steuerrechtsordnung, Umbau der deutschen 227
Steuerreform, ökologische 221
Steuerschulden 36

Steuersystems, Umstieg des deutschen 224
Stimmabgabe, schädigende 39
Stimmgewicht 40, 41
Storme-Kommission 182
Strafe 145
Strafensystems, Ausdifferenzierung des gegenwärtigen 143
Strafnorm, Stabilisierung der 151
Strafprozeßrecht 145
Strafrahmen, Harmonisering der 142
Strafrechtsreformgesetz 141
Strafsachen, gegenseitige Anerkennung von (End-)Entscheidungen in 60
Strafsachen, Rechtshilfe in 52
Straftheorie, repressive 148
Straftheorie, utilitaristische 146
Straftheorien 145
Strafvorbehalt, Verwarnung mit 154
Strafvorschriften, Harmonisierung der 54
Strafzumessung 149
Strafzweck, generalpräventiver 151
Straßenverkehr 101
Stromsteuer 221
Struktur 32
Strukturprinzipien, föderale 30
Subsidiarität 90
Subsidiaritätsprinzip 6
sui generis, Herrschaftsform 16
Summenmehrheit 40

Tarifpartner 70
Täter-Opfer-Ausgleich 150
Tatsachenermittlung 172
Tatsacheninstanz, zweite 160, 178
Tatsachenvortrag, neuer 165, 179
Teilverfassungen 29
Teilzeitarbeit 74
Teilzeit- und Befristungsgesetz 72
Terrorismusbekämpfung 45
Transparenzgebot 195
TzBfG 74, 76

Übergangsrecht 198
Umsatzsteuer 108
Umweltbeihilferahmen 230
Umweltschutz 222
Unionsbürgerschaft 8
UN-Kaufrecht 191

Unmöglichkeit 202
Unschuldsvermutung 146
Unternehmensinsolvenzrecht 42
Unternehmensinsolvenzrecht, Reform des 36
Unternehmenskauf 192
Unternehmensstrafbarkeit 144
Unternehmer 190
Unvermögen, ursprüngliches 187
Urlaubsreise, organisierte 106

Verantwortungsgedanken 100
Verband 10
Verbandsqualität 9
Verbrauchergüterkauf 189
Verbraucherrecht 206
Verbraucher 189, 190
Verbraucherschutz 186, 199
Verbraucherschutzgesetz 188
Verbrauchsgüterkaufrechtsrichtlinie 186
Verbrauchsteuern 223
Verbrauchsteuer-Systemrichtlinie 228
Vereinheitlichungsbestrebungen 207
Verfahrensbeschleunigung 183
Verfahrensmängel 173
Verfahrensrecht, internationales 182
Verfahrensrüge 179
Verfall, erweiterter 144
Verfassung 1, 6, 19
Verfassung im formellen Sinn 27
Verfassungsauslegung 124
Verfassungsbegriff 18
Verfassungsbegriff, abstrakter 20
Verfassungsbegriff, postnationaler 20
Verfassungsbeschwerde 169
Verfassungsbund 28
Verfassungsgebung 26
Verfassungsgesamtheit, europäische 29
Verfassungsqualität 27
Verfassungstheorie, postnationale 33
Verfassungsverbund, mehrebener 29
Verfassungsvertrag 6
Vergemeinschaftung 8
Vergleichsvorschlag des Gerichts 164
Verhandlung, mündliche 162, 171
Verjährung 194, 203
Verkehrspflichten 98
Vermögensstrafe 144
Verpfändung 42

Verpflichtungen, lebenslange finanzielle 105
Verrechtlichung 72
Versicherungsschutz, Haftungsersetzung durch 106
Angriffs- und Verteidigungsmittel 173
Verträge, befristete 75
Vertragsverfassung 32
Verwaltung, effiziente 113
Verwaltungsaufwand 211
Verwendung, schädliche 219
Verzug 196
Vetorecht 8
Viehkauf 193
Vielfaltgewähr, Einheitssicherung und 30
Volk, verfassungsgebende Gewalt des 24
Völkerrecht 12
Völkerrechtssubjektivität 10
voluntarism 73
Vorabentscheidungsverfahren 183
Voranschlagbasis 103
Vorbehaltsware 37
Vorlagenanordnungen 165

Währungshoheit 3
Wegekosten, Abgeltung der 222
Weimarer Reichsverfassung 70
Wert, Betriebsveräußerung unter 41
Wert, Unternehmensveräußerung unter 42
Werte 33

Werteordnung 124
Wettbewerb 86, 88
Wettbewerb, ökonomische Logik des 69
Wettbewerbsbeschränkung 85, 88, 92–94
Wiederbeschaffungswert 104
Wirtschaft, Sozialverträglichkeit der 70
Wirtschaftlichkeitspostulat 111

Zensurverbot 135, 138
Zertifikat, Haftung für ein fehlerhaftes 216
Zertifizierung 215, 219
Zivilrechtsschutz 86
ZPO-Reform 159
Zukunft, Mitbestimmung der 81
Zulagenverordnung, Leistungsprämien und 119
Zulassungen, leistungsabhängige 116
Zulassungsberufung 170
Zulassungsrevision 177
Zusammenarbeit, intergouvernementale 11
Zusammenarbeit, internationale 2
Zusicherung 191
Zuständigkeitsbereich 7
Zuständigkeitsnormen, Kompetenz und 7
Zuständigkeitsrügen 173
Zwangsarbeit, Verbot der 157
Zwischenentnahme 219
Zwischenentnahmemodell 215, 218

Tübinger Rechtswissenschaftliche Abhandlungen
Alphabetische Übersicht

Altenhain, Karsten: Das Anschlußdelikt. 2001. *Band 91.*
Arzt, Gunther: Der strafrechtliche Schutz der Intimsphäre. 1970. *Band 30.*
Bach, Albrecht: Wettbewerbsrechtliche Schranken für staatliche Maßnahmen nach europäischem Gemeinschaftsrecht. 1992. *Band 72.*
Baumann, Jürgen, Tiedemann, Klaus (Hrsg.): Festschrift für Karl Peters: Einheit und Vielfalt des Strafrechts. 1974. *Band 35.*
Baur, Fritz: Studien zum einstweiligen Rechtsschutz. 1967. *Band 20.*
Bayer, Hermann W.: Die Bundestreue. 1961. *Band 4.*
– Die Liebhaberei im Steuerrecht. 1981. *Band 52.*
Belke, Rolf: Die Geschäftsverweigerung im Recht der Wettbewerbsbeschränkungen. 1966. *Band 16.*
Beuthien, Volker: Zweckerreichung und Zweckstörung im Schuldverhältnis. 1969. *Band 25.*
Brehm, Wolfgang: Die Bindung des Richters an den Parteivortrag und Grenzen freier Verhandlungswürdigung. 1982. *Band 55.*
Brugger, Winfrid: Grundrechte und Verfassungsgerichtsbarkeit in den Vereinigten Staaten von Amerika. 1987. *Band 65.*
Buck, Petra: Wissen und juristische Person. 2001. *Band 89.*
Classen, Claus Dieter: Wissenschaftsfreiheit außerhalb der Hochschule. 1994. *Band 77.*
Cramer, Peter: Der Vollrauschtatbestand als abstraktes Gefährdungsdelikt. 1962. *Band 6.*
Dittmann, Armin: Die Bundesverwaltung. 1983. *Band 56.*
Ebel, Friedrich: Berichtigung, transactio und Vergleich. 1978. *Band 48.*
Ernst, Wolfgang: Eigenbesitz und Mobiliarerwerb. 1992. *Band 71.*
– Rechtsmängelhaftung. 1995. *Band 79.*
Eser, Albin: Die strafrechtlichen Sanktionen gegen das Eigentum. 1969. *Band 28.*
Fechner, Erich: Probleme der Arbeitsbereitschaft. 1963. *Band 7.*
Fechner, Frank: Geistiges Eigentum und Verfassung. 1999. *Band 87.*
Festschrift für Eduard Kern. 1968. *Band 24.*
Fezer, Gerhard: Möglichkeiten einer Reform der Revision in Strafsachen. 1975. *Band 37.*
Geibel, Stefan J.: Der Kapitalanlegerschaden. 2002. *Band 93.*
Gernhuber, Joachim: Neues Familienrecht. 1977. *Band 45.*
Gernhuber, Joachim (Hrsg.): Festschrift gewidmet der Tübinger Juristenfakultät zu ihrem 500jährigen Bestehen: Tradition und Fortschritt. 1977. *Band 46.*
Gitter, Wolfgang: Schadensausgleich im Arbeitsunfallrecht. 1969. *Band 26.*
Göldner, Detlef: Integration und Pluralismus im demokratischen Rechtsstaat. 1977. *Band 43.*
Grasnick, Walter: Über Schuld, Strafe und Sprache. 1987. *Band 64.*
Großfeld, Bernhard: Aktiengesellschaft, Unternehmenskonzentration und Kleinaktionär. 1968. *Band 21.*
Grunsky, Wolfgang: Die Veräußerung der streitbefangenen Sache. 1968. *Band 23.*
Grunsky, Wolfgang, Stürner, Rolf, Walter, Gerhard und *Wolf, M.* (Hrsg.): Wege zu einem europäischen Zivilprozeßrecht. 1992. *Band 73.*

Tübinger Rechtswissenschaftliche Abhandlungen

Heckel, Martin: Staat – Kirche – Kunst. 1968. *Band 22.*
– (Hrsg.): Die Innere Einheit Deutschlands inmitten der europäischen Einigung. 1996. *Band 82.*
Heß, Burkhard (Hrsg.): Wandel der Rechtsordnung. 2003. *Band 95.*
Huber, Hans: siehe *Schüle, Adolf.*
Jakobs, Horst Heinrich: lucrum ex negotiatione. 1993. *Band 74.*
Jesch, Dietrich: Gesetz und Verwaltung. 1961, ²1968. *Band 2.*
Kästner, Karl-Hermann: Anton Menger (1841–1906) Leben und Werk. 1974. *Band 36.*
Kaiser, Günther: Verkehrsdelinquenz und Generalprävention. 1970. *Band 29.*
Kisker, Gunter: Die Rückwirkung von Gesetzen. 1963. *Band 8.*
– Kooperation im Bundesstaat. 1971. *Band 33.*
Köndgen, Johannes: Selbstbindung ohne Vertrag. 1981. *Band 53.*
Kotzur, Hubert: Kollisionsrechtliche Probleme christlich-islamischer Ehen. 1988. *Band 66.*
Kübler, Friedrich: Feststellung und Garantie. 1967. *Band 17.*
Kuhn, Ottmar: Strohmanngründung bei Kapitalgesellschaften. 1964. *Band 10.*
Lenckner, Theodor: Der rechtfertigende Notstand. 1965. *Band 14.*
Lichtenstein, Erich: Die Patentlizenz nach amerikanischem Recht. 1965. *Band 13.*
Lieb, Manfred: Die Ehegattenmitarbeit im Spannungsfeld zwischen Rechtsgeschäft, Bereicherungsausgleich und gesetzlichem Güterstand. 1970. *Band 31.*
Lobinger, Thomas: Rechtsgeschäftliche Verpflichtung und autonome Bindung. 1999. *Band 88.*
Mertens, Bernd: Im Kampf gegen die Monopole. 1996. *Band 81.*
Meyer, Jürgen: Dialektik im Strafprozeß. 1965. *Band 12.*
Möschel, Wernhard: Pressekonzentration und Wettbewerbsgesetz. 1978. *Band 50.*
Moosheimer, Thomas: Die actio injuriarum aestimatoria im 18. und 19. Jahrhundert. 1997. *Band 86.*
Mülbert, Peter O.: Mißbrauch von Bankgarantien und einstweiliger Rechtsschutz. 1985. *Band 60.*
Müller, Claudius: Die Rechtsphilosophie des Marburger Neukantianismus. 1994. *Band 75.*
Müller-Graff, Peter-Christian: Unternehmensinvestitionen und Investitionssteuerung im Marktrecht. 1984. *Band 59.*
Noack, Ulrich: Gesellschaftervereinbarungen bei Kapitalgesellschaften. 1994. *Band 78.*
Nörr, Knut Wolfgang: Naturrecht und Zivilprozeß. 1976. *Band 41.*
Nörr, Knut Wolfgang (Hrsg.): 40 Jahre Bundesrepublik Deutschland – 40 Jahre Rechtsentwicklung. 1990. *Band 69.*
Ott, Claus: Recht und Realität der Unternehmenskorporation. 1977. *Band 42.*
Peters, Egbert: Richterliche Hinweispflichten und Beweisinitiativen im Zivilprozeß. 1983. *Band 58.*
Picker, Eduard: Schadensersatz für das unerwünschte eigene Leben – ‚Wrongful life'. 1995. *Band 80.*
Pietzcker, Jost: Der Staatsauftrag als Instrument des Verwaltungshandelns. 1978. *Band 49.*
Reul, Jürgen: Die Pflicht zur Gleichbehandlung der Aktionäre bei privaten Kontrolltransaktionen. 1991. *Band 70.*
Renzikowski, Joachim: Restriktiver Täterbegriff und verwandte Erscheinungsformen. 1997. *Band 85.*

Tübinger Rechtswissenschaftliche Abhandlungen

Rothoeft, Dietrich: System der Irrtumslehre als Methodenfrage der Rechtsvergleichung. 1968. *Band 18.*
Rudolf, Walter: Völkerrecht und deutsches Recht. 1967. *Band 19.*
Rütten, Wilhelm: Das zivilrechtliche Werk Justus Henning Böhmers. 1982. *Band 54.*
– Mehrheit von Gläubigern. 1989. *Band 68.*
Rupp, Hans Heinrich: Grundfragen der heutigen Verwaltungsrechtslehre. 1965, ²1991. *Band 15.*
Schlaich, Klaus: Neutralität als verfassungsrechtliches Prinzip. 1972. *Band 34.*
Schlüchter, Ellen: Irrtum über normative Tatbestandsmerkmale im Strafrecht. 1983. *Band 57.*
Schnoor, Christian: Kants Kategorischer Imperativ als Kriterium der Richtigkeit des Handelns. 1989. *Band 67.*
Schüle, Adolf: Koalitionsvereinbarungen im Lichte des Verfassungsrechts. 1964. *Band 11.*
Schüle, Adolf / Huber, Hans: Persönlichkeitsschutz und Pressefreiheit. 1961. *Band 3.*
Schünemann, Wolfgang B.: Selbsthilfe im Rechtssystem. 1985. *Band 61.*
Schumann, Heribert: Strafrechtliches Handlungsunrecht und das Prinzip der Selbstverantwortung der Anderen. 1986. *Band 63.*
Seiter, Hugo: Streikrecht und Aussperrungsrecht. 1975. *Band 39.*
Sternberg-Lieben, Detlev: Die objektiven Schranken der Einwilligung im Strafrecht. 1997. *Band 84.*
Stree, Walter: In dubio pro reo. 1962. *Band 5.*
Stürner, Rolf: Die Aufklärungspflicht der Parteien des Zivilprozesses. 1976. *Band 44.*
Summum ius summa iniuria. Individualgerechtigkeit und der Schutz allgemeiner Werte im Rechtsleben. 1963. *Band 9.*
Teubner, Gunther: Gegenseitige Vertragsuntreue. 1975. *Band 38.*
– Organisationsdemokratie und Verbandsverfassung. 1978. *Band 47.*
Tiedemann, Klaus: Tatbestandsfunktionen im Nebenstrafrecht. 1969. *Band 27.*
– siehe *Baumann, Jürgen.*
Trüg, Gerson: Lösungskonvergenzen trotz Systemdivergenzen im deutschen und US-amerikanischen Strafverfahren. 2003. *Band 94.*
Vollkommer, Gregor: Der ablehnbare Richter. 2001. *Band 90.*
Wagner, Eberhard: Vertragliche Abtretungsverbote im System zivilrechtlicher Verfügungshindernisse. 1994. *Band 76.*
Walter, Gerhard: Freie Beweiswürdigung. 1979. *Band 51.*
Weber, Helmut: Die Theorie der Qualifikation. 1986. *Band 62.*
– Der Kausaliätsbeweis im Zivilprozeß. 1997. *Band 83.*
Weber, Ulrich: Der strafrechtliche Schutz des Urheberrechts. 1976. *Band 40.*

Den Gesamtkatalog erhalten Sie vom Verlag
Mohr Siebeck · Postfach 2040 · D–72010 Tübingen.
Neueste Informationen im Internet unter http://www.mohr.de